Michael Conrad

AF288640

Verfahren und Protokolle für sicheren Rechtsverkehr auf dezentralen und spontanen elektronischen Märkten

Verfahren und Protokolle für sicheren Rechtsverkehr auf dezentralen und spontanen elektronischen Märkten

von
Michael Conrad

Dissertation, Karlsruher Institut für Technologie
Fakultät für Informatik, 2009

Impressum

Karlsruher Institut für Technologie (KIT)
KIT Scientific Publishing
Straße am Forum 2
D-76131 Karlsruhe
www.ksp.kit.edu

KIT – Universität des Landes Baden-Württemberg und nationales
Forschungszentrum in der Helmholtz-Gemeinschaft

KIT Scientific Publishing 2010
Print on Demand

ISBN 978-3-86644-565-9

Verfahren und Protokolle für sicheren Rechtsverkehr auf dezentralen und spontanen elektronischen Märkten

Zur Erlangung des akademischen Grades eines
Doktors der Ingenieurwissenschaften
von der Fakultät für Informatik
des Karlsruher Instituts für Technologie (KIT)

genehmigte

Dissertation

von
Dipl.-Inform.
Michael Conrad
aus Neuruppin

Tag der mündlichen Prüfung: 02. 11. 2009

Erster Gutachter: Prof. Dr. Martina Zitterbart
Zweite Gutachter: Prof. Dr. Thomas Dreier, Prof. Dr. Burkhard Stiller

Für Sandra und Laura

Vorwort

Die vorliegende Arbeit entstand zwischen 2003 und 2008 während meiner Tätigkeit am Institut für Telematik der Universität Karlsruhe (TH). Zuerst möchte ich mich daher bei Prof. Dr. Martina Zitterbart bedanken, die mir durch die Stelle als wissenschaftlicher Mitarbeiter die Möglichkeit zur Promotion eröffnete, mich während der Erstellung meiner Dissertation begleitete und mit Ratschlägen und Hinweisen unterstützte. Während meiner Zeit am Institut für Telematik konnte ich zudem wertvolle Erfahrung im Bereich Forschung und bei der Umsetzung komplexer Softwaresysteme sammeln.

Herzlich bedanken möchte ich mich auch bei Prof. Dr. Thomas Dreier und Prof. Dr. Burkhard Stiller für die Übernahme des Korreferats meiner Arbeit. Dabei konnte mir Prof. Dreier Hinweise in Hinblick auf die rechtlichen Fragestellungen geben, während mir Prof. Stiller Anregungen für technische Aspekte meiner Arbeit geben konnte.

Gleichzeitig möchte ich mich auch bei allen Mitarbeitern des Instituts für Telematik für die unvergessliche Zeit und die angenehme Arbeitsatmosphäre bedanken. Besonderer Dank gilt dabei vor allem Dr. Marcus Schöller und Dr. Oliver Waldhorst für die erfolgreiche Zusammenarbeit innerhalb verschiedener Forschungsprojekte und Dr. Hans-Joachim Hof für die sehr fruchtbare Zusammenarbeit und die gemeinsamen Forschungsvorhaben. Ausserdem möchte ich mich bei den Studenten, die während meiner Tätigkeit im Rahmen von Studien- und Diplomarbeiten oder als wissenschaftliche Hilfskräfte Beiträge zu meiner Arbeit geleistet haben, bedanken. Hier sind insbesondere die Diplomanden Herr Dominik Strecker und Herrn Marco Konigorski hervorzuheben.

Zusätzlich möchte ich mich auch bei Dr. Oliver Raabe und Dr. Christian Funk vom Zentrum für Angewandte Rechtswissenschaft (ZAR) für die enge Zusammenarbeit im Projekt SESAM und unseren gemeinsamen Forschungsarbeiten bedanken. Dank gilt auch meinem aktuellen Arbeitgeber, der IDS GmbH aus Ettlingen für die Unterstützung zum Abschluss meiner Arbeit.

Besonderer Dank gilt zudem meiner Lebensgefährtin Sandra und meiner Tochter Laura, die vor allem zum Abschluss der Arbeit viel Verständnis zeigten und oft auf meine Anwesenheit verzichten mussten.

Karlsruhe, im Juli 2010

Inhaltsverzeichnis

Tabellenverzeichnis

Abbildungsverzeichnis

Kapitel 1

Einleitung

Mittlerweile ist das Internet mit all seinen verschiedenen Anwendungen aus unserem tägli-
chen Leben nur schwer wegzudenken. Nachdem viele Unternehmen und staatliche Einrichtun-
gen schon lange das Internet nutzen, ist in den letzten Jahren ein deutlicher Anstieg privater
Internetnutzung zu verzeichnen. So verfügten Ende 2007 laut dem Bundesverband Informati-
onswirtschaft Telekommunikation und neue Medien e.V. (BITKOM) über 50% der deutschen
Haushalte über einen Breitbandinternetanschluss[1], wobei der Anteil breitbandiger Internzugän-
ge in anderen europäischen Ländern noch höher liegt. Zugleich kaufen immer mehr private
Verbraucher Waren und Dienstleistungen im Internet, laut BITKOM betrug 2006 der Umsatz
im Onlinehandel mit Privatkunden bereits 46 Mrd. €[2].

Gleichzeitig erfreuen sich, neben den klassischen internet-basierten Anwendungen wie dem
Web, E-Mail oder Onlinespielen, vor allem Peer-to-Peer-Anwendungen zunehmender Beliebt-
heit. Während anfangs die Peer-to-Peer-Technologie vor allem zum Verteilen von (illegalen)
Daten verwendet wurde, setzen zunehmend auch kommerzielle Anbieter auf Peer-to-Peer-
basierte Anwendungen. Ein prominentes Beispiel ist die Firma Skype mit ihrer peer-to-peer-
basierten Sprachtelefoniesoftware.

Der Peer-to-Peer-Ansatz zeichnet sich dadurch aus, dass die gewünschte Funktionalität durch
die Kooperation aller vorhandenen Teilnehmer (Peers) weitgehend gemeinsam erbracht wird,
anstatt wie bisher bei klassischen Internetanwendungen eine strenge Unterteilung in einen zentralen Dienstgeber (Server) und eine Vielzahl von Dienstnehmern (Clients) zu haben. Die Grundidee der Kooperation und Selbstorganisation aller Teilnehmer kann genutzt werden, um mittels
Peer-to-Peer-Technologie bestehende Anwendungsszenarien kostengünstiger umzusetzen.

Ein vielversprechendes Szenario für den Einsatz von Peer-to-Peer-Technologie stellen selbstorganisierende verteilte elektronische Marktplätze dar. Im Unterschied zu bisherigen zentralen
Marktplätzen mit dediziertem Marktplatzbetreiber wird die notwendige Infrastruktur durch die
Kooperation aller Marktteilnehmer gemeinsam bereitgestellt, womit eine Reihe von Vorteilen
für die Marktteilnehmer entstehen. So bietet ein verteilter Marktplatz eine hohe Verfügbarkeit
und Robustheit, da die bereitgestellte Infrastruktur nicht von einzelnen zentralen Komponenten abhängig ist, wie dies bei bisherigen Marktplätzen unter Aufsicht eines einzelnen Marktplatzbetreibers üblicherweise der Fall ist. Gleichzeitig fallen aufgrund des fehlenden zentralen

_____

[1]Pressemitteilung BITKOM vom 19.05.2008
[2]Pressemitteilung BITKOM vom 25.01.2008

Marktplatzbetreibers keine bzw. nur geringe Transaktionskosten für das Agieren auf dem verteilten Marktplatz an, so dass sich solche Marktplätze auch gut dafür eignen, kurzlebige oder
immaterielle Güter von geringem Wert zu handeln.

1.1 Problemstellung

Elektronische Märkte haben ihren Ursprung in klassischen realen Marktplätzen, welche seit
Jahrhunderten von Menschen zum Handel (vom lateinischen *mercatus*) von Gütern genutzt werden. Noch heute existieren Marktplätze, auf denen sich potentielle Käufer und Verkäufer direkt
gegenüber stehen und somit die Ernsthaftigkeit und die Bonität des Handelspartners direkt abschätzen können. Die Vertragsverhandlung erfolgt fast ausschließlich mündlich, außerdem wird
der geschlossene Vertrag zumeist sofort nach dem Vertragsschluss abgewickelt. Dieses Prinzip
hat sich auf realen Märkten seit langer Zeit bewährt und bedarf keiner weiteren Schutzmechanismen.

Auch andere Marktformen, die sich im letzten Jahrhundert mit dem Aufkommen neuartiger
Kommunikationsformen wie Post und Telefon herausgebildet haben, benötigen keine besonderen Schutzmechanismen. Auf Märkten, bei denen Käufer und Verkäufer schriftlich miteinander
kommunizieren, liegen über alle vertragsrelevanten Schritte schriftliche Dokumente vor, die zudem meist mit einer handschriftlichen Unterschrift versehen sind. Dadurch kann im Nachhinein
durch Dritte nachvollzogen werden, welche Aussagen von welcher Partei gemacht worden sind.

Auch bei Marktplätzen, bei denen die Teilnehmer telefonisch agieren, werden heutzutage keine
weiteren Schutzmechanismen eingesetzt. Einerseits stehen Käufer und Verkäufer bei einem Telefongespräch in direktem Kontakt und können somit auf die Aussagen der anderen Partei sofort
reagieren. Andererseits ist bei solchen Marktplätzen oft eine vorherige Registrierung notwendig. Da ein Vertragsschluss jedoch ausschließlich mündlich erfolgt, steht kein direkter Nachweis
über einen geschlossenen Vertrag zur Verfügung. Dieser Nachweis kann jedoch beispielsweise
durch einen Zeugen erbracht werden, der das Telefongespräch mitgehört hat. Alternativ kann
das Telefongespräch aufgezeichnet werden, jedoch ist der Mitschnitt nur vor Gericht verwert-
bar, wenn alle Beteiligten im Voraus ihr Einverständnis erklärt haben.

Insofern unterscheiden sich die hier betrachteten selbstorganisierenden verteilten elektronischen
Märkte von diesen Formen von Marktplätzen. Zwar stehen sich auch hier die Teilnehmer nicht
direkt gegenüber, jedoch existiert kein zentraler Marktplatzbetreiber. Im Gegensatz zu schriftlichen Dokumenten können elektronische Dokumente modifiziert werden, ohne dass dies festgestellt werden kann, sofern keine besonderen Schutzmaßnahmen angewandt wurden. Marktteilnehmer sollen zudem spontan agieren können, so dass eine vorherige Registrierung als Hemm-
nis wahrgenommen werden würde. Aufgrund des fehlenden zentralen Vertrauensankers ist eine
solche Registrierung auf einem verteilten Marktplatz sowieso nicht möglich.

So ergeben sich für verteilte elektronische Märkte einige zusätzliche Anforderungen, um die
gewünschte Rechtssicherheit bereitzustellen. Einerseits muss sichergestellt sein, dass der jeweilige Vertragspartner wirklich existiert und nicht zum Schein auftritt. Ansonsten liegt zwar
ein abgeschlossener Vertrag vor, der jedoch aufgrund des nicht existierenden Vertragspartners
nicht erfüllt werden kann. Ein ähnliches Problem liegt dann vor, wenn ein Vertragspartner mit
einer fremden Identität auftritt, also Verträge unwissentlich im Namen Dritter abschließt.

Andererseits muss das eigentliche Vertragsdokument besonders gesichert werden, da der Vertragsschluss nur auf elektronischem Wege vollzogen werden kann und elektronische Dokumente leicht modifiziert werden können, ohne dass dies im Nachhinein feststellbar ist. Fehlt ein spezieller Schutz, kann eine der Vertragsparteien den Vertragsinhalt auf seine Bedürfnisse anpassen, ohne dass die andere Vertragspartei den ursprünglichen Vertragsgegenstand glaubhaft nachweisen kann.

Diese Anforderungen an die Identität der Vertragspartner und die Absicherung vertragsrelevanter Dokumente stellen besonders für dezentrale elektronische Märkte eine besondere Herausforderung dar. Durch das Fehlen eines zentralen Marktplatzbetreibers kann beispielsweise dieser nicht für die Identitätsprüfung von Marktteilnehmern herangezogen werden. Auch ist ein besonderer Schutz der vertragsrelevanten Dokumente notwendig, da die gesamte Marktfunktionalität durch die Kooperation der einzelnen Marktteilnehmer erbracht wird und die Dokumente nicht zentral verwaltet werden und entsprechend geschützt werden können.

Aber auch auf vielen existierenden zentralen elektronischen Marktplätzen werden bisher weder geeignete Verfahren zur Identitätprüfung von Marktteilnehmern noch zusätzliche Sicherungsmaßnahmen beim Vertragsschluss eingesetzt. Meist müssen sich die Marktteilnehmer auf einem Marktplatz registrieren, wobei jedoch keine echte Identitätsprüfung erfolgt. Ein erfolgreicher Vertragsschluss wird oft durch einfache elektronische Dokumente wie E-Mails dokumentiert. Dabei ist weder die Herkunft noch der Inhalt einer E-Mail, sofern nicht zusätzliche Mechanismen eingesetzt werden, gesichert. Zwar versuchen zentrale Marktplatzbetreiber durch den Einsatz anderer Verfahren (Überwachung von Vertragsverhandlungen oder Einsatz von Reputationssystemen) den Missbrauch zu minimieren, im Streitfall ist jedoch oft eine aufwendige Analyse notwendig, da kaum beweissichernde Maßnahmen seitens des Marktplatzbetreibers oder der Vertragsteilnehmer eingesetzt werden. Durch das Fehlen von nicht veränderbaren Beweisinformationen kann zudem manchmal nicht festgestellt werden, von welchem Vertragsteilnehmer der Missbrauchsversuch ausgeht.

1.2 Ziele dieser Arbeit

Um Marktteilnehmern ein rechtskonformes und beweissicheres Handeln auf selbstorganisierenden verteilten elektronischen Märkten zu ermöglichen, müssen brauchbare Lösungen für die beschriebenen Probleme gefunden werden. Im Rahmen dieser Arbeit wurden daher folgende Zielsetzungen verfolgt:

- sichere Vertragsverhandlungen in selbstorganisierenden verteilten elektronischen Märkten

- Beweiserleichterung im elektronischen Rechtsverkehr für selbstorganisierende verteilte elektronische Märkte

- Entwurf einer dienstorientierten Basisplattform für Peer-to-Peer-Anwendungen und Integration einer geeigneten Sicherheitsarchitektur zum Aufbau verteilter Marktplattformen

Um diese Ziele zu erreichen, wurden im Rahmen dieser Arbeit Verfahren entwickelt, die sichere Vertragsverhandlungen mit Hilfe von Mechanismen zur Identifizierung von Marktteilnehmern und Zuordenbarkeit von rechtlich relevanten Erklärungen ermöglichen. Andererseits wurden Verfahren konzipiert, mit denen Beweiserleichterung in Form eines nachweisbaren Zugangs elektronischer Willenserklärungen auf einem selbstorganisierenden verteilten elektronischen Marktplatz bereitgestellt werden kann.

Zur Umsetzung solcher Verfahren wird jedoch eine Plattform zum Aufbau verteilter elektronischer Märkte benötigt, anhand derer die Verfahren exemplarisch angewandt werden können. Diese muss notwendige Grundfunktionen eines typischen Marktplatzes bereitstellen, ohne dabei Einschränkungen hinsichtlich des Anwendungsszenarios, des Marktmodells oder der Marktmechanismen zu machen. Die dahinterliegende Architektur einer solchen verteilten Marktplattform muss dabei so gestaltet werden, dass trotz der verteilten Organisationsform eine hohe Skalierbarkeit und Robustheit bereitgestellt werden kann, ohne dabei auf zentrale Koordination angewiesen zu sein. Gleichzeitig muss die Architektur die Wiederverwendung von Grundfunktionen und die Erweiterbarkeit der Plattform erlauben, ohne dass dabei Änderungen an der bestehenden Basisplattform notwendig sind. Eine Möglichkeit stellt dabei der Einsatz eines dienstorientierten Architekturansatzes dar, da dieser eine hohe Modularität und Wiederverwendbarkeit von Komponenten mit sich bringt.

Neben den technischen Herausforderungen einer solchen Marktplattform müssen auch andere, nicht-technische, Aspekte berücksichtigt werden. So stellen beispielsweise die Bestimmungen an den elektronischen Rechtsverkehr wichtige Anforderungen dar. Die Einhaltung solcher Bestimmungen ist auf einem verteilten Marktplatz deutlich aufwendiger als bei bisherigen zentralen Marktplätzen, da dort die Einhaltung der rechtlichen Bestimmungen vom dedizierten Marktplatzbetreiber übernommen werden kann. Ohne zusätzliche Mechanismen zur Sicherung und Protokollierung von rechtlich relevanten Transaktionen durch die verteilte Infrastruktur werden sich verteilte Marktplattformen trotz ihrer Vorteile aufgrund fehlender Rechtssicherheit von durchgeführten Transaktionen nicht durchsetzen können.

1.3   Gliederung der Arbeit

In Kapitel 2 erfolgt eine Einführung in die Grundlagen der Kryptographie, Peer-to-Peer-Technologien und dienste-basierte Architekturen. Zusätzlich wird ein kurzer Einblick in die notwendigen juristischen Grundlagen gegeben, die für das Verständnis der entsprechenden rechtlichen Normen oder Anforderungen hilfreich sind.

Kapitel 3 beschreibt den Entwurf und die Implementierung einer verteilten elektronischen Marktplattform. Nach einer Analyse und Bewertung verwandter Arbeiten, wird die Architektur der verteilten elektronischen Marktplattform vorgestellt. Dabei wurde bereits beim Entwurf auf die Integration grundlegender Sicherheitsmechanismen geachtet, so dass im Anschluss aufbauend auf der Basisarchitektur weitere Protokolle und Verfahren mit unterschiedlichen Sicherheitsanforderungen umgesetzt werden können, ohne Anpassungen an der eigentlichen Basisarchitektur vornehmen zu müssen.

In Kapitel 4 werden aufbauend auf der Marktplattform Verfahren und Protokolle vorgestellt, die sichere Vertragsverhandlungen auf verteilten elektronischen Märkten ermöglichen. Im Rahmen dieser Arbeit wurde dabei der Fokus einerseits auf die Authentizität von Marktteilnehmern und anderseits auf die Zuordenbarkeit von rechtlich relevanten Vertragserklärungen gelegt, so dass Marktteilnehmer rechtskonform und beweissicher auf dem Marktplatz agieren können.

Darüber hinaus werden in Kapitel 5 Mechanismen vorgestellt, die, zusätzlich zur Absicherung von Vertragsverhandlungen, entsprechende Vorgänge protokollieren und somit zu einer Beweiserleichterung im elektronischen Rechtsverkehr bei einem späteren Rechtsstreit führen können. Im Rahmen dieser Arbeit wurde dabei der Fokus auf den Zugang rechtlicher Erklärungen im elektronischen Rechtsverkehr gelegt.

Mit einer Zusammenfassung und einem Ausblick auf weiterführende Arbeiten schließt die Arbeit mit Kapitel 6.

Kapitel 2

Grundlagen

In diesem Kapitel wird ein kurzer Einblick in grundlegende Verfahren und Techniken gegeben, die für das Verständnis der weiteren Arbeit hilfreich sind.

Zu Beginn werden in Abschnitt 2.1 allgemeine Begriffe der Sicherheit vorgestellt und kurz beschrieben. Im Abschnitt 2.2 werden die notwendigen kryptographischen Grundlagen erläutert. Ausgehend von symmetrischen und asymmetrischen Chiffren, kryptographischen Einwegfunktionen werden aufbauend darauf Verfahren wie digitale Signaturen und digitale Zeitstempel vorgestellt. In Abschnitt 2.3 wird die Anwendung von digitalen Signaturen und Zertifikaten zur Bereitstellung von Vertrauensmodellen vorgestellt.

Der Abschnitt 2.5 enthält eine Einführung in verteilte und selbstorganisierende Systeme. Nach einer kurzen Vorstellung der grundlegenden Merkmale verteilter Systeme werden die Unterschiede verschiedener verteilter Organisationsformen erläutert. In Abschnitt 2.6 wird das Grundprinzip dienstorientierter Architekturen vorgestellt.

Da in der vorliegenden Arbeit Problemstellungen mit juristischem Hintergrund betrachtet werden, erfolgt in Abschnitt 2.7 eine kurze Einführung in die notwendigen rechtlichen Grundlagen. Dabei wird vor allem auf die Wirksamkeit und Nachweisbarkeit von Vertragsverhandlungen eingegangen.

Anschließend werden in den Abschnitten 2.8 und 2.9 Möglichkeiten vorgestellt, mit denen eine Klassifikation von Angreifern und eine Beschreibung möglicher Angriffe erfolgen kann.

2.1 Allgemeine Begriffe der Sicherheit

Nachfolgend eine kurze Einführung in die wichtigsten Grundbegriffe technischer Sicherheit.

- Integrität
  Unter *Integrität* wird die Unversehrtheit einer Nachricht verstanden, die Nachricht wurde also während der Übertragung oder Speicherung nicht unbefugt verändert, etwa durch das Ersetzen, Einfügen oder Löschen von Teilen der Nachricht.

- Vertraulichkeit
  Vertraulichkeit soll gewährleisten, dass der Inhalt einer Nachricht nur den berechtigten
  Parteien zugänglich ist. Dazu muss die entsprechende Nachricht während der Übertragung oder Speicherung vor dem Zugriff unberechtigter Parteien entsprechend geschützt
  werden.

- Authentizität
  Bei *Authentizität* müssen zwei Aspekte unterschieden werden. Einerseits wird darunter
  der zweifelsfreie Nachweis einer Identität gegenüber einer anderen Partei verstanden,
  andererseits wird damit auch die Authentizität von Nachrichten, also der Nachweis über
  die Herkunft und die Integrität einer Nachricht bezeichnet.

- Nichtabstreitbarkeit
  Mit *Nichtabstreitbarkeit* wird der Teil der Sicherheit bezeichnet, der sich mit der Verbindlichkeit von Aktionen beschäftigt. So ist bei bestimmten Aktionen wichtig, dass später
  zweifelsfrei nachgewiesen werden kann, dass eine bestimmte Nachricht von einer Partei
  stammt oder eine Nachricht von einer Partei empfangen worden ist.

- Anonymität und Pseudonymität
  Beim Einsatz von *Anonymität* soll unter allen Umständen verhindert werden, dass die
  verwendete Identität eindeutig identifizierbar ist und aufgedeckt werden kann, während
  bei der *Pseudonymität* eine Identität verwendet wird, die unterscheidbar und damit identifizierbar wird. Das Aufdecken dieser Identität ist u. U. jedoch nur bestimmten Parteien
  möglich.

2.2 Kryptographische Grundlagen

Die Geschichte der Kryptographie (vom griechischen *kryptós* – "verborgen", und *gráphein* –
"schreiben") reicht zwar schon fast 4000 Jahre zurück, jedoch sind aus heutiger Sicht nur wenige Verfahren von Interesse. Für die vorliegende Arbeit sind dies vor allem Methoden zur
Ver- und Entschlüsselung von Daten (sog. Chiffren) und kryptographische Einwegfunktionen.
Mit Hilfe dieser kryptographischen Grundoperation lassen sich weitergehende Verfahren wie
digitale Signaturen und Vertrauensmodelle aufbauen.

2.2.1 Symmetrische Chiffren

Das Grundprinzip *symmetrischer* Verschlüsselungsverfahren [79, 136] beruht auf der Tatsache,
dass sowohl für die *Verschlüsselung* als auch für die *Entschlüsselung* einer Nachricht m der
identische Schlüssel k verwendet wird. Dies hat zur Folge, dass sowohl der Sender, als auch der
Empfänger einer Nachricht m Kenntnis über den geheimen Schlüssel k haben muss.

Um eine Nachricht sicher zwischen dem Sender und dem Empfänger auszutauschen, *verschlüsselt* (encrypt) der Sender die Nachricht m mittels des geheimen Schlüssels k ($c = E_k(m)$) und
überträgt das Chiffrat c an den Empfänger. Dieser *entschlüsselt* (decrypt) mit Hilfe des geheimen Schlüssels k ($m = D_k(c)$) das Chiffrat c und erhält die Nachricht m im Klartext. Der daraus
folgende Zusammenhang zwischen Ver- und Entschlüsselung ist in Formel 2.1 dargestellt.

$$m = D_k(E_k(m)) \tag{2.1}$$

Die bekanntesten symmetrischen Verschlüsselungsalgorithmen sind der *Data Encryption Standard* (DES) [2] und dessen Nachfolger *Triple DES* (3DES) [3], welche jedoch im Jahr 2002 durch den *Advanced Encryption Standard* (AES) [88] abgelöst wurden.

Symmetrische Verschlüsselungsverfahren haben den Vorteil, dass sie bereits bei niedriger Schlüssellänge (z. B. 128 Bit) aktuell ein hohes Maß an Sicherheit bereitstellen und dabei eine hohe Ver- und Entschlüsselungsgeschwindigkeit bieten. Dem stehen jedoch einige gravierende Nachteile gegenüber. Einerseits werden mit steigender Anzahl von Teilnehmern quadratisch ($\frac{n(n-1)}{2}$) viele geheime Schlüssel benötigt, andererseits ist es nicht nachvollziehbar, wer die Nachricht erzeugt hat, da sowohl Sender als auch Empfänger im Besitz des entsprechenden Schlüssels sind und die Nachricht erzeugen können.

2.2.2 Asymmetrische Chiffren

Die aufgeführten Probleme, die durch den Einsatz symmetrischer Verschlüsselungsalgorithmen auftreten, können durch den Einsatz *asymmetrischer* Verfahren [47, 136] vermieden werden. Im Gegensatz zu symmetrischen Chiffren kommt bei asymmetrischen Chiffrierverfahren ein zweigeteilter Schlüssel zum Einsatz. Dabei werden die beiden Schlüsselteile so gewählt, dass eine kryptographische Operation mit einem der Teilschlüssel nur durch die entsprechende Gegenoperation, jedoch unter Verwendung des anderen Teilschlüssels, wieder rückgängig gemacht werden kann.

Ein Teil des zweigeteilten Schlüssels wird dabei meist als öffentlicher Schlüssel k_{pub}, der andere Teil als geheimer, privater Schlüssel k_{priv} bezeichnet. Um nun eine Nachricht m gesichert zu übertragen, verschlüsselt der Sender die Nachricht m mit dem öffentlich bekannten Schlüssel des Empfängers k_{pub} ($c = E_{k_{pub}}(m)$) und übermittelt das Chiffrat c an den Empfänger. Der Empfänger kann dann das Chiffrat mittels seines geheimen, privaten Schlüssels k_{priv} wieder entschlüsseln ($m = D_{k_{priv}}(c)$). Der Zusammenhang von Ver- und Entschlüsselung bei asymmetrischen Chiffren ist in Formel 2.2 veranschaulicht.

$$m = D_{k_{priv}}(E_{k_{pub}}(m)) \tag{2.2}$$

Das bekannteste asymmetrische Verschlüsselungsverfahren ist RSA [108], welches 1977 von den Wissenschaftlern **R**ivest, **S**hamir und **A**dleman entwickelt wurde. Ein weiteres asymmetrisches Verfahren ist Elgamal [48].

Durch die Aufteilung in einen zweigeteilten Schlüssel, wovon ein Teil öffentlich verfügbar und der andere Teil geheim ist, werden bei steigender Teilnehmeranzahl nur linear mehr Schlüssel benötigt, da pro neuem Teilnehmer nur ein zusätzliches Schlüsselpaar erzeugt werden muss.

Nachteile asymmetrischer Verfahren sind deutlich längere Schlüssellängen (z. B. 2048 Bit) bei annähernd gleicher Sicherheit im Vergleich zu symmetrischen Verfahren und damit verbunden auch geringe Ver- und Entschlüsselungsgeschwindigkeiten. Ein weiteres Problem beim Einsatz asymmetrischer Verfahren ist die Zuordnung der öffentlichen Schlüssel.

2.2.3   Hybride Kryptographie

Die Grundidee beim Einsatz hybrider Verfahren [13] ist die Vermeidung der jeweiligen Nachteile von symmetrischen und asymmetrischen Verschlüsselungsverfahren durch die Kombination beider Verfahrensklassen. Somit soll verhindert werden, dass ein erhöhter Aufwand bei der Schlüsselverwaltung (symmetrische Verfahren) und hohe Anforderungen an Rechenzeit für die einzelnen Verschlüsselungen (asymmetrische Verfahren) entstehen.

Bei der häufigsten Variante eines hybriden Kryptosystems wird dabei eine zweistufige Verschlüsselung der zu übertragenden Nachricht vorgenommen. Zuerst wird die Nachricht m mittels eines symmetrischen Verschlüsselungsverfahrens unter Verwendung eines zufällig erzeugten Schlüssels k (auch Sitzungsschlüssel genannt) durch den Sender zu einen Chiffrat c verschlüsselt. Anschließend verschlüsselt der Sender den Sitzungsschlüssel k mit dem öffentlichen Schlüssel des Empfängers k_{pub} zu einem zweiten Chiffrat c_k. Nach dem Empfang von c und c_k kann der Empfänger mittels seines geheimen, privaten Schlüssels k_{priv} den Sitzungsschlüssel k entschlüsseln und damit im Anschluss die Nachricht m aus dem Chiffrat c entschlüsseln. Die formale Darstellung der zweistufigen Verschlüsselung erfolgt in Formel 2.3, die dazu passende Entschlüsselung wird in Formel 2.4 dargestellt.

$$c = E_k(m) \quad \text{und} \quad c_k = E_{k_{pub}}(k) \tag{2.3}$$
$$m = D_k(c) \quad \text{mit} \quad k = D_{k_{priv}}(c_k) \tag{2.4}$$

Durch diese Vorgehensweise werden die Vorteile beider Methoden zur Verschlüsselung von Daten kombiniert. Auf der einen Seite wird durch die Verwendung symmetrischer Verfahren bei der Ver- und Entschlüsselung der Nachricht eine hohe Verarbeitungsgeschwindigkeit erreicht. Aufgrund der geringen Länge des Sitzungsschlüssels (z. B. 128 Bit) wird auch bei der Ver- bzw. Entschlüsselung des Sitzungsschlüssels mittels asymmetrischer Kryptographie nur wenig Zeit benötigt. Andererseits wird durch die Verwendung von asymmetrischen Verfahren die Verwaltung und der Austausch vieler symmetrischer Schlüssel vermieden, da der Sender den Sitzungsschlüssel mit dem öffentlichen Schlüssel des Empfängers schützt.

2.2.4   Kryptographische Einwegfunktionen

Ein weiterer wichtiger Grundbaustein der Kryptographie sind *kryptographische Einwegfunktionen* [79, 136], die auch *Hash-Funktionen* genannt werden. Mit Einwegfunktionen werden mathematische Abbildungen bezeichnet, die Eingabedaten beliebiger Länge auf einen Wert mit fester, im Vergleich zu den Eingabedaten sehr kurzer Länge abbilden. Gleichzeitig zeichnen sich typische Hash-Funktionen dadurch aus, dass diese schnell berechenbar sind, ähnliche Eingabewerte auf sehr unterschiedliche Ausgabewerte abbilden und für eine Gleichverteilung von Hash-Werten sorgen. Formel 2.5 zeigt die formale Darstellung einer Einwegfunktion h.

$$h = H(m) \quad \text{mit} \quad H : \mathbb{W}^* \to \mathbb{W}^n \tag{2.5}$$

Das Ergebnis einer Hash-Funktion wird meist als *Hash-Wert* h bezeichnet. Genutzt werden solche Hash-Werte üblicherweise zum Vergleich auf Gleichheit verschiedener Nachrichten, da anstatt die Nachrichten direkt miteinander zu vergleichen, nur die jeweiligen Hash-Werte miteinander verglichen werden müssen.

Im Gegensatz zu einfachen Einwegfunktionen haben kryptographische Einwegfunktionen folgende zusätzliche Anforderungen:

- Urbildresistenz
  Es ist schwierig, einen Nachricht m zu finden, die zu einen vorgegebenen Hash-Wert h passt ($h = H(m)$).

- Kollisionsresistenz
  Es ist schwierig, zwei Nachrichten m und m' zu finden, die denselben Hash-Wert besitzen ($H(m) = H(m')$).

So soll durch die Urbildresistenz verhindert werden, dass aus einem gegebenen Hash-Wert h die Ursprungsnachricht m einfach rekonstruiert werden kann. Dies ist beispielsweise nicht erwünscht, da dadurch der Angreifer Kenntnis über den Inhalt einer Nachricht erlangen könnte.

Bei der Betrachtung der Kollisionsresistenz müssen zwei Fälle unterschieden werden. Einerseits kann ein Angreifer versuchen eine beliebige Kollision zu erzeugen, wobei die Wahrscheinlichkeit einer solchen Kollision aufgrund des *Geburtstagsparadoxon* [79] bei einer Hash-Funktion mit einem Wertebereich von 2^n verschiedenen Hash-Werten durch zufälliges Ausprobieren von $2^{n/2}$ Paaren verschiedener Eingangsdaten bereits größer als 50% ist.

Weitaus interessanter, aber auch deutlich aufwendiger, ist das Auffinden einer Kollision zu einem vorgegebenen Hash-Wert h (Preimage- oder Urbild-Angriff). Eine solche Kollision würde einem Angreifer ermöglichen, die eigentliche Nachricht m mit einer eigenen Nachricht m' zu ersetzen, da beide den gleichen Hash-Wert besitzen ($H(m) = H(m')$).

Bekannte kryptographische Einwegfunktionen sind beispielsweise *Message Digest 5* (MD5) [107] und der zur SHA-Familie gehörende *Secure Hash Algorithm 1* (SHA-1) [45]. Die Bitlänge des Hash-Wertes beträgt bei MD5 128 Bit bzw. bei SHA-1 160 Bit, die anderen SHA-Varianten wie SHA-256, SHA-384 und SHA-512 liefern entsprechend längere Hash-Werte. Mittlerweile ist MD5 als unsicher einzustufen [140, 141]. Auch für SHA-1 konnte inzwischen der Aufwand für das Auffinden einer beliebigen Kollision reduziert werden [118], jedoch ist das Verfahren noch nicht als unsicher einzustufen.

Eine weitere Eigenschaft, die sich aus den Anforderungen an kryptographische Einwegfunktionen ableiten lässt, ist die Verteilung von Hash-Werten bei beliebigen Eingaben. Aufgrund der Kollisionsresistenz kann man eine gleichverteilte Verteilung von Hash-Werten annehmen. Anderenfalls würde für bestimmte Hash-Werte eine höhere Wahrscheinlichkeit bestehen, eine Kollision zu finden, als für beliebige Hash-Werte.

2.2.4.1 HMAC

Kryptographische Hash-Funktionen eignen sich in der oben vorgestellten Form nicht ohne zusätzliche Maßnahmen, um damit beispielsweise Integritätsschutz beim Übertragen von Nachrichten zu gewährleisten. Zum einen ist die verwendete Hash-Funktion meist bekannt, der Angreifer ist also in der Lage zu einer gegebenen Nachricht einen eigenen korrekten Hash-Wert zu erzeugen, da die Berechnung des Hash-Wertes nicht von einem Geheimnis abhängt. Selbst wenn bei der Berechnung des Hash-Wertes einer Nachricht ein geheimer Schlüssel der Nachricht vorangestellt wird, kann der Angreifer beliebige Daten an die Nachricht anhängen. Einen gültigen Hash-Wert kann er ohne Kenntnis des Geheimnisses errechnen, in dem er den bisherigen Hash-Wert zur Berechnung heranzieht.

Aus diesem Grund wurden sog. *Hashed Message Authentication Codes* (HMAC) [79, 136] basierend auf Hash-Funktionen entwickelt. Diese verwenden eine beliebige kryptographische Hash-Funktion H und einen geheimen Schlüssel k. Um die beschriebenen Probleme zu lösen, wird der geheime Schlüssel k in die Berechnung des Hash-Wertes einbezogen. Außerdem wird die Hash-Funktion mehrfach zur Berechnung des Hash-Wertes eingesetzt. Formel 2.6 zeigt den Aufbau einer HMAC-Funktion.

$$HMAC_k(m) = H((k \oplus opad)\|H((k \oplus ipad)\|m)) \tag{2.6}$$

Zuerst wird der geheime Schlüssel mit den Konstanten $opad$ und $ipad$, welche fest vorgegeben sind, mittels XOR-Operation verknüpft. Einer der Ausdrücke wird dann mit der Nachricht m konkateniert und darüber der Hash-Wert gebildet. Dieser Hash-Wert wird dann mit dem anderen Ausdruck verbunden und nochmals einer Hash-Wertberechnung unterzogen. Durch die Einbeziehung des geheimen Schlüssels k können gültige Hash-Werte nur von den Inhabern des Schlüssels k erzeugt und validiert werden. Durch die verschachtelte Anwendung der Hash-Funktion H wird zudem verhindert, dass ein Angreifer durch das Anhängen zusätzlicher Daten in der Lage ist, einen gültigen Hash-Wert zu erzeugen.

2.2.4.2 Hash-Ketten

Zusätzlich zur Integritätssicherung können Hash-Funktionen auch zur Authentifizierung verwendet werden. Eine Variante davon stellen sog. *Hash-Ketten* [13] dar. Die Grundidee ist dabei durch das wiederholte Anwenden einer Hash-Funktion auf einen Zufallswert eine voneinander abhängige Kette von Hash-Werten zu ermitteln.

Formal kann eine Hash-Kette mittels der Formel 2.7 dargestellt werden.

$$h_{i+1} = H(h_i) \quad \text{mit} \quad h_0 = rand \tag{2.7}$$

Für eine Authentifizierung mittels einer Hash-Kette wird folgendes Verfahren verwendet. Die sich authentifizierende Partei erzeugt eine Hash-Kette mit Hilfe der oben angegebenen Regel und überträgt das letzte Element der Hash-Kette h_n über einen sicheren Kanal an die gegenüberliegende Partei. Verlangt nun die andere Partei eine Authentifizierung der ersten, so legt diese den vorhergehenden Wert der Hash-Kette h_{n-1} offen. Die Partei, welche die Authentifizierung verlangt, kann mittels $h_n = H(h_{n-1})$ überprüfen, ob h_{n-1} Teil der Hash-Kette ist. Nur wenn die Anwendung der Hash-Funktion auf den Wert h_{n-1} den Wert h_n ergibt, stammt der Wert von der Hash-Kette der ersten Partei, welche damit als authentifiziert gilt. Für weitere Authentifizierungsvorgänge werden die bisher noch nicht veröffentlichten Elemente $h_{n-2}, h_{n-3}, \ldots$ der Hash-Kette verwendet.

Durch diese Vorgehensweise kann eine einfache und effiziente Authentifizierung unter Verwendung von Hash-Funktionen realisiert werden. Nachteilig ist jedoch der initiale sichere Austausch von h_n und die begrenzte Lebensdauer der Hash-Kette, da diese nur für $n-1$ Authentifizierungsvorgänge verwendbar ist.

2.2.5 Digitale Signatur

Ein weiterer wichtiger Baustein der Kryptographie sind *digitale Signaturen*. Ähnlich der handschriftlichen Unterschrift sollen diese die *Integrität* und die *Authentizität* einer Nachricht sicherstellen. Zum einen soll durch die digitale Signatur garantiert werden, dass die Nachricht im Nachhinein nicht modifiziert worden ist, zum anderen muss aus der digitalen Signatur hervorgehen, von wem die unterzeichnete Nachricht ursprünglich stammt.

Mit den bereits vorgestellten Techniken lassen sich digitale Signaturen relativ einfach realisieren. Der einfachste Ansatz verwendet dabei die gleichen Verfahren, wie sie bei asymmetrischer Verschlüsselung zum Einsatz kommen. Anstatt jedoch, wie bei der bereits vorgestellten Verschlüsselung die Nachricht mit dem öffentlichen Schlüssel k_{pub} zu verschlüsseln, wird bei der Erstellung einer digitalen Signatur die Nachricht mit dem privaten, geheimen Schlüssel k_{priv} verschlüsselt. Das resultierende Chiffrat wird als *Signatur S* bezeichnet. Formel 2.8 zeigt die Erstellung einer Signatur S_A durch den Teilnehmer A, in dem die Nachricht m mit dem privaten Schlüssel $k_{A,priv}$ von A verschlüsselt wird.

$$S_A(m) = E_{k_{A,priv}}(m) \tag{2.8}$$

Nachteilig bei dieser Vorgehensweise ist jedoch die Größe der Signatur, da diese die gleiche Größe wie die ursprüngliche Nachricht hat. Aus diesem Grund wendet man vor der Verschlüsselung eine kryptographische Hash-Funktion auf die Nachricht an und verschlüsselt nur den erhaltenen Hash-Wert. Damit ist gewährleistet, dass die Signatur immer die gleiche (im Vergleich zur Nachricht kleine) Größe hat, unabhängig davon, wie groß die zu unterzeichnende Nachricht ist. Aus diesem Grund wird die Erzeugung einer digitalen Signatur über eine Nachricht m wie folgt in Formel 2.9 dargestellt.

$$S_A(m) = E_{k_{A,priv}}(H(m)) \tag{2.9}$$

Der Unterzeichner A einer Nachricht m berechnet zuerst den zugehörigen Hash-Wert $H(m)$ und verschlüsselt diesen mit seinem geheimen Schlüssel $k_{A,priv}$. Um nun die Echtheit der digitalen Signatur überprüfen zu können, muss der Prüfende wiederum den Hash-Wert ($h' = H(m)$) der Nachricht m berechnen. Anschließend entschlüsselt er den in der Signatur enthaltenen Hash-Wert h mit Hilfe des öffentlichen Schlüssels des Signaturerstellers $k_{A,pub}$. Stimmen dann h und h' überein, wurde die Nachricht m nicht modifiziert und die Signatur stammt vom Unterzeichner.

Die gebräuchlichsten Signaturverfahren sind das bereits im Abschnitt 2.2.2 vorgestellte RSA-Verfahren [108] und der *Digital Signature Algorithm* (DSS) [127]. Im Unterschied zum RSA-Verfahren, welches sich sowohl zur Erstellung von Signaturen, als auch zur Ver- und Entschlüsselung von Daten eignet, ist das DSA-Verfahren auf die Erstellung und Verifikation von Signaturen begrenzt. Beide Algorithmen sind Bestandteil des *Digital Signature Standard* (DSS) [127].

Im weiteren Verlauf dieser Arbeit wird für ein Dokument D, welches mit einer digitalen Signatur $S_A(D)$ von Teilnehmer A versehen ist, die in Formel 2.10 dargestellte Notation verwendet. $D|_{S_A}$ definiert ein Tupel, bestehend aus dem eigentlichen Dokument D und der digitalen Signatur S_A.

$$D|_{S_A} = \{D, S_A(D)\} \tag{2.10}$$

2.2.5.1 Verteiltes RSA-Signaturverfahren

Neben der klassischen Signaturerstellung, die vom Schlüsselinhaber allein durchgeführt wird, kann das RSA-Verfahren auch verteilt eingesetzt werden. In [122] wird ein Schwellwert-Verfahren vorgestellt, welches in der Lage ist, eine RSA-Signatur verteilt über mehrere Teilnehmer zu berechnen, die jeweils nur über einen Teilschlüssel k_i verfügen. Bedingt durch das Schwellwertverfahren (siehe auch [121]) reicht es aus, dass l von n Teilnehmern an der Signaturerstellung mitwirken, wobei für die l Teilschlüssel k_i folgender Sachverhalt gelten muss.

$$k = \sum_{i=1}^{l} d_i \mod \varphi(N) \tag{2.11}$$

Um eine verteilte Signatur für die Nachricht m zu erstellen, wird Formel 2.12 angewendet. Die l Teilnehmer berechnen die Teilsignaturen $S_i(m)$, in dem die bekante RSA-Operation mit dem Teilschlüssel k_i auf den Hash-Wert der Nachricht durchgeführt wird. Zum Schluss werden die Teilsignaturen $S_i(m)$ zur Signatur $S(m)$ verknüpft.

$$S_k(m) = \prod_{i=1}^{l} S_i(m) = \prod_{i=1}^{l} x^{k_i} = x^{\sum_{i=1}^{l} k_i} = x^k \mod N \quad \text{mit} \quad x = H(m) \tag{2.12}$$

Für das hier vorgestellte Verfahren wird davon ausgegangen, dass der geheime Schlüssel k vorher erstellt und auf die Teilnehmer verteilt wurde.

2.2.5.2 Verteilte Schlüsselerzeugung

Da bei dem im vorherigen Abschnitt vorgestellten verteilten Signaturverfahren der geheime Schlüssel k zuerst durch einen vertrauenswürdigen Dritten erstellt und danach auf die verschiedenen Teilnehmer aufgeteilt wird, kann das Verfahren unter Umständen nicht auf verteilten Infrastrukturen eingesetzt werden. Aus diesem Grund ist neben der verteilten Signaturerstellung auch eine verteilte Schlüsselerzeugung notwendig.

In [52] wird basierend auf den Arbeiten von [14] ein Verfahren vorgestellt, mit dem eine verteilte Schlüsselerzeugung für das verteilte RSA-Verfahren aus dem vorherigen Abschnitt bereitgestellt werden kann. Grundidee des eingesetzten Verfahrens ist die verteilte Erzeugung eines Signaturschlüssels k, bestehend aus n Teilschlüsseln k_i, bei dem sichergestellt wird, dass keiner der Teilnehmer den geheimen Signaturschlüssel k vollständig kennt. Gleichzeitig zeichnet sich das eingesetzte Verfahren dadurch aus, dass die Teilschlüssel k_i für ein Schwellwertverfahren geeignet sind, wie es im vorherigen Abschnitt vorgestellt wurde.

Von den n Gruppenmitgliedern, die an der Erzeugung des geheimen Signaturschlüssels beteiligt sind, werden bei der Erstellung einer digitalen Signatur nur l Mitglieder der Gruppe benötigt, um eine gültige Signatur erzeugen zu können. Diese Eigenschaft ist für das betrachtete Anwendungsszenario nützlich, da aufgrund der verteilten Infrastruktur und des spontanen Charakters des elektronischen Marktplatzes nicht garantiert werden kann, dass alle ursprünglichen Gruppenmitglieder zum Zeitpunkt einer Signaturerstellung verfügbar sind.

Grob unterteilt sich die verteilte Erzeugung des geheimen Signaturschlüssels innerhalb einer Gruppe nach [52] in folgende Schritte:

- Berechnung der Primzahlen p und q
  Jeder Teilnehmer der Gruppe, wählt zufällig zwei Primzahlen p_i und q_i. Danach wird mittels eines Siebalgorithmus ermittelt, ob die Summe aller Primzahlen $p_1 + p_2 + \ldots + p_n$ und $q_1 + q_2 + \ldots + q_n$ keine kleinen Primfaktoren enthalten. Dies soll sicherstellen, dass die Primfaktoren p und q nicht unter einer gewissen Schranke fallen, so dass der spätere Primzahltest von p und q erleichtert wird.

- Berechnung Modulus N
  Im zweiten Schritt der verteilten Schlüsselerzeugung erfolgt die Berechung des öffentlichen Modulus N aus dem Produkt $p \cdot q$. Dabei wird jedoch aufgrund des verwendeten Verfahrens (siehe [10]) sichergestellt, dass keiner der Teilnehmer die Einzelwerte für p und q ermitteln kann.

- Primzahltest
  In diesem Schritt wird ein Primzahltest, wie in [14] beschrieben, durchgeführt. Bei erfolgreichem Abschluss des Primzahltests kann $N = p \cdot q$ als das Produkt zweiter Primzahlen angenommen werden, anderenfalls muss der Algorithmus wiederholt werden.

- Berechnung des privaten Schlüssels
  Im letzten Schritt der verteilten Schlüsselerzeugung wird das Inverse des öffentlichen Schlüssels modulo $\varphi(N)$ unter Verwendung der eulerschen φ-Funktion berechnet. Diese Berechung erfolgt ebenfalls verteilt. Nach der Berechnung kennt jeder Teilnehmer seinen Teilschlüssel k_i.

2.2.6 Digitale Zertifikate

Aufbauend auf der digitalen Signatur können weitere Grundbausteine der Kryptographie gebildet werden. Einer davon sind *digitale Zertifikate* [13]. Typischerweise ist die Aufgabe eines Zertifikates, einen bestimmten Tatbestand zu beglaubigen und diesen an eine bestimmte Identität oder ein anderes eineindeutiges Merkmal zu binden.

Einige der wichtigsten Zertifikate in der heutigen Welt sind beispielsweise Ausweis, Reisepass oder Führerschein. Bei Passdokumenten bescheinigt beispielsweise die Regierung eines Staates die Identität und die Herkunft des Passinhabers. Beim Führerschein wird die Berechtigung zum Fahrzeugführen ausgewiesen.

Allen Zertifikaten gemein ist, dass sie von einem *Aussteller* ausgegeben werden. Dieser hat die Aufgabe, die Angaben im jeweiligen Zertifikat auf ihre Richtigkeit zu überprüfen und verbürgt sich für die Korrektheit der Angaben. Bei den meisten Zertifikatstypen wird zudem ein *Inhaber* ausgewiesen. Dieser wird entweder mit Namen oder einem anderen eineindeutigen Merkmal wie E-Mail-Adresse oder ähnlichem angegeben. Außerdem enthalten digitale Zertifikate einen *öffentlichen Schlüssel*. Mit dem zugehörigen privaten Schlüssel kann derjenige, der ein Zertifikat vorlegt, beweisen, dass er der rechtmäßige Inhaber ist. Im allgemeinen werden folgende Zertifikatstypen unterschieden:

- Identitätszertifikat (ID-Zertifikat)
  Ähnlich zum klassischen Ausweisdokument bestätigt ein ID-Zertifikat die Zugehörigkeit eines öffentlichen (und damit auch des zugehörigen privaten) Schlüssels an eine Identität. Dabei wird die Identität meist in Form eines Namens oder einer E-Mail-Adresse angegeben.

- Attributzertifikat
  Im Gegensatz zu einem ID-Zertifikat bindet ein Attributzertifikat eine Eigenschaft in Form eines Attributwertes an eine Identität. Oft werden Attributzertifikate in Kombination mit ID-Zertifikaten zur Autorisierungsprüfung eingesetzt. Dies hat den Vorteil, dass die Zuordnung von Rollen oder Rechten im System unabhängig von dem bereits vorhandenen ID-Zertifikat vorgenommen werden kann. Eine Rolle kann jederzeit an eine Identität gekoppelt werden, ohne dass dafür das entsprechende ID-Zertifikat modifiziert werden muss, genauso kann die Rolle zurückgezogen werden, indem das jeweilige Attributzertifikat widerrufen wird.

- Autorisierungszertifikat
  Eine alternative Möglichkeit zur Umsetzung eines Rollenkonzeptes bieten Autorisierungszertifikate. Anstatt die gewünschte Eigenschaft mittels eines Attributzertifikates an eine Identität zu koppeln, binden diese das Attribut an einen separaten öffentlichen Schlüssel. Damit ist es möglich, Attribute an einen Schlüssel zu binden, ohne diesen einer bestimmten Person oder Identität zuzuweisen. Jeder, der Kenntnis über den zugehörigen privaten Schlüssel hat, kann eine erfolgreiche Autorisierung durchführen. Außerdem kann der Entzug eines Attributwertes allein durch den Widerruf des entsprechenden Autorisierungszertifikates erfolgen, beim Einsatz von Attributzertifikaten müssten alle zugehörigen Attributzertifikate widerrufen werden.

Heutzutage sind ID-Zertifikate großflächig im Einsatz, während Attribut- und Autorisierungszertifikate eher selten eingesetzt werden. Die wohl häufigste Form von ID-Zertifikaten sind SSL/TLS-Zertifikate für Webseitenbetreiber. Darin wird die Echtheit des Zertifikatsinhabers, beispielsweise einer Bank, bestätigt, worauf anschließend der öffentliche Schlüssel zum Aufbau einer gesicherten Verbindung genutzt werden kann. Außerdem werden ID-Zertifikate auch bei sicherer E-Mail-Kommunikation wie beispielsweise S/MIME [100] eingesetzt.

2.2.6.1 X.509

Eigentlich als ein Bestandteil des X.500-Rahmenwerkes [62] entworfen, wird der *X.509*-Standard mittlerweile separat weiterentwickelt und ist der aktuell am weitesten verbreitetste

Zertifikatsstandard. X.509 wird in einer Vielzahl von Protokollen (TLS, S/MIME, IKE) zur Darstellung von Identitätszertifikaten eingesetzt.

Die Struktur von X.509-Zertifikaten lässt sich mittels *Abstract Syntax Notation One* (ASN.1) [63] beschreiben und definiert mehrere Name-Wert-Paare. Neben einer Reihe von Feldern, die für Versionierung und Kompatibilität notwendig sind, enthält ein X.509 unter anderem folgende Elemente:

- `subject`
  Dieses Attribut enthält den eindeutigen Namen des Zertifikatsinhabers. Dieser wird in einem hierarchischen Namensschema dargestellt und dann als sog. *Distinguished Name* bezeichnet und setzt sich aus mehreren Namensbestandteilen zusammen.

- `subjectPublicKeyInfo`
  Dieses Feld enthält den öffentlichen Schlüssel an den die gewünschte Identität durch das Zertifikat gebunden wird. Gleichzeitig beinhaltet das Feld Informationen über den verwendeten kryptographischen Algorithmus.

- `issuer`
  Das Attribut `issuer` enthält den eindeutigen Namen des Ausstellers des Zertifikates und wird ebenfalls als Distinguished Name ausgeführt.

- `serialNumber`
  Jedem Zertifikat wird eine Seriennummer beigefügt, damit zwei Zertifikate, die für den gleichen Benutzer mit identischem öffentlichen Schlüssel ausgestellt wurden, unterschieden werden können.

- `validity`
  Jedes Zertifikat enthält ein Attribut, in dem die Gültigkeit des Zertifikates angegeben ist. Ist die Gültigkeitsdauer überschritten, wird das Zertifikat als ungültig angesehen.

- `signature`
  Das Feld `signature` enthält die digitale Signatur des Ausstellers des Zertifikates.

- `signatureAlgorithm`
  Neben der Signatur selbst beinhaltet das Zertifikat auch die Angabe des verwendeten Signaturverfahrens. Dies ermöglicht den Einsatz verschiedener Verfahren (z. B. RSA, DSA), ohne dass dazu Modifikation am Format vorgenommen werden müssen.

Abbildung 2.1 zeigt eine kurze tabellarische Darstellung aller Attribute eines X.509-ID-Zertifikates.

Daneben definiert der X.509-Standard noch einige Elemente, mit denen nachträgliche Erweiterungen (sog. *Extensions*) realisiert werden können, ohne dass dabei das grundlegende Format verändert werden muss. Die Grundstruktur möglicher Erweiterungen ist festgelegt und enthält vordefinierte Felder, an denen abgelesen werden kann, ob die jeweilige Erweiterung kritisch ist und somit von der vorliegenden Implementierung verstanden werden muss oder ignoriert werden darf. Kennt beispielsweise eine Implementierung eine spezielle Erweiterung, die als

Attributname in ASN.1-Struktur	Beschreibung
version	Versionsnummer des Zertifikatsformates
issuer	ID des Zertifikatserstellers
subject	ID des Zertifikatsbesitzers
subjectPublicKeyInfo	öffentlicher Schlüssel des Zertifikatsbesitzers
serialNumber	Seriennummer des ID-Zertifikates
validity	Gültigkeitsdauer des ID-Zertifikates
subjectUniqueIdentifier	erweiterte ID des Zertifikatsinhabers
issuerUniqueIdentifier	erweiterte ID des Zertifikatserstellers
extensions	Erweiterungen des Zertifikatsformates

Tabelle 2.1: Struktur eines X.509-ID-Zertifikates

kritisch markiert ist, nicht, so muss das vorliegende Zertifikat als ungültig angesehen werden, auch wenn alle anderen Teile als gültig eingestuft werden.

Eine der typischen Erweiterungen von X.509 ist die Einschränkung der Zertifizierungsfunktion. Derzeit kommen für diese Aufgabe zwei Erweiterungen zum Einsatz. Die Erweiterung *KeyUsage* zeigt die Funktion eines Zertifikates an, dabei müssen Zertifikate von Zertifizierungsstellen zumindest die Attributwerte *keyCertSign* und *CRLsign* enthalten sein. Eine weitere Einschränkung der Zertifizierungsfunktion wird mittels der Erweiterung *BasicConstraints* erreicht. Diese zeigt u. a. an, ob es sich beim vorliegenden Zertifikat um ein Zertifikat einer Zertifizierungsstelle handelt. Eine weitere bedeutende X.509-Erweiterung ist *crlExtension*. Diese enthält Informationen über die Zertifikatswiderrufliste der jeweiligen Zertifizierungsstelle.

Neben der teilweise recht komplexen Struktur von Zertifikaten und Erweiterungen existieren zudem noch eine Reihe von alternativen Formaten für die persistente Speicherung von X.509-Zertifikaten. So sind neben der Speicherung im DER-Format (Distinguished Encoding Rules, Teil des ASN.1-Standard) auch Darstellungen in Formaten wie *Base64* [65] oder *PKCS#7* [58] oder *PKCS#12* [71] üblich.

2.2.6.2 PGP

Ein alternatives Datenformat zur Darstellung von Identitätszertifikaten ist *Pretty Good Privacy*, welches 1991 von Phil Zimmerman vorgestellt wurde. Basierend auf der Version PGP 5 wurde das Datenformat standardisiert und liegt als RFC-Standard 4880 [25] vor.

Im Gegensatz zu X.509 wird bei PGP eine datensatz-orientierte Zertifikatsstruktur eingesetzt. Ein ID-Zertifikat besteht aus einer Reihe unterschiedlicher Datensätze (auch Pakete genannt), wobei jeder Datensatz eine bestimmte Information (z.B. öffentlicher Schlüssel, Identität) repräsentiert. Die Struktur der einzelnen Datensätze ist im Standard beschrieben. Jeder Datensatz beginnt mit einer eindeutigen Kennung und einer Längeninformation, gefolgt von den eigentlichen Nutzdaten.

Abbildung 2.2 zeigt den strukturellen Aufbau eines ID-Zertifikates nach dem PGP-Standard. Felder, welche mit einem Plus gekennzeichnet sind, müssen mehrfach, aber mindestens einmal

Datensatz	Beschreibung
Public Key Paket	primärer öffentlicher Schlüssel
(Signature Paket)*	Widerrufsignatur
Signature Paket	Selbstsignatur des eigenen öffentlichen Schlüssels
(User-ID Paket	User-IDs inklusive Signaturen,
(Signature Paket)*)+	die dieses Zertifikat beglaubigen
(Public Subkey Paket	Unterschlüssel
Signature Paket	Bindung an primären Schlüssel
(Signature Paket))*	Widerrufsignaturen
Trust Paket	Vertrauensparameter (lokal)

Tabelle 2.2: Struktur eines PGP-ID-Zertifikates

und Felder mit einem Stern, mehrfach vorkommen, können aber auch vollständig weggelassen werden.

Um in der vorgestellten Struktur beispielsweise die Widerrufsignatur von der eigenen Signatur des öffentlichen Schlüssels unterscheiden zu können, enthält das Format für den Signaturdatensatz Unterfelder, die den genauen Zweck der jeweiligen Signatur anzeigen (Widerruf, Zertifizierung).

Im Gegensatz zu X.509, welches nur zwei mögliche Werte der Vertrauensaussage hat (Identität vertrauenswürdig, keine Aussage), bietet PGP ein abgestuftes Modell zur Darstellung der Vertrauenswürdigkeit von Zertifikaten. So kann die Glaubwürdigkeit eines ID-Zertifikates mittels *voll vertrauenswürdig*, *vertrauenswürdig*, *nicht vertrauenswürdig* oder *unbekannt* ausgedrückt werden.

Um eine ausreichende Glaubwürdigkeit eines ID-Zertifikates zu erreichen, muss dieses von mehreren (Standardwert 2) bereits vertrauenswürdigen Zertifikaten beglaubigt sein. Ist jedoch das Zertifikat von einem voll vertrauenswürdigen Zertifikat beglaubigt worden, reicht dies nach den Standardeinstellungen aus. Neben den Abstufungen der Glaubwürdigkeit eines Zertifikates bietet PGP im Gegensatz zu X.509 auch die Möglichkeit, ein Zertifikat als explizit nicht vertrauenswürdig einzustufen.

2.3 Vertrauensmodelle

Im Gegensatz zur realen Welt stehen sich zwei Teilnehmer in der digitalen Welt normalerweise nicht direkt gegenüber und können somit kein Vertrauen in die Identität des Gegenübers aufbauen. Während in der realen Welt die persönliche Bekanntheit oder das reine physische Vorhandensein (z. B. Ladengeschäft) meist eine ausreichende Vertrauensbasis schafft, schlagen diese Mechanismen in der digitalen Welt fehl.

Aus diesem Grund sind andere Mechanismen notwendig, um Vertrauen zwischen den Teilnehmern aufzubauen. Eine Möglichkeit besteht darin, den anderen Teilnehmer von der Echtheit der angegebenen Identität zu überzeugen. Dies ist beispielsweise beim Aufbau sicherer Kommunikationsverbindungen notwendig (z. B. Onlinebanking), so dass sichergestellt ist, dass der Teilnehmer wirklich mit der gewünschten Bank kommuniziert und sensible Informationen (PIN/TAN) nicht an Dritte übergeben werden. Auch beim Abschluss von Verträgen über das Internet ist es wichtig, die Identität seines Vertragspartners zuordnen zu können, da sonst u. U. der Vertragsgegenstand nicht erfüllt werden kann, weil nicht glaubhaft nachgewiesen werden kann, wer der andere Vertragspartner ist.

Aus diesem Grund wurden verschiedene sog. *Vertrauensmodelle* [13] entworfen, die Methoden bereitstellen, um auch in der digitalen Welt Vertrauensbeziehungen zwischen Teilnehmern aufbauen zu können. Die Grundidee der meisten Vertrauensmodelle basiert auf der Erzeugung von Vertrauen durch Nachweisen einer korrekten Identität der Teilnehmer durch eine vertrauenswürdige dritte, meist unabhängige, Instanz.

2.3.1 Public-Key-Infrastructure

Die derzeit am weitesten verbreitetste Umsetzung von Vertrauensmodellen basiert auf den im Abschnitt 2.2.6 vorgestellen digitalen Zertifikaten und wird als sog. *Public-Key-Infrastructure* (PKI) [13] bezeichnet.

Die Grundidee aller PKIs beruht darauf, jedem Benutzer einen öffentlichen Schlüssel zuzuordnen und diese Zuordnung durch vertrauenswürdige Dritte mittels eines digitalen Zertifikates zu bestätigen. Eine vertrauenswürdige dritte Instanz, die die Benutzerzertifikate ausstellt, wird dann als sog. *Vertrauensanker* oder *Certification Authority* (CA) bezeichnet. Aus der Gesamtheit aller ausgestellten Zertifikate kann die sog. *Vertrauensstruktur* gebildet werden. Diese Struktur kann auch als gerichteter Graph aufgefasst werden und wird im Allgemeinen als *Vertrauensgraph* bezeichnet.

Vertraut ein anderer Benutzer der Instanz, welche das Zertifikat ausgestellt hat und kann der Benutzer, welcher behauptet der Inhaber des Zertifikates zu sein, beweisen, dass er Kenntnis über den zugehörigen privaten Schlüssel besitzt, so gilt die Identität des Benutzers als gesichert.

Im wesentlichen besteht eine PKI aus folgenden Komponenten:

- *Benutzer* (Subject oder Entity)
  Als Subjekt oder Entität einer PKI werden beispielsweise Menschen, Maschinen oder untergeordnete Instanzen bezeichnet, die ein Zertifikat benötigen oder ein vorhandenes Zertifikat prüfen lassen wollen.

- *Registrierungsstelle* (Registration Authority)
  Die Registrierungsstelle einer PKI ist für die Bearbeitung und Verwaltung von Zertifizierungsanträgen verantwortlich. Die Registrierungsstelle überprüft dabei die Richtigkeit der Angaben und genehmigt die Zertifizierung.

- *Zertifizierungsstelle* (Certification Authority)
  Die eigentliche Zertifizierung, die meist mit dem Ausstellen eines Zertifikates einhergeht, wird nach erfolgreicher Registrierung von der Zertifizierungsstelle durchgeführt. Gleichzeitig ist die Zertifizierungsstelle auch für den Widerruf von bereits ausgestellten Zertifikaten zuständig und verwaltet die dazugehörige *Zertifikatswiderrufliste* (Certificate Revocation List).

- *Verzeichnisdienst* (Directory Service)
  In einem öffentlichen Verzeichnisdienst werden alle von der PKI ausgestellten Zertifikate allen Benutzern zur Verfügung gestellt. Zusätzlich kann über den Verzeichnisdienst die aktuelle Zertifikatswiderufliste abgerufen werden. Oft wird für den Verzeichnisdienst das LDAP-Protokoll [120] verwendet, manchmal kommt auch der X.500-Standard [62] zum Einsatz.

Außerdem kann eine PKI noch weitere Komponenten enthalten, die jedoch für den Betrieb nicht unbedingt notwendig sind. So kann eine PKI zusätzlich einen Validierungsdienst anbieten, der von Benutzern zur Überprüfung von Zertifikaten genutzt werden kann. Ein Beispiel für ein Validierungsprotokoll ist das *Online Certificate Status Protocol* (OSCP) [86]. Soll die PKI weitere rechtliche Anforderungen erfüllen, um beispielsweise als akkreditierter Zertifizierungsanbieter laut Signaturgesetz [19] auftreten zu können, muss eine vollständige Dokumentation vorhanden sein. Diese enthält unter anderem die *Zertifizierungsrichtlinien* (Certification Policy) und die Beschreibung *interner Abläufe* (Certification Practice Statement).

In den folgenden Abschnitten werden verschiedene PKI-Ansätze zur Umsetzung von Vertrauensmodellen vorgestellt. Die Ansätze reichen dabei von rein zentralen Strukturen, über verteilte, hin bis zu vollständig anarchischen Modellen.

2.3.1.1 Single CA

Das einfachste Vertrauensmodell, welches mittels einer PKI-Struktur umgesetzt werden kann, ist das *Single-CA*-Modell. In diesem Modell existiert nur eine Zertifizierungsstelle, der alle Benutzer direkt vertrauen. Abbildung 2.1 zeigt die daraus resultierende Vertrauensstruktur.

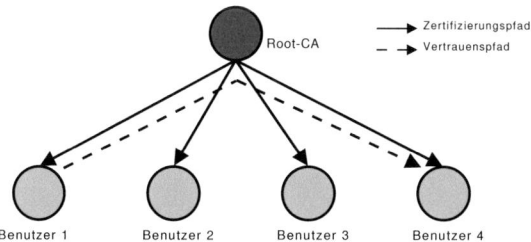

Abbildung 2.1: Vertrauensmodell: Single CA

Diese einfache Struktur hat den Vorteil, dass die Echtheit des Zertifikats eines anderen Benutzers leicht überprüft werden kann, da alle Benutzerzertifikate direkt von der Zertifizierungsinstanz ausgestellt wurden (durchgehender Pfeil in Abbildung 2.1) und kein langer Vertrauenspfad (gestrichelter Pfeil) aufgebaut werden muss. Zudem muss der Benutzer nur das Zertifikat der einzigen Zertifizierungsstelle überprüfen und dies gegebenenfalls vor Ablauf erneuern.

Das Single-CA-Modell hat jedoch auch einige Nachteile. Zum einen müssen alle Benutzer einer einzigen Organisation direktes Vertrauen entgegenbringen, was bei sehr großen Benutzergruppen (z. B. Weltbevölkerung) unter Umständen aus politischen Gründen problematisch sein

kann. Außerdem ist der Betrieb einer Single CA sehr aufwendig, da zentral alle Registierungs-
und Zertifizierungsanträge bearbeitet werden müssen. Der größte Nachteil dieses vollkommen
zentralen Ansatzes ist jedoch die Kompromittierung des privaten Zertifizierungsschlüssels. Ist
dieser als unsicher einzustufen, sind alle Benutzerzertifikate als nicht mehr vertrauenswürdig
anzusehen und müssen, unter Verwendung eines neuen Zertifizierungsschlüssels, neu ausgestellt werden.

Aufgrund dieser Nachteile, vor allem die Probleme der Skalierbarkeit, der Kompromittierung
des Zertifizierungsschlüssels und der Monopolstellung der Zertifizierungsinstanz, wird dieses
Vertrauensmodell meist nur in kleinen Umgebungen mit wenigen Benutzern eingesetzt.

2.3.1.2 Oligarchie

Mit dem sog. *Oligarchie*-Modell können die genannten Probleme des Single-CA-Ansatzes vermieden werden. Anstatt einer zentralen Zertifizierungsstelle existieren mehrere untereinander
unabhängige Zertifizierungsstellen parallel nebeneinander und bilden eine sog. *verteilte Ver-
trauensarchitektur.*

Durch das Vorhandensein mehrerer unabhängiger Zertifizierungsstellen existiert keine Monopolstellung mehr. Außerdem wird eventuell ein höheres Vertrauen der Benutzer in eine der
Zertifizierungsstellen erreicht, da sich diese nun gegebenen territorialen oder politischen Gegebenheiten besser anpassen können. Zudem zeichnet sich das Oligarchie-Modell durch eine höhere Skalierbarkeit aus, es können mehr Zertifizierungsanträge gleichzeitig bearbeitet und die
dazugehörigen Zertifikate ausgestellt werden. Im Fall der Kompromittierung eines Zertifizierungsschlüssels sind nicht sofort alle Benutzerzertifikate nicht mehr vertrauenswürdig, sondern
nur Zertifikate, die mit dem kompromittierten Schlüssel ausgestellt wurden, müssen erneuert
werden.

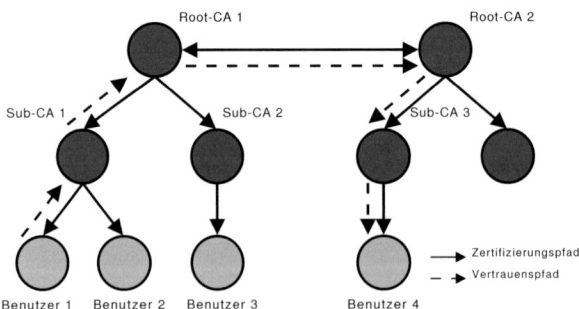

Abbildung 2.2: Vertrauensmodell: Oligarchie mit Cross-Zertifizierung und Delegation

Gleichzeitig besteht jedoch das Problem, dass Benutzer einer Zertifizierungsstelle kein Vertrau-
en zu Benutzern anderer Zertifizierungsstellen aufbauen können, da ein entsprechender Vertrauenspfad nicht existiert. Dieses Problem kann jedoch auf zwei unterschiedliche Arten behoben

werden. Einerseits kann der Benutzer den öffentlichen Schlüssel einer anderen Zertifizierungsstelle als vertrauenswürdig einstufen und somit auch Benutzerzertifikate, die mit diesem Schlüssel ausgestellt wurden, überprüfen. Andererseits können die Zertifizierungsinstanzen, sollten
sie sich gegenseitig genug vertrauen, den öffentlichen Schlüssel der jeweils anderen Zertifizierungsstelle selbst zertifizieren. Dieses Vorgehen wird als *Cross-Zertifizierung* bezeichnet und
ermöglicht dann Benutzern die Validierung von Benutzerzertifikaten anderer Zertifizierungsstellen ohne die Notwendigkeit den öffentlichen Schlüssel der anderen Zertifizierungsstelle als
vertraulich einzustufen.

Eine weitere nützliche Erweiterung ist das Modell *Oligarchie mit Delegation*. Dabei wird das
bisher vorhandene direkte Vertrauen durch transitives Vertrauen teilweise ersetzt. Indem die
vorhandenen Zertifizierungsstellen untergeordnete Instanzen, sog. *Sub-CAs* ausbilden, und das
Ausstellen von Zertifikaten an diese delegieren, ergeben sich eine Reihe von Vorteilen. Erstens
skaliert dieser Ansatz bei besonders großen Benutzergruppen noch besser als das ursprüngliche Oligarchie-Modell. Zweitens sind bei der Kompromittierung des Schlüssels einer untergeordneten Zertifizierungsstelle noch weniger Benutzerzertifikate betroffen. Außerdem muss der
Benutzer immer nur das Vertrauen in den öffentlichen Schlüssel der obersten Zertifizierungsinstanz erbringen und ist trotzdem in der Lage alle Zertifikate, die von den untergeordneten
Instanzen ausgestellt worden sind, zu validieren.

Abbildung 2.2 zeigt eine Vertrauensstruktur, die sich beim Einsatz des Oligarchie-Modells mit
den Erweiterungen Cross-Zertifizierung und Delegation ausbilden kann. Die Zertifizierungspfa-
de sind mit durchgehenden Pfeilen, der resultierende Vertrauenspfad zwischen Benutzer 1 und
Benutzer 4 ist als gestrichelter Pfeil dargestellt.

2.3.1.3 Anarchie

Im Gegensatz zu den bisher vorgestellten Modellen verfolgt das *Anarchie*-Modell einen alternativen Ansatz. Während die vorhergehenden Modelle auf einer hierarchischen Struktur basieren, bildet sich beim Anarchie-Modell keine feste Vertrauensstruktur heraus, es entsteht ein
mehr oder weniger zufälliger Vertrauensgraph. Die unregelmäßige Struktur resultiert aus der
Tatsache, dass beliebige Benutzer auch als Registrierungs- und Zertifizierungsstelle auftreten
können und somit selbst Benutzerzertifikate ausstellen. Abbildung 2.3 zeigt eine beispielhafte
Vertrauensstruktur beim Einsatz des Anarchie-Modells. Die Vertrauensbeziehungen zwischen
den Benutzern sind als durchgehende Pfeile dargestellt, der gestrichelte Pfeil zeigt den Vertrauenspfad zwischen Benutzer 1 und Benutzer 4, welcher über den Benutzer 3 hergestellt werden
kann.

Durch die massive Verteilung der Registrierungs- und Zertifizierungsfunktionen ergibt sich der
Vorteil, dass die Kompromittierung einzelner Zertifizierungsschlüssel so gut wie keine Auswirkungen auf die gesamte Vertrauensstruktur hat. Gleichzeitig tritt jedoch das Problem auf, dass
eine direkte Vertrauensaussage in den seltensten Fällen existiert. Da außerdem die Glaubwürdigkeit einzelner Zertifizierungsschlüssel deutlich geringer als bei anderen Vertrauensmodellen
ist, werden zur Sicherstellung der Authentizität eines Benutzers mehrere Zertifikate von verschiedenen Zertifizierungsstellen herangezogen.

Damit ergibt sich das Problem, dass in der Menge der vorhandenen Zertifikate ein oder mehrere
zusammenhängende Pfade von Vertrauensaussagen gefunden werden müssen. Da gleichzeitig

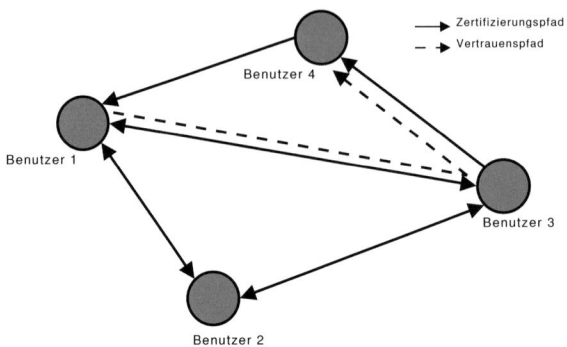

Abbildung 2.3: Vertrauensmodell: Anarchie

die Anzahl der existierenden Zertifikate im Vergleich zu hierarchischen Vertrauensmodellen deutlich höher ausfällt, kann die Suche nach entsprechenden Pfaden im Vertrauensgraph aufwendig ausfallen.

Im Vergleich zu herkömmlichen Vertrauensmodellen hat das Anarchie-Modell den Vorteil relativ unabhängig gegenüber territorialen oder politischen Gegebenheiten zu sein, da jeder Benutzer selbst als Zertifizierungsstelle auftreten kann. Nachteilig wirken sich jedoch die geringere Glaubwürdigkeit einzelner Zertifikate und der damit verbundene Mehraufwand zum Finden und Prüfen mehrerer Pfade aus. Außerdem ist es u. U. schwer, einheitliche Richtlinien bei der Zertifizierung zu gewährleisten.

Neben den vorgestellten Ansätzen Single CA, Oligarchie und Anarchie existieren noch eine Reihe weiterer Modelle, eine ausführliche Beschreibung erfolgt in [13].

2.3.2   PKI-Implementierungen

Derzeit existieren verschiedene voneinander unabhängige Umsetzungen des PKI-Ansatzes, welche jedoch meist auf den Zertifikatsstandards X.509 (siehe Abschnitt 2.2.6.1) oder PGP (siehe Abschnitt 2.2.6.2) basieren. Während der internationale X.509-Standard eher auf die Umsetzung hierarchischer Vertrauensmodelle ausgelegt ist, zielt PGP primär auf die Umsetzung anarchischer Vertrauensmodelle.

2.3.2.1   PKI auf X.509-Basis

Die meisten PKI-Implementierungen setzen auf den X.509-Standard [64] auf. Neben der Struktur von ID-Zertifikaten, die bereits in Abschnitt 2.2.6.1 vorgestellt wurde, beschreibt der PKI-Teil des X.509-Standards auch die Syntax der Zertifikatswiderruflisten (CRL) und den Ablauf einer Zertifikatsprüfung. Alle zugehörigen Informationen zum Bereitstellen einer Widerrufliste für ID-Zertifikate wurden dabei in dem *CRL-Profile* [38] zusammengefasst.

2.3.2.1.1 Zertifikatswiderrufliste

Der X.509-Standard enthält zwar keine Protokolle zur Online-Prüfung von Zertifikaten, spezifiziert jedoch den Aufbau einer Zertifikatswiderrufliste. Diese Zertifikatswiderrufliste enthält alle Zertifikate, die von der ausstellenden CA widerrufen worden sind. Zertifikate, die auf einer Widerrufliste enthalten sind, sollten einerseits nicht mehr aktiv eingesetzt werden. Andererseits sind Informationen, die auf Basis eines widerrufenen Zertifikates authentisch gemacht werden sollen, als unsicher anzusehen.

Eine Zertifikatswiderrufliste wird durch die jeweilige CA bereitgestellt. Die die Zertifikatswiderrufliste wird dabei durch eine ASN.1-Struktur beschrieben. Abbildung 2.3 zeigt den schematischen Aufbau einer Zertifikatswiderrufliste im X.509-Format in der Version 2.

Attributname in ASN.1-Struktur	Beschreibung
version	Versionsnummer des Zertifikatsformates
issuer	ID des Zertifikatserstellers
signatureAlgorithm	Signaturalgorithmus
thisUpdate	Zeitpunkt der Ausstellung dieser CRL
nextUpdate	Zeitpunkt der nächsten Ausstellung dieser CRL
revokedCertificates	Liste widerrufener Zertifikate
serialNumber	Seriennummer
revocationDate	Widerrufszeitpunkt
crlEntryExtensions	zertifikatsspezifische Erweiterungen
crlExtensions	globale CRL-Erweiterungen

Tabelle 2.3: Struktur einer X.509 Zertifikatswiderrufliste

Mittels der CRL-Erweiterung (*crlExtensions*), die erst ab der Version 2 spezifiziert ist, steht ein ähnlicher Mechanismus zur Erweiterung von Zertifikatswiderruflisten zur Verfügung, wie er bereits von der Erweiterbarkeit von ID-Zertifikaten her bekannt ist.

Typischerweise wird von der jeweiligen CA eine sog. vollständige CRL bereitgestellt. Daneben hat eine CA aber auch die Möglichkeit, die aktuelle CRL mittels sogenannter Partitioned-CRL, Redirect-CRL oder Delta-CRL zu veröffentlichen. Die vollständige CRL enthält alle widerrufenen Zertifikate einer CA. Da es dabei jedoch je nach Größe zu Skalierungsproblemen kommen kann, ist beispielsweise bei der Partitioned-CRL die gesamte CRL auf mehrere Teile aufgeteilt. Die CRL-Erweiterung im jeweiligen Zertifikat verweist dann auf den entsprechenden Teil der CRL. Im Gegensatz dazu verweist die Redirect-CRL auf die endgültige CRL, die Delta-CRL enthält ein inkrementelles Update auf eine bestehende Basis-CRL.

Um den Prüfaufwand möglichst gering zu halten, wird zudem eine inhaltliche Unterscheidung der veröffentlichten Zertifikatswiderruflisten vorgenommen. In der sog. *End-entity Public-key certificate Revocation List* (EPRL) werden widerrufene Zertifikate von Endbenutzern gespeichert, während die *Certification Authority Revocation List* (CARL) ausschließlich widerrufene CA-Zertifikate enthält. Dadurch kann der häufige Suchaufwand für (Sub)-CAs deutlich reduziert werden.

2.3.2.1.2 Zertifikatsprüfung

Neben der Darstellung von Zertifikaten und Widerruflisten definiert X.509 auch den Ablauf einer Zertifikatsprüfung. Für die Zertifikatsprüfung wird neben dem eigentlichen Zertifikat auch eine Zertifikatskette ausgehend von einer vertrauenswürdigen CA hin zum validierenden Zertifikat benötigt. Außerdem gehen der Prüfungszeitpunkt und die lokalen Sicherheitsrichtlinien in die Zertifikatsprüfung ein. Zusätzlich können weitere Parameter bestimmt werden, mit denen die Prüfung genauer gesteuert werden kann.

Zu Beginn werden die angegebene Zertifikatskette und die dazugehörigen Signaturen auf Korrektheit überprüft, außerdem das Zertifikat auf zeitliche Gültigkeit validiert. Zusätzlich wird jedes Zertifikat auf Widerruf überprüft. Sofern alle diese Vorbedingungen erfüllt werden und somit alle Zertifikate der Kette gültig sind, werden weitere Prüfungen vorgenommen. So wird überprüft, ob alle Zertifikate außer dem Endzertifikat CA-Zertifikate sind, die maximale Pfadlänge nicht überschritten wird und ob Namenseinschränkungen bei der Delegierung eingehalten worden sind. Abschließend werden die lokalen Richtlinien herangezogen und das Zertifikat auf Einhaltung dieser überprüft.

Das Ergebnis der Zertifikatsprüfung gibt an, ob die Prüfung erfolgreich war oder nicht. Im Fehlerfall werden zusätzlich Informationen bereitgestellt, warum die Zertifikatsprüfung fehlgeschlagen ist. Außerdem wird angegeben, unter welchen lokalen Richtlinien das überprüfte Zertifikat gültig ist.

2.3.2.2 PKI mittels PGP

Obwohl PGP ursprünglich zur sicheren E-Mail-Kommunikation entworfen wurde, eignet es sich auch zum Aufbau einer PKI-Struktur. Im Vergleich zu X.509 fällt jedoch auf, dass PGP eher für die Umsetzung dezentraler Vertrauensmodelle geeignet ist. So kann bei PGP jeder Benutzer die Funktion einer CA wahrnehmen und selber ID-Zertifikate ausstellen bzw. vorhandene Zertifikate durch eine eigene Signatur beglaubigen. Dabei schreibt PGP keine verbindlichen Regeln vor, wie die Überprüfung eines Zertifikates vor einer Beglaubigung stattzufinden hat.

Auch beim Widerruf von Zertifikaten gibt es keine einheitlichen Regeln, da keine zentrale Instanz existiert, die ein Zertifikat widerruft. Einerseits kann ein Zertifikat durch den Inhaber selbst widerrufen werden, andererseits können Benutzer, die das Zertifikat durch eine entsprechende Signatur beglaubigt haben, diese Signatur zurückziehen. Damit andere von dem Widerruf eines Zertifikats Kenntnis erlangen, müssen diese die Zertifikate in regelmäßigen Abständen prüfen und von den vorhandenen Zertifikatsservern aktualisieren. Aufgrund der verteilten Organisationsform der Zertifikatsaussteller wird keine zentrale Zertifikatswiderrufliste bereitgestellt.

Auch bei der Zertifikatsprüfung gibt es keine verbindlichen Regeln, nach denen ein Zertifikat vertrauenswürdig ist, der PGP-Standard enthält jedoch Empfehlungen, welche Einstellungen bei der Zertifikatsprüfung zum Einsatz kommen sollen. Beeinflusst wird die Zertifikatsprüfung durch zwei Parameter, die jeder Benutzer selbst wählen kann. Einerseits kann der Benutzer mit dem Parameter COMPLETES_NEEDED bestimmen, wie viele voll vertrauenswürdige Zertifikate mindestens das zu prüfende Zertifikat beglaubigt haben müssen, bevor es als vertrauenswürdig angesehen wird. Alternativ kann mit dem Parameter MARGINAL_NEEDED die minimale Anzahl von Signaturen von nur vertrauenswürdigen Zertifikaten unter dem zu prüfendem Zertifikat festgelegt werden.

2.3.3 Digitale Zeitstempel

Im allgemeinen werden Zeitstempel überall dort eingesetzt, wo es wichtig ist, eine Zeitinformation in die Informationsverarbeitung miteinzubeziehen. So werden Zeitstempel beispielsweise bei Kommunikationsprotokollen eingesetzt, um Verbindungsabbrüche zu erkennen und die Verbindung neu aufzubauen oder die entsprechenden Dateneinheiten zu wiederholen.

Eine andere Funktion von Zeitstempeln ist die Verhinderung sog. *Replay Attacken* [79], bei denen ein Angreifer eine erfolgreiche Kommunikation mitliest und sie zu einem späteren Zeitpunkt erneut abspielt. Wird innerhalb des Kommunikationsprotokolls ein Zeitstempel eingesetzt, so kann leicht festgestellt werden, ob eine Kommunikation von einem Angreifer eingespielt wird, weil diese einen veralteten Zeitstempel enthält.

Eine ähnliche Bedeutung haben Zeitstempel in Verbindung mit den vorher vorgestellten digitalen Signaturen. Wird in die Berechnung einer digitalen Signatur einer Nachricht m eine Zeitinformation t miteinbezogen, so spricht man von einem *digitalen Zeitstempel* [136]. Da der Zeitstempel in die Berechnung der Signatur einfließt, kann dieser im Nachhinein nicht modifiziert werden, ohne dass die Signatur dabei ungültig wird. Formel 2.13 zeigt die formale Darstellung eines digitalen Zeitstempels.

$$TS_A(m,t) = S_A(H(m)||t) = E_{k_{A,priv}}(H(H(m)||t)) \qquad (2.13)$$

Soll eine Nachricht m mit einem digitalen Zeitstempel versehen werden, wird zuerst der Hash-Wert $H(m)$ der Nachricht m gebildet und anschließend mit der Zeitinformation t konkateniert. Auf dieses Zwischenergebnis wird dann nochmals die Hash-Funktion H angewandt, bevor das Ergebnis mit dem privaten, geheimen Schlüssel $k_{A,priv}$ des Unterzeichners A verschlüsselt wird.

Ein Problem digitaler Zeitstempel ist die Echtheit der verwendeten Zeitinformation t. Daher muss sichergestellt werden, dass bei der Erstellung eines Zeitstempels die Zeitinformation aus einer sicheren Quelle gewonnen wird.

Analog zu digialen Signaturen wird auch für digitale Zeitstempel eine Notation, dargestellt in Formel 2.14, eingeführt. $D|_{TS_A}$ definiert ein Tupel bestehend aus dem Dokument D und dem Zeitstempel TS_A.

$$D|_{TS_A} = \{D, TS_A(D,t)\} \qquad (2.14)$$

2.3.4 Zeitstempelprotokolle

Bislang existieren nur wenige Verfahren, um Zeitstempel standardisiert bereitzustellen. Im RFC 3161 [4] wird aufbauend auf einer X.509-PKI ein Protokoll beschrieben, mit dem Zeitstempel von einer *Time Stamping Authority* (TSA) angefordert werden können.

Das *Time-Stamp Protocol* (TSP) definiert ein Protokoll zum Abfragen von Zeitstempeln auf Anwendungsebene, welches dann in verschiedene Kommunikationsprotokolle eingebettet werden kann. Im Standard werden Einbettungen für Protokolle wie SMTP [67] und HTTP [51] beschrieben, zusätzlich sind auch datei- oder socketbasierte Ansätze vorgesehen. Die Protokoll-nachrichten für Zeitstempelanfragen und -antworten, die zwischen Dienstnehmer und Dienst-geber ausgetauscht werden, werden mittels ASN.1 [63] dargestellt. Neben dem Aufbau von Zeitstempeln und der Einbettung in verschiedene Protokolle enthält der Standard auch eine Reihe von Anforderungen, die zum Betrieb eines Zeitstempeldienstes erfüllt werden müssen.

Die wichtigsten Anforderungen sind dabei die Verwendung einer vertrauenswürdigen Zeitquel-le, der Einsatz einer sicheren kryptographischen Einwegfunktion (siehe Abschnitt 2.2.4) und die Verwendung eines dedizierten Signaturschlüssels, welcher nur für die Erzeugung von Zeit-stempeln verwendet wird.

Um die Anforderung nach einer vertrauenswürdigen Zeitquelle erfüllen zu können, besteht in Europa die Möglichkeit, die Zeitinformationen der Physikalisch-Technischen Bundesanstalt in Braunschweig zu nutzen, welche per Langwellensender (DCF77) abgestrahlt werden. Nach dem Zeitgesetz [18] von 1978 und dem Einheiten- und Zeitgesetz [23] von 2008 stellt dieses Zeitsignal in der Bundesrepublik Deutschland die offiziell gültige Zeit dar.

2.4   Verzeichnisdienste

Beim Einsatz von Vertrauensmodellen basierend auf PKI-Strukturen wird die Authentizität ei-ner Instanz gegenüber der nachfragenden Instanz dadurch hergestellt, dass zwischen beiden ein gültiger Vertrauenspfad aufgebaut werden kann.

Dazu müssen jedoch zuerst mögliche Vertrauenspfade ermittelt und anschließend auf ihre Kor-rektheit hin überprüft werden. Während die Überprüfung eines vorhandenen Vertrauenspfades auf Korrektheit in angemessener Zeit durchgeführt werden kann, kann die Ermittlung der vor-handenen Vertrauenspfade unter Umständen sehr aufwendig sein. Im ungünstigsten Fall muss jeder Teilnehmer einen Graphen bestehend aus der Menge aller vorhandenen ID-Zertifikate aufbauen und dann die Pfade zwischen dem eigenen ID-Zertifikat und dem Zertifikat der In-stanz, dessen Authentizität überprüft werden soll, ermitteln. Neben dem zur Speicherung aller existierenden ID-Zertifikate notwendigen Speicherplatz benötigt auch die eigentliche Pfadbe-stimmung einen hohen Rechenaufwand und Speicherbedarf.

Die Notwendigkeit, dass jeder Teilnehmer die ID-Zertifikate aller anderen Teilnehmer vorhalten muss und das damit verbundene Problem nach der Aktualität dieser Zertifikate wird mit dem Einsatz von Verzeichnisdiensten in PKI-Szenarien vermieden. Dabei übernimmt ein zentraler Verzeichnisdienst oder eine Föderation von Verzeichnisdiensten die Speicherung aller vorhan-denen Zertifikate und stellt den Teilnehmern eine Schnittstelle zum Abfragen von Informationen zur Verfügung.

Im Allgemeinen werden Verzeichnisdienste meist dann eingesetzt, wenn viele Teilnehmer auf einen Datenbestand zugreifen müssen, der nur selten Änderungen erfährt. Im Unterschied zu re-lationalen Datenbanken sind Verzeichnisdienste daher auf sehr effiziente Leseoperationen aus-gelegt und bieten ein strukturiertes Datenmodell in Form eines Baums mit Wurzel, Zweigen und Blättern an.

Der Einsatz von Verzeichnisdiensten innerhalb von PKI-Anwendungen stellt nur eine mögli-che Anwendung dar, außerdem werden Verzeichnisdienste auch zur zentralen Verwaltung von

Adressen oder Terminen, zur zentralen Speicherung von Benutzerdaten oder zur Authentifizierung von Benutzern verwendet.

Die prominentesten Vertreter von Verzeichnisdiensten sind X.500 und LDAP, auf die im Anschluss kurz eingegangen wird. Beide sind als klassische Client/Server-Lösungen ausgeführt, wobei der eigentliche Verzeichnisdienst auf dem Server läuft, während die Anfragen von den jeweiligen Teilnehmern gestellt werden.

2.4.1 X.500

Anfang der neunziger Jahre wurde von der ITU der X.500-Verzeichnisdienst [62] standardisiert. Ursprünglich hatte dieser die Aufgabe, aufkommende Probleme bei der Namensauflösung zur Übertragung elektronischer Post mittels X.400 [61] zu vermeiden.

Da jedoch der X.500-Standard sehr umfangreich ist, dabei direkt auf das ISO/OSI-Referenzmodell [60] aufsetzt und eine aufwendige Implementierung erfordert, konnte sich X.500 nicht durchsetzen. Besonders das *Directory Access Protocol* (DAP), welches die Kommunikation zwischen Nutzer und Verzeichnisdienst spezifiziert, besitzt einen hohen Funktions- und Kontrollaufwand.

2.4.2 LDAP

Im Gegensatz zum Funktionsumfang von X.500 stellt das *Lightweight Directory Access Protocol* [120] (LDAP) nur eine Untermenge des Funktionsumfangs des Directory-Access-Protocols von X.500 dar und setzt anstatt auf dem ISO/OSI-Schichtenmodell auf dem Internet-Schichtenmodell auf. Die deutlich einfachere Implementierung und die Einsetzbarkeit im aufkommenden Internet sorgten dafür, dass sich LDAP als Verzeichnisdienst durchgesetzt hat und in vielen Anwendungsszenarien zum Einsatz kommt.

Um als Verzeichnisdienst für PKI-Anwendungen eingesetzt werden zu können, wurde im RFC 4523 [145] die Datenstruktur von X.509-Zertifikaten im LDAP-Objektbaum modelliert. Dadurch können die Vertrauensbeziehungen, die mit Hilfe von X.509-Zertifikaten dargestellt werden, direkt im Verzeichnisdienst abgelegt werden, ohne dass eine eventuell verlustbehaftete Transformation notwendig ist.

2.5 Peer-to-Peer-Systeme/Overlay-Netze

Als *Peer-to-Peer*-Systeme [92, 46, 129] (vom englischem *peer* – "Gleichgestellter" oder "Ebenbürtiger") werden im allgemeinen solche Systeme verstanden, bei denen alle Teilnehmer oder Knoten gleichberechtigt agieren. Im Gegensatz dazu sind die Rollen beim klassischen Client/Server-Ansatz fest vorgegeben. Der *Server* stellt als alleiniger *Dienstgeber* Funktionalität bereit, die von ein oder mehreren *Clients*, die als *Dienstnehmer* auftreten, genutzt werden können.

In einem Peer-to-Peer-System kann jedoch jeder Knoten wahlweise die Rolle eines Dienstgebers oder eines Dienstnehmers annehmen. Dadurch ist es sogar möglich, dass ein Knoten gleichzeitig beide Rollen annimmt, also auf der einen Seite Dienstgeber ist und gleichzeitig auf der anderen Seite Dienstnehmer. Außerdem können Knoten eines Peer-to-Peer-Systems die Rolle innerhalb des Betriebs wechseln, also erst als Dienstnehmer und danach als Dienstgeber auftreten oder umgekehrt. Nachfolgend zwei Abbildungen 2.4(a) und 2.4(b), die die Unterschiede der beiden Ansätze verdeutlichen.

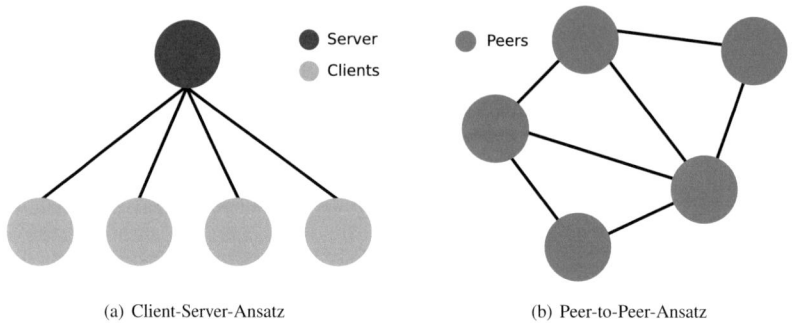

(a) Client-Server-Ansatz   (b) Peer-to-Peer-Ansatz

Abbildung 2.4: Vergleich Client/Server mit Peer-to-Peer

Die Abbildung 2.4(a) zeigt den klassischen Client/Server-Ansatz. Es existiert ein zentraler Server, alle Clients kommunizieren nur mit dem Server. Dadurch wird am Server im Vergleich zu den einzelnen Clients eine höhere Kommunikationsbandbreite benötigt. Abbildung 2.4(b) zeigt dagegen ein exemplarisches Peer-to-Peer-System. Alle Knoten sind gleichberechtigt und kommunizieren untereinander. Dadurch wird beispielsweise die notwendige Kommunikationsbandbreite auf alle Teilnehmer gleichmäßiger verteilt.

Zwischen reinen Client/Server- und Peer-to-Peer-Systemen gibt es zahlreiche Mischformen. Diese werden im allgemeinen als *hybride* Peer-to-Peer-Systeme bezeichnet, da sie trotz gleichberechtigter Teilnehmer auf zentrale Instanzen angewiesen sind. Für die weitere Arbeit sind diese Mischformen nicht von Bedeutung.

Für reine Peer-to-Peer-Systeme können folgende Aussagen geltend gemacht werden.

- Dezentralität
  Das System ist unabhängig von zentraler Infrastruktur und unterliegt keiner zentralen Kontrolle. Kein Knoten des Systems hat eine vollständige Sicht über das gesamte System.

- Selbstorganisation
  Ohne das Vorhandensein einer zentralen administrativen Einheit ist das Peer-to-Peer-System in der Lage, auf Ereignisse wie den Ausfall von einzelnen Knoten oder Netzwerkverbindungen zu reagieren und beispielsweise durch Reorganisation die Systemfunktionalität aufrecht zu erhalten.

- Autonomie
  Alle Knoten eines Peer-to-Peer-Systems sind eigenständig und agieren vollkommen autonom. Ein Knoten kann somit nicht zu gewissen Verhaltensweisen gezwungen werden.

- Kooperation
  Die bereitgestellte Funktionalität eines Peer-to-Peer-Systems wird durch Kooperation der beteiligten Knoten erbracht. Üblicherweise sind jedoch nicht alle Knoten an der Bearbeitung einzelner Anfragen beteiligt.

Durch die dezentrale Organisationsform bieten Peer-to-Peer-Systeme gegenüber Client/Server-Systemen meist eine deutlich höhere *Verfügbarkeit*. Fällt beim zentralisierten Ansatz der Server aus, kann die angebotene Funktionalität nicht mehr zur Verfügung gestellt werden, während der Ausfall eines einzelnen Knotens eines Peer-to-Peer-Systems in der Regel keinen totalen Ausfall des gesamten Systems nach sich zieht. Für bestimmte Aufgabenbereiche können Peer-to-Peer-Systeme auch eine höhere *Skalierbarkeit* bereitstellen. Mit wachsender Teilnehmerzahl steigt gleichzeitig die Knotenanzahl des Peer-to-Peer-Systems, wodurch die Bereitstellung der Funktionalität auf mehr Knoten verteilt werden kann, so dass es zu keiner Überlastung einzelner Knoten kommt.

Um bei klassischen server-basierten Systemen die Verfügbarkeit und Skalierbarkeit zu erhöhen, werden meist weitere Server-Instanzen bereitgestellt. Im Gegensatz zu Peer-to-Peer-Systemen wird damit jedoch die Komplexität deutlich erhöht, zudem fallen höhere Kosten und ein gestiegener administrativer Aufwand an.

Diese erhöhte Komplexität wird bei Peer-to-Peer-Systemen durch den Einsatz von *Selbstorganisations*-Mechanismen vermieden. Ausfälle oder Engpässe werden durch einzelne Knoten erkannt, die daraufhin gemeinsam mittels geeigneter Maßnahmen versuchen, die Probleme zu beseitigen, ohne dabei auf eine zentrale Koordination angewiesen zu sein.

Viele Peer-to-Peer-Systeme nutzen ein sog. *Overlay-Netz* zur Kommunikation der Knoten untereinander. Die Bezeichnung *Overlay* resultiert aus der Tatsache, dass dabei aufbauend auf der vorhandenen Kommunikationsinfrastruktur (auch als *Underlay* bezeichnet), wie sie beispielsweise im Internet mit IP [96] und mit seinen Kommunikationsprotokollen UDP [95] und TCP [97] Anwendung findet, eine zusätzliche Kommunikationsstruktur errichtet wird, welche sich im Schichtenmodell auf Anwendungsebene ansiedelt. Außerdem werden Overlays bereits bei einer Reihe von Internetanwendungen [5, 137, 30] eingesetzt.

Der Einsatz eines Overlays zur Kommunikation der Knoten innerhalb eines verteilten Systems ist notwendig, da ansonsten der Verwaltungsaufwand pro Knoten linear mit der Gesamtanzahl von Knoten steigt und dies bei besonders großen Peer-to-Peer-Systemen zur einer Ressourcenüberlastung einzelner Knoten führen könnte. Soll beispielsweise eine Nachricht von einem Knoten an einen anderen Knoten des Peer-to-Peer-Systems übertragen werden, so besteht eine Möglichkeit darin, dass der erste Knoten die Nachricht an einen dritten Knoten weiterleitet, welcher die Nachricht wiederum an weitere Knoten vermittelt, bis diese am Zielknoten ankommt. Diese Vorgehensweise ist mit dem sog. *Routing* von IP-Paketen durch die verschiedenen Router im Internet vergleichbar, wobei die Vermittlung von Nachrichten jedoch auf der Anwendungsschicht erfolgt.

Die bisher bekannten Overlay-Netze lassen sich gut in zwei Klassen aufteilen. Unter *unstrukturierten* Netzen bezeichnet man die Netze, die keiner erkennbaren Struktur beim Aufbau einer

Kommunikationstopologie folgen. Den Gegensatz dazu bilden die *strukturierten* Netze. Diese ordnen alle Knoten in einer festen Topologie an, für die Kommunikation zwischen zwei Knoten gibt es feste Regeln zur Bestimmung eines Kommunikationspfades innerhalb dieser Overlay-Topologie.

Die nachfolgenden Abschnitte erläutern die wichtigsten Merkmale der beiden Klassen von Overlay-Netzen und stellen die jeweils bekanntesten Vertreter kurz vor.

2.5.1   Unstrukturierte Overlay-Netze

Unstrukturierte Overlay-Netze [129] zeichnen sich dadurch aus, dass die Vernetzung der Knoten keiner speziellen Topologie folgt, wie dies beispielhaft in Abbildung 2.5 gezeigt wird.

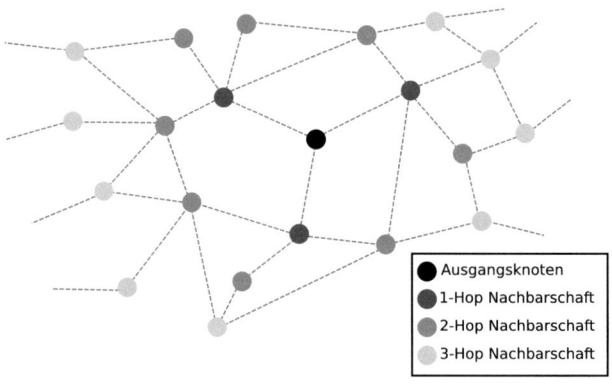

Abbildung 2.5: Beispiel für Gnutella-Netzwerk mit Nachbarschaft

Diese Struktur wird beispielsweise dadurch aufgebaut, dass ein Knoten nach dem Beitritt andere vorhandene Knoten ermittelt und anschließend zu diesen direkte Verbindungen aufbaut. Diese Menge von Knoten wird dann auch als die *Nachbarschaft* des jeweiligen Knoten bezeichnet. Meist ist die Größe der Nachbarschaft begrenzt, damit soll vermieden werden, dass die Knoten zu viele gleichzeitige Verbindungen verwalten müssen und dadurch überlastet werden. Da nun nicht jeder Knoten mit einem beliebigen Knoten direkt kommunizieren kann, wird eine Anfrage nach einer bestimmten Information an alle Knoten der eigenen Nachbarschaft weitergeleitet. Diese überprüfen, ob sie selbst über die gewünschte Information verfügen, anderenfalls leiten sie die Anfrage an Knoten aus ihrer Nachbarschaft weiter. Dieses Verfahren wird im allgemeinen als *Fluten* bezeichnet.

Diese Vorgehensweise führt jedoch ohne weitere Vorkehrungen zu Zyklen und unendlich laufenden Anfragen, daher setzen die meisten Systeme zusätzliche Mechanismen ein. Zum einem wird jeder Anfrage eine eineindeutige Kennung mitgegeben, anhand derer ein Knoten überprüfen kann, ob er die vorliegende Anfrage noch nicht bearbeitet hat oder die nochmalige Anfrage verwerfen kann. Außerdem wird jeder Anfrage ein Zähler hinzugefügt, der bei jeder Weiterleitung an andere Knoten verringert wird. Der Knoten, der eine Anfrage mit abgelaufenem Zähler erhält, verwirft die Anfrage ebenso. Durch diese beiden Erweiterungen können sowohl zyklische, als auch nicht terminierende Anfragen unterbunden werden. Dieses Verhalten hat jedoch auch zur Folge, dass mittels einer Anfrage nicht alle Knoten im Netz angesprochen werden können und eventuell die gewünschte Information nicht gefunden werden kann, obwohl diese im System vorhanden ist.

Der bekannteste Vertreter unstrukturierter Overlaynetze ist *Gnutella* [106, 92], welches vor allem in Filesharing-Anwendungen zum Einsatz kam. Das zugrundeliegende Protokoll wurde im Jahr 2000 vorgestellt und sollte die damals existierende Filesharing-Anwendung *Napster* [114] ablösen, da diese auf zentrale Index-Server angewiesen war. Der Beitritt von Knoten zum Gnutella-Overlay muss durch Vorwissen in Form von Knotenlisten unterstützt werden. Gnutella setzt die oben beschriebenen Mechanismen zur Vermeidung von Zyklen und Endlosanfragen ein.

Insgesamt zeichnen sich unstrukturierte Overlaynetze dadurch aus, dass sie eine sehr hohe Robustheit und Verfügbarkeit bereitstellen. Der Ausfall einiger Knoten hat nur einen geringen Einfluss auf das gesamte Overlaynetz, da nur wenige Kommunikationsverbindungen wegfallen, die durch alternative Pfade ersetzt werden können. Andererseits weisen unstrukturierte Overlay-Netze einige Probleme hinsichtlich der Skalierbarkeit auf, da bei großen Netzen pro Anfrage eine Vielzahl weitergeleiteter Anfragen entsteht. Außerdem kann keine Garantie abgegeben werden, ob ein vorhandenes Datum aufgefunden werden kann und wie lange die Suche im Durchschnitt dauert.

2.5.2   Strukturierte Overlay-Netze

Als strukturierte Overlay-Netze [129] werden solche Netze bezeichnet, deren Aufbau festen Regeln folgt und die dadurch eine deterministische Topologie ausbilden, welche später zur Kommunikation zwischen Knoten benutzt wird.

Außerdem besitzen Knoten typischerweise eine eineindeutige Kennung (Knotenschlüssel) innerhalb eines vorgegebenen linearen Schlüsselraumes, wobei meist ein binärer Schlüsselraum der Länge m verwendet wird und somit 2^m verschiedene Schlüsselwerte existieren. Über den Knotenschlüssel kann einerseits der Knoten im Overlay-Netz adressiert werden. Andererseits ist der Knoten für einen Teilbereich, welcher sich um den Knotenschlüssel herum erstreckt, verantwortlich.

Obwohl die Knoten wie bei unstrukturierten Overlays nicht alle miteinander direkt verbunden sind, werden Anfragen nicht im Netz geflutet. Unter Verwendung des Knotenschlüssels des Zielknoten wird eine Anfrage durch festgelegte Regeln und unter Zuhilfenahme der Kommunikationstopologie an den jeweiligen Knoten weitergeleitet. Meist verfügt jeder Knoten eines strukturierten Overlay-Netzes über eine Liste von Knotenadressen, von denen er mittels einer *Routingregel* einen Knoten auswählt und die Nachricht an diesen Knoten weiterleitet. Dadurch wird einerseits ein erhöhtes Datenaufkommen, wie es beim Fluten von Nachrichten in unstrukturierten Netzen auftritt, vermieden, andererseits kann abhängig von der jeweiligen Struktur des Overlay-Netzes, eine Abschätzung für die durchschnittliche Anzahl von Schritten (z. B. $O(\log(n))$ bei n Knoten) abgegeben werden.

Nachteilig für strukturierte Overlay-Netze ist der Aufwand, die gewünschte Topologie zu erhalten. Beim Ausfall oder beim Beitritt von Knoten ist eine Reorganisation des Overlay-Netzes notwendig, um wieder die gewünschte Topologie herzustellen. Im Gegensatz zu unstrukturierten Overlay-Netzen, welche meist eine zufällige Topologie aufbauen, gibt es bei strukturierten Overlays verschiedene Ansätze, die unter anderem Ring- oder Baumstrukturen als zugrundeliegende Topologie verwenden.

2.5.2.1 Chord

Chord [130] stellt eines der bekanntesten strukturierten Overlay-Netze dar und wurde im Jahr 2001 vorgestellt. Der zur Verfügung stehende Schlüsselbereich von 2^m Werten wird in einer zyklischen, ringförmigen Struktur angeordnet, auf der jeder Knoten gemäß seines Knotenschlüssels k_{node} platziert wird. Gleichzeitig ist jeder Knoten für einen, um den eigenen Knotenschlüssel liegenden Schlüsselbereich zuständig. Die einzelnen Knoten haben Verbindungen zu ihren direkten Vorgänger- und Nachfolgerknoten, zudem verwaltet jeder Knoten eine Knotenliste, die auch als sog. *Finger Table* bezeichnet wird. In dieser Liste sind n Einträge von Knoten enthalten, die für die Schlüsselwerte $k_i = k_{node} + 2^i$ mit $i \in \{0, 1, \ldots, m - 1\}$ zuständig sind. Abbildung 2.6 veranschaulicht den Aufbau eines Chord-Ringes.

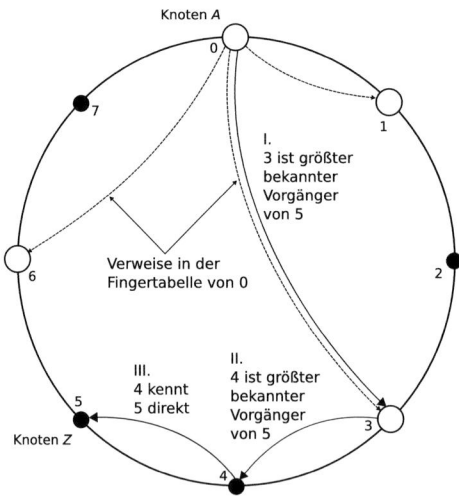

Abbildung 2.6: Beispiel für Chord-Ring mit Darstellung der Finger-Table und Anfrageablauf

Soll vom Knoten A eine Nachricht an den Knoten Z im Chord-Ring versandt werden, so wählt der Knoten A aus seiner Knotenliste den Knoten aus, dessen Knotenschlüssel den kleinsten numerischen Abstand zum Knotenschlüssel des Zielknoten Z besitzt und zudem kleiner als dieser ist. Solange der empfangene Knoten einer Nachricht für den angegebenen Schlüsselwert nicht selbst verantwortlich ist, verfährt der jeweiligen Knoten nach der gleichen Vorschrift. Dadurch kann garantiert werden, dass eine Nachricht im Durchschnitt nach $O(\log(n))$ Schritten bei insgesamt n Knoten im Chord-Ring den Zielknoten erreicht. Die Weiterleitung der Nachricht ausgehend von Startknoten A zum Zielknoten Z ist ebenfalls in Abbildung 2.6 enthalten.

Dieses Grundprinzip ist nicht nur auf Knotenschlüssel beschränkt, es können auch Nachrichten an beliebige Schlüsselwerte innerhalb des zur Verfügung stehenden Schlüsselraumes versendet werden. Der Knoten, der für den Bereich verantwortlich ist, empfängt die entsprechende Nachricht. Damit ist es außerdem möglich, eine verteilte Speicherung von Daten mittels eines Chord-Overlays zu realisieren. Empfängt ein Knoten eine Nachricht mit einen ihm zugeordneten Schlüssel, so speichert der Knoten das Datum unter dem gegebenen Schlüssel. Mittels einer Anfrage mit dem entsprechenden Schlüssel kann das Datum wiederum abgefragt werden. Ein etwas allgemeinerer Ansatz wird im Abschnitt 2.5.3 beschrieben.

Der Beitritt von neuen Knoten in das Chord-Overlay verursacht im Gegensatz zu unstrukturierten Overlays einen höheren Aufwand. Nachdem der neue Knoten sich einen zufälligen Knotenschlüssel erzeugt hat, ermittelt er den Knoten, der aktuell für den Teilbereich des Schlüsselraumes zuständig ist. Daraufhin kontaktiert der neue Knoten den zuständigen Knoten und es kommt zu einer Aufteilung des ursprünglichen Schlüsselbereiches in zwei kleinere Teilbereiche. Der erhöhte Aufwand kommt dadurch zustande, dass im Anschluss die Nachbarschaftsbeziehungen und die Knotenlisten entsprechend angepasst werden müssen.

Tritt ein Knoten kontrolliert aus dem Chord-Overlay aus, so kann er seine direkten Nachbarn und die Knoten innerhalb der Finger-Tabelle über den Austritt informieren, so dass diese ihre Nachbarschaftslisten und Knotenlisten erneuern. Fällt dagegen ein Knoten unvorhergesehen aus, stellen die anderen Knoten den Ausfall durch das Ausbleiben von Kontrollnachrichten fest und leiten dann die Reparatur ihrer Verwaltungsinformationen ein.

Trotz dieses erhöhten Koordinationaufwands im Vergleich zu Gnutella bietet Chord eine deutlich bessere Skalierbarkeit bei einer großen Menge von Knoten. Aufgrund der beschriebenen Topologie wächst die Anzahl der Schritte, die zum Erreichen eines anderen Knoten notwendig sind, nur logarithmisch zur Anzahl der Knoten. Gleiches gilt auch für die Knotenliste, die von jedem Knoten verwaltet werden muss. Nachteilig ist jedoch, dass alle Daten, die ein Knoten verwaltet, verloren gehen, sobald der Knoten das Netz verlässt. Dies kann jedoch vermieden werden, wenn ein Datum unter mehreren verschiedenen Schlüsseln im Chord-Overlay gespeichert wird.

2.5.2.2 Weitere Verfahren

Mit Kademlia [77], Bamboo [104], CAN[101], Pastry [113] und Tapestry [146] existieren eine Reihe weiterer strukturierter Overlay-Netze, die ähnliche Overlay-Strukturen aufbauen und ebenfalls eine logarithmische Anzahl von Schritten für die Weiterleitung einer Nachricht zwischen zwei beliebigen Knoten benötigen. Die nachfolgende Tabelle 2.5.2.2 enthält Informationen wie Routing- und Speicheraufwand pro Knoten verschiedener Overlay-Netze, die Ergebnisse stammen dabei aus [76].

2.5.3 Verteilte Hash-Tabellen

Die Hauptaufgabe der meisten Peer-to-Peer-Anwendungen ist das verteilte Speichern und Auffinden von Daten. Während bei unstrukturierten Overlays das Speichern durch redundante Ab-

Name	Topologie	Routingaufwand	Routingdaten
Chord	zyklischer Ring	$O(\log(n))$	$\log(n)$
Bamboo	Ring	$O(\log_b(n))$	$O(\log_b(n))$
Kademlia	Ring	$O(\log_b(n) + c)$	$b\log_b(n) + b$
CAN	d-dimensionaler Raum	$O(dn^{\frac{1}{d}})$	$2d$
Pastry	Hyperkubus	$O(\log_b(n))$	$2b\log_b(n)$
Tapestry	Baum	$O(\log_b(n))$	$\log_b(n)$

Tabelle 2.4: Vergleich verschiedener strukturierter Overlay-Netze

lage der Daten und das Suchen mittels Fluten von Anfragen erreicht wird, existiert für strukturierte Overlay-Netze eine alternative Technik, welche als *verteilte Hash-Tabelle* (Distributed Hash Table) [142] bezeichnet wird. Dabei wird sich die Eigenschaft der meisten strukturierten Overlay-Netze zu Nutze gemacht, dass sie über einen zusammenhängenden Schlüsselraum verfügen und die einzelnen Knoten mittels eines Knotenschlüssels adressierbar sind und jeder Knoten zusätzlich für einen Teilbereich des Schlüsselraumes verantwortlich ist.

Soll ein Datum in einer verteilten Hash-Tabelle gespeichert werden, muss dem Datum jedoch vorher ein eindeutiger Name zugeordnet werden. Dabei kann als Name beispielsweise der Name der Datei oder eine kurze textuelle Beschreibung des Datums verwendet werden. Das Wertepaar bestehend aus Name und zugehörigem Datum wird als *Name-Value-Pair* bezeichnet. Um nun in der verteilten Hash-Tabelle das gegebene Paar aus Name und Datum zu speichern und später wieder auffinden zu können, ist eine weitere Abbildung notwendig. Diese hat die Aufgabe, den eindeutigen Namen des zu speichernden Datums auf einen eindeutigen Schlüssel innerhalb des vorhandenen Schlüsselraumes des verwendeten strukturierten Overlay-Netzes abzubilden. Für die Speicherung dieses sog. *Key-Value-Pairs* ist dann der Knoten verantwortlich, welcher den Schlüsselbereich verwaltet, in dem der errechnete Schlüssel liegt.

Die Abbildungsfunktion muss einerseits sicherstellen, dass das gespeicherte Datum unter dem angegebenen Schlüssel bzw. Namen wieder aufgefunden werden kann. Zusätzlich muss gewährleistet sein, dass die zu speichernden Daten gleichmäßig auf alle Knoten verteilt werden, so dass es nicht zu einer Überlastung einzelner Knoten kommt. Verteilte Hash-Tabellen setzen dabei die in Abschnitt 2.2.4 vorgestellten kryptographischen Hash-Funktionen ein. Zum einen ist es aufgrund der Kollisionsresistenz solcher Hash-Funktionen unwahrscheinlich, dass zwei Namen auf den gleichen Schlüsselwert abgebildet werden. Zugleich sorgt die Anwendung einer Hash-Funktion für eine gleichmäßige Verteilung von Schlüsselwerten. Ist der gültige Schlüsselraum des Overlay-Netzes kleiner als die Ergebnismenge der Hash-Funktion, ist eine weitere Einschränkung notwendig, welche beispielsweise durch Anwendung der mod-Funktion realisiert werden kann. Die Berechnung des Speicherschlüssels key zu einem gegebenen Datum $value$ mit dem Namen $name$ bei einem binären Schlüsselraum der Länge n kann wie in Formel 2.15 dargestellt erfolgen.

$$key = H(name) \mod 2^n \quad \text{für das Datum } value \tag{2.15}$$

Um ein Datum $value$ zu speichern, wird zuerst vom initiierenden Knoten der Schlüsselwert key des Datums ausgehend vom Namen $name$ berechnet. Anschließend sendet der Knoten eine Nachricht mit dem zu speichernden Datum an den errechneten Schlüsselwert. Empfängt der Knoten, der für den entsprechenden Bereich des Schlüsselraumes zuständig ist, die Nachricht, so speichert der Knoten das Datum. Soll ein Datum unter Verwendung des Namens *name* gesucht werden, wird zuerst der zugehörige Schlüsselwert berechnet. Anschließend wird eine Anfrage an den Schlüsselwert gesendet. Empfängt wiederum der Knoten, welcher für den ermittelten Schlüsselwert verantwortlich ist, die Nachricht, so sendet dieser das Datum *value* an den Anfragenden zurück.

Da sich die benötigten Funktionen zum Speichern und Abfragen von Daten unter Angabe eines Schlüssels mit allen bekannten strukturierten Overlays realisieren lassen, wurde in [39] eine generische Schnittstelle vorgestellt, mit der eine verteilte Hash-Tabelle unabhängig vom jeweiligen Overlay-Netz bereitgestellt werden kann.

Nachteilig ist die Anfälligkeit verteilter Hash-Tabellen gegenüber Ausfällen von einzelnen Knoten. Wurden keine anderweitigen Maßnahmen ergriffen, sind alle Daten, die im Schlüsselraum des betroffenen Knotens lagen, nicht mehr zugreifbar. Eine Möglichkeit, die Verfügbarkeit von Daten innerhalb von verteilten Hash-Tabellen zu erhöhen, ist die redundante Ablage von Daten. Dabei wird ein Datum unter mehreren eindeutigen Schlüssel gespeichert.

2.6 Dienstorientierte Architekturen

Stetig steigt die Anzahl von Anwendungen, die Benutzern im Internet zur Verfügung gestellt werden. Vor allem mit dem Aufkommen von Peer-to-Peer-Anwendungen (siehe Abschnitt 2.5) werden eine Vielzahl neuartiger Anwendungen entstehen. Um trotz des steigenden Angebotes nicht den Überblick zu verlieren, wurde schon früh ein übergeordnetes Organisationskonzept angewandt. Dieses sieht vor, Funktionalitäten in Form von *Diensten* zu kapseln. Ein Dienst enthält damit die Gesamtheit aller Funktionen, die zur Erbringung einer speziellen Dienstleistung notwendig sind. Die sog. *Dienstschnittstelle* beschreibt die Menge von angebotenen Funktionen, aus denen sich die Gesamtfunktionalität des jeweiligen Dienstes zusammensetzt.

Einer der Vorgänger heutiger Dienstkonzepte war der sog. *Remote Procedure Call* (RPC) [80, 135]. Soll ein Dienst mittels RPC auf einem entfernten Rechner genutzt werden, so wird auf dem aufrufenden Rechner der sog. *Client-Stub* benötigt. Dieser stellt eine Art Stellvertreter der eigentlichen Dienstinstanz dar und implementiert die öffentliche Dienstschnittstelle. Ruft nun der Dienstnehmer eine lokale Funktion des Client-Stubs auf, so leitet der lokale Stub den Funktionsaufruf an den entfernten Dienst weiter und wartet im Falle einer synchronen Ausführung auf das Ergebnis. Dieses wird dem Dienstnehmer dann per Rückgabewert des lokalen Funktionsaufrufs übergeben. Ein gravierender Nachteil von RPC ist die feste Kopplung der Dienstinstanz an die Anwendung, die zur Laufzeit der Anwendung nicht modifiziert werden kann.

Ein Architekturkonzept, welches das Dienstprinzip aufgreift und um zusätzliche Bestandteile erweitert, sind sog. *dienstorientierte Architekturen*. Dabei werden die vorhandenen Funktionen in Dienste gekapselt. Jeder Dienst verfügt über eine öffentliche Dienstschnittstelle, über die die einzelnen Funktionen des Dienstes angeboten werden. Durch die Nutzung einer abstrakten Beschreibung der Dienstschnittstelle wird zudem *Sprachunabhängigkeit* erreicht. Zudem können alternative Implementierungen von ein und derselben Dienstschnittstelle existieren, die sich beispielsweise nur hinsichtlich nichtfunktionaler Parameter (wie Antwortverhalten, Zuverlässigkeit oder Verfügbarkeit) unterscheiden.

Im Unterschied zu RPC bieten dienstorientierte Architekturen eine lose Koppelung der Dienste. Erst zur Laufzeit wird durch den *Dienstnehmer*, welcher eine Funktion aus einer bekannten Dienstschnittstelle aufrufen möchte, ein *Dienstgeber*, welcher eine Implementierung der jeweiligen Dienstschnittstelle anbietet, ausgewählt und eine Bindung etabliert. Dafür ist es jedoch notwendig, dass der Dienstnehmer mit Hilfe einer *Dienstregistrierung* die zur Verfügung stehenden Dienstinstanzen mit deren Dienstschnittstelle abfragen kann.

Nachfolgend wird die Interaktion zwischen den Komponenten einer dienstorientierten Architektur in Abbildung 2.7 veranschaulicht.

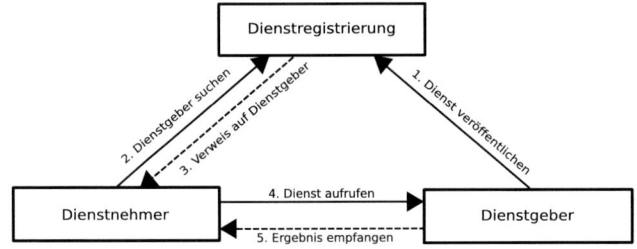

Abbildung 2.7: Dreieck Dienstregistrierung, Dienstanbieter, Dienstnutzung

Damit potentielle Dienstnehmer einen angebotenen Dienst nutzen können, muss der Dienstgeber den Dienst zuerst unter der zugehörigen Dienstschnittstelle in der Dienstregistrierung veröffentlichen (Schritt 1). Suchen Dienstnehmer nach einem Dienst mit dieser Dienstschnittstelle (Schritt 2), bekommen diese eine Liste verfügbarer Dienstgeber als Ergebnis (Schritt 3). Aus der Dienstbeschreibung kann der Dienstnehmer den notwendigen Client-Stub erzeugen und die Dienstinstanz aufrufen (Schritt 4). Bei einem synchronen Aufruf wird das Ergebnis des entfernten Dienstaufrufs als Rückgabewert übergeben (Schritt 5).

Beispiele für dienstorientierte Architekturen sind die *Common Object Request Broker Architecture* (CORBA) [91] oder *Remote Method Invocation* (RMI) [131]. Während CORBA eine plattform- und sprachunabhängige Umsetzung einer solchen dienstorientierten Architektur mit eigener Beschreibungssprache für Dienstschnittstellen mit dem Namen *Interface Definition Language* (IDL) [91] bietet, ist RMI auf die objekt-orientierte Programmiersprache Java begrenzt.

2.6.1 Web Services

Die am meisten verbreitete und bekannteste Umsetzung einer dienstorientierten Architektur sind derzeit die sog. *Web Services* [144]. Hauptziel der im Jahr 2002 beginnenden Standardisierung war die Bereitstellung einer Architektur für die entfernte Dienstnutzung über das öffentliche Internet. Gleichzeitig wurden auch Aspekte wie Plattformunabhängigkeit und keine

Einschränkung auf bestimmte Programmiersprachen bei der Umsetzung von Diensten berücksichtigt.

Um dies zu gewährleisten, wurde im Gegensatz zu einigen vorhergehenden Ansätzen, bei der Standardisierung von Web Services nur auf offene Standards gesetzt, die zudem alle auf der *eXtendend Markup Language* (XML) [126] aufbauen. Dieses textbasierte und strukturierte Metaformat bietet den Vorteil, dass es bedingt von Menschen lesbar ist und zugleich maschinell verarbeitet werden kann.

Für die Durchführung des entfernten Dienstaufrufs kommt die gleiche Vorgehensweise wie beispielsweise bei RPC oder RMI zum Einsatz. Der Dienstnehmer ruft die gewünschte Methode auf dem lokalen Client-Stub auf, welcher die Anfrage an die eigentliche Dienstinstanz weiterleitet. Unabhängig von der jeweiligen Implementierung ist jedoch das Datenformat, welches zwischen Client-Stub und Dienstinstanz ausgetauscht wird, standardisiert. Zur Serialisierung des entfernten Aufrufs wird das *SOAP*-Protokolls [73] eingesetzt. Das XML-basierte Format besteht aus einem sog. Umschlag (Envelope), welcher einen Bereich mit Metainformationen und einen Nutzdatenteil mit dem eigentlichen entfernten Aufruf oder dessen Rückantwort enthält.

SOAP enthält selbst kein eigenes Transportprotokoll zur Übertragung der jeweiligen Nachrichten, sondern definiert mittlerweile verschiedene Profile, die vorhandene Protokolle einsetzen. Somit wird die Abhängigkeit von einzelnen Transportprotokollen vermieden. Beim Einsatz im Internet kommt jedoch fast immer das *Hypertext Transport Protocol* (HTTP) [51] zum Einsatz, zusätzlich wurden auch Abbildungen auf verschiedene andere Kommunikationsprotokolle, wie FTP [98] oder SMTP [67] definiert.

Ähnlich zu CORBA stellen Web Services eine eigene Sprache zur Beschreibung der angebotenen Dienstschnittstellen zur Verfügung. Mittels der *Web Services Description Language* (WSDL) [29], einer programmiersprachen- und plattformunabhängigen XML-Spezifikation kann die öffentliche Schnittstelle eines Dienstes beschrieben werden. Neben der reinen Schnittstellenbeschreibung bestehend aus Methodennamen und Parametern enthält die WSDL-Beschreibung eines Dienstes außerdem das verwendete Transportprotokoll und notwendige Protokollparameter wie Adressen oder Portnummern. Vorhandene Rahmenwerke sind heutzutage in der Lage, aus einer gegebenen WSDL-Schnittstellenbeschreibung den notwendigen Client-Stub automatisch zu erzeugen.

Als letzten notwendigen Bestandteil einer dienstorientierten Architektur wird die Dienstregistrierung und Dienstfindung mittels *Universal Description, Discovery and Integration* (UDDI) [31] realisiert. Dieser Funktionsblock ist selbst als ein eigenständiger Web Service umgesetzt, die dazugehörige Schnittstelle ist standardisiert und liegt als WSDL-Beschreibung vor.

Während Dienstgeber einzelne Dienste unter Angabe von Metadaten (Unternehmen, Name, textuelle Beschreibung) und der Dienstschnittstelle im WSDL-Format registrieren können, benutzen potentielle Dienstnehmer den Verzeichnisdienst, um anhand von Beschreibungen und Schnittstellen nach passenden Diensten zu suchen. Mit der als Suchergebnis erhaltenen WSDL-Beschreibung kann ein Dienstnehmer den notwendigen Client-Stub erzeugen und Anfragen an die entfernte Dienstinstanz stellen.

2.7 Juristische Grundlagen

In diesem Abschnitt wird ein kurzer Einblick in die rechtlichen Begriffe gegeben, die für das weitere Verständnis der Arbeit notwendig sind. Aufgrund der Fokussierung auf das Zustandekommen von Rechtsgeschäften in Form von Vertragsverhältnissen, deren Wirksamkeit und der Nachweisbarkeit von rechtlich relevanten Aktionen, welche in einem unmittelbaren Zusammenhang mit dem Abschluss oder der Auflösung eines Vertragsverhältnisses stehen, wird nur auf die dafür relevanten rechtlichen Anforderungen und Bestimmungen eingegangen. Besonderes Augenmerk wird dabei vor allem auf Bestimmungen gelegt, die im Bezug zum elektronischen Rechtsverkehr stehen. Eine detaillierte Darstellung der betrachteten Themengebiete aus juristischer Sicht erfolgt in [53] und [11].

2.7.1 Grundbegriffe

Bevor auf die Problemstellungen im Zusammenhang mit der Umsetzung von Rechtsgeschäften auf einem elektronischen Marktplatz eingegangen wird, erfolgt in den nachfolgenden Abschnitten eine kurze Einführung in verschiedene Grundbegriffe.

2.7.1.1 Willenserklärung

Einer der notwendigen Bestandteile eines jeden Rechtsgeschäfts ist die sog. *Willenserklärung* (lat. *voluntatis declaratio*). In [94] in der Einführung von §116 BGB wird folgende Begriffsdefinition einer Willenserklärung gegeben:

> Die Willenserklärung ist notwendiger Bestandteil jeden Rechtsgeschäfts. Sie ist Äußerung eines auf die Herbeiführung einer Rechtswirkung gerichteten Willens. Sie bringt einen Rechtsfolgewillen zum Ausdruck, der auf die Begründung, inhaltliche Änderung oder Beendigung eines privaten Rechtsverhältnisses abzielt.

Prinzipiell besteht eine Willenserklärung aus einem *objektiven* und einem *subjektiven* Tatbestand. Der objektive Tatbestand besteht darin, dass eine Willenserklärung eine Erklärung enthält, die auf die Herbeiführung einer Rechtsfolge gerichtet ist. Dabei muss die Erklärung so gestaltet werden, dass nach außen ein Rechtsfolgewillen des Erklärenden erkennbar ist. Die Willensäußerung und der Rechtsbindungswille einer Willenserklärung müssen vor allem für den Erklärungsempfänger erkennbar sein.

Der subjektive Tatbestand einer Willenserklärung unterteilt sich in folgende drei Sachverhalte. Der Handlungswille ist konstitutiv für eine Willenserklärung und drückt den Willen aus, etwas bewusst zu tun oder es zu unterlassen. Mit dem Erklärungsbewusstsein wird das Bewusstsein bezeichnet, eine rechtserhebliche Erklärung abzugeben. Zusätzlich wird mit dem Geschäftswillen der Wille bezeichnet, ein bestimmtes Rechtsgeschäft abzuschließen.

Typischerweise stimmen der äußere und innere Tatbestand einer Willenserklärung überein. Ist dies nicht der Fall, wird von einem Willensmangel gesprochen. Dieser kann entweder bewusst (Scheingeschäft, Geheimer Vorbehalt) oder unbewusst (Irrtum) vorliegen.

2.7.1.2 Vertrag

Wollen zwei Parteien auf einem, in dem zugrundegelegten Anwendungsszenario, verteilten elektronischen Marktplatz ein Geschäft abwickeln, wird normalerweise ein Vertrag geschlossen. In diesem verpflichten sich die Parteien zu gewissen Handlungen, die zu einer bestimmten Leistungserbringung führen. Für den Austausch von materiellen oder immateriellen Gütern gegen Geld sieht das Bürgerliche Gesetzbuch (BGB) [21] den *Kaufvertrag* vor. Dieser ist in §433 BGB wie folgt definiert.

(1) Durch den Kaufvertrag wird der Verkäufer einer Sache verpflichtet, dem Käufer die Sache zu übergeben und das Eigentum an der Sache zu verschaffen. Der Verkäufer hat dem Käufer die Sache frei von Sach- und Rechtsmängeln zu verschaffen.

(2) Der Käufer ist verpflichtet, dem Verkäufer den vereinbarten Kaufpreis zu zahlen und die gekaufte Sache abzunehmen.

Die aus einem Kaufvertrag entstehenden Ansprüche der beteiligten Parteien gegeneinander, werden als *Rechtsgeschäftliche Schuldverhältnisse* bezeichnet und sind in §311 BGB beschrieben. Die aus dem Schuldverhältnis entstehenden Pflichten werden in §241 BGB aufgezählt.

Gleichzeitig wird für einen Vertrag laut [94] Einführung §145 folgende eher formale Begriffsdefinition gegeben.

Ein Vertrag ist die von zwei oder mehr Personen erklärte Willensübereinstimmung über die Herbeiführung eines rechtlichen Erfolgs. Er gehört zu den mehrseitigen Rechtsgeschäften und setzt (mindestens) zwei übereinstimmende Willenserklärungen verschiedener Rechtssubjekte voraus.

Ein Vertrag kommt also immer dann zustande, wenn die Verhandlungsparteien übereinstimmende, wechselseitige Willenserklärungen abgegeben haben und somit eine Willensübereinstimmung herbeiführen.

Wer einen potentiellen Vertragspartner mittels einer Willenserklärung die Schließung eines Vertrags anträgt, ist laut §145 BGB an diesen Antrag gebunden. Nach §147 und §148 BGB kann die Möglichkeit einer Annahme des geäußerten Antrags befristet werden. Bei einem Antrag gegenüber einem Anwesenden oder mittels Telefon muss der Antrag normalerweise sofort angenommen werden. Der Antragende kann jedoch für die Annahme eines Antrags eine Frist bestimmen. Die Annahme kann dann nur innerhalb der Frist erfolgen. Eine verspätete oder abändernde Annahme eines Antrags gilt nach §150 BGB als neuer Antrag.

2.7.1.3 Formvorschriften

Außer für bestimmte Rechtsgeschäfte, wie beispielsweise der Grunderwerb oder Immobilienkauf, schreibt das Bürgerliche Gesetzbuch (BGB) keine bestimmte Form vor. Soll jedoch beispielsweise eine Willenserklärung mit dem Ziel eines Vertragsschlusses gegenüber einem Abwesenden abgegeben werden, so muss diese in irgendeiner Form verkörpert werden. In §126 bis §127 BGB werden dafür folgende Formen definiert.

- Schriftform
  Bei der *Schriftform* (§126 BGB) muss die jeweilige Urkunde von beiden Vertragsparteien eigenhändig durch eine handschriftliche Unterschrift unterschrieben werden. Alternativ darf eine Unterschrift auch durch eine notarielle Beglaubigung erfolgen.

  Die Schriftform kann durch die elektronische Form ersetzt werden, sofern sich keine anders lautende Bestimmung aus einem anderen Gesetz ergibt.

- Elektronische Form
  Als Ersatz zur schriftlichen Form hat der Gesetzgeber auch die *elektronische Form* (§126a BGB) vorgesehen, sofern dies nicht durch andere Bestimmungen untersagt wird.

  Die elektronische Form besteht dabei aus einem elektronischen Dokument, dem der Aussteller seinen Namen hinzufügen muss, bevor das Dokument mit einer *qualifizierten elektronischen Signatur* als elektronisches Äquivalent zur handschriftlichen Unterschrift versehen werden muss. Eine ausführliche Beschreibung der qualifizierten elektronischen Signatur erfolgt im Abschnitt 2.7.1.5.

- Textform
  Bei der *Textform* (§126b BGB) schreibt der Gesetzgeber vor, dass die jeweilige "Erklärung in einer Urkunde oder auf andere zur dauerhaften Wiedergabe in Schriftzeichen geeignete Weise abgegeben werden" muss. In der Erklärung muss zudem "die Person des Erklärenden genannt und der Abschluss der Erklärung durch Nachbildung der Namensunterschrift oder anders erkennbar gemacht werden".

  Damit ist die Textform auch dafür geeignet, Willenserklärungen als elektronische Dokumente darzustellen, die nicht zwangsweise mit einer qualifizierten elektronischen Signatur versehen sind.

- vereinbarte oder gewillkürte Form
  Sofern keine bestimmte Form durch den Gesetzgeber vorgeschrieben wird, bietet dieser mit der *vereinbarten Form* (§127 BGB) auch die Möglichkeit die Form zwischen den beteiligten Parteien selbst festzulegen. Dazu schließen die Parteien eine sog. Formvereinbarung.

Wurde nach §127 BGB eine Formvereinbarung für ein Rechtsgeschäft geschlossen, ist nach §125 BGB das Rechtsgeschäft nichtig, wenn die vereinbarte Form nicht eingehalten wurde. Dies gilt auch für Rechtsgeschäfte, für die durch das Gesetz eine bestimmte Form vorgeschrieben wird.

2.7.1.4   Schriftform

Für einige besonders bedeutsame Rechtsgeschäfte (Immobilienkauf, Bürgschaftsvertrag) wird vom Gesetzgeber die Schriftform nach §126 BGB vorgeschrieben. Dadurch, dass das Rechtsgeschäft schriftlich formuliert und eigenhändig unterschrieben werden muss, soll sichergestellt werden, dass ein solches Rechtsgeschäft nicht übereilt oder unbedacht eingegangen wird.

Nach den Gesetzeskommentaren in [94] zu §125 BGB sollen folgende Funktionen bei der Anwendung der Schriftform beim Abschluss von Rechtsgeschäften gewährleistet werden:

- Echtheitsfunktion
  Die Echtheitsfunktion soll sicherstellen, dass die Erklärung inhaltlich vom Unterzeichner stammt. Dies wird normalerweise dadurch erreicht, dass der Erklärungsinhalt und Unterschrift so angeordnet sind, dass ein Zusammenhang zwischen Inhalt und Unterschrift des Dokuments erkennbar ist.

- Identitätsfunktion
  Die Identitätsfunktion dient der Identifizierung des Unterzeichners eines Dokuments. Bei der handschriftlichen Unterschrift soll die Identifizierung durch eine stets gleichartige Unterschrift gewährleistet werden.

- Verifikationsfunktion
  Durch die Verifikationsfunktion soll unter anderem sichergestellt werden, dass eine Unterschrift einem Aussteller zugeordnet werden kann, in dem beispielsweise Vergleiche mit vorhandenen Unterschriften herangezogen werden.

  Zusammen mit der Echtheitsfunktion und der Identitätsfunktion kann mit der Verifikationsfunktion die Authentizität eines Dokuments gewährleistet werden. Daher stehen diese Funktionen in einem engen Zusammenhang.

- Perpetuierungsfunktion
  Mit der Perpetuierungsfunktion wird eine verlässliche Dokumentation und eine dauerhafte Überprüfbarkeit gewährleistet. Die Perpetuierungsfunktion wird normalerweise dadurch erbracht, dass das Dokument in Papierform vorliegt und somit nachträgliche Änderungen am Dokument leicht erkannt werden können.

- Abschlussfunktion
  Durch die Abschlussfunktion wird ein inhaltlicher Abschluss eines Dokuments erreicht. Typischerweise wird dazu die Unterschrift räumlich unter dem Dokumentinhalt platziert, so dass beispielsweise Hinzufügungen einfach erkannt werden können.

- Warnfunktion
  Mittels der Warnfunktion soll sichergestellt werden, dass ein Unterzeichner nicht übereilt eine rechtlich relevante Erklärung abgibt. Durch das eigenhändige Anfertigen einer handschriftlichen Unterschrift bei der Schriftform wird eine bewusste Handlung vom Unterzeichner verlangt.

- Beweisfunktion
  Durch die Beweisfunktion soll sichergestellt werden, dass die abgegebene Erklärung im Nachhinein nachweisbar ist. Dabei hängt die Beweisfunktion stark von der Perpetuierungsfunktion ab, da durch diese erst eine nachträgliche Beweisführung ermöglicht wird.

Laut §126a BGB erlaubt der Gesetzgeber die Anwendung der elektronischen Form anstelle der Schriftform, sofern sich keine gegenteiligen Bestimmungen aus anderen Gesetzen ergeben. Nachfolgend werden die Anforderungen an eine qualifizierte elektronische Signatur, welche sich aus dem Signaturgesetz und der Signaturverordnung ergeben, erläutert.

2.7.1.5 Signaturgesetz

Laut §126a BGB kann die schriftliche Form durch die elektronische Form ersetzt werden, wenn der Erklärende der Erklärung seinen Namen hinzufügt und das elektronische Dokument mit einer qualifizierten elektronischen Signatur nach dem Signaturgesetz (SigG) [19] versieht. Neben dem eigentlichen Signaturgesetz enthält die zugehörige Signaturverordnung (SigV) [20] weitere Anforderungen für den Betrieb eines Zertifizierungsdiensteanbieters.

Nach §2 SigG werden folgende unterschiedliche Arten von elektronischen Signaturen unterschieden:

- einfache elektronische Signatur (§2 Satz 1 SigG)
  Die einfache elektronische Signatur stellt die primitivste Form einer digitalen Signatur dar. Dabei wird seitens des SigG nur vorgeschrieben, dass "Daten in elektronischer Form, die anderen elektronischen Daten beigefügt oder logisch mit ihnen verknüpft sind und zur Authentifizierung dienen".

  Ein Beispiel für eine elektronische Signatur ist das Anhängen des eigenen Namens unter eine E-Mail.

- fortgeschrittene elektronische Signatur (§2 Satz 2 SigG)
  Fortgeschrittene elektronische Signaturen zeichnen sich im Gegensatz zur einfachen elektronischen Signatur dadurch aus, dass diese ausschließlich einem Signaturschlüsselinhaber zugeordnet werden können, die Identifizierung des Signaturschlüsselinhabers ermöglichen und nur durch Mittel erzeugt werden können, die der Signaturschlüsselinhaber unter alleiniger Kontrolle hat.

- qualifizierte elektronische Signatur (§2 Satz 3 SigG)
  Qualifizierte elektronische Signaturen gehen aus fortgeschrittenen Signaturen hervor, der Gesetzgeber fordert jedoch, dass die Signatur zum Zeitpunkt der Erzeugung auf einem gültigem qualifizierten Zertifikat beruht und die Erzeugung der Signatur mittels einer sicheren Signaturerstellungseinheit vorgenommen wird.

- qualifizierte elektronische Signatur mit Anbieter-Akkreditierung
  Einen Sonderfall stellen qualifizierte elektronische Signaturen mit sog. Anbieter-Akkreditierung dar. Aus technischer Sicht sind sie mit den normalen qualifizierten elektronischen Signaturen identisch, jedoch ergibt sich laut §371a ZPO ein hoher Beweiswert, da sie mit Privaturkunden gleichgesetzt werden.

  Um mit qualifizierten elektronischen Signaturen ohne Anbieter-Akkreditierung einen vergleichbaren Beweiswert zu erhalten, muss zuerst eine Überprüfung des Zertifizierungsdiensteanbieters durch einen Gutachter oder ähnliches erfolgen.

Einfache elektronische Signaturen, bei denen nur verlangt wird, dass eine logische Verknüpfung mit den eigentlichen Daten existiert, bieten keinen besonderen Schutz. Änderungen an den eigentlichen Daten können nicht anhand der Signatur erkannt werden, die Signatur kann leicht gefälscht werden. Diese fehlenden Sicherheitsmerkmale sind der Grund, warum einfache elektronische Signaturen nicht als Äquivalent zur Schriftform akzeptiert werden.

Bei fortgeschrittenen Signaturen kommen typischerweise digitale Signaturen auf Basis von asymmetrischen Chiffrierverfahren (siehe Abschnitt 2.2.5) zum Einsatz. Da die eigentliche Signatur direkt an den Dokumenteninhalt gekoppelt ist, werden Veränderungen am Dokument oder an der Signatur zuverlässig erkannt. Der zur Signaturerstellung notwendige private Schlüssel wird typischerweise durch ein Passwort vor unbefugtem Zugriff geschützt. Aufgrund der prinzipiell unsicheren Speicherung des privaten geheimen Signaturschlüssels und der eventuell nicht eindeutigen Identifizierung des Signaturerstellers werden fortgeschrittene Signaturen nicht als Äquivalent zur Schriftform anerkannt, obwohl die gleichen kryptographischen Methoden wie bei qualifizierten elektronischen Signaturen zum Einsatz kommen.

Im Unterschied zu fortgeschrittenen Signaturen werden qualifizierte elektronische Signaturen mit Hilfe einer sicheren Signaturerstellungseinheit erzeugt. In der Signaturverordnung [20] wird zudem vorgeschrieben, dass vor der Erzeugung einer Signatur die Identität des Schlüsselinhabers durch Besitz und Wissen oder Besitz und Sein überprüft wird. Die einzig großflächig verfügbare Umsetzung qualifizierter Signaturen beruht auf der Anwendung sog. *Smartcards* (Besitz), auf denen der geheime private Schlüssel gespeichert ist. Um eine qualifizierte Signatur erstellen zu können, muss sich der Schlüsselinhaber mit einem geheimen Passwort (Wissen) ausweisen. Aufgrund der Speicherung des privaten Schlüssels auf der Smartcard kann dieser nicht absichtlich oder unabsichtlich offengelegt werden. Damit ist es auch für einen Angreifer nicht möglich, unbemerkt eine Kopie einer Smartcard zu erstellen. Zum Erzeugen einer Signatur muss der Ersteller sowohl Kenntnis über das geheime Passwort haben, als auch im Besitz der entsprechenden Signatur-Smartcard sein. Außerdem wird eine Signatur nur als qualifizierte elektronische Signatur anerkannt, wenn diese auf Basis von Schlüsselmaterial erstellt wurde, welches von einem Zertifizierungsanbieter zertifiziert wurde.

Zusätzlich schreibt das Signaturgesetz für qualifizierte Signaturen vor, dass die Bindung des öffentlichen Schlüssels und die Identität des Schlüsselinhabers von einem sog. Zertifizierungsdiensteanbieter in Form eines qualifizierten Zertifikates beglaubigt wird. Außerdem kann ein Zertifizierungsdiensteanbieter eine freiwillige Akkreditierung durchführen lassen und erhält im Erfolgsfall ein Gütezeichen nach §15 des Signaturgesetzes. Qualifizierte Signaturen auf Basis eines qualifizierten Zertifikates eines akkreditierten Zertifizierungsdiensteanbieters werden auch als *akkreditierte Signaturen* bezeichnet. Im Unterschied zu qualifizierten Signaturen ohne Anbieterakkreditierung gilt für akkreditierten Signaturen der Anscheinsbeweis nach §371a ZPO, da die Einhaltung der rechtlichen und technischen Vorschriften bereits bei der Akkreditierung überprüft wurde. Für qualifizierte Signaturen ohne Akkreditierung wird dieser Schritt im Falle eines Gerichtsverfahrens durch einen Gutachter oder Sachverständigen nachgeholt. Eine detaillierte Beschreibung der Rechtsfolgen beim Einsatz qualifizierter Signaturen mit und ohne Anbieterakkreditierung wird in [53] gegeben. Eine umfangreiche Kommentierung des Signaturgesetzes und der dazugehörigen Signaturverordnung erfolgt in [110] und [111].

2.7.1.6 Vergleich Schriftform und elektronische Form

Da aus §126a BGB hervorgeht, dass die Schriftform nach §126 BGB durch die elektronische Form ersetzt werden kann, wird in diesem Abschnitt kurz erläutert, wie die im vorherigen Abschnitt vorgestellten Funktionen der Schriftform bei der elektronischen Form erfüllt werden können.

Da qualifizierte elektronische Signaturen aus technischer Sicht digitalen Signaturen (siehe Abschnitt 2.2.5) entsprechen und auf kryptographischen Einwegfunktionen (siehe Abschnitt 2.2.4) und asymmetrischen Chiffrierverfahren (siehe Abschnitt 2.2.2) basieren, können im Vergleich zur Schriftform die meisten Funktionen deutlich wirkungsvoller erbracht werden.

So werden beispielsweise die Echtheits-, die Identitäts- und die Verifikationsfunktion gemeinsam durch die Erstellung einer qualifizierten elektronischen Signatur erfüllt. Durch die eingesetzten kryptographischen Verfahren sind Inhalt der Erklärung und die digitale Signatur stark aneinander gebunden. Wird der Erklärungsinhalt verändert, passt die digitale Signatur nicht mehr zur modifizierten Erklärung. Da zur Erstellung einer qualifizierten elektronischen Signatur ein ID-Zertifikat (siehe Abschnitt 2.2.6) von einem qualifizierten Zertifizierungsanbieter benötigt wird, kann auch die Identität des Signaturerstellers zweifelsfrei festgestellt werden. Zudem kann jederzeit die Gültigkeit einer bestehenden qualifizierten elektronischen Signatur validiert werden, außerdem kann eine bestehende Signatur dem Aussteller zugeordnet werden.

Die Abschlussfunktion wird dadurch gewährleistet, dass die digitale Signatur über das gesamte Dokument erfolgt. Werden am Dokument im Nachhinein Änderungen vorgenommen, führt dies zu einer ungültigen digitalen Signatur und kann somit dem ursprünglichen Unterzeichner nicht mehr zugeordnet werden.

Zwar können eine Reihe von Funktionen im Vergleich zur Schriftform einfacher bereitgestellt werden, jedoch ist die Erfüllung der Perpetuierungsfunktion bei der elektronischen Form deutlich aufwendiger. Um eine dauerhafte Lesbarkeit und Überprüfbarkeit des elektronischen Dokuments und der elektronischen Signatur sicherzustellen, muss die Speicherung einerseits in einem dokumentierten Datenformat erfolgen. Andererseits muss sichergestellt werden, dass für die notwendige Soft- und Hardware zur Anzeige und Validierung bei fortschreitender technischer Entwicklung Funktionsbereitschaft sichergestellt wird.

Die Warnfunktion wird bei Verwendung der elektronischen Form und dem Einsatz von qualifizierten elektronischen Signaturen typischerweise dadurch erbracht, dass die Erstellung einer digitalen Signatur nur durch das Eingeben eines PIN-Codes erfolgt. Dies setzt, wie beim Erstellen der handschriftlichen Unterschrift, das bewusste Handeln des Unterzeichners voraus, wodurch das übereilte Abgeben einer rechtlichen Erklärung vermieden werden soll.

Wird durch die Perpetuierungsfunktion eine dauerhafte Lesbarkeit und Überprüfbarkeit eines elektronischen Dokuments und der qualifizierten elektronischen Signatur sichergestellt, kann die Beweisfunktion auch bei der elektronischen Form gewährleistet werden.

Für einen Einsatz auf einem verteilten elektronischen Marktplatz, auf dem die Teilnehmer spontan agieren können, scheint die elektronische Form jedoch ungeeignet. Zwar stellt die elektronische Form ein hohes Maß an Beweissicherheit bereit, trotzdem sind mit der elektronischen Form einige praktische Nachteile verbunden.

Da laut Signaturgesetz für die Erstellung einer qualifizierten elektronischen Signatur eine sichere Signaturerstellungseinheit und ein qualifiziertes Zertifikat benötigt wird, hat sich die qualifizierte elektronische Signatur bislang im Privatumfeld nicht durchsetzen können (siehe [112]). Die einzige Umsetzung einer sicheren Signaturerstellungseinheit ist in Form von Smartcards und entsprechenden Kartenlesern verfügbar. Diese müssen zusätzlich beschafft und in das vorhandene Computersystem eingebunden werden. Zudem verursacht das qualifizierte Zertifikat jährliche Kosten. Aus diesen Gründen müssen andere Ansätze untersucht werden, mit denen eine vergleichbare Beweissicherheit für Rechtsgeschäfte auf verteilten elektronischen Märkten bereitgestellt werden kann.

2.7.2 Wirksamkeit von Willenserklärungen

Nach der rechtlichen Einordnung der Begriffe Willenserklärung und Vertrag, den möglichen Darstellungsformen von rechtlichen Erklärungen und dem Vergleich der Schriftform und der elektronischen Form, wird in diesem Abschnitt auf die Wirksamkeit von Willenserklärungen eingegangen.

Dabei muss eine Unterscheidung vorgenommen werden, ob eine Willenserklärung *empfangsbedürftig* ist oder nicht. Nicht empfangsbedürftige Willenserklärungen wie das Testament (§1937 BGB) sind direkt im Moment der Abgabe wirksam, ohne dass jemand davon Kenntnis nehmen muss. Im Unterschied dazu sind empfangsbedürftige Willenserklärungen Erklärungen, die gegenüber einem anderen abgegeben werden. Diese sind erst dann wirksam, wenn sie dem Empfänger zugehen. Dabei ist der Zugang erfolgt, wenn die abgegebene Willenserklärung in den Machtbereich des Empfängers übergeht und dieser die Möglichkeit der Kenntnisnahme hat.

Eine Willenserklärung an einen Anwesenden ist mit der Abgabe wirksam, da der Empfänger die sofortige Möglichkeit der Kenntnisnahme hat. Bei einer Willenserklärung an einen Abwesenden ist diese nach §130 BGB erst dann wirksam, wenn die Erklärung dem Abwesenden zugeht. Die Willenserklärung ist jedoch dann unwirksam, wenn vorher oder gleichzeitig ein entsprechender Widerruf zugeht.

Zusätzlich zum Zugang ist die Wirksamkeit einer Willenserklärung auch an die Geschäftsfähigkeit des Erklärenden gebunden. Nach §105 BGB ist eine Willenserklärung nichtig, wenn der Erklärende geschäftsunfähig ist. Die Geschäftsunfähigkeit wird in §104 BGB definiert.

Zudem ist eine Willenserklärung nach §117 BGB nichtig, wenn diese mit dem Einverständnis des Erklärungsempfängers nur zum Schein abgegeben wurde. Dagegen ist eine Willenserklärung nach §116 BGB nicht nichtig und damit wirksam, wenn der Erklärende sich insgeheim vorbehält, das Erklärte nicht zu wollen.

Neben der Wirksamkeit einzelner Willenserklärungen kann auch ein daraus folgendes Rechtsgeschäftig nichtig sein. Nach §125 BGB ist dies dann der Fall, wenn die vom Gesetz vorgeschriebene Form nicht eingehalten wurde. Neben den gesetzlichen Vorschriften besteht auch die Möglichkeit, dass die Vertragsparteien eine Formvereinbarung geschlossen haben. Ein Rechtsgeschäft zwischen den Vertragsparteien ist wegen Formmangels nach §125 BGB nichtig, wenn die vereinbarte Form nicht eingehalten wurde.

2.7.3 Beweisfragen bei elektronischen Willenserklärungen

Neben der Wirksamkeit von Willenserklärungen und den dadurch zustandegekommenen Vertragsverhältnissen ist auch die Nachweisbarkeit von Willenserklärungen, Vertragsverhältnissen und damit verbundenen rechtsrelevanten Aktionen eine wichtige Anforderung. Anderenfalls kann jede Partei ein bestehendes Vertragsverhältnis abstreiten oder ein nicht bestehendes Vertragsverhältnis behaupten, ohne dass dies von der anderen Vertragspartei widerlegt werden kann. Während die Nachweisbarkeit bei schriftlichen Verträgen mit der handschriftlichen Unterschrift unter der eigentlichen Vertragsurkunde gewährleistet wird, stellt die Nachweisbarkeit von Verträgen auf einem elektronischen Marktplatz eine besondere Herausforderung dar. Alle vertragsrelevanten Erklärungen liegen nur als elektronische Dokumente vor und sind meist nicht mit einer qualifizierten elektronischen Signatur unterschrieben. Auch die Fragestellung des Zugangs vertragsrelevanter Erklärungen, welche beim Austausch von schriftlichen Erklärungen durch den Briefzusteller protokolliert werden kann (z. B. Einschreiben), sind im betrachteten Szenario eines verteilten elektronischen Marktplatzes bisher ungelöst.

2.7.3.1 Motivation

Besteht zwischen zwei Rechtssubjekten Uneinigkeit in Bezug auf ein mögliches Rechtsgeschäft, so sieht die Rechtssprechung ein sog. *Gerichtsverfahren* vor, um Einigkeit zu erzielen. Laut Artikel 103 des Grundgesetzes [24] steht jedem sog. *rechtliches Gehör* vor Gericht zu. Im Fall von zivilrechtlichen Rechtsgeschäften, wie diese auch auf dem betrachteten Marktplatz abgeschlossen werden, enthält die Zivilprozessordnung (ZPO) [22] die notwendigen Vorschriften.

Grundlegend muss man bei Uneinigkeit jedoch zwischen *Recht haben* und *Recht bekommen* unterscheiden. Im Fall einer Streitigkeit um ein Vertragsverhältnis muss die Partei, die der Meinung ist, Recht zu haben, dieses auch vor Gericht einfordern und versuchen, den Anspruch aus dem Vertragsverhältnis durchzusetzen (Recht bekommen). Dazu strebt die Vertragspartei, die sich im Unrecht sieht, ein Gerichtsverfahren an und macht Ansprüche gegen die andere Vertragspartei geltend.

2.7.3.2 Beweislasten

Bei der Durchsetzung von Ansprüchen gilt der Grundsatz, dass derjenige, der einen Anspruch geltend machen will, diesen durch Tatsachen nachweisen muss, wenn die andere Partei den Anspruch nicht von sich aus zugesteht. Dies bedeutet, dass jeweils die Partei beweisbelastet ist, die aus dem formulierten Anspruch einen Vorteil erhält.

Ein kurzes Beispiel soll dies nachfolgend verdeutlichen. Zwischen zwei Vertragsparteien besteht Uneinigkeit, ob ein Vertrag besteht oder nicht. Die Partei, die der Meinung ist, dass das Vertragsverhältnis noch besteht, erhebt den Anspruch auf Erfüllung des Vertrags durch die andere Partei. Da die klagende Partei den Vertragsgegenstand erbracht hat, fordert sie die Erfüllung des Vertrags durch die andere Vertragspartei (z. B. Bezahlung).

Wird das Bestehen eines Vertragsverhältnisses durch den Beklagten abgestritten, muss der Kläger es durch Tatsachen beweisen. Dies kann beispielsweise durch die Vorlage eines Vertrags, bestehend aus zwei wechselseitigen übereinstimmenden Willenserklärungen der beiden Vertragsparteien, geschehen. Behauptet der Beklagte allerdings, dass das Vertragsverhältnis fristgerecht gekündigt wurde und streitet dies der Ankläger ab, so muss in diesem Fall der Beklagte dies durch entsprechende Tatsachen nachweisen. Eine Möglichkeit wäre die Vorlage einer entsprechenden Kündigungserklärung und einem Nachweis, dass diese dem anderen Vertragspartner fristgerecht zugegangen ist.

Dieses Beispiel zeigt, dass jede Partei vor Gericht für Ansprüche, die durch sie geltend gemacht und von der Gegenseite nicht zugestanden werden, durch entsprechende Tatsachen belegt werden müssen. Eine Partei ist also immer für die sie günstigen Tatsachen beweisbelastet.

Bezogen auf das betrachtete Anwendungsszenario eines verteilten Marktplatzes könnten folgende Tatsachen vor Gericht eine hohe Bedeutung zukommen.

- Vertragspartner
  Behauptet eine der Vertragsparteien, dass ein Vertrag mit der Gegenseite vorliegt, muss sie die Möglichkeit haben, die Identität der beteiligten Vertragsparteien nachzuweisen.

- Vertragsinhalt
  Wird durch den Ankläger ein bestimmter Vertragsinhalt behauptet und von der Gegenseite abgestritten, muss der Anklagende die Möglichkeit haben, den Vertragsinhalt zweifelsfrei nachzuweisen.

- Zugang (§130 BGB)
  Wird der Zugang von vertragsrelevanten Erklärungen durch die Gegenseite abgestritten, so muss der Ankläger die Möglichkeit haben, den Zugang bestimmter Erklärungen nachweisen zu können.

In nur wenigen Ausnahmefällen kann es auch zu einer sog. *Beweislastumkehr* kommen. In diesem Fall muss die Partei, die einen Anspruch abstreitet, die vorgelegten Beweismittel entkräften oder auf andere Art und Weise nachweisen, dass das vorgelegte Beweismittel nicht gültig ist. Dies ist beispielsweise dann der Fall, wenn elektronische Dokumente mit einer qualifizierten elektronischen Signatur mit Anbieter-Akkreditierung unterschrieben sind. Für diese gilt der sog. Anscheinsbeweis. Bestreitet der Inhaber des zugehörigen Zertifikats die Ausstellung einer solchen Signatur, muss er selbst Beweismittel zur Entkräftigung der Signatur aufbringen.

In allen anderen Fällen muss ein Anspruch durch eine geeignete Beweisführung untermauert werden. Dazu können unterschiedliche Beweismittel vorgelegt werden. Nachfolgend werden mögliche Beweismittel vorgestellt und ihre Eignung für das betrachtete Anwendungsszenario beurteilt.

2.7.3.3 Beweismittel

In der Zivilprozessordnung (ZPO) [22] werden die verschiedenen Beweismittel, die bei einer Verhandlung herangezogen werden können, beschrieben. Im Einzelnen sind folgende Beweismittel möglich:

- Augenschein (§371 ZPO)
  Beim Beweis durch *Augenschein* kann ein Augenscheinsobjekt vorgelegt werden, welches dann in Augenschein genommen wird. Dies gilt auch für elektronische Dokumente, wobei jedoch beachtet werden muss, dass Änderungen am elektronischen Dokument ohne besondere Schutzmaßnahmen nicht erkannt werden können.

  Nach §373 ZPO können zudem zur Einnahme des Augenscheins auch ein oder mehrere Sachverständige herangezogen werden.

- Zeugenbeweis (§373 ZPO ff.)
  Beim *Zeugenbeweis* werden ein oder mehrere Zeugen benannt, die dann Auskunft über das von ihnen beobachtete Geschehen geben, sofern sie Kenntnis darüber erlangt haben. Beim Vorhandensein von mehreren Zeugen werden diese einzeln und nacheinander befragt.

- Gutachten (§402 ZPO ff.)
  Beim Beweis durch *Gutachten* werden ein oder mehrere Sachverständige mit der Analyse und Begutachtung der vorliegenden Beweismittel beauftragt. Diese geben dann ihre Erkenntnisse in Form eines Gutachten wieder, welches bei Bedarf auch schriftlich vorgelegt werden muss. Müssen zur Begutachtung der vorgelegten Beweismittel weitere Sachverständige befragt werden, so werden diese nach den Bestimmungen für Zeugen behandelt.

- Urkunde (§415 ZPO ff.)
  Werden als Beweismittel Urkunden herangezogen, so wird der sog. *Urkundenbeweis* durchgeführt. Für private elektronische Dokumente, welche mit einer qualifizierten Signatur versehen sind, gelten nach §371a ZPO die gleichen Bestimmungen hinsichtlich der Beweiskraft wie für private Urkunden nach §416 ZPO.

  Wird die eigene Unterschrift auf einer vorliegenden Urkunde abgestritten, so kann mittels eines Schriftvergleichs die Echtheit der Unterschrift überprüft werden.

Das im Rahmen dieser Arbeit betrachtete Szenario eines verteilten elektronischen Marktplatzes ermöglicht die Erzeugung verschiedener Beweismittel. Einerseits können bestimmte Vorgänge, die auf dem elektronischen Marktplatz abgewickelt werden, mit Hilfe von elektronischen Dokumenten protokolliert werden, die im Streitfall in Augenschein genommen werden können. Dabei muss jedoch sichergestellt werden, dass diese entsprechend gegen beabsichtigte oder unbeabsichtigte Veränderung geschützt sind.

Da der Informationsaustausch zwischen Marktteilnehmern ausschließlich elektronisch erfolgt und zudem aus Kostengründen kaum qualifizierte elektronische Signaturen zum Einsatz kommen, erscheint der Beweis durch Urkunden nach §415 ZPO ff. zur Bereitstellung von Beweismitteln ungeeignet.

Aufgrund der Menge von Marktteilnehmern und der verteilten Organisationsform des betrachteten Marktplatzes eignet sich jedoch eventuell der Zeugenbeweis, um aussagekräftige Beweismittel bereitzustellen. Da verteilte Systeme auf Kooperation aller Teilnehmer basieren, sind immer mehrere Teilnehmer an der Durchführung einer bestimmten Aktion beteiligt. Daher muss untersucht werden, inwiefern diese Teilnehmer als Zeugen herangezogen werden können.

2.8 Klassifikation von Angreifern

Für eine Reihe von Verfahren und Protokollen, die im weiteren Verlauf der Arbeit vorgestellt werden, werden bestimmte Sicherheits- und Robustheitsanforderungen formuliert. Um mit der Auswahl von entsprechenden Sicherheits- oder Robustheitsmechanismen diese Anforderungen erfüllen zu können, sind genaue Informationen über die zu erwartenden Angreifer notwendig. Aus diesem Grund werden in diesem Abschnitt einige grundlegende Aussagen über mögliche

Fähigkeiten und Einschränkungen potentieller Angreifer gemacht, so dass im weiteren Verlauf der Arbeit auf diese Definition zurückgegriffen werden kann.

2.8.1 Angreifermodelle

Die Möglichkeiten und auch die Einschränkungen potentieller Angreifer können gut mit Hilfe sog. *Angreifermodelle* beschrieben werden. Diese enthalten Informationen darüber, welche Angriffe vom Angreifer mit vertretbarem Aufwand durchgeführt werden können. Gleichzeitig werden in einem Angreifermodell auch immer Aussage über die Einschränkungen des Angreifers gemacht, so dass klar ist, über welche Möglichkeiten ein Angreifer nicht verfügt. Um eine bessere Übersichtlichkeit zu gewährleisten, wird zudem oft eine Unterscheidung in verschiedene Sachgebiete vorgenommen.

Im Rahmen dieser Arbeit werden dabei folgende Sachgebiete als eigenständige Bestandteile eines Angreifermodells definiert:

- kryptographisches Modell
  Beim kryptographischen Modell geht es vor allem um die Einschränkungen des Angreifers hinsichtlich der Berechenbarkeit von kryptographischen Funktionen und die Angriffsmöglichkeiten gegenüber kryptographischen Verfahren.

- kommunikationstechnisches Modell
  Das kommunikationstechnische Modell beschreibt die Möglichkeiten des Angreifers, auf Kommunikationsvorgänge Einfluss zu nehmen.

- verhaltenstechnisches Modell
  Im verhaltenstechnischen Modell wird beschrieben, wie weitreichend ein Angreifer agieren kann und welche Sicht er auf das Gesamtsystem hat.

2.8.1.1 Kryptographisches Modell

Das kryptographische Modell beschreibt vorrangig die mathematischen Einschränkungen, denen ein Angreifer unterliegt. Eine grundlegende Annahme geht davon aus, dass ein Angreifer nicht in der Lage ist, die bekannten kryptographischen Verfahren, wie Hash-Funktionen, symmetrische oder asymmetrische Ver- und Entschlüsselungsverfahren schneller berechnen zu können, als allgemein bekannt. Auch beim Angriff auf die zugrundeliegenden Algorithmen verfügt der Angreifer nur über bekanntes Wissen und ist nicht in der Lage, diese effizienter zu lösen, als dies bisher bekannt ist.

Dadurch kann ein Angreifer beispielsweise Kollisionen in Hash-Funktionen entweder nur durch Brute-Force-Verfahren [13], also dem Ausprobieren aller möglichen Ausgangswerte, ermitteln oder durch die Anwendung bekannter Verfahren [140, 141, 118]. So ist die Hash-Funktion MD5 [107] nicht mehr als hinreichend sicher einzustufen, die SHA-Familie [45] ist trotz der bekannten Angriffe immer noch als sicher einzustufen, da die veröffentlichten Angriffe auf das Auffinden von zufälligen Kollisionen abzielen, welche in der Realität eher eine untergeordnete Rolle spielen.

Auch verfügt der Angreifer nicht über effizientere Verfahren zur Bestimmung symmetrischer oder asymmetrischer Schlüssel als die heute bekannten. Für die aktuellen symmetrischen Verfahren wie AES [88] bleibt dem Angreifer nur das Durchprobieren aller möglichen Schlüssel (Brute-Force-Verfahren). Für bestimmte asymmetrische Verfahren, wie beispielsweise das RSA-Verfahren, dessen Sicherheit auf dem Aufwand einer Primfaktorzerlegung großer Zahlen beruht, existieren noch keine ernstzunehmenden Angriffe bei den aktuell verwendeten Schlüsselgrößen.

Insgesamt werden diese Einschränkungen im allgemeinen zusammengefasst und als *polynomielle Gebundenheit* bezeichnet, da der Aufwand zum Brechen der bekannten kryptographischen Verfahren polynomiell mit der Schlüssellänge steigt.

2.8.1.2 Kommunikationstechnisches Modell

Im Unterschied zum kryptographischen Modell, welches vorrangig Einschränkungen seitens des Angreifers vorsieht, enthält das kommunikationstechnische Modell die Möglichkeiten eines Angreifers einen Angriff auf die Kommunikationsinfrastruktur eines Systems auszuüben. Dabei werden folgende Angriffe formuliert:

- Nachrichten abhören, einfügen, modifizieren, wieder einspielen
  Der Angreifer ist in der Lage, Nachrichten zwischen zwei Kommunikationspartner abzuhören, eigene Nachrichten einzufügen oder vorhandene Nachrichten zu modifizieren. Außerdem ist der Angreifer in der Lage alte Nachrichten wieder einzuspielen.

- Infrastruktur stören
  Mittels eines gezielten *Denial-of-Service*-Angriffs (DoS) kann der Angreifer versuchen, die vorhandene Infrastruktur durch Anfragen zu überlasten und dadurch die bereitgestellte Funktion unbrauchbar zu machen. Erfolgt dabei der Angriff koordiniert von mehreren Angreifern aus, so wird dies auch als *Distributed-Denial-of-Service* (DDoS) bezeichnet.

- Kommunikationsverbindungen stören
  Der Angreifer kann gezielt Kommunikationsverbindungen überlasten und so versuchen einzelne Kommunikationspartner auszuschließen. Im Gegensatz zu Denial-of-Service-Angriffen werden keine Systeme direkt angegriffen, sondern nur versucht, die zur Verfügung stehende Bandbreite vollständig zu belegen.

- eigene Knoten einstellen
  In einem dezentral organisierten System ohne koordinierende zentrale Instanz kann der Angreifer eigene Knoten in das Kommunikationssystem einbringen, ohne dass diese sofort dem Angreifer zugeordnet werden können.

- fremde Knoten kompromittieren
  Der Angreifer ist in der Lage einzelne Knoten des Kommunikationssystems zu übernehmen. Dabei erhält der Angreifer auch Zugriff auf geheime Informationen des jeweiligen Knotens (z.B. Schlüsselmaterial). Bei dieser Art von Angriff muss zusätzlich zwischen *statisch* und *adaptiv* unterschieden werden. Bei einem statischen Angriff kann der Angreifer eine gewisse Anzahl von Knoten im Voraus übernehmen, ist jedoch nicht in der Lage, während seines Angriffs gezielt weitere Knoten zu übernehmen, während dies bei einem adaptiven Angriff möglich ist.

2.8.1.3   Verhaltenstheorethisches Modell

Während im kryptographischen und kommunikationstechnischen Teil des Angreifermodells beschrieben wird, welche Möglichkeiten dem Angreifer aus mathematischer und technischer Sicht eingeräumt werden, beschreibt das verhaltenstheoretische Modell das Agieren und die Reichweite des Angreifers. Dabei werden folgende Möglichkeiten für einen Angreifer formuliert:

- Verhalten des Angreifers
  Mit dem Verhalten des Angreifers wird beschrieben, wie dieser bei seinem Angriff in Erscheinung tritt. Bei einem *passiven* Angriff wertet der Angreifer nur Informationen aus, die ihm ohne weitere Aktivitäten seinerseits zugetragen werden. Erst bei einem *aktiven* Angriff tritt der Angreifer direkt in Erscheinung, in dem er Knoten eines Systems attackiert oder durch andere Aktionen versucht, relevante Informationen zu ermitteln.

- Präsenz des Angreifers
  Die Präsenz eines Angreifers sagt aus, wie der Angreifer im anzugreifenden Kommunikationssystem agieren kann.

  Ein *lokaler* Angreifer kann dabei nur eine kleine zusammenhängende Gruppe von Knoten innerhalb des Gesamtsystems erfolgreich angreifen. Dies ist beispielsweise dann der Fall, wenn der Angreifer nur in unmittelbarer Umgebung seines eigenen Standortes andere Knoten angreifen kann.

  Im Unterschied dazu ist ein *partieller* Angreifer in der Lage, mehrere kleine Gruppen von beteiligten Systemen erfolgreich anzugreifen. Dies ist beispielsweise dann der Fall, wenn der Angreifer an verschiedenen Standorten auftritt und dort jeweils lokal agieren kann.

  Ein *globaler* Angreifer kann beliebige Systeme angreifen, diese kompromittieren und ist somit in der Lage, das gesamte Kommunikationssystem zu beeinflussen.

  Unter bestimmten Bedingungen ist jedoch auch ein lokaler Angreifer in der Lage globale Auswirkungen zu erzielen. Ein Beispiel dafür ist das Border-Gateway-Protokoll [102]. Laut [83] fehlen dem Protokoll elementare Sicherheitsmechanismen, so dass ein Angreifer, der Kontrolle über einen BGP-Router besitzt, in der Lage ist, beliebigen Datenverkehr auf sich umzuleiten (siehe [105]).

- Wissen des Angreifers
  Ähnlich zur Präsenz des Angreifers wird auch das ermittelte Wissen eines Angreifers über das anzugreifende Kommunikationssystem beschrieben.

  Erhält der Angreifer während seines Angriffs nur Informationen über einen kleinen zusammenhängenden Teil des Kommunikationssystems, so erlangt der Angreifer nur *lokales* Wissen. Von *partiellem* Wissen des Angreifers über das betrachtete System wird dann ausgegangen, wenn durch den Angriff relevante Informationen über einzelne größere oder mehrere kleine Teile des Systems gewonnen werden können. Hat der Angreifer Zugriff auf alle relevanten Informationen (Systemzustände, Schlüsselmaterial), verfügt der Angreifer über *globales* Wissen.

- Kooperation mehrerer Angreifer
  Es ist durchaus denkbar, dass mehrere Angriffe gleichzeitig auf ein System erfolgen oder

ein einzelner Angreifer an verschiedenen Stellen das System versucht anzugreifen. Ko-operieren mehrere Angreifer untereinander oder kann der einzelne Angreifer eine globale Sicht über die bisher ermittelten Informationen herstellen, geht man von einem *globalen* Angreifer aus.

2.8.2   Definition eines Standardangreifers

Um für die im späteren Verlauf dieser Arbeit entworfenen Verfahren und Protokolle eine Ver-gleichbarkeit im Hinblick auf die aus der Bedrohungsanalyse abgeleiteten Sicherheits- und Ro-bustheitsmechanismen zu geben, wird in diesem Abschnitt ein sog. *Standardangreifer* definiert, welcher bei der Evaluierung der vorgestellten Mechanismen herangezogen wird.

Prinzipiell wird davon ausgegangen, dass der Standardangreifer aus kryptographischer Sicht po-lynomiell gebunden ist. Dies bedeutet, dass er nicht in der Lage ist, mit praktikablem Aufwand die aktuellen kryptographischen Verfahren wie symmetrische oder asymmetrische Verschlüs-selungsverfahren und kryptograpische Einwegfunktion zu brechen. Außerdem wird davon aus-gegangen, dass ein Angreifer nicht in der Lage ist, gezielt kryptographisches Schlüsselmaterial eines anderen Teilnehmers zu kompromittieren.

Da zudem das zugrundeliegende Szenario auf einer internet-basierten verteilten Marktplatt-form beruht, wird davon ausgegangen, dass sich sowohl normale Teilnehmer als auch Angreifer vorrangig am Rand des verwendeten Internets befinden. Somit kann ein Angreifer nur parti-ell Nachrichten abhören, einfügen, modifizieren oder wieder einspielen. Dies resultiert aus der Tatsache, dass die Knoten am Rand des Netzes nicht in alle Kommunikationsvorgänge einge-bunden sind. Aufgrund der verteilten Organisationsform kann es jedoch vorkommen, dass ein Datenaustausch zwischen zwei Teilnehmern über mehrere andere Teilnehmer erfolgt. Dies er-möglicht dem Angreifer auch den Zugriff auf Nachrichten anderer Teilnehmer, wenn er selbst an der Weiterleitung beteiligt ist.

Die Annahme über die partielle Möglichkeit Zugriff auf Nachrichten anderer Teilnehmer zu erhalten, ist auch realistisch, wenn ein Angreifer im Netzinneren operiert. Hat beispielswei-se ein Angreifer Kontrolle über ein einzelnes Autonomes System (AS), so hat der Angreifer zwar Zugriff über alle Nachrichten zwischen Teilnehmern innerhalb dieses autonomen Systems und Nachrichten, die über das autonome System ausgetauscht werden, trotzdem erreicht der Angreifer damit nicht globalen Zugriff auf alle Nachrichten.

Der Angreifer ist in der Lage, einzelne Kommunikationsverbindungen zu stören oder Teile der Infrastruktur gezielt zu überlasten. Gleichzeitig kann der Angreifer eine gewisse Anzahl von eigenen Knoten in das verteilte System einbringen, jedoch ist er nicht in der Lage mehr als die Hälfte aller Knoten bereitzustellen. Darüberhinaus kann der Angreifer eine geringe Anzahl von Knoten kompromittieren und übernehmen. Dabei handelt der Angreifer statisch, die Platzierung eigener Knoten und die Übernahme fremder Knoten erfolgt vor dem eigentlichen Angriff. Wäh-rend dem Angriff ist der Angreifer nicht in der Lage schnell zusätzliche Knoten zu platzieren oder zu übernehmen.

Insgesamt agiert ein aktiver Angreifer oder eine kooperierende Gruppe von aktiven Angreifern. Zudem existiert eine globale Sicht über den Angriff seitens der Angreifer. Ein konkurrierendes Verhalten verschiedener Angreifer wird ausgeschlossen, da diese Situation auch durch zwei isolierte kleinere Angreifer modelliert werden kann.

Zusammenfassend verfügt der Standardangreifer im Rahmen dieser Arbeit über die folgenden Eigenschaften und Möglichkeiten:

- statischer aktiver Angreifer (oder kooperierende Gruppe von Angreifern)

- partielle Präsenz

- partielles Wissen

- polynomielle Gebundenheit

- partiell Nachrichten abhören, einfügen, modifizieren, wieder einspielen

- einzelne Kommunikationsverbindungen stören

- Teile der Infrastruktur stören

- geringe Zahl von eigenen Knoten einstellen

- geringe Zahl von fremden Knoten kompromittieren

2.9 Beschreibung von Angriffen

Nachdem im vorherigen Abschnitt die Eigenschaften und Einschränkungen an mögliche Angreifer formuliert wurden, wird in diesem Abschnitt eine Möglichkeit vorgestellt, wie potentielle Angriffe formal und möglichst vollständig beschrieben werden können.

Eine Methode, um Angriffe gegen beliebige Systeme formal dazustellen, sind die sog. *Attack Trees* [117], welche im Dezember 1999 von Bruce Schneier vorgestellt wurden. Dabei kann zwischen einer graphischen und einer textuellen Darstellung gewählt werden, wobei die textuelle Darstellung vor allem dann gewählt wird, wenn die Menge möglicher Angriffe sehr hoch ist. Die graphische Darstellung basiert auf einer baumartigen Struktur, wobei das verfolgte Angriffsziel (*Goal*) als Wurzel des Baumes modelliert wird. Alle möglichen Vorgehensweisen (Aktionen), die zum Erreichen des Angriffsziels eingesetzt werden, werden als Blätter im Baum dargestellt. Existieren mehrere Vorgehensweisen, mit denen ein Teil des Angriffszieles (*Subgoal*) erreicht werden kann, wird ein neuer Knoten, welcher im folgenden als *Teilziel* bezeichnet wird, in den Baum eingefügt. Alle Verfahren, die zum Erreichen dieses Teilziels eingesetzt werden können, werden dann als Kinderknoten dieses Teilziels dargestellt. Alternativ kann sich ein Teilziel aus mehreren untergeordneten Teilzielen zusammensetzen.

Sind mehrere Aktionen notwendig, um ein Teilziel zu erreichen, so kann eine UND-Verknüpfung (*AND*) zwischen diesen Kinderknoten modelliert werden. Dadurch wird das jeweilige Teilziel nur erreicht, wenn alle Aktionen durchgeführt werden können. Ohne eine spezielle Beziehung von Aktionen, die unterhalb eines Teilziels angeordnet sind, wird von einer ODER-Verknüpfung (*OR*) ausgegangen. Es reicht also aus, eine der Aktionen erfolgreich durchzuführen, um das Teilziel zu erreichen.

Parallel dazu bieten Attack-Trees auch die Möglichkeit, die Durchführbarkeit einer einzelnen Aktion zu kennzeichnen. Dabei wird mittels *P* (wie *Possible*) die generelle Machbarkeit einer

spezifischen Aktion gekennzeichnet. Ist das erfolgreiche Durchführen einer Aktion eher als unwahrscheinlich einzustufen, wird der jeweilige Knoten mit *I* (wie *Impossible*) gekennzeichnet.
Abbildung 2.8 zeigt ein Beispiel für einen graphischen Attack-Tree.

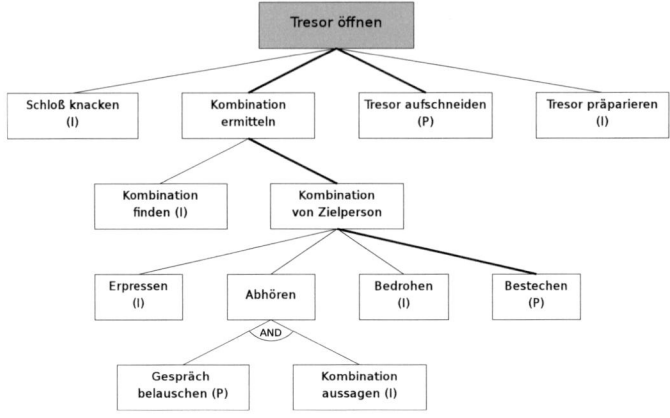

Abbildung 2.8: Beispiel für einen Attack-Tree (Quelle: [117])

In der Abbildung 2.8 ist ein Attack-Tree dargestellt, welcher die möglichen Angriffe zum un-
berechtigten Öffnen eines Tresors aufzeigt. Um das Angriffsziel (Tresor öffnen) zu erreichen,
sind laut dem Attack-Tree vier Möglichkeiten vorhanden. Entweder man kann das Schloss des
Tresors knacken, die Kombination des Tresors ermitteln, den Tresor gewaltsam öffnen oder den
Tresor im Voraus entsprechend präparieren. Dabei werden jedoch zwei der aufgezählten Möglichkeiten als nicht durchführbar angesehen (I-Markierung), so dass nur die Möglichkeit besteht, die Tresorkombination zu ermitteln oder den Tresor gewaltsam zu öffnen (P-Markierung).
Um die Kombination des Tresors zu ermitteln, stehen wiederum verschiedene Möglichkeiten offen. Neben dem Auffinden der Tresorkombination gibt es verschiedene Strategien, die korrekte
Kombination vom Tresorinhaber zu bekommen. Dabei werden nur das Abhören der Kombination oder die Preisgabe der Kombination aufgrund von Bestechung als durchführbar erachtet. Um die Kombination vom Inhaber abzuhören, müssen zwei Teilziele gleichzeitig erreicht
werden (AND-Markierung). Einerseits muss der Angreifer in der Lage sein, ein Gespräch des
Inhabers zu belauschen, andererseits muss der Inhaber während dieses Gesprächs die Kombination offenlegen. Während das Abhören des Gesprächs als machbar eingestuft wird, ist es
unwahrscheinlich, dass der Inhaber die Kombination offenlegt.

Kapitel 3

Die SESAM-Marktplattform

3.1 Einleitung

Im Gegensatz zu herkömmlichen elektronischen Marktplätzen, bei denen ein Marktplatzbetreiber die benötigte Infrastruktur bereitstellt und die Marktteilnehmer meist nur Standardsoftware (z. B. Webbrowser) zum Agieren auf dem elektronischen Marktplatz einsetzen müssen, zeichnen sich insbesondere verteilte elektronische Märkte unter anderem dadurch aus, dass alle Marktteilnehmer gemeinsam die Infrastruktur bereitstellen. Dadurch entsteht jedoch auch die Notwendigkeit, dass jeder Marktteilnehmer über die entsprechende Software verfügen muss, um einen Anteil an der benötigten Infrastruktur bereitstellen zu können.

Im Rahmen des BMBF-Projekts "Selbstorganisation und Spontaneität für liberalisierte und harmonisierte Märkte" (SESAM) [87] wurde eine dienstorientierte Architektur für eine verteilte elektronische selbstorganisierende Marktplattform entworfen und prototypisch umgesetzt. Im Rahmen dieser Arbeit lag dabei der Schwerpunkt auf der Anbindung an eine vorhandene Kommunikationsinfrastruktur, dem Entwurf und der Integration der Sicherheitsarchitektur und der Bereitstellung von Rechtskonformität und Beweissicherheit, während in [42] die Integration des Dienstekonzeptes und Verfahren zur kooperativen Bereitstellung von Ressourcen behandelt werden.

Nachfolgend werden die Anforderungen an eine verteilte selbstorganisierende elektronische Marktplattform erläutert. Danach werden themenverwandte Arbeiten untersucht, inwieweit sich diese zur Umsetzung der aufgestellten Anforderungen eignen. Anschließend wird im Abschnitt 3.4 der Entwurf der *SESAM-Architektur* und der darauf aufbauenden Sicherheitsarchitektur vorgestellt. In Abschnitt 3.5 wird kurz auf die prototypische Implementierung eingegangen. Zum Abschluss erfolgt im Abschnitt 3.6 eine Evaluation der SESAM-Architektur und eine Zusammenfassung der Ergebnisse.

3.2 Anforderungen

Nach eingehender Analyse der bereitzustellenden Funktionen einer selbstorganisierenden verteilten elektronischen Marktplattform wurden folgende Anforderungen formuliert.

- Dezentralität
  Eine der grundlegenden Anforderungen an die gewünschte Marktplattform ist die verteilte Bereitstellung der benötigten Infrastruktur durch die vorhandenen Marktteilnehmer, ohne dabei auf zentrale Infrastruktur (z.B. Marktplatzbetreiber) angewiesen zu sein.

- Selbstorganisation
  Zusätzlich zur dezentralen Bereitstellung der notwendigen Ressourcen ist auch eine verteilte Organisation des Marktplatzes eine der elementaren Anforderungen. Die verteilte Marktplattform muss in der Lage sein, selbstständig auf externe oder interne Ereignisse zu reagieren und mit Hilfe geeigneter Mechanismen die Funktionsfähigkeit des Marktplatzes aufrecht zu erhalten, ohne dabei auf eine zentral koordinierende Instanz angewiesen zu sein.

- Erweiterbarkeit
  Die verteilte Marktplattform sollte universell einsetzbar und nicht auf bestimmte Anwendungsszenarien eingeschränkt sein. So sollen Güter aller Art (materiell als auch immateriell) auf der Marktplattform gehandelt werden können. Zudem darf keine Einschränkung hinsichtlich der eingesetzten Marktmechanismen erfolgen.

- Wiederverwendbarkeit
  Die einzelnen Komponenten der verteilten Marktplattform sollten möglichst so gestaltet werden, dass diese bei Bedarf wiederverwendet werden können. Dies erleichtert unter anderem die Erweiterbarkeit und reduziert den Aufwand bei der Integration neuer Anwendungsszenarien.

- Rechtskonformität und Beweissicherheit
  Im Gegensatz zu rein technischen Lösungsansätzen ist eine weitere Anforderung an eine verteilte elektronische Marktplattform die Bereitstellung von Rechtskonformität und Beweissicherheit für Transaktionen, die auf dem verteilten Markt abgewickelt werden.

- Robustheit
  Eine verteilte Marktplattform muss robust gegenüber gewollten oder ungewollten Ausfällen von Teilnehmern oder Netzinfrastruktur sein und darf nicht aufgrund lokal beschränkter Angriffe auf Teile der bereitgestellten Infrastruktur vollständig ausfallen oder unbenutzbar werden.

- Skalierbarkeit
  Auch bei steigender Anzahl von Teilnehmern müssen die bereitgestellten Ressourcen der verteilten Marktplattform durch andere Teilnehmer genutzt werden können, ohne dass dabei die Anforderungen an benötigter Bandbreite, Speicherplatz und Rechenkapazität deutlich steigen. Gleichzeitig muss sichergestellt werden, dass die anfallenden Aufgaben auf alle Marktteilnehmer gleichmäßig verteilt werden, ohne dabei einzelne Marktteilnehmer zu überlasten.

- Sicherheit
  Eine besondere Anforderung stellt der Aspekt Sicherheit im Sinne der technischen Sicherheit von IT-Systemen dar, da nicht nur die Architektur für eine verteilte Marktplattform entworfen werden soll, sondern aufbauend auf der bereitzustellenden Marktplattform auch nichtfunktionale Anforderungen wie Beweissicherheit im juristischen Sinne

erfüllt werden sollen. Um dies trotz der geforderten dezentralen Ressourcenbereitstellung zu gewährleisten, ist eine gesonderte Betrachtung der Sicherheitsanforderungen notwendig, welche im nachfolgenden Abschnitt gegeben wird.

3.2.1 Sicherheitsanforderungen

Ausgehend von den allgemeinen Anforderungen wurden nachfolgend die Sicherheitsanforderungen an einen selbstorganisierenden verteilten elektronischen Marktplatz abgeleitet. Neben der Bereitstellung von technischer Sicherheit dienen die aufgestellten Sicherheitsanforderungen auch als Grundlage, um aufbauend auf daraus resultierenden Verfahren die rechtlichen Anforderungen nach Rechtskonformität und Beweissicherheit erfüllen zu können.

- Authentizität
  Um Beweissicherheit beim Abschluss von Verträgen oder sonstiger rechtlich relevanter Transaktionen bereitstellen zu können, ist es erforderlich, dass sich die Marktteilnehmer gegenseitig ausweisen können, also ihre Identität gegenüber einem anderen Marktteilnehmer glaubhaft nachweisen können.

- Integrität
  Bei rechtlich relevanten elektronischen Informationen, die auf der Marktplattform ausgetauscht werden, muss sichergestellt werden, dass diese durch Dritte nicht modifiziert werden können. Außerdem muss gewährleistet werden, dass eine Bindung zwischen der Identität des Erklärenden und dem Inhalt einer Erklärung erzeugt wird.

- Vertraulichkeit
  Falls notwendig, muss sichergestellt werden können, dass Informationen für unbeteiligte Dritte nicht mitgelesen oder aufgedeckt werden können. Dabei muss eventuell unterschieden werden, ob ein Schutz gegen Mitlesen nur für Aussenstehende oder alle anderen Marktteilnehmer erforderlich ist.

- Nachweisbarkeit bzw. Nichtabstreitbarkeit
  Das Durchführen bestimmter rechtlich relevanter Aktionen soll im Nachhinein auch für Aussenstehende nachprüfbar sein und durch die Beteiligten nicht abgestritten werden können. Gleichzeitig sollen Informationen bereitgestellt werden, die im Streitfall vor Gericht als Beweismittel eingesetzt werden können. Dabei muss auch sichergestellt werden, dass die jeweiligen Beweismittel nicht unbemerkt manipuliert werden können.

3.3 Verwandte Arbeiten

In diesem Abschnitt wird auf verwandte Arbeiten eingegangen. Dazu wird eine kurze Erläuterung über die Funktionsweise der jeweiligen Ansätze gegeben, gefolgt von einer Bewertung hinsichtlich der aufgestellten Anforderungen. Abschließend wird dargelegt, ob und wie der jeweilige Ansatz zur Umsetzung einer verteilten Marktplattform geeignet ist.

3.3.1 Web-Services

Mittels Web-Services (siehe Abschnitt 2.6.1), welche die am meisten verbreitetste Umsetzung einer dienste-basierten Architektur darstellen, lassen sich die Anforderungen nach Wiederverwendbarkeit, Erweiterbarkeit, Sicherheit und Robustheit erfüllen. Erweiterbarkeit und Wiederverwendbarkeit sind grundlegende Prinzipien dienste-basierter Architekturen, Sicherheit und Robustheit kann durch den Einsatz entsprechender Erweiterungen wie Web-Service-Security [6] sichergestellt werden.

Trotzdem eignen sich Web-Services nicht zur Umsetzung eines verteilten, elektronischen und zugleich rechtssicheren elektronischen Marktplatzes. Dies liegt einerseits daran, dass Web-Services in ihrer bisherigen Form auf einer zentralen Organisationsstruktur beruhen. Alle Dienstanbieter registrieren sich in einem zentralen Dienstverzeichnis. Will ein Dienstnehmer einen Dienst nutzen, so muss zuerst am Dienstverzeichnis nach einem passenden Dienstanbieter nachgefragt werden. Zwar kann dieser sog. "Single Point of Failure" durch eine redundante Auslegung des Dienstverzeichnisses vermieden werden, stellt aber keine dezentrale und selbstorganisierende Dienstverwaltung dar.

Zudem bieten Web-Services keinerlei Funktionalität zur Bereitstellung von Rechtskonformität oder Beweissicherheit. Denkbar wäre jedoch, diese Funktionen als eigenständige Dienste anzubieten und dann als Web-Services bereitzustellen.

3.3.2 Java Enterprise Edition

Eine andere Technologie, welche oft zur Umsetzung zentraler Marktplattformen herangezogen wird, ist die *Java Enterprise Edition* (Java EE) [134] von Sun Microsystems.

Die Java-EE-Laufzeitumgebung enthält neben einem sog. *Applikationsserver* eine Reihe von Komponenten, die die Umsetzung eigener Anwendungsszenarien vereinfachen. Neben Grundfunktionen wie Namens- und Verzeichnisdiensten und Dienstmanagement, stellt das Laufzeitsystem auch Sicherheitsfunktionen und Transaktionsmanagement bereit. Zur persistenten Speicherung von Daten wird meist zusätzlich zum Java-EE-Laufzeitsystem eine externe Datenbank benötigt.

Für den externen Zugriff werden eine Reihe gängiger Schnittstellen (RPC, Web-Servies) angeboten, zudem unterstützt das Java-EE-Laufzeitsystem auch die transparente Kommunikation zwischen unterschiedlichen Applikationsservern, womit prinzipiell auch verteilte Anwendungen realisierbar sind.

Trotzdem eignet sich die Java Enterprise Edition nicht zur Umsetzung des geplanten verteilten elektronischen Marktplatzes. Einerseits hat das Java-EE-Laufzeitsystem hohe Systemanforderungen bezüglich Rechenleistung und Speicherbedarf und benötigt ein relationales Datenbanksystem. Andererseits enthält Java EE keinerlei Funktionen, um Rechtskonformität oder Beweissicherheit bereitzustellen.

3.3.3 OSGi-Framework

Die *Open Services Gateway Initiative* (OSGI) [93] stellt auch eine Umsetzung einer dienstorientierten Architektur dar. Im Unterschied zu Java EE dient OSGi dabei vorrangig als Softwareplattform für eingebettete Systeme, Geräte mit geringen Systemressourcen (Mobiltelefon, PDA) bzw. Mess- und Steuerungsaufgaben in der Gebäudeautomation.

Die Java-basierte Ablaufumgebung stellt ein genormtes Laufzeitsystem zur Verfügung, auf dem verschiedene Dienste (sog. *Bundles*) parallel zueinander ausgeführt werden können. Zusätzlich zur standardisierten Laufzeitumgebung wurden durch die OSGi-Allianz auch Schnittstellen zur Installation und zur Fernwartung von Anwendungen definiert.

Jedoch stellt auch das OSGi-Framework nicht alle Funktionen bereit, die zum Aufbau eines verteilten elektronischen Marktplatzes benötigt werden. Zwar ist eine genormte dienstorientierte Ablaufumgebung vorhanden, jedoch fehlen Funktionen zur Selbstorganisation mehrerer OSGi-Knoten. Zudem sind keine Mechanismen vorhanden, um rechtskonforme und beweissichere Transaktionen auf einem Marktplatz zu realisieren.

3.3.4 JXTA-Framework

Ebenfalls von Sun Microsystems stammt das Peer-to-Peer-Rahmenwerk JXTA [132, 119]. Im Gegensatz zu den bisherigen Ansätzen wird bei JXTA der Einsatz dezentraler und selbstorganisierender Technologien verfolgt.

Neben einer standardisierten Ablaufumgebung für Dienste, die durch einen JXTA-Knoten angeboten oder genutzt werden können, definiert JXTA eine Reihe von Protokollen, die der Knoten- oder Dienstfindung und -nutzung dienen. Dabei wird jedoch nicht, wie üblich, auf eine zentrale Instanz zurückgegriffen (ähnlich dem UDDI bei Web Services), sondern ein dediziertes Overlay-Netz genutzt. Jeder JXTA-Knoten tritt diesem Overlay-Netz (der sog. *NetPeerGroup*) bei und kann dann eigene Dienste anbieten oder Dienste anderer Knoten nutzen. Nur zum Beitritt in die NetPeerGroup ist jeder JXTA-Knoten einmalig auf zentrale Infrastruktur angewiesen. Dies stellt jedoch ein generelles Problem bestehender Peer-to-Peer-Systeme dar. Alternative Ansätze für eine dezentrale Lösung des Beitrittsproblems für Peer-to-Peer-Systeme werden in [37] präsentiert.

Zwar stellt JXTA auch einfache Sicherheitsfunktionen wie einen geschützten Datentransport zwischen einzelnen Knoten bereit, jedoch fehlen auch hier grundlegende Funktionen zum Aufbau eines rechtskonformen und beweissicheren elektronischen Marktplatzes.

3.3.5 PeerMart/PeerMint

In [57] und [55] wird mit *PeerMart* eine Architektur vorgestellt, die den Aufbau eines sicheren Marktplatzes basierend auf einer verteilten Infrastruktur ermöglicht. Als Marktmechanismus stellt der verteilte Marktplatz ausschließlich auktions-basierte Verfahren zur Verfügung. Mit *PeerMint* wird zudem ein Preisfindungs- und Abrechnungssystem vorgestellt, welches ebenfalls Bestandteil der verteilten Marktplattform ist.

Aus technischer Sicht können eine Vielzahl der aufgestellten Anforderungen an eine verteilte Marktplattform erfüllt werden, jedoch ergeben sich aus juristischer Sicht einige Defizite. Da bei der vorgestellten Arbeit Anforderungen wie Rechtskonformität und Beweissicherheit nicht berücksichtigt wurden, können diese Anforderungen nicht erfüllt werden. Zudem ist die Wahl des Marktmodells auf auktions-basierte Verfahren eingeschränkt.

Auch in [116] wird eine Architektur für einen verteilten elektronischen Marktplatz vorgestellt. Eine Anforderung, die beim Entwurf der verteilten Marktinfrastruktur berücksichtigt wurde, stellt die Rechtskonformität dar. Trotzdem eignet sich der vorgestellte Ansatz nicht zur Umsetzung eines verteilten elektronischen Marktplatzes, da der Fokus bei der Umsetzung der Rechtskonformität primär auf die Einhaltung urheberrechtlicher Bestimmungen gelegt wurde.

3.3.6 Zusammenfassung

Die untersuchten Ansätze bieten alle eine dienstorientierte Plattform zur Umsetzung eigener Anwendungsszenarien. Gleichzeitig werden eine Reihe benötigter Basisfunktionen bereitgestellt. Jedoch fehlen den meisten Ansätzen Funktionen und Mechanismen, um dezentrale und selbstorganisierende Strukturen aufbauen zu können. Einzig das JXTA-Rahmenwerk bietet hier einen einfachen Zugang zur Umsetzung geeigneter Overlay-Netze. Auch die vorgestellten Forschungsarbeiten können nicht alle Anforderungen erfüllen, obwohl grundlegende Bausteine zum Aufbau verteilter Märkte bereits vorhanden sind.

Grundsätzlich fehlen jedoch allen betrachteten Ansätzen Mechanismen, um Rechtskonformität und Beweissicherheit bereitstellen zu können. Dies resultiert vor allem daraus, dass bislang den Anforderungen nach Rechtskonformität und Beweissicherheit meist keine hohe Bedeutung beigemessen wurde. Für einen rechtssicheren elektronischen Marktplatz ist die Erfüllung dieser Anforderungen jedoch unbedingt notwendig.

3.4 Entwurf

Da keiner der im vorherigen Abschnitt vorgestellten Ansätze alle Anforderungen an eine selbstorganisierende verteilte elektronische Marktplattform erfüllen konnte, wurde im Rahmen des SESAM-Projekts ein eigenständiger Entwurf erarbeitet, welcher bereits in [35] und [32] vorgestellt wurde. Dabei wurde ein Ansatz gewählt, der folgende existierende Grundprinzipien vereint und damit Funktionen der untersuchten Ansätze aufgreift und diese miteinander kombiniert.

- Peer-to-Peer-Netzwerke (P2P)
  Peer-to-Peer-Systeme (siehe Abschnitt 2.5) eignen sich hervorragend zum Aufbau selbstorganisierter verteilter Systeme. Alle Knoten arbeiten gleichberechtigt und stellen jeweils einen Bruchteil der benötigten Ressourcen bereit. Zudem gibt es keine zentrale koordinierende Instanz. Selbst der lokale Ausfall von Knoten oder Netzinfrastruktur kann durch das gesamte P2P-System aufgefangen werden, so dass die Funktionsfähigkeit weiterhin erhalten bleibt.

- dienstorientierte Architekturen (SOA)
  Zwar werden dienstorientierte Architekturen (siehe Abschnitt 2.6) meist bei client/server-basierten Ansätzen eingesetzt, trotzdem bieten sie einige Vorteile, um Erweiterbarkeit

und Wiederverwendbarkeit einfach und effizient umzusetzen. Die Trennung von Dienstschnittstelle und Dienstimplementierung ermöglicht einen hohen Grad an Erweiterbarkeit. Durch die Kapselung zusammengehöriger Funktionen in einem eigenständigen, abgeschlossenen Dienst, der durch seine öffentliche Schnittstelle beschrieben wird, wird
zudem eine hohe Wiederverwendbarkeit bereitgestellt.

3.4.1 SESAM-Basisarchitektur

Abbildung 3.1 zeigt den Aufbau der SESAM-Basisarchitektur. Dabei wurde, ähnlich dem
ISO/OSI-Referenzmodell [60], ein schichtenbasierter Ansatz verfolgt, um die verschiedenen
ausgewählten Ansätze miteinander zu kombinieren. Die Komponenten *Ontologien* und *Dienstmanagement* erstrecken sich dabei über mehrere Schichten. Einerseits stellen die Ontologien
die Basis anwendungsspezifischer Datenstrukturen dar, andererseits übernimmt das Dienstmanagement die Verwaltung von Diensten und den zugehörigen Funktionsblöcken in den unteren
Schichten der Basisarchitektur.

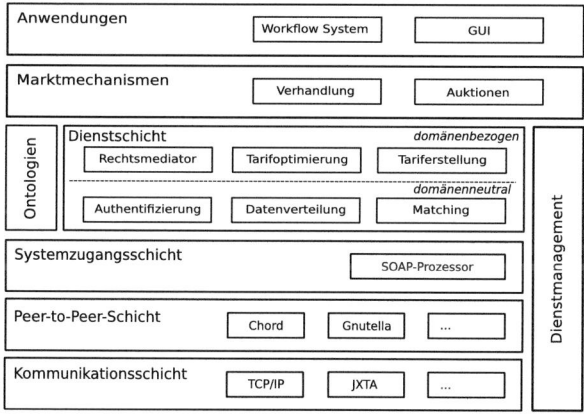

Abbildung 3.1: Aufbau der SESAM-Basisarchitektur

Die SESAM-Basisarchitektur untergliedert sich dabei in folgende Bestandteile:

- *Kommunikationsschicht*
  Die Schicht realisiert die Abstraktion vom verwendeten Transportmedium. Im Rahmen
  dieser Arbeit wird von einer TCP/IP-basierten Kommunikationsinfrastruktur ausgegangen. Prinzipiell lassen sich aber auch andere Kommunikationsinfrastrukturen (z. B. JX-
  TA) verwenden, diese müssen jedoch die notwendigen Transport- und Routingfunktionen
  der Vermittlungs- und Transportschicht bereitstellen und den Zugriff auf darunterliegende
  Schichten kapseln und einen zuverlässigen Datentransport anbieten.

- *Peer-to-Peer-Schicht*
  Die Peer-to-Peer-Schicht stellt die Basisfunktionalität zur Realisierung einer verteilten

Marktplattform bereit. Die Schicht enthält dazu die verschiedenen Overlay-Techniken zum Aufbau selbstorganisierender Systeme und bietet eine einheitliche Schnittstelle (vgl. [39]) zur Kommunikation mit anderen Overlay-Instanzen an.

- *Systemzugangsschicht*
  Aufbauend auf der Peer-to-Peer-Schicht hat die Systemzugangsschicht die Aufgabe, lokale Anfragen an Dienstinstanzen entfernter Knoten anzunehmen, diese in SOAP-Anfragen umzuwandeln und dann die Anfrage mit Hilfe der Peer-to-Peer-Schicht an den jeweiligen Knoten weiterzuleiten. Gleichzeitig ist die Schicht auch dafür zuständig, entfernte Anfragen entgegenzunehmen und an die lokale Dienstinstanz weiterzuleiten.

- *Dienstschicht*
  Dienste stellen einen Kernpunkt der SESAM-Basisarchitektur dar. Ein Dienst wird durch seine öffentliche Schnittstelle beschrieben, die eigentliche Dienstfunktion wird verteilt durch Kooperation der Marktteilnehmer erbracht. Dabei wird die Menge aller Knoten, die einen bestimmten Dienst anbieten, als ein *ServiceNet* (siehe Abschnitt 3.4.2) bezeichnet.

- *Dienstmanagement*
  Das Modul Dienstmanagement wird zur Verwaltung der Dienste benötigt. So übernimmt das Dienstmanagement das Registrieren von Dienstinstanzen und stellt die logische Verbindung zwischen einer Dienstinstanz und einem Overlay-Netz dar. Dabei ist es auch denkbar, mehrere Dienste mit ein und demselben Overlay-Netz zu koppeln, so fern sich die Anforderungen der Dienste an das verwendete Overlay ähneln.

- *Ontologien*
  Zur Beschreibung der Datenstrukturen, die von Diensten und Anwendungen benutzt werden, wird eine Ontologie [12, 90] eingesetzt. Diese bietet den Vorteil, einfach und flexibel erweitert werden zu können. Außerdem können Beziehungen zwischen Daten direkt in der Ontologie modelliert werden, ohne dabei zusätzliche externe Funktionen zu benötigen.

- *Markmechanismen*
  In der Marktmechanismusschicht werden verschiedene Marktmechanismen bereitgestellt, die auf dem jeweiligen Marktplatz eingesetzt werden können. Dabei setzen die Marktmechanismen auf den vorhandenen Diensten auf, um beispielsweise Vertragsangebote auszutauschen.

- *Anwendungen*
  Als letzter Bestandteil der SESAM-Basisarchitektur setzen die Anwendungen auf den Marktmechanismen auf und implementieren den logischen Ablauf des gewünschten Anwendungsszenarios. Gleichzeitig stellen die Anwendungen die Schnittstelle zum Benutzer dar.

Beim Entwurf der SESAM-Basisarchitektur lagen die Schwerpunkte im Rahmen dieser Arbeit auf der Kommunikationsschicht, dem Entwurf verschiedener Basisdienste und -komponenten zur Bereitstellung von Sicherheitsfunktionen und dem Entwurf der SESAM-Sicherheitsarchitektur (siehe Abschnitt 3.4.3). Andere elementare Bestandteile der SESAM-Basisarchitektur, wie die Peer-to-Peer-Schicht, die Systemzugangsschicht, das Dienstmanagement und das Konzept des SESAM-ServiceNet wurden primär im Rahmen von [42] behandelt und werden dort ausführlich beschrieben und evaluiert.

Die nachfolgenden Abschnitte enthalten eine detaillierte Erläuterung der einzelnen Komponenten der SESAM-Basisarchitektur. Im Anschluss daran wird kurz in Abschnitt 3.4.2 das Konzept des SESAM-ServiceNet erläutert. In Abschnitt 3.4.3 wird die SESAM-Sicherheitsarchitektur vorgestellt.

3.4.1.1 Kommunikationsschicht

Die Kommunikationsschicht dient der Anbindung der SESAM-Basisarchitektur an die darunterliegende Kommunikationsinfrastruktur. Durch die abstrakte Schnittstelle, die allen Komponenten der SESAM-Basisarchitektur bereitgestellt wird, soll sichergestellt werden, dass keine direkten Abhängigkeiten von der verwendeten Kommunikationstechnologie innerhalb des SESAM-Systems entstehen. Um diese Unabhängigkeit zu erreichen, müssen alle grundlegenden Kommunikationsfunktionen durch die Schnittstelle abgedeckt werden. Aus diesem Grund stellt die Kommunikationsschicht folgende Kommunikationsparadigmen bereit:

- *Unicast*
  Als Unicast-Kommunikation wird eine Punkt-zu-Punkt-Kommunikation verstanden, die direkt zwischen zwei Kommunikationspartnern abläuft. Diese Kommunikationsform wird beispielsweise zum Datenaustausch zwischen Teilnehmern genutzt.

- *Anycast*
  Im Vergleich zur Unicast-Kommunikation, bei der beide Kommunikationspartner im Voraus bekannt sind, zeichnet sich Anycast-Kommunikation dadurch aus, dass ein Kommunikationspartner erst zur Laufzeit aus einer Gruppe von möglichen Kommunikationspartnern ausgewählt wird. Dieses Paradigma eignet sich besonders für Szenarien, bei der ein Dienstnehmer einen Dienst in Anspruch nehmen möchte, der von einer Reihe von Dienstgebern bereitgestellt wird, ohne dass der Dienstnehmer eine Präferenz auf einen bestimmten Dienstgeber hat.

- *Multicast*
  Multicast-Kommunikation ist eines der Kommunikationsparadigmen zur Umsetzung von gruppenbasierter Kommunikation. Im Unterschied zu Unicast oder Anycast sind bei Multicast mehr als zwei Kommunikationsteilnehmer am Datenaustausch beteiligt. Ein typisches Anwendungsszenario ist die 1:n Kommunikation, bei der ein Sender Daten an eine Vielzahl von Empfängern verteilt. Eine Sonderform von Multicast stellt *Multipeer* (m:n) dar, bei der mehr als ein Sender vorhanden sein kann.

Die Möglichkeit einer *Broadcast*-Kommunikation wurde in der Schnittstelle der Kommunikationsschicht nicht vorgesehen, da die zu erwartenden Anwendungsszenarien einerseits auf räumlich verteilte Märkte mit festnetzbasierten Kommunikationstechnologien abzielen, welche keine adäquate Broadcast-Funktion bereitstellen. Selbst wenn Marktteilnehmer über drahtlose Kommunikationsnetze angebunden werden, sind keine Vorteile durch das Vorhandensein einer Broadcast-Funktion zu erwarten, da die dafür notwendige Lokalität von Teilnehmern unrealistisch erscheint.

Da auf dem verteilten elektronischen Marktplatz ein zuverlässiger Datenaustausch zwischen Teilnehmern benötigt wird, stellt die Kommunikationsschicht Funktionen für einen *verbindungsorientierten, zuverlässigen* Datenaustausch bereit. Ein unzuverlässiger Datenaustausch, wie er bei internet-basierter Kommunikation beispielsweise mittels UDP [95] umgesetzt werden könnte, erscheint für den vorgesehenen Anwendungszweck ungeeignet, da dann Funktionen für einen zuverlässigen Datenaustausch zusätzlich in die Kommunikationsschicht integriert werden müssten.

Um die vorgeschlagenen Kommunikationsparadigmen bereitstellen zu können, wird für die abstrakte Schnittstelle der Kommunikationsschicht das bekannte Prinzip der *Socket*-Schnittstelle aufgegriffen. Dabei wird eine Kommunikationsverbindung unabhängig von der verwendeten Kommunikationstechnologie durch einen abstrakten Socket repräsentiert, so dass beim Einsatz verschiedener Übertragungstechnologien keine Anpassungen an der darüberliegenden Schicht notwendig sind. Abbildung 3.2 zeigt das Klassendiagramm der bereitgestellten Schnittstelle, wobei beispielhaft nur die Schnittstellen für unicast-basierte Verbindungen dargestellt sind.

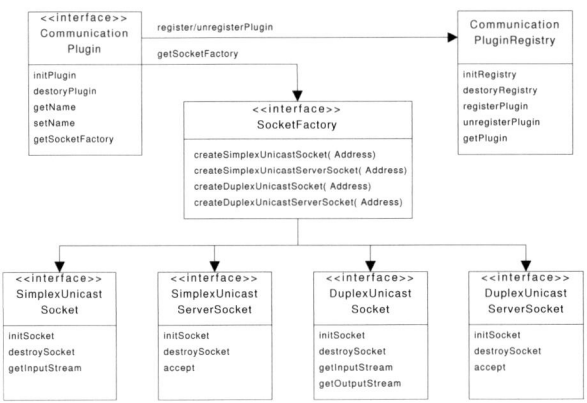

Abbildung 3.2: UML-Klassendiagramm Kommunikationsschicht

Die Klasse `SocketFactory` stellt den Zugriff auf die Kommunikationsschicht bereit. Über die angebotenen Funktionen können verschiedene Kommunikationsverbindungen aufgebaut werden. Unterschiedliche Kommunikationspartner können über das Parameterobjekt vom Typ `Address` spezifiziert werden. Diese Klasse bietet Funktionen, um einzelne Teilnehmer, Gruppen oder Dienste direkt adressieren zu können. Mittels der entsprechenden Methoden können dann unicast-, anycast- oder multicast-basierte Kommunikationsverbindungen aufgebaut werden. Bei Unicast- und Anycast-Verbindungen ist zusätzlich noch eine Unterscheidung zwischen simplex- oder duplex-fähigen Kommunikationsverbindungen möglich.

Um beispielsweise eine duplex-fähige Unicast-Verbindung zwischen zwei Kommunikationsteilnehmern aufbauen zu können, muss der Initiator die Methode `createDuplexUnicastSocket` mit einem entsprechenden `Adress`-Objekt aufrufen. Konnte eine Kommunikationsverbindung hergestellt werden, wird ein Objekt vom Typ `DuplexUnicastSocket` zurückgeliefert. Mit Hilfe dieses Objekts können anschließend

Daten zwischen den beiden Kommunikationspartnern ausgetauscht werden. Der Datenaustausch funktioniert dabei genauso wie die übliche Socket-basierte Kommunikation in Java mittels der Klassen `InputStream/OutputStream`. Um auf eingehende Verbindungsanfragen reagieren zu können, muss im vorliegenden Beispiel ein sog. *Server*-Socket mittels der Methode `createDuplexUnicastServerSocket` erzeugt werden. Der Aufruf der Methode `listenSocket` auf dem Server-Socket blockiert dann solange, bis ein Verbindungswunsch von einem anderem Kommunikationspartner eingeht. Nach erfolgreichem Verbindungsaufbau wird wiederum ein Objekt vom Typ `DuplexUnicastSocket` zurückgeliefert.

Um die Funktionsfähigkeit der Kommunikationsschicht zu zeigen, wurde eine prototypische Implementierung für verschiedene Kommunikationstechnologien durchgeführt. Dabei wurde eine erste Implementierung für duplex-fähige Unicast-Verbindungen erstellt, welche direkt auf dem Transportprotokoll TCP [97] aufsetzt. Um die Eignung für andere Kommunikationstechnologien zu zeigen, wurde zusätzlich eine Anbindung an das Peer-to-Peer-Rahmenwerk JXTA [132] umgesetzt. Dieses bietet neben duplex- auch simplex-fähige Unicast-Verbindungen und stellt zudem Verfahren bereit, um auch Teilnehmer, die hinter NAT-Gateways lokalisiert sind, anzubinden. Außerdem können beispielsweise Multicast-Verteilbäume auf Anwendungsebene einfach mit Hilfe simplex-fähiger Unicast-Verbindungen aufgebaut werden. Die Anbindung von JXTA an die Peer-to-Peer-Schicht der SESAM-Basisarchitektur ist in Abbildung 3.3 dargestellt.

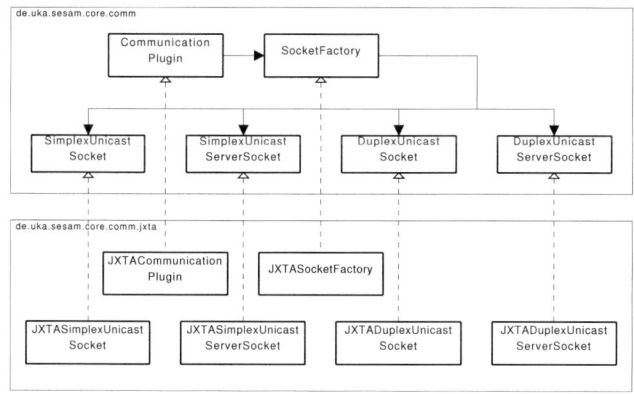

Abbildung 3.3: UML-Klassendiagramm JXTA-Kommunikationsmodudl

3.4.1.2 Peer-to-Peer-Schicht

Direkt auf der Kommunikationsschicht setzt die Peer-to-Peer-Schicht auf, mit deren Hilfe Funktionen zur Selbstorganisation von verteilten Märkte bereitgestellt werden. Dazu enthält die Peer-to-Peer-Schicht Implementierungen verschiedener Overlay-Netze. Im Rahmen des SESAM-Projekts wurde als ein Beispiel unstrukturierter Netze Gnutella [106] und als Vertreter strukturierter Netze Chord [130] prototypisch implementiert. Der Entwurf der Peer-to-Peer-Schicht, der darauf aufbauenenden Systemzugangsschicht und dem Dienstmanagement sowie die Integration in die SESAM-Basisarchitektur wurde im Rahmen von [42] vorgenommen, weshalb hier nur eine verkürzte Darstellung erfolgt.

Die unterschiedlichen Overlay-Netze sind dabei als eigenständige Overlay-Module innerhalb der Peer-to-Peer-Schicht implementiert. Die Peer-to-Peer-Schicht unterstützt den parallelen Betrieb verschiedener Overlay-Module, so dass gleichzeitig unterschiedliche Kommunikationsstrukturen für verschiedene Anwendungsszenarien aufgebaut werden können. Der Zugriff auf die jeweiligen Overlay-Module erfolgt über eine einheitliche Schnittstelle, welche sich stark an [39] orientiert. Außerdem können auch mehrere Dienste auf ein gemeinsames Overlay-Modul zugreifen und so die Instantiierung paralleler Overlay-Module vermeiden. Die Overlay-Module wiederum verwenden die angebotene Schnittstelle der Kommunikationsschicht um Overlay-Verbindungen mit anderen Kommunikationspartnern aufzubauen. Abbildung 3.4 zeigt ein vereinfachtes Klassendiagramm der Peer-to-Peer-Schicht.

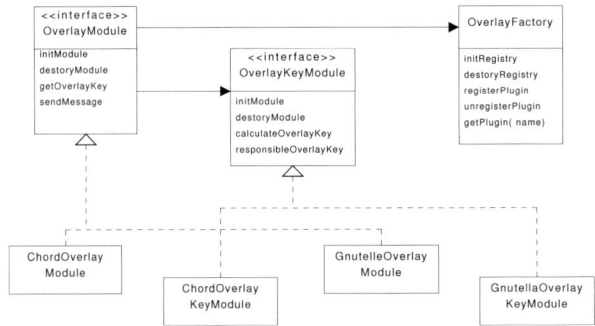

Abbildung 3.4: UML-Klassendiagramm Peer-to-Peer-Schicht

Zentraler Anlaufpunkt der Peer-to-Peer-Schicht ist die Klasse OverlayFactory, welche beim Start verschiedene Overlay-Module vom Typ OverlayModule dynamisch lädt und initialisiert. Um Daten an andere Overlay-Knoten zu versenden, wird die Methode sendMessage verwendet. Diese verlangt neben den eigentlichen Daten auch einen Parameter, welcher das Ziel beschreibt. Während bei unstrukturierten Netzen dieser Parameterwert nicht ausgewertet wird, wird dieser bei strukturierten Netzen zur Adressierung verwendet. Mit Hilfe des OverlayKeyModule kann aus einem gegebenen Wert die entsprechende Overlay-Adresse berechnet werden.

3.4.1.3 Systemzugangsschicht

In der Systemzugangsschicht erfolgt die Koppelung der beiden Architekturprinzipien P2P und SOA. Diese Schicht nimmt von der darüberliegenden Dienstschicht Anfragen an entfernte Dienstinstanzen entgegen, erzeugt die passenden SOAP-Anfragen und leitet diese dann mit Hilfe der Peer-to-Peer-Schicht und dem entsprechenden Overlay-Modul an den ausgewählten Knoten weiter. Im Gegensatz zu klassischen dienstorientierten Architekturen, bei denen der

Dienstgeber (Server) meist im Voraus bekannt ist, ermöglicht diese Koppelung auch die Auswahl des Dienstgebers zur Laufzeit.

Wird eine SOAP-Anfrage für den lokalen Knoten empfangen, wird diese von der Peer-to-Peer-Schicht an die Systemzugangsschicht übergeben. Diese dekodiert die Anfrage und führt den Dienstaufruf auf der lokal vorhandenen Dienstinstanz durch. Das Ergebnis der Dienstanfrage wird dann als SOAP-Antwort kodiert und wiederum mit Hilfe der Peer-to-Peer-Schicht an den Dienstnehmer zurückgesandt.

3.4.1.4 Dienstmanagement

Neben der Kommunikations-, der Peer-to-Peer- und der Systemzugangsschicht ist das Dienstmanagement Grundbestandteil der Basisarchitektur. Das Dienstmanagement übernimmt die Verwaltung der zur Verfügung stehenden Dienste und ist für das Registrieren, Auffinden und Binden von Diensten zuständig. Bietet ein Knoten einen Dienst an, nimmt also die Rolle des Dienstgebers ein, registriert das Dienstmanagement den Dienst, so dass dieser im Anschluss von potentiellen Dienstnehmern gefunden werden kann. Gleichzeitig stellt das Dienstmanagement Funktionen bereit, um Dienstnehmern das Auffinden von Dienstgebern des gewünschten Dienstes zu realisieren. Zudem ist das Dienstmanagement auch für die Bindung zwischen Dienst und verwendetem Overlay-Netzwerk zuständig. Eine ausführliche Erläuterung erfolgt in Abschnitt 3.4.2.

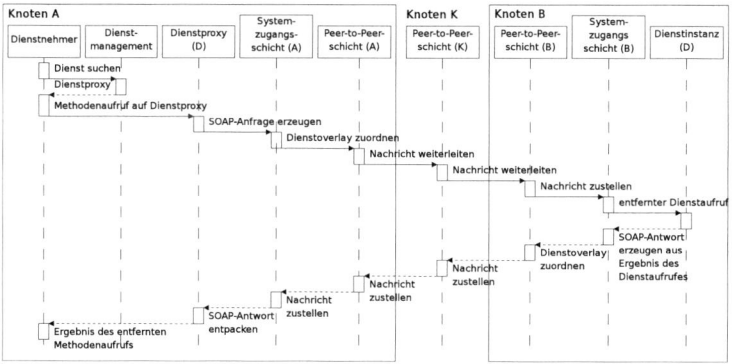

Abbildung 3.5: Ablauf entfernter Dienstaufruf

Abbildung 3.5 veranschaulicht einen entfernten Dienstaufruf eines Dienstnehmers. Dabei benutzt der Dienstnehmer das lokale Dienstmanagement, um einen Dienst aufzufinden. Das Dienstmanagement erzeugt für den entfernten Dienst einen sog. *Client-Stub*, einen Proxy, welcher die gleiche Schnittstelle, wie der entfernte Dienst bereitstellt.

Der Ablauf eines entfernten Dienstaufrufes auf der SESAM-Basisarchitektur ähnelt stark dem klassischen Vorgehen in einer Client/Server-Umgebung. Der größte Unterschied liegt in der Auswahl des Dienstgebers, da dieser nicht im Voraus feststeht oder in einem zentralen Verzeichnis nachgeschlagen, sondern in der Systemzugangsschicht mit Hilfe der Peer-to-Peer-Schicht

ermittelt wird. Abhängig vom verwendeten Overlay-Netz kann zudem die SOAP-Anfrage nicht
direkt zwischen Dienstnehmer und Dienstgeber ausgetauscht werden, sondern ebenfalls über
das Overlay übertragen werden.

3.4.1.5 Dienste

Der Einsatz eines dienste-basierten Konzepts stellt einen wesentlichen Punkt der SESAM-
Basisarchitektur dar. Alle Funktionen, die zu einem bestimmten Kontext gehören, werden grup-
piert und zu einem eigenständigen Dienst zusammengefasst. Dabei wird die bereitgestellte
Funktionalität eines Dienstes über seine öffentliche Schnittstelle beschrieben.

In der SESAM-Basisarchitektur wird zudem zwischen *domänenneutralen* und *domänenabhän-
gigen* Diensten unterschieden. Während domänenneutrale Dienste allgmeine Grundfunktionen
einer Marktplattform bereitstellen, enthalten domänenabhängige Dienste Funktionen, die speziell auf bestimmte Anwendungsszenarien zugeschnitten sind und nicht allgemein eingesetzt
werden können.

Folgende domänenneutrale Basisdienste wurden beim Entwurf der SESAM-Marktplattform
konzipiert. Diese Dienste enthalten keinerlei Abhängigkeit auf spezielle Anwendungsszenarien
und stellen Funktionen bereit, die im Allgemeinen von marktbasierten Anwendungsszenarien
benötigt werden.

- Archivierung
  Der Archivdienst übernimmt die langfristige Speicherung geschlossener Verträge oder
  anderer rechtlich relevanter Dokumente.

- Authentifizierung
  Der Authentifizierungsdienst kann dazu genutzt werden, dass Marktteilnehmer sich gegenüber Vertrauensanbietern authentifizieren können und im Anschluss einen Vertrau-
  ensbeweis erhalten, um sich damit gegenüber anderen Marktteilnehmern ausweisen zu
  können.

- Dokumentenverteilung
  Der Dokumentdienst kann genutzt werden, um Anfragen und Angebote auf dem Marktplatz zu veröffentlichen und so zu verteilen, dass diese von möglichst vielen Marktteilnehmern schnell aufgefunden werden können.

- Matching
  Der Matchingdienst versucht passende Angebote und Nachfragen zu finden, um mögliche
  Vertragspartner zu identifizieren und so den Vertragsschluss anzubahnen.

Da als Anwendungsszenario für die SESAM-Marktplattform ein verteilter elektronischer Markt
zum Handel von elektrischer Energie zu Grunde gelegt wurde, wurden zusätzlich folgende domänenabhängige Dienste beim Entwurf der SESAM-Plattform konzipiert:

- Tariferstellung
  Die Tariferstellung ist notwendig, um Angebote und Nachfragen auf dem Marktplatz veröffentlichen zu können. Anhand eigener Verbrauchsdaten und entsprechender Prognosen

über den eigenen Energieverbrauch kann beispielsweise eine entsprechende Nachfrage erzeugt und auf dem Markplatz veröffentlicht werden.

- Tarifoptimierung
  Die Tarifoptimierung hat die Aufgabe, aus einer Vielzahl von Angeboten und Berücksichtigung des eigenen Verbrauches sowie zusätzlicher Vorgaben (z.b. Ökostromanteil) den günstigsten der angebotenen Stromtarife auszuwählen.

- Rechtsmediator
  Der Rechtsmediator gibt Unterstützung beim elektronischen Vertragsschluss. Zusätzlich zu allgemeinen Regeln beim Vertragsschluss enthält der Rechtsmediator spezifische Regeln für den Handel mit elektrischer Energie.

3.4.1.6 Ontologien

Zur Modellierung und Repräsentation von benötigten Datenstrukturen, die auf der SESAM-Marktplattform ausgetauscht werden, kommen Ontologien zum Einsatz. Mittels Ontologien lassen sich Informationen und Strukturen formal beschreiben. Gleichzeitig erlauben Ontologien, dass vorhandene Strukturen dynamisch erweitert werden können, ohne dass dadurch Probleme mit vorhandenen Abläufen zu erwarten sind.

Zur Erstellung und Erzeugung des Datenmodells für die SESAM-Plattform wurde das RDF-basierte [139] Werkzeug *The Karlsruhe Ontology and Semantic Web Tool Suite* (KAON) [90] eingesetzt. Dieses bietet eine graphische Oberfläche zur Modellierung von Datenstrukturen und entsprechenden Beziehungen der Daten untereinander. Außerdem ermöglicht KAON eine automatische Generierung entsprechender Java-Datenklassen, die eine objektorientierte Schnittstelle zum Zugriff auf das Datenmodell erlauben.

3.4.1.6.1 Das minimale Marktmodell

Beim Entwurf der SESAM-Marktplattform wurden mehrere Datenmodelle entworfen, die die jeweiligen Anforderungen der verschiedenen Fachrichtungen (Recht, Wirtschaft, Informatik) abbilden. Anschließend wurden die verschiedenen Datenmodelle zum *Minimalen Marktmodell* vereinigt, welches die Grundlage aller weiteren Datenmodelle innerhalb der SESAM-Marktplattform bildet. Abbildung 3.6 zeigt das Minimale Marktmodell.

Ausgangsbasis des Minimalen Marktmodells ist die Klasse `Declaration`, mit der alle rechtlich relevanten Erklärungen auf dem verteilten elektronischen Marktplatz dargestellt werden können. Mit der Unterklasse `Invitatio` kann eine Aufforderung zur Abgabe eines Angebots (lat. *Invitatio ad offerendum*) erstellt werden, welche umgangssprachlich als Angebot bezeichnet wird. Die Unterklasse `Cancelation` dient der Darstellung einer Kündigungserklärung zu einem bestehendem Vertrag. Die wichtigste Unterklasse ist jedoch `ContractDeclaration`, da damit vertragsrelevante Erklärungen formuliert werden können.

Alle drei Unterklassen von `Declaration` besitzen ein Attribut vom Typ `Person`, in welchem die Identität der Person enthalten ist, die die Erklärung abgibt. Die Klassen `Cancelation` und `ContractDeclaration` enthalten ein zusätzliches Attribut vom Typ `Person`, mit dem die Person dargestellt wird, an die die Erklärung gerichtet ist. Weiterhin

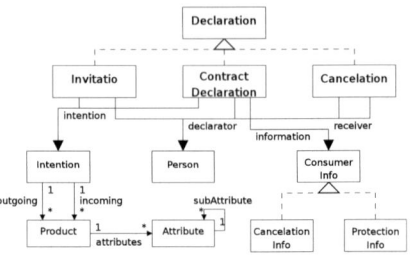

Abbildung 3.6: Minimales Marktmodell

enthalten `Invitatio` und `ContractDeclaration` ein Attribut `intention` vom Typ `Intention`. Dieses Attribut beschreibt den Vertragsgegenstand, wobei dieser typischerweise aus zwei Produktmengen vom Typ `Product` besteht. So wird mit `incomingProduct` beschrieben, welchen Vertragsgegenstand die jeweilige Partei erwerben möchte, im Gegensatz dazu wird mit `outgoingProduct` beschrieben, welcher Vertragsgegenstand im Tausch abgegeben werden soll.

Ein Produkt wird durch eine Menge von Attributen beschrieben, welche jeweils durch eine Instanz vom Typ `Attribute` beschrieben werden. Jedes Attribut kann dabei wiederum aus einer Reihe von Subattributen bestehen. Zusätzlich zur Identität der beteiligten Verhandlungspartner und dem eigentlichen Vertragsgegenstand enthält die Klasse `ContractDeclaration` ein Attribut `information` zur Ablage vertragsrelevanter Informationen, wie beispielsweise Kündigungsfristen oder Verbraucherschutzinformationen.

3.4.1.7 Marktmechanismen

Aufbauend auf der Dienstinfrastruktur und der Ontologie zur Datenmodellierung werden verschiedene Marktmechanismen für die SESAM-Marktplattform angeboten. Diese unterscheiden sich in der Durchführung des Vertragsschlusses und der Interaktion der möglichen Vertragspartner.

Einerseits bietet die SESAM-Marktplattform die klassische Verhandlung, bei der ein zukünftiger Vertragspartner ein Angebot aus einer Vielzahl von Angeboten auswählt und dann in Verhandlung mit dem jeweiligen Anbieter tritt. Wird während der Verhandlung eine Einigung erzielt, ist ein erfolgreicher Vertragsschluss zustandegekommen. Dieser Marktmechanismus ist weit verbreitet und für beide Vertragsparteien verständlich. Außerdem eignet sich dieser Marktmechanismus sowohl für Märkte mit vielen Nachfragern, als auch mit vielen Anbietern, da durch die Auswahl eines Angebots eine Vorauswahl getroffen wird.

Gleichzeitig bietet die SESAM-Marktplattform einen weiteren Marktmechanismus, der eine flexiblere Auswahl der Vertragsteilnehmer zulässt. Für bestimmte Szenarien, bei denen beispielsweise verschiedene Anbieter um einen Nachfrager konkurrieren, ist ein Vertragsschluss per Auktion sinnvoller. Bei einer Auktion werden parallele Verhandlungen mit allen möglichen Vertragspartner geführt, von denen, abhängig vom Auktionsverfahren, jedoch meist nur eine Verhandlung erfolgreich abgeschlossen wird.

Beide Marktmechanismen ordnen sich in die vorhandene Infrastruktur ein und erfordern keine Änderungen an der Dienstinfrastruktur oder dem Datenmodell. Ein erfolgreicher Vertragsschluss wird bei beiden Mechanismen durch die gleiche Datenstruktur im Datenmodell dargestellt, so dass für weitere Komponenten keine Anpassungen notwendig sind.

3.4.1.8 Anwendungen

Die Anwendungen stellen den Teil der SESAM-Basisarchitektur dar, welche aufbauend auf den vorhandenen Diensten und Marktmechanismen einerseits die Anwendungslogik abhängig vom jeweiligen Szenario implementieren. Andererseits stellen die Anwendungen die Schnittstelle zum Benutzer dar. Für das betrachtete Anwendungsszenario eines verteilten elektronischen Marktplatzes zum Handel mit elektrischer Energie wurden zwei primäre Anwendungen konzipiert.

- graphische Benutzeroberfläche zum manuellen Handeln
  Damit der Benutzer die Möglichkeit hat, selbst auf dem elektronischen Marktplatz zu agieren, stellt die graphische Benutzeroberfläche (siehe Abbildung 3.7) die notwendigen Funktionen zum Suchen und Veröffentlichungen von Angeboten und zum Abschließen von Vertragsverhältnissen bereit.

- Softwareagent zum (halb)automatisierten Handel
  Für das betrachtete Anwendungsszenario wurde eine zweite Anwendung konzipiert, die das gleiche Funktionsspektrum wie die graphische Anwendung bereitstellt, jedoch dabei auf eine Benutzeroberfläche verzichtet. Die Anwendung verfolgt einen agentenbasierten Ansatz, wodurch alle Aktionen durch autonome Agenten durchgeführt werden. Die Steuerung der Agenten erfolgt durch Präferenzen, die vom Benutzer vorgegeben werden müssen.

Abbildung 3.7 zeigt die graphische Benutzeroberfläche, mit der der Benutzer auf dem Marktplatz agieren kann. Die Oberfläche stellt Funktionen bereit, um auf dem Marktplatz nach Stromtarifen zu suchen, mit Hilfe der Tarifoptimierung und unter Einbeziehung des eigenen Verbrauchprofils einen günstigen Stromtarif auszuwählen oder basierend auf einem Stromtarif einen Vertragsschluss mit einem Anbieter durchzuführen. Die einzelnen Aktionen können von dem Menü auf der linken Seite aktiviert werden. Auf der rechten Seite wird dann dem Benutzer der jeweilige Prozess visualisiert. Die Abbildung 3.7 zeigt eine Liste von Stromtarifen, die nach einer Suche auf dem verteilten Marktplatz gefunden wurden. In der Liste wird der jeweilige Tarifname angezeigt, zusätzlich wird in Klammern der Name des Teilnehmers, welcher den Tarif veröffentlicht hat, angegeben. Auf der rechten Seite der Liste sind die zu erwartenden Kosten des jeweiligen Tarifes angezeigt. Die Kosten werden dabei auf Basis eigener hinterlegter Verbrauchsdaten berechnet. Der Benutzer kann sich zu jedem Tarif Details anzeigen lassen oder einen Tarif auswählen und eine Vertragsverhandlung mit dem jeweiligen Anbieter starten.

3.4.2 SESAM-ServiceNet

Während die SESAM-Basisarchitektur den Aufbau eines einzelnen Knotens veranschaulicht, beschreibt das *ServiceNet*-Konzept, wie die Kooperation der Knoten untereinander realisiert wird. Somit stellt des ServiceNet-Konzept einen weiteren grundlegenden Bestandteil der

Abbildung 3.7: Benutzeroberfläche mit Liste gefundener Tarife

SESAM-Marktplattform dar. Im Rahmen dieser Arbeit wird nur eine kurze Vorstellung des ServiceNet-Konzeptes vorgenommen, eine ausführliche Beschreibung erfolgt in [42].

Prinzipiell sind alle Knoten von Marktteilnehmern, die einen spezifischen Dienst anbieten, in einem *ServiceNet* zusammengefasst und stellen den Dienst gemeinsam bereit. Durch die Bündelung der Knoten in einem eigenständigen ServiceNet wird die Kooperation der Marktteilnehmer erreicht, da kein Teilnehmer den Dienst vollständig allein bereitstellen muss, die Dienstfunktion wird durch Zusammenarbeit verschiedener Dienstinstanzen erbracht.

Durch die Kooperation der Dienstinstanzen innerhalb eines ServiceNet ergeben sich zudem auch einige bedeutende nicht-funktionale Vorteile. Zum einen wird die Robustheit des angebotenen Dienstes stark erhöht, da der Ausfall einzelner Dienstinstanzen keinen Ausfall des eigentlichen Dienstes nach sich zieht. Zudem kann ein ServiceNet bestehend aus einer Vielzahl von Dienstinstanzen eine deutlich bessere Skalierbarkeit bereitstellen, als dies einer Menge völlig unabhängig voneinander agierender Dienstanbietern möglich wäre. Eine ausführliche Bewertung wird in [42] vorgenommen.

Die Kommunikation der Dienstinstanzen innerhalb eines ServiceNets wird über ein Overlay-Netzwerk realisiert, wobei auf die Systemzugangsschicht und die Peer-to-Peer-Schicht der Basisarchitektur zugegriffen wird. Für die Bindung eines ServiceNet an eine Dienstinstanz ist das Dienstmanagement der Basisarchitektur zuständig. Dabei müssen folgende Parameter beim Eintritt eines Knotens in ein ServiceNet angegeben werden:

- ServiceNet-Klasse
  Mit der ServiceNet-Klasse erfolgt eine eindeutige Kennzeichnung eines ServiceNet. Diese Kennzeichnung sagt aus, welcher Dienst innerhalb des ServiceNets angeboten wird. Alle Teilnehmer einer ServiceNet-Klasse bieten den gleichen Dienst mit der gleichen öffentlichen Schnittstelle an.

- ServiceNet-Instanz
  Eine ServiceNet-Instanz ist eine Ausprägung einer ServiceNet-Klasse. Diese Unterscheidung ermöglicht den parallelen Aufbau verschiedener ServiceNets, die den gleichen Dienst bereitstellen, jedoch verschiedene Overlay-Netze zur Kommunikation der beteiligten Knoten verwenden.

- Overlay-Informationen
  Die Overlay-Informationen einer ServiceNet-Instanz enthalten alle notwendigen Daten über das verwendete Overlay-Netzwerk und die Overlay-Adresse des Knotens. Auf Basis der Overlay-Adresse ist eine Identifizierung und eine direkte Adressierung eines Knotens innerhalb des Overlay-Netzes möglich. Desweiteren können verschiedene ServiceNet-Instanzen identische Overlay-Informationen enthalten und somit auf das gleiche Overlay-Netz aufsetzen.

- Underlay-Informationen
  Um einen Datenaustausch zwischen verschiedenen Overlay-Instanzen mittels der vorhandenen Kommunikationsinfrastruktur (z.B. TCP/IP) realisieren zu können, muss jede ServiceNet-Instanz auch Informationen über ihre aktuelle Underlay-Adresse (z. B. IP-Adresse und Portnummer) bereitstellen.

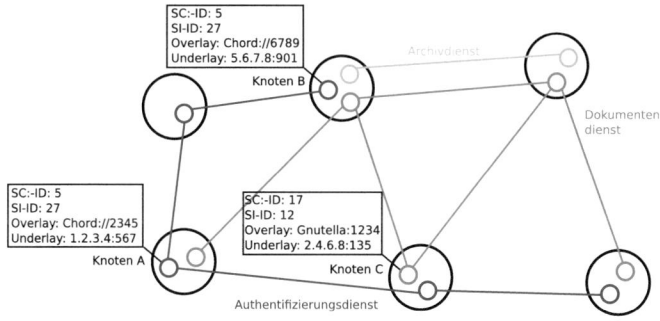

Abbildung 3.8: Aufbau ServiceNet

Das in Abbildung 3.8 enthaltene Beispiel zeigt drei unterschiedliche ServiceNets, die jeweils einen eigenständigen Dienst anbieten. Wie zu sehen ist, können sich verschiedene ServiceNets über unterschiedliche Knoten erstrecken. Im obigen Beispiel bieten fünf Knoten den Authentifizierungsdienst an, als ServiceNet-Klasse (SC-ID) für den Authentifizierungsdienst wird der Wert 5 verwendet. Alle Instanzen des Authentifizierungsdienstes sind zudem in einem einzigen Overlay-Netz zusammengefasst und verwenden als ServiceNet-Instanz (SI-ID) den Wert 27. Zusätzlich speichert jeder Knoten noch overlay-abhängige Informationen, wie den Typ des Overlays und die zugehörige Transportadresse. Im Beispiel wird für den Authentifizierungsdienst das Chord-Overlay auf einer IPv4-basierten Kommunikationsinfrastruktur eingesetzt. Auf einigen Knoten werden gleichzeitig noch der Dokumentendienst und der Archivdienst betrieben. Für diese Dienste werden wiederum andere ServiceNet-Klassen und ServiceNet-Instanzen verwendet. Der Dokumentendienst verwendet dabei als Overlay-Netzwerk Gnutella, ebenfalls auf einer IPv4-basierten Kommunikationsinfrastruktur.

3.4.3 SESAM-Sicherheitsarchitektur

Parallel zum Entwurf der SESAM-Basisarchitektur soll die Erfüllung der in Abschnitt 3.2.1 aufgestellten Sicherheitsanforderungen durch eine geeignete Sicherheitsarchitektur sichergestellt werden. Mit Hilfe der Sicherheitsarchitektur sollen kryptographische Grundfunktionen, wie sie in Abschnitt 2.2 vorgestellt wurden, der SESAM-Marktplattform zur Verfügung gestellt werden.

Eine zusätzliche nicht-funktionale Anforderung, die beim Entwurf der Sicherheitsarchitektur berücksichtigt werden muss, ist die Integration in die vorhandene Basisarchitektur, so dass die vorgestellten Grundkonzepte auch bei der Anwendung der Sicherheitsarchitektur auf gleiche Art und Weise genutzt werden können.

Bei der Analyse der SESAM-Basisarchitektur wurden unter besonderer Berücksichtigung der Sicherheitsanforderungen eine Vielzahl verschiedener Bedrohungsszenarien ermittelt. Die dabei identifizierten Angreifer entsprechen dem in Abschnitt 2.8.2 definierten Standardangreifer.

So ist der Angreifer hinsichtlich dem kryptographischen Modell (siehe Abschnitt 2.8.1.1) polynomiell gebunden, so dass aktuelle symmetrische und asymmetrische Verfahen oder kryptographische Einwegfunktionen nicht effizient gebrochen werden können. In Hinblick auf das verhaltenstheoretische Modell (siehe Abschnitt 2.8.1.3) wird von einem aktiven Angreifer ausgegangen, der jedoch nicht adaptiv agieren kann. Der Angreifer verfügt über partielle Präsenz und partielles Wissen, ist jedoch nicht in der Lage, globale Präsenz und Wissen zu erlangen.

Neben den Einschränkungen des Angreifers in Bezug auf kryptographische Verfahren und das mögliche Verhalten, sind beim Entwurf der Sicherheitsarchitektur vor allem die Eigenschaften hinsichtlich des kommunikationstechnischen Modells (siehe Abschnitt 2.8.1.2) relevant. So ist ein Angreifer, der dem Standardangreifer entspricht, sowohl in der Lage, Teile der Netzinfrastruktur oder einzelne Kommunikationswege zu stören, als auch partiell die Kommunikation zwischen Knoten abzuhören oder in diese einzugreifen. Zusätzlich kann der Angreifer eigene Knoten im Netz platzieren oder teilweise fremde Knoten kompromittieren.

Aus den Limitierungen des Standardangreifers, die sich aus den verschiedenen Modellen ergeben, lassen sich unterschiedliche Angriffsszenarien ermitteln, die nachfolgend grob gruppiert dargestellt werden:

- Allgemeine Angriffe auf die Netzwerkinfrastruktur
  Mit Angriffen auf die Netzwerkinfrastruktur sind alle Angriffe zusammengefasst, die nicht direkt auf die Infrastruktur einzelner Teilnehmer der Marktplattform gerichtet sind, die aber trotzdem durch eine Beeinträchtigung oder den Ausfall der Netzanbindung Konsequenzen nach sich ziehen. Dies sind einerseits Angriffe auf Netzwerkelemente wie Router oder die vollständige Auslastung der verfügbaren Bandbreite zwischen Netzelementen.

- Allgemeine Angriffe auf die Knoteninfrastruktur
  Eine andere Art von Angriffen, die nicht speziell auf das SESAM-System zielt, sind Angriffe auf die Knoteninfrastruktur. Diese zielen auf die allgemeine Infrastruktur eines Knotens, welche beispielsweise aus Betriebssystem, Kommunikationsschnittstellen und Anwendungsprogrammen besteht. Durch einen Angriff wird versucht, die Infrastruktur unbrauchbar zu machen oder Schadprogramme (Trojaner, Viren) zu installieren.

- Angriffe auf die System- und Dienstinfrastruktur
  Im Gegensatz dazu sind Angriffe auf die System- und Dienstinfrastruktur gezielt gegen das SESAM-System gerichtet. Dabei wird versucht, durch Fehler im Design oder in der Implementierung, die Infrastruktur der Marktplattform unbrauchbar oder unbenutzbar zu machen. Alternativ kann durch gezielte Überlastung *(Distributed Denial of Service (DDoS))* versucht werden, das System für andere Teilnehmer unbrauchbar zu machen.

- Angriffe auf die Datenebene
  Diese Gruppe von Angriffen zielt nicht darauf ab, die Funktionsweise des SESAM-Systems zu beeinträchtigen, sondern den Missbrauch dessen. Dies kann beispielsweise dadurch erreicht werden, in dem Daten, die zwischen verschiedenen Teilnehmern ausgetauscht werden, abgehört, modifiziert, unterdrückt oder zu einem späteren Zeitpunkt wieder eingespielt werden.

  Bei einem Angriff auf die Datenebene kann man grob zwei Gruppen von Angreifern unterscheiden. Passive Angreifer versuchen einen eigenen Vorteil zu erzielen, in dem beispielsweise sensible Daten anderer Teilnehmer abgehört und ausgewertet werden. Im Gegensatz dazu versuchen aktive Angreifer gezielt durch das Eingreifen in den Datenaustausch durch Modifizieren, Unterdrücken und (Wieder-)Einspielen von Daten Vorteile zu erreichen. Ein möglicher Angriff ist die sog. *Man-in-the-Middle*-Attacke [79], bei der der Angreifer versucht, die Verhandlung zwischen zwei Teilnehmern zu seinen Gunsten auszunutzen, in dem er die Identität des jeweils gegenüberliegenden Teilnehmers annimmt und sich so in der "Mitte" platziert, ohne dass die Teilnehmer dies bemerken.

Während die ersten beiden Gruppen von Angriffen außerhalb des Fokus der SESAM-Sicherheitsarchitektur liegen und nur durch geeignete Schutzmaßnahmen wie regelmäßige Administration und Systempflege vermieden werden können, sind der Schutz der System- und Dienstinfrastruktur und der Schutz von Daten innerhalb des SESAM-Systems elementare Anforderungen an die SESAM-Sicherheitsarchitektur.

Um die SESAM-Basisarchitektur gegen die Angriffsszenarien, die direkt auf die SESAM-Marktplattform abzielen, optimal schützen zu können, wurde eine SESAM-Sicherheitsarchitektur entworfen, die als eine Erweiterung der bestehenden SESAM-Basisarchitektur ausgeführt ist und diese um die benötigten Mechanismen erweitert.

3.4.3.1   Sicherheitserweiterung der SESAM-Basisarchitektur

Um sich gegen die oben genannten Bedrohungsszenarien schützen zu können, wurde eine Sicherheitserweiterung der SESAM-Basisarchitektur vorgenommen, die sich, wie in Abbildung 3.9 dargestellt (gestrichelte Bereiche), in die vorhandene SESAM-Basisarchitektur einbettet.

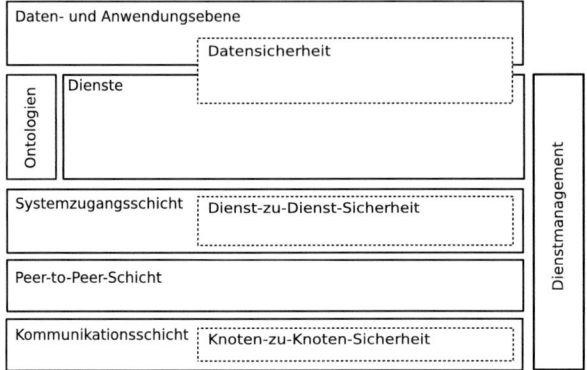

Abbildung 3.9: Übersicht SESAM-Sicherheitsarchitektur

Die Kommunikationsschicht wird um Verfahren erweitert, um Knoten-zu-Knoten-Sicherheit bereitzustellen, in der Systemzugangsschicht werden Mechanismen integriert, die ähnliche Mechanismen auf Dienstebene zur Verfügung stellen. Zur Bereitstellung von Datensicherheit werden auch zusätzliche Verfahren in die Dienstebene, als auch in die Daten- und Anwendungsebene integriert. Diese dienen nicht nur dem Schutz von Anwendungs- oder Benutzerdaten innerhalb des SESAM-Systems, sondern sollen diesen auch außerhalb des SESAM-Systems sicherstellen. Im Anschluss erfolgt eine detaillierte Beschreibung der verschiedenen Bestandteile der SESAM-Sicherheitsarchitektur.

- Knoten-zu-Knoten-Sicherheit
  Mittels Knoten-zu-Knoten-Sicherheit soll ein Schutz vor passiven Angreifern erreicht werden, in dem eine vertrauliche und integere Übertragung zwischen verschiedenen Instanzen des SESAM-Systems ermöglicht wird. Gleichzeitig soll damit auch einen Schutz vor aktiven Angreifern erreicht werden, die versuchen Daten während der Kommunikation zwischen Teilnehmern zu modifizieren oder einzuschleusen.

- Dienst-zu-Dienst-Sicherheit
  Zusätzlich zur Knoten-zu-Knoten-Sicherheit soll durch eine separate Dienst-zu-Dienst-Sicherheit ein Schutz gegen Mitlesen, Modifizieren oder Einschleusen auf Dienstebene bereitgestellt werden. Dies ist notwendig, da ein aktiver Angreifer sich als ein Teilnehmer des SESAM-Systems ausgeben kann und somit unter Umständen an der Durchführung eines entfernten Dienstaufrufes beteiligt ist. Dies ist beispielsweise dann der Fall, wenn der Dienstaufruf über den Knoten des Angreifers zum Zielknoten übertragen wird.

- Datensicherheit

  Mit Hilfe der Datensicherheit soll sichergestellt werden, dass die Daten, die innerhalb der SESAM-Marktplattform erzeugt und zwischen den Teilnehmern ausgetauscht werden, nicht unberechtigt durch einen Angreifer mitgelesen, modifiziert, unterdrückt oder wiedereingespielt werden können. Im Gegensatz zur Sicherheit auf Knoten- oder Dienstebene wirkt sich die Datensicherheit direkt auf die Datenebene aus und eignet sich daher auch zum Schutz der Daten, wenn diese auf einem Knoten gespeichert oder außerhalb des SESAM-Systems aufbewahrt werden.

  Zudem soll die Datensicherheit auch gewährleisten, dass der eingesetzte Schutz (Integrität, Vertraulichkeit, Nachweisbarkeit) auch außerhalb des SESAM-Systems bestehen bleibt, während die anderen Bestandteile ausschließlich auf die Einhaltung der Sicherheitsanforderungen innerhalb des SESAM-System beschränkt sind.

Nachfolgend werden die Mechanismen und Konzepte vorgestellt, mit deren Hilfe die Sicherheitsanforderungen in den vorgestellten Komponenten der SESAM-Sicherheitsarchitektur bereitgestellt werden. Gleichzeitig wird erläutert, wo die jeweiligen Verfahren in der SESAM-Basisarchitektur integriert werden und welche Modifikationen dafür an der Basisarchitektur notwendig sind.

3.4.3.1.1 Knoten-zu-Knoten-Sicherheit

Um eine sichere direkte Datenübertragung zwischen zwei Knoten des SESAM-Systems zu realisieren, kann auf bestehende Verfahren zurückgegriffen werden. Einerseits existiert mit *IP Security* (IPsec) [66] eine Erweiterung des IP-Protokolls [96] zur Absicherung von Datenübertragungen direkt auf der Vermittlungsschicht. Andererseits steht mit dem *Transport Layer Security*-Protokoll (TLS) [41] ein vergleichbarer Mechanismus zur Verfügung, welcher jedoch nur für das verbindungsorientierte Übertragungsprotokoll TCP [97] eingesetzt werden kann. Seit 2006 existiert jedoch mit *Datagram Transport Layer Security* (DTLS) [103] ein sehr ähnliches Verfahren für verbindungslose Transportprotokolle wie UDP [95].

TLS und DTLS haben den Vorteil, dass sie direkt im Anwendungskontext wirken und keine explizite Unterstützung durch das darunterliegende Laufzeitsystem benötigen. Außerdem erfordert der Einsatz beider Protokolle keinen administrativen Zugriff auf das verwendete Betriebssystem. Da das SESAM-System eher als normales Anwendungsprogramm und nicht als Bestandteil des Betriebssystems ausgeführt wird, empfiehlt sich in diesem Fall der Einsatz von TLS oder DTLS zur Absicherung von Datenübertragungen zwischen zwei Knoten des SESAM-Systems. Beide Protokolle stellen sowohl einen Authentitäts- und Integritätsschutz als auch einen Vertraulichkeitsschutz bereit.

Die Integration von TLS oder DTLS erfolgt in der Kommunikationsschicht, da diese eine abstrakte Schnittstelle zum Aufbau von Kommunikationsverbindungen zwischen verschiedenen Knoten des SESAM-Systems bereitstellt. Damit können die Sicherheitsmechanismen von allen anderen Komponenten des SESAM-Systems genutzt werden, ohne dass dafür Modifikationen an den jeweiligen Komponenten notwendig sind.

Innerhalb der Kommunikationsschicht können die vorgeschlagenen Mechanismen auf zwei unterschiedliche Arten integriert werden. Einerseits kann die Integration transparent erfolgen, in dem die Verfahren direkt in die Kommunikationsschicht eingebettet werden und damit allen verwendeten Kommunikationstechnologien zur Verfügung stehen. Dies wird erreicht, in dem die Protokolle zwischen der abstrakten Schnittstelle der Kommunikationsschicht und der eigentlichen Modulschnittstelle platziert werden. Andererseits existieren Kommunikationstechnologien, die einen solchen Schutz bereits enthalten, so dass die integrierten Verfahren nicht eingesetzt werden müssen. Das im Vorfeld betrachtete JXTA-Framework (siehe Abschnitt 3.3.4) enthält bereits TLS zur Absicherung von Transportverbindungen.

Um eine möglichst einfache Integration der vorgeschlagenen Sicherheitsprotokolle zu gewährleisten, wurde der erste Ansatz gewählt, da dieser sich leicht und ohne Änderungen in die bestehende Architektur einbetten lässt. Da zudem für die entworfene Kommunikationsschicht nur verbindungsorientierte Transportprotokolle berücksichtigt wurden, wurden nur die dafür benötigten Protokolle in die Sicherheitsarchitektur aufgenommen. Beim Einsatz von Kommunikationstechnologien, die bereits notwendige Sicherungsmaßnahmen enthalten, kann auf die Aktivierung der in der Kommunikationsschicht integrierten Verfahren zur Bereitstellung von Knoten-zu-Knoten-Sicherheit verzichtet werden. In diesem Fall muss jedoch sichergestellt werden, dass die Sicherungsmaßnahmen der verwendeten Kommunikationstechnologie eine ausreichende Sicherheit bereitstellen.

3.4.3.1.2 Dienst-zu-Dienst-Sicherheit

Da bei einem entfernten Dienstaufruf auf dem Knoten eines anderen Teilnehmers andere Knoten an der zugehörigen Datenübertragung beteiligt sind, ist ein zusätzlicher Schutz der eigentlichen Dienstanfrage notwendig. Zwar sind die für den Dienstaufruf benötigten Daten bei der Übertragung zwischen verschiedenen Knoten gesichert, auf den jeweiligen Knoten liegen die Daten aber im Klartext vor. Dies ermöglicht aktiven Angreifern ein Auslesen, Modifizieren oder Einschleusen von Daten in den jeweiligen Dienstaufruf.

Um Dienst-zu-Dienst-Sicherheit für alle Dienste der SESAM-Basisarchitektur bereitzustellen, wurde eine Integration in die Systemzugangsschicht angestrebt, da diese von allen Dienstinstanzen zur Abwicklung entfernter Aufrufe genutzt wird und die Systemzugangsschicht auf dem Zielsystem verantwortlich ist, den eigentlichen Dienstaufruf durchzuführen. Da ein entfernter Dienstaufruf vor der Übertragung zum Zielknoten durch die Systemzugangsschicht mittels SOAP [73] dargestellt wird, konnte auf bestehende Verfahren zur Sicherung des SOAP-Protokolls zurückgegriffen werden.

Da SOAP ein XML-basiertes Protokoll ist, können Verfahren wie *XML-Signature* [8] oder *XML-Encryption* [59] eingesetzt werden. Während XML-Signature für digitale Signaturen von XML-Dokumenten gedacht ist, dient XML-Encryption der Verschlüsselung von diesen. Beide Verfahren sind speziell auf die Eigenschaften von XML-Dokumenten ausgerichtet, da beispielsweise die Reihenfolge von Elementen der gleichen Ebene semantisch in XML keine Bedeutung hat, für die Erzeugung von digitalen Signaturen jedoch einen erheblichen Einfluss haben, da durch eine andere Reihenfolge von Elementen eine andere digitale Signatur erzeugt wird.

Den Schutz entfernter Dienstaufrufe unterhalb der Systemzugangsschicht bereitzustellen, ist nicht sinnvoll, da dann der Dienstaufruf auf Knoten, die nur an der Übertragung des Dienstaufrufs beteiligt sind, im Klartext vorliegt und eingesehen oder modifiziert werden kann. Die Integration der Dienst-zu-Dienst-Sicherheit in die Systemzugangsschicht hat zudem den Vorteil, dass keine weiteren Komponenten der SESAM-Basisarchitektur modifiziert werden müssen, zusätzlich sind keine Änderungen an vorhandenen Diensten notwendig.

3.4.3.1.3 Datensicherheit

Neben den vorgestellten Schutzmaßnahmen auf Knoten- und Dienstebene müssen zusätzlich geeignete Verfahren auf Datenebene bereitgestellt werden, um den Schutz von Daten inner- und außerhalb des SESAM-Systems zu gewährleisten. Die Datensicherheit zielt dabei auf einen langlebigen Schutz der Daten ab, während die Dienst-zu-Dienst-Sicherheit die Sicherheit nur während des eigentlichen Dienstaufrufes sichergestellt werden kann. Dieser Schutz ist im Gegensatz zu klassischen Client/Server-basierten Systemen notwendig, da die Daten nicht nur von den direkt Beteiligten transportiert und gespeichert werden, sondern auch Unbeteiligte daran mitwirken können. Diese könnten versuchten, die Daten einzusehen oder zu modifizieren, um daraus einen eigenen Vorteil zu erzielen.

Ein weiterer Aspekt ist zugleich auch ein Schutz der Daten außerhalb des SESAM-Systems, da auch dann ein Angreifer versuchen könnte, die Daten einzusehen, zu modifizieren oder gefälschte Daten zu hinterlegen, wenn diese beispielsweise nach erfolgreichem Vertragsabschluss archiviert werden. Deshalb wurden folgende Sicherheitsanforderungen für die Datenebene aus den Anforderungen an die gesamte SESAM-Sicherheitsarchitektur abgeleitet:

- Authentizität

- Integrität, Vertraulichkeit

- Nachweisbarkeit/Nichtabstreitbarkeit

Um die geforderten Sicherheitsanforderungen umzusetzen, wurde mit Hilfe der verwendeten Ontologie ein eigenes *Sicherheitsdatenmodell* entworfen, welches folgende Konzepte bereitstellt:

- Zertifikate
  Zur Bereitstellung von Authentizität, also den sicheren Nachweis über die Identität eines Teilnehmers, wurde innerhalb der SESAM-Sicherheitsarchitektur ein zertifikatsbasierter Ansatz (siehe Abschnitt 2.2.6) vorgestellt. Gleichzeitig kann der im Zertifikat enthaltene öffentliche Schlüssel genutzt werden, um Daten vertraulich mit dem Zertifikatsinhaber auszutauschen.

- digitale Signaturen
  Um rechtlich relevante Aussagen nicht im Nachhinein modifizieren zu können, kommen im SESAM-System digitale Signaturen zum Einsatz. Diese verhindern, dass der Inhalt von Dokumenten modifiziert werden kann, ohne dass dies im Nachhinein nicht festgestellt werden kann. Wird die digitale Signatur (siehe Abschnitt 2.2.5) mit dem zum Zertifikat zugehörigen privaten Schlüssel erzeugt, kann die jeweilige Signatur einem Teilnehmer zugeordnet werden, womit die Anforderungen nach Nachweisbarkeit und dadurch auch nach Nichtabstreitbarkeit erfüllt werden können.

- Verschlüsselung

  Um die Vertraulichkeit der ausgetauschten Daten zwischen zwei Teilnehmern zu erreichen, können symmetrische oder asymmetrische kryptographische Verschlüsselungsverfahren (siehe Abschnitte 2.2.1, 2.2.2) genutzt werden. In Kombination mit kryptographischen Hashfunktionen (siehe Abschnitt 2.2.4) kann gleichzeitig eine Integritätssicherung
  durchgeführt werden, so dass auch Veränderungen an bereits existierenden Daten erkannt
  werden können.

Abbildung 3.10 zeigt das Klassendiagramm des SESAM-Sicherheitsdatenmodells. Neben der
Basisklasse `Object` enthält das SESAM-Sicherheitsdatenmodell die Klassen `Signature`,
`Certificate` und `EncryptedObject`.

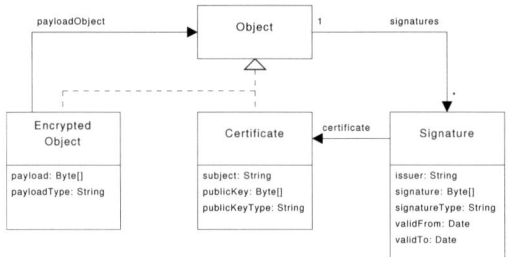

Abbildung 3.10: UML-Diagramm SESAM-Sicherheitsdatenmodell

Die Basis des SESAM-Sicherheitsdatenmodells, auf der die geforderten Funktionen wie Authentizität, Integrität und Nachweisbarkeit aufbauen, wird durch die Klasse `Signature` bereitgestellt, mit der sich digitale Signaturen im SESAM-Datenmodell darstellen lassen. Die
Klasse `Signature` enthält ein Attribut `issuer`, mit dem der Ersteller einer Signatur bezeichnet wird, gleichzeitig enthält die Klasse ein Attribut `certificate`, welches auf ein
digitales ID-Zertifikat vom Typ `Certificate` verweist. Zusätzlich enthält die Klasse weitere
Attribute zur Aufnahme der eigentlichen Signatur und zugehöriger Parameter, wie das benutze
Verfahren und die Gültigkeit der geleisteten Signatur.

Um das Konzept digitaler Signaturen allen Klassen zur Verfügung zu stellen, wurde die Basisklasse `Object` um ein Attribut `signatures` vom Typ `Signature` erweitert, wobei durch
das Attribut mehrere Instanzen vom Typ `Signature` aufgenommen werden können. Durch
diese Erweiterungen des Datenmodells wurde ein einfacher Mechanismus bereitgestellt, der es
erlaubt, andere Klassen innerhalb der Datenmodelle mit digitalen Signaturen zu versehen und
damit gegen unerlaubte Veränderung zu schützen. In Kombination mit den vorgestellten Zertifikaten wird zusätzlich eine Zuordnung der digitalen Signatur an den Aussteller dieser Zertifikate
möglich.

Wie bereits erwähnt, werden ID-Zertifikate durch die Klasse `Certificate` realisiert, welches wie andere Klassen von der Basisklasse `Object` erbt. Dadurch ordnet es sich nahtlos in
die Struktur ein und erfordert keine zusätzlichen Maßnahmen bzgl. Integritätsschutz oder Ähnlichem, da diese bereits in der Klasse `Object` vorhanden sind. Das Attribut `subject` der Klasse `Certificate` enthält den Namen des Zertifikatsinhabers, die beiden anderen Attribute

dienen der Aufnahme des öffentlichen Schlüssels und zusätzlicher Parameter wie den eingesetzten kryptographischen Algorithmus. Wie mit Hilfe der Klasse `Certificate` und der Klasse `Signature` Vertrauensbeziehungen dargestellt werden können, wird in Abschnitt 4.6.1.1.3 vorgestellt.

Zur Ablage von verschlüsselten Inhalten wurde die Klasse `EncryptedObject` vorgesehen. Diese dient als Transportcontainer für ein beliebiges Objekt vom Typ `Object` oder deren Unterklassen, welches durch symmetrische oder asymmetrische Verschlüsselung gegen Mitlesen geschützt wurde. Dadurch, dass die Klasse `EncryptedObject` ebenfalls von der Basisklasse `Object` erbt, können auch verschlüsselte Daten mit einer digitalen Signatur gegen unerlaubte Veränderung geschützt werden. Die beiden Attribute der Klasse dienen der Aufnahme des verschlüsselten Datenobjektes und der Kennzeichnung, welches Verfahren zur Verschlüsselung eingesetzt wurde.

Um die durch das SESAM-Sicherheitsdatenmodell vorgestellten Konzepte innerhalb der SESAM-Basisarchitektur einsetzen zu können, war eine Integration des Sicherheitsdatenmodells in das bestehende Minimale Marktmodell (siehe Abschnitt 3.4.1.6.1) notwendig. Abbildung 3.11 zeigt das erweiterte Minimale Marktmodell, in welches die Klassen `Signature`, `Certificate` und `EncryptedObject` eingebettet wurden.

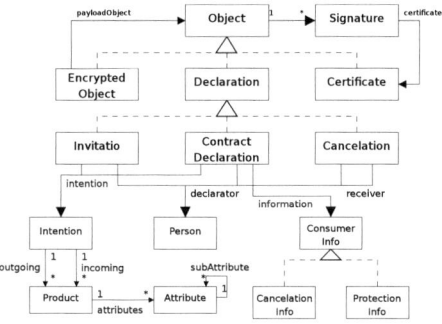

Abbildung 3.11: Einbettung Sicherheitsdatenmodell in das Minimales Marktmodell

Die Erweiterungen des SESAM-Sicherheitsdatenmodells konnten ohne zusätzliche Modifikationen am bestehenden Minimalen Marktmodell vorgenommen werden. Die vorgestellten Sicherheitskonzepte können für bereits vorhandene Konzepte des Minimalen Marktmodells durch das zusätzliche Erben vom Basiskonzept `Object` genutzt werden.

Damit konnten die aufgestellten Sicherheitsanforderungen auf Datenebene durch die Erweiterung des SESAM-Datenmodells erfüllt werden. Durch die Einführung eines generischen Signaturkonzepts können alle Datenstrukturen durch digitale Signaturen erweitert werden, so dass in Kombination mit digitalen Zertifikaten die Authentizität und Integrität von Dokumenten sichergestellt werden kann. Gleichzeitig wurde ein Mechanismus vorgestellt, mit dem die Vertraulichkeit von Daten gewährleistet werden kann. Durch die Kombination von Zertifikaten und digitalen Signaturen auf Basis der im Zertifikat enthaltenen Schlüsseln können zudem die Anforderungen nach Nachweisbarkeit und Nichtabstreitbarkeit erfüllt werden.

3.4.3.2 Sicherheitskomponente

Ein weiterer Bestandteil der SESAM-Sicherheitsarchitektur ist die SESAM-Sicherheitskomponente. Während die vorgestellten Sicherheitsmechanismen für die SESAM-Basisarchitektur fest in dieser integriert sind, muss auch für Dienste und Anwendungen eine einfache Möglichkeit bereitgestellt werden, um auf die notwendigen Verfahren und Mechanismen zugreifen zu können.

Zu diesem Zweck wurde eine SESAM-Sicherheitskomponente entworfen, die eine objektorientierte Schnittstelle auf die verschiedenen Funktionseinheiten bereitstellt. Im Einzelnen wurden folgende Funktionsblöcke identifiziert:

- Schlüssel- und Zertifikatsverwaltung

- symmetrische und asymmetrische Verschlüsselung

- digitale Signaturen

Um Unabhängigkeit von der jeweiligen Implementierung eines Funktionsblocks zu realisieren, wurde ein Ansatz gewählt, der die gewünschte Funktionsmenge mittels einer abstrakten Schnittstelle (Interface) beschreibt. Eine Implementierung muss dann die jeweilige Schnittstelle beachten, um als eigenständige Subkomponente innerhalb der SESAM-Sicherheitskomponente eingesetzt werden zu können. Insgesamt wurden folgende Subkomponenten definiert:

- `SESAMKeyManager`

- `SESAMCertificateManager`

- `SESAMEncryptionManager`

- `SESAMSignatureManager`

Die Subkomponenten `SESAMKeyManager` und `SESAMCertificateManager` stellen eine abstrakte Schnittstelle zur Schlüssel- und Zertifikatsverwaltung bereit. Zur Darstellung von Schlüsseln oder Zertifikaten wurden auf Klassen der *Java Cryptography Architecture API* [133], enthalten in den Java-Laufzeitbibliotheken, zurückgegriffen. Mittels `SESAMEncryptionManager` können symmetrische oder asymmetrische Verschlüsselungverfahren genutzt werden. Digitale Signaturen können mit dem `SESAMSignatureManager` erstellt oder überprüft werden. Alle Subkomponenten werden mittels der Klasse `SESAMSecurityManager` verwaltet. Beim Start des SESAM-Systems übernimmt diese Klasse auch das dynamische Laden und die Initialisierung der Subkomponenten anhand der vorgegebenen Konfiguration. Dadurch kann relativ einfach zwischen verschiedenen Implementierungen einer Subkomponente umgeschaltet werden, ohne dass dafür Änderungen an anderen Teilen des SESAM-Systems notwendig sind. Abbildung 3.12 zeigt die Schnittstellen der SESAM-Sicherheitskomponente als Klassendiagramm.

Um die Flexibilität bei der Umsetzung der verschiedenen Funktionsblöcke der SESAM-Sicherheitskomponente zu zeigen, wurde für einzelne Subkomponenten mehrere Implementierungen umgesetzt. Für alle Komponenten wurde eine Implementierung basierend auf der *Java*

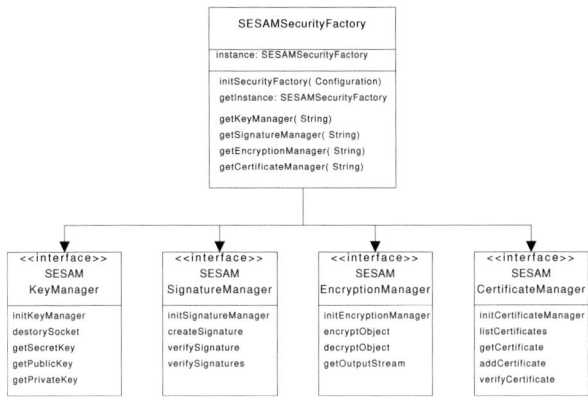

Abbildung 3.12: UML-Diagramm SESAM-Sicherheitskomponente

Cryptography Architecture (JCA) [133] bereitgestellt. Dabei werden datei-basierte Schlüssel-speicher und Softwareimplementierungen der bekannten Kryptoverfahren eingesetzt. Weitere Umsetzungen der SESAM-Sicherheitskomponente werden in Kapitel 4 vorgestellt.

3.4.3.2.1 Zusammenfassung

Nach der Vorstellung der einzelnen Komponenten der SESAM-Sicherheitsarchitektur zeigt Abbildung 3.13 die vollständige SESAM-Basisarchitektur mit den Erweiterungen durch die SESAM-Sicherheitsarchitektur.

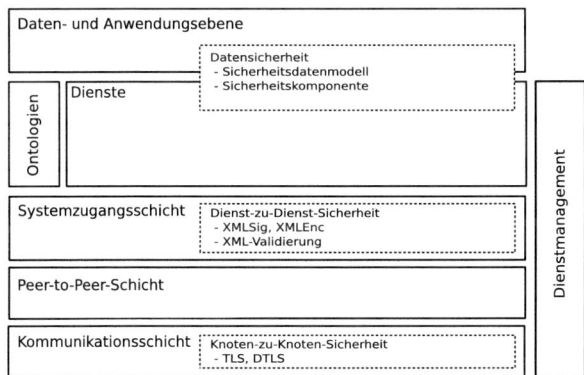

Abbildung 3.13: SESAM-Sicherheitsarchitektur - Systemteil

Um beispielsweise den sicheren Datenaustausch zwischen Knoten des SESAM-Systems zu realisieren, wird innerhalb der Kommunikationsschicht der Einsatz von TLS zur Absicherung verbindungsorientierter Transportprotokolle eingesetzt. Dabei erfolgt die Integration von TLS direkt in die Kommunikationsschicht, so dass einerseits verschiedene Kommunikationstechnologien eingesetzt werden können, ohne dass Anpassungen an der TLS-Integration notwendig sind, andererseits wird damit jedem Overlay-Netz die Möglichkeit eines sicheren Datenaustauschs zwischen zwei benachbarten Knoten bereitgestellt.

Um die Anforderung nach Dienst-zu-Dienst-Sicherheit erfüllen zu können, wurde die Systemzugangsschicht um die Sicherheitsverfahren *XML-Signature* und *XML-Encryption* erweitert, die Integritätsschutz und Vertraulichkeitsschutz von XML-Dokumenten bereitstellen. Die Integration der Verfahren verläuft transparent für Dienste und Anwendungen, so dass keine Änderungen an den jeweiligen Implementierungen notwendig sind. Gleichzeitig kann dort eine Validierung eingehender Dienstanfragen im XML-Format vorgenommen werden, so dass nur korrekt strukturierte Anfragen weiterverarbeitet werden.

Um die geforderte Sicherheit auf Datenebene bereitstellen zu können, wurde das vorhandene Minimale Marktmodell um das SESAM-Sicherheitsdatenmodell erweitert. Dadurch stehen allen Klassen auf Datenebene kryptographische Funktionen wie Signieren und Verschlüsseln zur Verfügung. Die Anforderungen nach Authentizität und Nachweisbarkeit können durch den Einsatz von ID-Zertifikaten in Verbindung mit digitalen Signaturen erfüllt werden.

Um die kryptographischen Funktionen auch in Diensten und Anwendungen einsetzen zu können, wurde zudem eine Sicherheitskomponente entworfen, die eine Schnittstelle für Funktionen zum Signieren, Ver- und Entschlüsseln anbietet. Dabei ist die Schnittstelle unabhängig von der jeweiligen Implementierung der kryptographischen Verfahren, wodurch der Einsatz verschiedener Technologien (Softwarekryptographie, Smartcards) ohne Anpassungen an Diensten und Anwendungen ermöglicht wird.

Zusammenfassend können durch die SESAM-Sicherheitsarchitektur die aufgestellten Sicherheitsanforderungen erfüllt werden. Bei der Integration der SESAM-Sicherheitsarchitektur waren keine strukturellen Änderungen der bestehenden SESAM-Basisarchitektur notwendig, wodurch auch die nicht-funktionalen Anforderungen erfüllt werden konnten.

3.5 Implementierung

Um die Funktionsfähigkeit der in Abschnitt 3.4 vorgeschlagenen SESAM-Basisarchitektur zu zeigen, wurde eine prototypische Implementierung im Rahmen des Projekts "Selbstorganisation und Spontaneität für liberalisierte und harmonisierte Märkte" (SESAM) durch die beteiligten Institute vorgenommen. Die Implementierung selbst erfolgte in der objekt-orientierten Programmiersprache Java, zusätzlich wurde eine Reihe von bereits vorhandenen Bibliotheken und Rahmenwerken eingesetzt.

Durch die Verwendung einer objekt-orientierten Programmierumgebung konnte der Entwurf der SESAM-Basisarchitektur nahezu unverändert umgesetzt werden. Nachfolgend eine Auflistung, wie die verschiedenen Bestandteile der SESAM-Basisarchitektur in das Objekt- und Klassenmodell von Java umgesetzt wurden.

- Kommunikationsschicht
  Die Implementierung der Kommunikationsschicht (siehe Abbildung 3.2) wurde im Java-Paket de.uka.sesam.base.core.comm abgelegt. Neben einem Testmodul wurden Kommunikationsmodule für den Datenaustausch mittels TCP [97] und JXTA [132] prototypisch implementiert und in den Unterpaketen tcp bzw. jxta abgelegt.

- Peer-to-Peer-Schicht
  Die Implementierung der Peer-to-Peer-Schicht erfolgte nach dem Entwurf in Abbildung 3.4 und wurde im Paket de.uka.sesam.base.core.overlay abgelegt. Die Implementierung der entsprechenden Overlay-Module für Chord [130] und Gnutella [106] wurden in den Unterpaketen chord bzw. gnutella abgelegt.

- Systemzugangsschicht
  Die Implementierung der Systemzugangsschicht erfolgt in den zwei Paketen. Während sich im Paket de.uka.sesam.base.core.sesamNode die SESAM-spezifische Implementierung befindet, wurde im Paket de.uka.sesam.base.core.axis die Ansteuerung des SOAP-Prozessors Apache Axis [7] abgelegt.

- Datenmodell
  Das in Abschnitt 3.4.1.6.1 beschriebene Minimale Marktmodell wurde im Paket de.uka.sesam.base.data.mmm, die fachspezifischen Datenmodelle sind unterhalb des Pakets de.uka.sesam.base.data abgelegt. Die mit Hilfe des Ontologie-Werkzeugs KAON erstellten Datenmodelle wurden mittels eines Generators in entsprechende Java-Klassen umgewandelt und konnten so, wie gewünscht, von Anwendungen und Diensten verwendet werden.

- Dienste
  Einheitliche Schnittstellen und Grundfunktionen, die von allen Diensten der SESAM-Basisarchitektur implementiert werden müssen bzw. bereitgestellt werden, wurden im Paket de.uka.sesam.base.common.service abgelegt. Domänenneutrale Dienste wurden jeweils in einem eigenen Unterpaket unterhalb von de.uka.sesam.base.services, die domänenspezifischen Dienste für das betrachtete Energiemarktszenario wurden im Paket de.uka.sesam.em.services abgelegt.

- Anwendungen
  Anwendungen, die die Grundfunktionalität der Basisarchitektur veranschaulichen, sind im Paket de.uka.sesam.base.apps abgelegt. Szenariospezifische Anwendungen wurden im Paket de.uka.sesam.em.apps platziert.

Desweiteren wurden im Rahmen dieser Arbeit folgende Komponenten und Dienste prototypisch auf der bestehenden SESAM-Basisarchitektur umgesetzt.

- SESAM-Sicherheitsdatenmodell
  Als eine Erweiterung des Minimalen Marktmodells befindet sich das in Abschnitt 3.4.3.1.3 vorgestellte Sicherheitsdatenmodell im Java-Paket de.uka.sesam.base.data.sm. Dort wurde sowohl die RDF-basierte Beschreibung des Datenmodells, als auch die daraus erzeugten Java-Klassen abgelegt.

- SESAM-Sicherheitskomponente
  Um benötigte Sicherheitsfunktionen für alle Anwendungen und Dienste zugreifbar zu
  machen, wurde im Abschnitt 3.4.3.2 die SESAM-Sicherheitskomponente vorgestellt.
  Die Implementierung dieser Sicherheitskomponente wurde unterhalb des Java-Pakets
  de.uka.sesam.base.common.security abgelegt. Die Ablage verschiedener
  Implementierungen gleichartiger Funktionsblöcke wurden in getrennten Unterpaketen
  vorgenommen.

- Authentifizierungsdienst
  Im Rahmen dieser Arbeit wurde unter anderem ein Dienst zur Authentifizierung von Marktteilnehmern implementiert. Die Dienstimplementierung wurde im Paket de.uka.sesam.base.services.authentication abgelegt. Zusätzliche
  Funktionsblöcke wie unterschiedliche Authentifizierungsprotokolle wurden im Paket
  de.uka.sesam.base.common.authentication abgelegt. Eine ausführliche
  Beschreibung des Authentifizierungsdiensts erfolgt im Abschnitt 4.6.1.

- Zeitstempeldienst
  Außerdem wurde im Rahmen dieser Arbeit auch eine prototypische Implementierung eines einfachen Zeitstempeldienstes vorgenommen. Die Implementierung wurde im Paket
  de.uka.sesam.base.services.timestamp abgelegt. Das daraus hervorgegan-
  gene Konzept eines verteilten Zeitstempeldienstes wird in Abschnitt 5.6 vorgestellt.

3.6   Evaluation

In diesem Abschnitt erfolgt eine Evaluation der vorgestellten Architektur einer verteilten elektronischen Marktplattform. Zuerst wird anhand der in Abschnitt 3.2 aufgestellten Anforderungen überprüft, welche davon durch den vorgestellten Entwurf erfüllt werden können. Danach
wird eine Bewertung der Implementierung des im Rahmen des SESAM-Projektes erstellten
Software-Prototypen vorgenommen, welcher als Basis des SESAM-Demonstrators und der Te-
stumgebung eingesetzt wurde.

3.6.1   Bewertung hinsichtlich Anforderungen

Nachfolgend wird eine Bewertung anhand der in Abschnitt 3.2 aufgestellten Anforderungen
vorgenommen, jedoch erfolgt eine Einschränkung auf die Anforderungen, für die im Rahmen
dieser Arbeit Lösungen erarbeitet und vorgestellt wurden.

3.6.1.1   Allgemeine Anforderungen

3.6.1.1.1   Dezentralität und Selbstorganisation

Durch den Einsatz von Peer-to-Peer-Technologien und Overlay-Netzen innerhalb der SESAM-
Marktplattform können die Anforderungen an Dezentralität und Selbstorganisation erfüllt werden. Die dezentrale Bereitstellung von Ressourcen wie Speicherplatz, Rechenzeit und Kommunikationsbandbreite sind integrale Bestandteile von Peer-to-Peer-Systemen. Dabei agieren alle
Teilnehmer gleichberechtigt und erbringen die gewünschte Funktion durch Kooperation.

Die Kommunikation zwischen den Marktteilnehmern erfolgt über Overlay-Netze. Diese ermöglichen je nach Overlay-Typ eine effiziente Kommunikation zwischen einer Vielzahl von Teilnehmern, ohne dabei einzelne Teilnehmer zu überlasten. Gleichzeitig sind die verfügbaren Overlay-Netze in der Lage, den Ausfall von Knoten zu erkennen und die vorhandene Kommunikationstopologie den geänderten Bedingungen anzupassen.

3.6.1.1.2 Erweiterbarkeit und Wiederverwendbarkeit

Einerseits können durch den schichtenbasierten Ansatz der SESAM-Basisarchitektur die Anforderungen nach Erweiterbarkeit und Wiederverwendbarkeit erfüllt werden. So stellen beispielsweise die Kommunikations- und Peer-to-Peer-Schicht definierte Schnittstellen bereit, die von den darüberliegenden Schichten unabhängig von der jeweiligen Implementierung genutzt werden können. Neue Kommunikationstechnologien oder Overlay-Protokolle können ohne Änderungen an der Basisarchitektur integriert und Diensten und Anwendungen zur Verfügung gestellt werden.

Andererseits werden die Anforderungen nach Erweiterbarkeit und Wiederverwendbarkeit auch auf Anwendungsebene erfüllt. Durch die Integration einer dienstorientierten Architektur auf Basis von Web Services (siehe Abschnitt 2.6.1) können zusammengehörige Funktionen in Diensten zusammengefasst werden. Jeder Dienst wird durch eine öffentliche Schnittstelle beschrieben und kann durch andere Dienste oder Anwendungen genutzt werden, ohne dass eine Anpassung der jeweiligen Dienstimplementierung vorgenommen werden muss. Parallel zu den bestehenden Diensten können neue Dienste in die verteilte Marktplattform integriert werden.

3.6.1.1.3 Rechtskonformität und Beweissicherheit

Mit dem in Abschnitt 3.4.1.6.1 vorgestellten Minimalen Marktmodell wurde im Rahmen des SESAM-Projekts ein Datenmodell entworfen, bei dem auch die Anforderungen an Rechtskonformität berücksichtigt wurden. Mit Hilfe des Datenmodells können Rechtsgeschäfte auf einem elektronischen Marktplatz nachgebildet werden, ohne dass dabei Transformationsverluste oder Unklarheiten hingenommen werden müssen.

Durch die Erweiterung des Minimalen Marktmodells durch das SESAM-Sicherheitsdatenmodell (siehe Abschnitt 3.11) und der vorgestellten SESAM-Sicherheitskomponente stehen die grundlegenden Funktionen zur Verfügung, mit deren Hilfe die geforderte Beweissicherheit umgesetzt werden kann. Die eigentlichen Verfahren zur Umsetzung von Beweissicherheit sind jedoch im vorgestellten Entwurf einer verteilten elektronischen Marktplattform nicht enthalten und werden in den nachfolgenden Kapiteln vorgestellt.

3.6.1.2 Sicherheitsanforderungen

Da parallel zur SESAM-Basisarchitektur eine Sicherheitsarchitektur erarbeitet wurde, konnten die vorgeschlagenen Verfahren von Beginn an in die Basisarchitektur integriert werden, ohne dass im Nachhinein Änderungen an der bestehenden Architektur vorgenommen werden mussten. Nachfolgend eine Bewertung der vorgestellten Architektur hinsichtlich der in Abschnitt 3.4.3.1 und Abschnitt 3.2.1 aufgestellten Sicherheitsanforderungen.

3.6.1.2.1 Knoten-zu-Knoten-Sicherheit

Um beispielsweise die von den allgemeinen Sicherheitsanforderungen abgeleitete Knoten-zu-Knoten-Sicherheit bereitstellen zu können, wurde die Kommunikationsschicht um Verfahren wie TLS [41] erweitert, welche eine Sicherung einzelner Kommunikationsverbindungen ermöglicht. Damit können die Anforderungen nach Authentizität, Integrität und Vertraulichkeit auch beim Datenaustausch zwischen zwei Teilnehmern erfüllt werden.

Die Integration der Knoten-zu-Knoten-Sicherheit in die Kommunikationsschicht wurde dabei so konzipiert, dass die Sicherung unabhängig von der jeweiligen Kommunikationstechnologie ist und somit allen Implementierungen zur Verfügung steht.

3.6.1.2.2 Dienst-zu-Dienst-Sicherheit

Für die Bereitstellung von Dienst-zu-Dienst-Sicherheit wurden die Verfahren zur Signatur und Verschlüsselung von XML-Nachrichten in die Systemzugangsschicht integriert. Damit können die Anforderungen nach Authentizität, Integrität und Vertraulichkeit auch auf Dienstebene bereitgestellt werden. Die Integration der vorgestellten Verfahren wurde wiederum so konzipiert, dass alle Dienste auf die bereitgestellten Funktionen zugreifen können.

3.6.1.2.3 Datensicherheit

Um die gewünschte Sicherheit auf der Datenebene für Anwendungen und Dienste bereitzustellen, wurde das SESAM-Sicherheitsdatenmodell entworfen und in das vorhandene Minimale Marktmodell integriert. Durch die Integration digitaler Signaturen und ID-Zertifikate in das Minimale Marktmodell können die Anforderungen aus Abschnitt 3.2.1 nach Authentizität und Integrität von Daten erfüllt werden.

Gleichzeitig wurde mit dem SESAM-Sicherheitsdatenmodell die Möglichkeit bereitgestellt, Daten innerhalb des Minimalen Marktmodells mittels Verschlüsselung gegen unberechtigtes Mitlesen zu schützen und dadurch die Anforderungen nach Vertraulichkeit zu erfüllen.

Außerdem können die Anforderungen nach Nachweisbarkeit bzw. Nichtabstreitbarkeit mit dem Einsatz von ID-Zertifikaten und digitalen Signaturen erfüllt werden, da geleistete Signaturen eindeutig einem Aussteller zugeordnet werden können. Zusätzlich wurde ein zertifikatsbasierter Vertrauensansatz vorgesehen, mit dem Vertrauensbeziehungen zwischen verschiedenen Teilnehmern über die vorhandenen ID-Zertifikate hergestellt werden können. Dadurch kann ein Inhaber eines Zertifikates eine geleistete Signatur nicht abstreiten, wenn diesem das Zertifikat eindeutig zugeordnet werden kann.

3.6.1.3 Zusammenfassung

Die vorgestellte SESAM-Basisarchitektur mit der Erweiterung durch die SESAM-Sicherheitsarchitektur mit dem SESAM-Sicherheitsdatenmodell und die zusätzliche Sicherheitskomponente können die Anforderungen aus den Abschnitten 3.2 und 3.2.1 weitgehend erfüllt werden. Tabelle 3.1 enthält eine Auflistung aller Anforderungen, deren Erfüllungsstatus und der dafür eingesetzten Mechanismen oder Verfahren.

Anforderung	Bewertung	Beschreibung
Allgemeine Anforderungen		
Dezentralität	erfüllt	Einsatz Peer-to-Peer-Systemen
Selbstorganisation	erfüllt	Einsatz von Overlay-Strukturen
Erweiterbarkeit	erfüllt	Integration von SOA
Wiederverwendbarkeit	erfüllt	Integration von SOA
Rechtskonformität	erfüllt	Einsatz Minimales Marktmodell
Beweissicherheit	partiell erfüllt	
Sicherheitsanforderungen		
Authentizität	erfüllt	ID-Zertifikate
Integrität	erfüllt	digitale Signaturen
Vertraulichkeit	erfüllt	Verschlüsselung
Nachweisbarkeit	partiell erfüllt	digitale Signaturen, ID-Zertifikate
Knoten-zu-Knoten-Sicherheit	erfüllt	Integration von TLS
Dienst-zu-Dienst-Sicherheit	erfüllt	XML-Signature, XML-Encryption
Datenrobustheit	erfüllt	digitale Signaturen, ID-Zertifikate

Tabelle 3.1: Bewertung der SESAM-Marktplattform

Einzig die Anforderungen nach Beweissicherheit und Nachweisbarkeit können durch den vorgestellten Entwurf einer verteilten elektronischen Marktplattform nur partiell erfüllt werden. Zwar sind grundlegende Funktionen zur Bereitstellung von Beweissicherheit und Nachweisbarkeit im Entwurf vorhanden, jedoch werden keine dedizierten Verfahren oder Protokolle vorgestellt, mit deren Hilfe vollständige Beweissicherheit aus rechtlicher Sicht auf einer verteilten elektronischen Marktplattform bereitgestellt werden kann.

Aufbauend auf der vorhandenen Architektur werden jedoch in den Kapiteln 4 und 5 entsprechende Protokolle vorgestellt, mit denen die Wirksamkeit und der Nachweis von Rechtsgeschäften auf einer verteilten elektronischen Marktplattform realisiert werden können.

3.6.2 Softwareprototyp und SESAM-Demonstrator

Wie in Abschnitt 3.5 beschrieben, wurde auf Basis des Entwurfs eine prototypische Implementierung der SESAM-Marktplattform durchgeführt, die gleichzeitig die softwaretechnische Basis des SESAM-Demonstrators bildet.

Der SESAM-Demonstrator wurde parallel zum Prototypen innerhalb des SESAM-Projektes entwickelt und sollte die Funktionsweise eines verteilten elektronischen Marktplatzes zum Handel von elektrischer Energie veranschaulichen. Dazu wurde in einer Modellwelt eine Kleinstregion nachgestellt, in der eine Reihe von reinen Verbrauchern, aber auch verschiedene temporäre Erzeuger vorhanden waren. Während reine Verbraucher meist als Privathaushalte dargestellt wurden, wurden Eigenheimbesitzer und kleine und mittelständische Unternehmen als temporäre Erzeuger mit entsprechenden Anlagen (Brennstoffzelle, Kraft-Wärme-Kopplung, Photovoltaik) modelliert. Ein Szenario, welches mit Hilfe des Demonstrators dargestellt wurde, war die adaptive Anpassung von Erzeugung und Verbrauch elektrischer Energie in Abhängigkeit von äußeren Bedingungen. Wurde beispielsweise ausreichend Windenergie in das Netz eingespeist, wurden die dezentralen Anlangen bei den temporären Erzeugern deaktiviert. Erst wenn der Bedarf nicht mehr gedeckt werden konnte, wurden, abhängig von den jeweiligen Kosten, verschiedene dezentrale Erzeuger aktiviert.

Neben dieser stetigen Anpassung der dezentralen Erzeugung wurde mit dem Demonstrator auch die Funktionsweise eines verteilten elektronischen Marktplatzes zum Handel elektrischer Energie veranschaulicht. Dabei konnten Angebote auf dem verteilten Marktplatz veröffentlicht oder gesucht werden. Mit Hilfe der bereitgestellten Optimierung konnte abhängig vom jeweiligen Verbrauch das günstigste Angebot ausgewählt werden. Ausgehend von einem Angebot konnte eine Vertragsverhandlung zwischen den Vertragsparteien durchgeführt werden. Neben Vertragsverhandlungen konnten auch Authentifizierungsvorgänge der verschiedenen Teilnehmer und Auktionen zwischen mehreren Teilnehmern erfolgen.

Abbildung 3.14 zeigt den SESAM-Demonstrator auf der CeBIT 2006. Zusätzlich wurde der SESAM-Demonstrator nochmals auf der CeBIT 2009 (siehe Abbildung 3.15) von der Firma SAP im Rahmen des Projekts *Minimum Emission Region* (MEREGIO) [56], welches aktuell vom Bundesministerium für Wirtschaft und Technologie (BMWi) im Rahmen der E-Energy-Initiative [16] gefördert wird, ausgestellt.

Abbildung 3.14: SESAM-Demonstrator auf der CeBIT 2006

Abbildung 3.15: SESAM-Demonstrator auf der CeBIT 2009

Auf der Modellwelt sind neben einigen klassischen Verbrauchern auch Kleinsterzeuger und Betreiber mittlerer Anlagen (Kraft-Wärme-Kopplung, Windkraft) vorhanden. Der aktuelle Verbrauchs- oder Erzeugungsstatus wird durch rote oder grüne LEDs angezeigt. Aufgrund der adaptiven Anpassung von Verbrauch oder Erzeugung werden die Kleinstanlagen beispielsweise nur zugeschaltet, falls der Verbrauch nicht durch die vorhandene Erzeugung abgedeckt werden kann. Sind jedoch ungeplante Überkapazitäten vorhanden (Windkraft) können dezentrale Erzeuger deaktiviert werden, um das gewünschte Gleichgewicht zwischen Verbrauch und Erzeugung zu erzielen.

Die Ansteuerung des SESAM-Demonstrators erfolgt direkt durch den SESAM-Prototypen. Dazu wurde ein Netz aus mehreren Knoten aufgebaut, die die unterschiedlichen Teilnehmer der Modellwelt repräsentierten und gemeinsam die Infrastruktur des verteilten elektronischen Marktplatzes bereitstellten, wodurch die Funktionsweise des SESAM-Prototyps nachgewiesen werden konnte. Die beteiligten Knoten konnten Dienste auf anderen Knoten nutzen und selbst Dienste bereitstellen. Der Ausfall von Knoten konnte durch das jeweilige ServiceNet erkannt werden und die verbleibenden Knoten durch Reorganisation wieder neu strukturiert werden.

Um die korrekte Funktionsweise des SESAM-Prototyps nachzuweisen, auch wenn sich die Knoten nicht räumlich beieinander befinden, wurde eine Teststellung auf dem Campus der Universität Karlsruhe aufgebaut. Dabei wurden bis zu 20 Knoten auf die beteiligten Institut verteilt und dort in Betrieb genommen. Auf jedem Knoten wurden verschiedene Dienste und Anwendungen ausgeführt. Für die verschiedenen angebotenen Dienste wurden separate ServiceNets zur Verwaltung und Koordination der Dienste aufgebaut. Auch in dem räumlich verteilten Szenario konnte die Funktionsweise des SESAM-Prototyps nachgewiesen werden.

3.7   Zusammenfassung

In diesem Kapitel wurde der Aufbau der SESAM-Marktplattform vorgestellt. Ausgehend von den aufgestellten Anforderungen wurden vorhandene Arbeiten analysiert und hinsichtlich ihrer Einsetzbarkeit beim Aufbau selbstorganisierender verteilter elektronischer Märkte bewertet. Dabei fehlten den meisten untersuchten Ansätzen Mechanismen zur Selbstorganisation verteilter Systeme, zusätzlich enthält keiner der Ansätze Funktionen zum Aufbau rechtskonformer und beweissicherer Märkte.

Aus diesem Grund wurde im Rahmen des SESAM-Projekts ein eigener Entwurf, die SESAM-Basisarchitektur, erarbeitet. Um alle aufgestellen Sicherheitsanforderungen zu erfüllen, wurde diese um eine Sicherheitsarchitektur und ein Sicherheitsdatenmodell erweitert. Dabei wurde beim Entwurf der Sicherheitskomponenten darauf geachtet, dass die vorhandene Architektur möglichst nicht verändert werden musste. Um die für die Umsetzung von Diensten und Anwendungen benötigten kryptographischen Funktionen möglichst einfach anwendbar zu gestalten, wurde zusätzlich eine Sicherheitsrahmenwerk entworfen, welches eine einfache Schnittstelle auf die notwendigen Funktionsblöcke bietet und dabei eine Kapselung von der eigentlichen Umsetzung der kryptographischen Operationen vornimmt.

Zum Abschluss des Kapitels wurde eine Evaluierung der vorgestellten SESAM-Marktplattform vorgenommen. Die aufgestellten Anforderungen nach Dezentralität, Selbstorganisation, Erweiterbarkeit und Wiederverwendbarkeit können durch den Einsatz geeigneter Technologien erfüllt werden. Auch die Sicherheitsanforderungen und die Anforderung nach Rechtskonformität können erfüllt werden.

Einzig die Anforderung nach Beweissicherheit und Nachweisbarkeit bestimmter relevanter Vorgänge auf dem verteilten elektronischen Marktplatz können nicht eindeutig erfüllt werden. Zwar werden durch die SESAM-Marktplattform grundlegende Funktionen bereitgestellt, weitergehende Verfahren wurden jedoch nicht vorgestellt. In den nachfolgenden Kapiteln werden jedoch entsprechende Verfahren aufgezeigt, mit denen die Anforderung nach Beweissicherheit und der daraus resultierenden Rechtssicherheit auf einem verteilten elektronischen Markplatz erfüllt werden können.

Um die Realisierbarkeit der vorgestellten selbstorganisierenden verteilten elektronischen Marktplattform nachzuweisen, wurde im Rahmen des SESAM-Projekts eine prototypische Implementierung vorgenommen. In Kombination mit dem Demonstrator konnte die Funktionsweise des Prototypen erfolgreich veranschaulicht werden.

Kapitel 4

Sichere Vertragsverhandlungen in dezentralen und spontanen Märkten

4.1 Einleitung

Nachdem in Kapitel 3 die SESAM-Marktplattform zum Aufbau selbstorganisierender verteilter elektronischer Marktplätze vorgestellt wurde, geht dieses Kapitel auf die Fragestellung ein, wie auf einem verteilten elektronischen Markt die gewünschte Rechtssicherheit bereitgestellt werden kann.

Sichere Vertragsverhandlungen, welche im Nachhinein nachvollziehbar und nachweisbar sind, sind ein grundlegender Baustein, um einen sicheren Rechtsverkehr auf einem verteilten elektronischen Marktplatz bereitstellen zu können. Ohne sichere Vertragsverhandlungen wird ein solcher elektronischer Marktplatz trotz hoher Verfügbarkeit, Skalierbarkeit, Robustheit und gleichzeitig niedriger Transaktionskosten nicht die notwendige Akzeptanz erreichen können, da geschlossene Verträge jederzeit widerrufen und nicht existierende Vertragsverhältnisse behauptet werden können.

Im nächsten Abschnitt wird ausführlicher dargelegt, warum sichere Vertragsverhandlungen benötigt werden. Anschließend werden die zu erwartenden Bedrohungen und die daraus abgeleiteten Anforderungen an sichere Vertragsverhandlungen für selbstorganisierende verteilte elektronische Märkte formuliert. Ausgehend von diesen Anforderungen und einer kurzen Vorstellung verwandter Arbeiten wird ein Konzept auf Grundlage der bereits vorgestellten SESAM-Basisarchitektur zur Realisierung sicherer Vertragsverhandlungen vorgestellt. Dieses basiert auf der Verwendung zertifikatsbasierter Identitätsnachweise und der Anwendung digitaler Signaturen zur Zuordnung und Integritätssicherung elektronischer Erklärungen. Zum Abschluss erfolgt eine Evaluation des vorgestellten Konzeptes und eine Beschreibung der prototypischen Implementierung innerhalb des SESAM-Basissystems.

4.2 Problemstellung

Wie bereits in Abschnitt 2.7.1.2 erläutert wurde, kommt ein Vertrag immer dann zustande, wenn mehrere Verhandlungsparteien gegenseitig übereinstimmende Willenserklärungen abge-

95

ben. Dabei werden seitens der Gesetzgebung für die meisten Vertragsverhandlungen und daraus resultierende Verträge keine besonderen Anforderungen an die Form (mündlich, schriftlich, elektronisch) oder an die nachträgliche Beweisbarkeit gestellt.

Während diese Flexibilität im alltäglichen Leben sehr nützlich ist, wirft dies im elektronischen Umfeld einige Probleme auf. Einerseits stehen sich potentielle Vertragspartner während einer Verhandlung auf einem elektronischen Marktplatz nicht direkt gegenüber, können also die Echtheit der Identität des anderen Verhandlungspartners schwer einschätzen. Andererseits lassen sich elektronische Dokumente leicht modifizieren, ohne dass dies im Nachhinein festgestellt werden kann, sofern keine entsprechenden Sicherungsmaßnahmen eingesetzt werden.

Da zudem die Vertragserfüllung im betrachteten Anwendungsszenario auf dem elektronischen Marktplatz meist zeitlich nachgelagert ist, könnte ohne geeignete Mechanismen ein Vertragspartner einen bereits geschlossenen Vertrag widerrufen oder zu seinem Vorteil modifizieren. Daraus resultiert, dass sichere Vertragsverhandlungen nur dann gewährleistet werden können, wenn die Identität eines Marktteilnehmers für andere nachprüfbar ist, elektronische Willenserklärungen vor nachträglicher Veränderung geschützt sind und eine elektronische Willenserklärung fest einem Marktteilnehmer zugeordnet werden kann.

Bei der Analyse der Problemstellung sicherer Vertragsverhandlungen konnten folgende Bedrohungen identifiziert werden:

- **Marktteilnehmer täuscht Identität vor**
  Bietet ein Marktplatz keine sichere Identifizierung seiner Teilnehmer, kann ein Angreifer einfach eine falsche Identität vortäuschen und unter dieser Identität auftreten. Verwendet ein Angreifer eine solche Identität für Vertragsverhandlungen und schließt Verträge mit anderen Marktteilnehmern ab, können diese im Nachhinein den Vertrag unter Umständen nicht korrekt abwickeln, da die andere Vertragspartei nicht eindeutig identifiziert werden kann bzw. nicht existent ist.

  Dies ist vor allem bei Vertragsverhältnissen problematisch, bei denen eine Vertragspartei in Vorleistung geht und beispielsweise die Bezahlung des Vertragsinhaltes zeitlich nachgelagert ist. Am Beispiel eines verteilten elektronischen Marktplatzes zum Handeln von elektrischer Energie tritt das Problem dann auf, wenn ein Vertrag über die Versorgung mit elektrischer Energie geschlossen wurde und die Bezahlung erst zu einem späteren Zeitpunkt erfolgt.

- **Marktteilnehmer streitet Identität ab**
  Ein Marktteilnehmer versucht abzustreiten, hinter einer bestimmten Identität zu stehen. Dies kann dann sinnvoll sein, wenn ein Vertrag geschlossen wurde, der sich zum Nachteil des jeweiligen Marktteilnehmers entwickeln könnte. Ist der Marktteilnehmer in der Lage, eine ihm zugeordnete Identität abzustreiten, ist er jederzeit in der Lage, geschlossene Vertragsverhältnisse aufzulösen.

- **Marktteilnehmer behauptet Vertragsschluss**
  Ohne geeignete Maßnahmen kann ein Marktteilnehmer den Abschluss eines Vertrages behaupten, obwohl es vorher zu keinen Vertragsverhandlungen zwischen den behaupteten Vertragsparteien gekommen ist. Dieser Fall ist denkbar, wenn ein Marktteilnehmer auf regulärem Weg keinen Vertrag schließen konnte und dadurch eventuell einen finanziellen Nachteil erleidet.

- Marktteilnehmer streitet Vertragsschluss ab
  Obwohl ein geschlossener Vertrag vorliegt, streitet einer der Vertragspartner den Abschluss des Vertrags ab. Diese Vorgehensweise erscheint denkbar, wenn ein Marktteilnehmer nach dem Abschluss eines Vertrages beispielsweise ein besseres Angebot in Form eines niedrigeren oder höheren Preises für den gleichen Vertragsgegenstand findet und daher das vorherige Vertragsverhältnis auflösen möchte.

- Marktteilnehmer behauptet anderen Vertragsinhalt
  Nach dem Vertragsschluss behauptet einer der Vertragspartner einen anderen Vertragsinhalt als den ursprünglich vereinbarten. Dabei könnte der Marktteilnehmer einerseits versuchen, den vereinbarten Vertragsgegenstand zu modifizieren oder andererseits den vereinbarten Preis zu verändern.

Als mögliche Angreifer können prinzipiell alle Marktteilnehmer auftreten. Bei bestimmten Bedrohungsszenarien kann eine der beteiligten Vertragsparteien als Angreifer auftreten. Hinsichtlich der Möglichkeiten entsprechen alle Angreifer dem in Abschnitt 2.8.2 definierten Standardangreifer.

4.3 Anforderungen

Um die in der Problemstellung identifizierten Bedrohungen zu vermeiden und sichere Vertragsverhandlungen auf verteilten elektronischen Märkten bereitstellen zu können, wurden ausgehend von den rechtlichen Bestimmungen folgende funktionalen Anforderungen herausgearbeitet:

- Identitätsnachweis eines Marktteilnehmers
  Auf dem verteilten Marktplatz müssen Mechanismen bereitgestellt werden, die es erlauben, die Identität eines Marktteilnehmers glaubhaft überprüfen zu können. Der Identitätsnachweis eines Marktteilnehmers ist für einen Vertragsschluss essenziell, da ansonsten unklar ist, mit welcher anderen Vertragspartei ein Vertrag abgeschlossen wurde.

- Integritätsschutz elektronischer Erklärungen
  Da ohne besondere Schutzmaßnahmen elektronische Dokumente sehr leicht verändert werden können, ohne dass dies im Nachhinein nachprüfbar ist, wird ein Integritätsschutz elektronischer Willenserklärungen benötigt. Anderenfalls kann einer der Vertragspartner den Vertrag modifizieren, ohne dass die Änderung festgestellt werden kann.

- Zuordnung elektronischer Erklärungen an einen Marktteilnehmer
  Neben einem glaubhaften Identitätsnachweis eines Marktteilnehmers und einem Integritätsschutz elektronischer Willenserklärungen ist eine Zuordnung der jeweiligen Erklärungen an einen Marktteilnehmer notwendig, da sonst einer der Vertragspartner die Abgabe einer vorliegenden Erklärung verneinen könnte. In diesem Fall wäre jeder Vertragspartner jederzeit in der Lage einen bestehenden Vertrag aufzulösen, ohne sich an bestehende Kündigungsregelungen zu halten.

An einen sicheren und nachweisbaren Vertragsschluss auf einem verteilten elektronischen Marktplatz werden die gleichen nicht-funktionalen Anforderungen wie an die verteilte Marktplattform selbst gestellt. Neben einer verteilten Infrastruktur und einer dezentralen Organisationsform muss vor allem eine ausreichende Sicherheit gewährleistet werden. Eine ausführliche Beschreibung der nicht-funktionalen Anforderungen an die verteilte Marktplattform erfolgte in Abschnitt 3.2.

4.4 Lösungsansatz

Um die aufgestellten Anforderungen erfüllen zu können, wurde ausgehend vom aktuellen Stand der Technik, welcher im nachfolgenden Abschnitt 4.5 beschrieben ist, ein Lösungsansatz zur Bereitstellung sicherer Vertragsverhandlungen auf einem selbstorganisierenden verteilten elektronischen Marktplatz verfolgt, welcher auf folgenden bekannten Konzepten aufbaut:

- Authentifizierung
  Authentifizierung wird beim Umgang mit Rechnersystemen vorrangig dazu genutzt, den Zugang nur autorisierten Benutzern zu gestatten. Typischerweise verfügt ein autorisierter Benutzer über einen Benutzernamen und ein zugehöriges geheimes Passwort. Bei digitalen Kommunikationsvorgängen wird die Authentifizierung jedoch auch dazu genutzt, die Identität der Kommunikationspartner zu überprüfen. Im vorliegenden Szenario wird dieses Verfahren dazu eingesetzt, die Identität des Benutzers nachweisen und überprüfen zu können.

- Zertifizierung
  Die Zertifizierung wird oft eingesetzt, um eine einmal nachgewiesene Identität auch gegenüber Dritten belegen zu können, ohne dabei geheime Informationen, wie ein Passwort oder eine PIN offenlegen zu müssen. Dazu erstellt die Partei, gegenüber sich der Teilnehmer erfolgreich authentifizieren konnte, ein digitales Identitätszertifikat, welches dann zum Identitätsnachweis gegenüber anderen Teilnehmern eingesetzt werden kann.

- digitale Signaturen
  Mittels digitaler Signaturen (siehe Abschnitt 2.2.5) kann die Integrität elektronischer Daten sichergestellt werden. In Kombination mit den vorgestellten ID-Zertifikaten ist zudem eine Zuordnung zwischen elektronischen Dokumenten und dem jeweiligen Ersteller möglich.

Um einen Identitätsnachweis in Form eines ID-Zertifikates (siehe Abschnitt 2.2.6) zu erhalten, muss jeder Marktteilnehmer seine Identität gegenüber vorhandenen *Authentifizierungsdiensteanbietern* nachweisen. Hat ein Anbieter eine Vertrauensbeziehung mit dem jeweiligen Marktteilnehmer und kann die Identität des Marktteilnehmers beispielsweise anhand eines Benutzernamens und des zugehörigen geheimen Passwortes überprüfen, so stellt der Anbieter nach erfolgreicher Prüfung ein Zertifikat aus, welches die Identität des Teilnehmers an einen öffentlichen Schlüssel bindet. Mit Hilfe des digitalen Zertifikates kann der Teilnehmer die im Zertifikat enthaltene Identität einem anderen Marktteilnehmer gegenüber nachweisen, ohne das Geheimnis, welches gegenüber dem Authentifizierungsdiensteanbieters genutzt wurde, offenzulegen.

Die Integrität und Zuordnung von rechtlich relevanten elektronischen Willenserklärungen wird durch den Einsatz digitaler Signaturen erreicht, die unter Verwendung des im Zertifikat enthaltenen Schlüsselmaterials erstellt werden.

Unter Berücksichtigung der vorgeschlagenen Verfahren zur Bereitstellung sicherer Vertragsverhandlungen auf verteilten elektronischen Märkten wurde im Rahmen dieser Arbeit ein Lösungsansatz bestehend aus den nachfolgenden Komponenten verfolgt:

- Verteilter Authentifizierungsdienst
  Um einen verifizierbaren Identitätsnachweis zu erstellen, sollen Marktteilnehmer die Möglichkeit erhalten, sich gegenüber verschiedenen Vertrauensankern zu authentifizieren. Um dabei jedoch keine Abhängigkeit von zentraler Infrastruktur oder einem einzelnen Vertrauensanker zu erzeugen, wird ein verteilter Authentifizierungsdienst eingesetzt. Jeder Anbieter, der eine Authentifizierung von Marktteilnehmern anbieten will, wird Teil des verteilten Authentifizierungsdienstes.

  Um zusätzlich keine Einschränkung auf bestimmte Verfahren zur Authentifizierung hinzunehmen, muss der verteilte Authentifizierungsdienst ein geeignetes generisches Protokoll zur Authentifizierung bereitstellen.

  Nach erfolgreicher Authentifizierung gegenüber einem Authentifizierungsdiensteanbieter stellt dieser ein digitales Identitätszertifikat (ID-Zertifikat, siehe Abschnitt 2.2.6) aus. Mit Hilfe des Zertifikates wird eine nachprüfbare Bindung zwischen der Identität eines Marktteilnehmers und kryptographischem Schlüsselmaterial hergestellt.

- Erweiterung der SESAM-Signaturkomponente
  Mittels digitaler Signaturen soll ein Integritätsschutz elektronischer Willenserklärungen erreicht werden. Um den rechtliche Anforderungen zu genügen, müssen zudem verschiedene Arten elektronischer Signaturen angeboten werden.

  In Kombination mit den vorgeschlagenen ID-Zertifikaten kann damit eine Zuordnung von Willenserklärungen an den erklärenden Marktteilnehmer erreicht werden, da die digitalen Signaturen auf Basis des Schlüsselmaterials erstellt werden, welches nach erfolgreicher Authentifizierung im ID-Zertifikat durch einen Authentifizierungsdiensteanbieter zertifiziert wurde.

4.5 Stand der Technik

Nachfolgend wird ein kurzer Überblick über existierende Verfahren gegeben, die sich beim Einsatz von Computersystemen zur Identifizierung von Benutzern eignen, über Mechanismen, wie eine nachgewiesene Identität auch gegenüber anderen Teilnehmern glaubhaft gemacht werden kann und über Verfahren, mit denen die Integrität und Zuordenbarkeit von elektronischen Dokumenten realisiert werden kann.

Um den Zugriff auf ein Computersystem nur berechtigten Benutzern zu erlauben, werden oft sog. *Authentifizierungsverfahren* eingesetzt. Diese prüfen anhand einer geheimen Information, ob die behauptete Identität glaubhaft nachgewiesen werden kann. Zwar werden bislang diese Verfahren oft zur Zugangskontrolle eingesetzt, prinzipiell eignen sich diese jedoch auch zur

Überprüfung einer Benutzeridentität. Im Anschluss an eine erfolgreiche Authentifizierung kann mit Hilfe eines *Zertifizierungsverfahrens* ein Identitätsnachweis erstellt werden, mit dem der Inhaber in der Lage ist, seine Identität auch gegenüber anderen Benutzern glaubhaft nachweisen zu können.

Um elektronische Dokumente gegen unbemerkte Veränderung zu schützen, werden typischerweise *digitale Signaturen* (siehe Abschnitt 2.2.5) eingesetzt. In Kombination mit geeigneten Identitätsnachweisen können diese auch zur Zuordnung von elektronischen Dokumenten zu deren Inhabern eingesetzt werden.

4.5.1 Authentifizierungsverfahren

Da im betrachteten Szenario eine hohe Spontaneität der Marktteilnehmer berücksichtigt werden muss, kann nicht davon ausgegangen werden, dass die Marktteilnehmer schon im Voraus über einen geeigneten Identitätsnachweis verfügen. Aus diesem Grund müssen Mechanismen bereitgestellt werden, mit denen die Marktteilnehmer ihre Identität innerhalb der verteilten Marktinfrastruktur nachweisen können und so einen Identitätsnachweis erlangen, der auch von anderen Marktteilnehmern verifiziert werden kann.

4.5.1.1 PAP/CHAP

Die beiden Authentifizierungsverfahren *Password Authentication Protocol* (PAP) und *Challenge Handshake Authentication Protocol* (CHAP) [74] sind Bestandteil des *Point to Point Protocol* (PPP) [123], welches oft in Zugangsnetzen (z. B. DSL, UMTS) eingesetzt wird. Die beiden Authentifizierungsverfahren werden dabei zur Authentifizierung des Benutzers gegenüber dem Zugangsnetz verwendet.

Beim Password Authentication Protocol, welches ein sehr einfaches Authentifizierungsverfahren darstellt, schickt der Benutzer seinen Benutzernamen und das geheime Benutzerpasswort im Klartext zur Gegenstelle, die anhand dieser Daten überprüft, ob die behauptete Benutzeridentität authentisch ist. Im positiven Fall wird dann der Zugriff auf Netzressourcen gewährt. Neben dem Problem, dass das geheime Passwort im Klartext ausgetauscht wird, bietet PAP auch keinerlei Mechanismen gegen Wiederholungs- oder Überlastungsangriffen.

Beim Challenge Handshake Authentication Protocol wurden Erweiterungen vorgenommen, um die oben genannten Sicherheitsprobleme zu beheben. Einerseits wird das Passwort nicht mehr im Klartext ausgetauscht, andererseits sind Mechanismen gegen Wiederholungs- und Überlastungsangriffe bereits im Verfahren integriert.

Will ein Benutzer sich gegenüber einer Netzressource authentifizieren, so sendet diese eine sog. *Challenge* in Form einer Zufallszahl an den Benutzer. Dieser verknüpft die Zufallszahl und das geheime Passwort und bestimmt den Hash-Wert mit Hilfe einer kryptographischen Hash-Funktion. Anstelle des geheimen Passwortes überträgt der Benutzer den errechneten Hash-Wert. Die Netzressource wiederholt die Berechnung des Hash-Wertes mit den vorliegenden Benutzerdaten und vergleicht beide Ergebnisse. Der Zugriff auf die Ressource wird nur dann gewährt, wenn beide Hash-Werte identisch sind.

Durch den Einsatz einer Zufallszahl und der Vorschrift das Passwort mit dieser zu verknüpfen wird einerseits verhindert, dass das Passwort im Klartext ausgetauscht wird. Anderseits werden damit Wiederholungsangriffe vermieden, da ein erfolgreich mitgelesener Hash-Wert bei einem späteren vorgetäuschten Authentifizierungsvorgang aufgrund der unterschiedlichen Zufallszahlen nicht verwendet werden kann. Der Schutz gegen Überlastungsangriffe wird durch eine zeitliche Verzögerung des Protokollablaufes im Falle einer fehlgeschlagenen Authentifizierung erreicht.

Zwar bietet CHAP eine deutlich höhere Sicherheit als PAP, trotzdem eignen sich beide Verfahren nicht von vornerein, um auf einem verteilten elektronischen Marktplatz einen Identitätsnachweis von Marktteilnehmern bereitzustellen. Einerseits kann beispielsweise bei PAP keine besonders hohe Sicherheit bereitgestellt werden, anderseits enthalten beide Protokolle keine Mechanismen, im Anschluss an eine erfolgreiche Authentifizierung einen Nachweis über die überprüfte Identität zu erzeugen. Aus diesem Grund kann beispielsweise CHAP zwar zur Authentifizierung von Teilnehmern eingesetzt werden, zusätzlich wird jedoch ein separater Mechanismus für die Erstellung eines Identitätsnachweises benötigt.

4.5.1.2 EAP

Das *Extensible Authentication Protocol* (EAP) [1], welches ebenfalls in Verbindung mit dem Point to Point Protocol eingesetzt werden kann, ist ein generisches Authentifizierungsrahmenwerk, in welches verschiedene Authentifizierungsverfahren eingebettet werden können. Im Unterschied zu PAP und CHAP erfolgt vor dem eigentlichen Authentifizierungsvorgang eine Aushandlung über das jeweilige Protokoll. Dabei haben beide Parteien die Möglichkeit, bestimmte Verfahren abzulehnen oder Alternativen vorzuschlagen.

Zwar stellt EAP grundlegende Mechanismen bereit, mit denen eine Authentifizierung von Benutzern mit Hilfe verschiedener Authentifizierungsverfahren vorgenommen werden kann und bietet die Möglichkeit neue Verfahren zu integrieren, jedoch kann die Authentizität eines Benutzers wie bei PAP und CHAP nicht gegenüber Dritten nachgewiesen werden, da keine Mechanismen für einen Identitätsnachweis enthalten sind.

4.5.1.3 SASL

Das *Simple Authentication and Security Layer* Rahmenwerk (SASL) [78] verfolgt im Vergleich zur EAP einen ähnlichen Ansatz, ist dabei jedoch nicht auf den Einsatz innerhalb des PPP-Protokolls gebunden. Die Grundidee hinter SASL sieht die Einbettung in vorhandene Anwendungsprotokolle (z. B. IMAP, BEEP, LDAP oder SMTP) vor, um so einen einheitlichen Mechanismus zur Authentifizierung von Benutzern bereitzustellen. Gleichzeitig ist SASL nicht auf bestimmte Authentifizierungsverfahren beschränkt, neue Verfahren können einfach in das SASL-Rahmenwerk integriert werden.

Aus diesem Grund schreibt SASL keinen expliziten Protokollablauf vor, sondern stellt nur die notwendigen Grundfunktionen bereit, um Authentifizierungsverfahren auf Basis von SASL umzusetzen. Dazu gehört auch, vom eigentlichen Anwendungsprotokoll temporär auf das SASL-Protokoll umzuschalten, eines der angebotenen Verfahren auszuwählen und entsprechende

Nachrichten zwischen den beteiligten Parteien auszutauschen. Dabei stellt SASL keinerlei Sicherungsfunktionen bereit. Werden für bestimmte Authentifizierungsverfahren kryptographische Primitive wie Integrität oder Vertraulichkeit benötigt, so müssen diese vom jeweiligen Authentifizierungsverfahren selbst bereitgestellt werden.

Prinzipiell eignet sich SASL, um eine Authentizitätsprüfung von Marktteilnehmern vornehmen zu können. Es ist unabhängig von bestimmten Transport- oder Anwendungsprotokollen und es können neue Verfahren einfach integriert werden. Trotzdem kann es nicht ohne Modifikation in dem betrachteten Szenario eingesetzt werden, da einerseits Mechanismen fehlen, um Integrität oder Vertraulichkeit beim Authentifizierungsvorgang zu gewährleisten, andererseits sind wie bei den bisher betrachteten Protokollen keine Funktionen vorhanden, um eine erfolgreiche Authentifizierung auch gegenüber anderen Marktteilnehmern nachweisen zu können.

4.5.1.4 Kerberos

Mit Hilfe des Kerberos-Systems [89] kann ein verteilter Authentifizierungsdienst auf Basis symmetrischer Kryptographie (siehe Abschnitt 2.2.1) bereitgestellt werden. Dabei authentifiziert sich ein Benutzer gegenüber einem sog. *Authentication-Server* und erhält nach erfolgreicher Authentifizierung ein sog. *Ticket*. Mit Hilfe dieses Tickets können andere Ressourcen nachprüfen, ob es sich bei dem Benutzer um einen legitimen Benutzer handelt, der sich gegenüber dem Authentication-Server korrekt ausweisen konnte. Eine detaillierte Beschreibung der eingesetzten Verfahren erfolgt beispielsweise in [13].

Damit unterscheidet sich Kerberos grundlegend von den bisher betrachteten Verfahren, da diesen jegliche Möglichkeit fehlt, eine erfolgreiche Authentifizierung gegenüber anderen Parteien nachweisen zu können. Trotzdem eignet sich Kerberos nicht uneingeschränkt zur Anwendung auf einem verteilten elektronischen Marktplatz. Zum einen ist Kerberos auf genau ein Authentifizierungsverfahren beschränkt, mit dem sich ein Benutzer ausweisen kann. Andererseits beruht das Kerberos-System auf zentralen Komponenten, denen alle Beteiligten Vertrauen entgegenbringen müssen. Außerdem kann jede Ressource die Gültigkeit eines Tickets nur dann prüfen, wenn das Ticket speziell für die Ressource angefertigt wurde. Dies bedeutet im betrachteten Anwendungsszenario, dass für alle Marktteilnehmer, mit denen ein Teilnehmer in Kontakt treten möchte, separate Tickets vom Kerberos-System angefordert werden müssen.

4.5.1.5 X.509

Zwar ist X.509 (siehe Abschnitt 2.2.6.1) vorrangig als Zertifikatsstandard bekannt, jedoch enthält der Standard auch Vorschläge, wie auf Basis von X.509-Zertifikaten eine Authentifizierung von Benutzern durchgeführt werden kann. Neben einer einfachen X.509-Authentifizierung, bei der sich nur der Benutzer gegenüber einer anderen Partei authentifizieren muss, enthält der X.509-Standard auch eine sog. starke Authentisierung. Bei diesem Verfahren erfolgt eine beidseitige Authentifizierung der beteiligten Parteien, die zudem sicher gegenüber Wiederholungsangriffen ist. Eine ausführliche Beschreibung des Verfahrens erfolgt in Abschnitt 4.6.1.3.2.

Gleichzeitig stellt X.509 mit dem Konzept eines Identitätszertifikats einen Mechanismus bereit, mit dem ein Nachweis der eigenen Identität gegenüber anderen Marktteilnehmern möglich ist. Trotzdem ist eine Authentifizierung auf Basis von X.509-Zertifikaten nicht geeignet, um damit einen Identitätsnachweis auf einem verteilten elektronischen Marktplatz zu realisieren. Das vorgestellte Verfahren ist auf X.509-Zertifikate beschränkt, so dass Vertrauensbeziehungen, welche auf anderen Verfahren basieren, nicht genutzt werden können.

4.5.2 Zertifizierungsverfahren

Während mit Hilfe von Authentifizierungsverfahren die Identität eines Teilnehmers überprüft wird, ist es die Aufgabe von Zertifizierungsverfahren, nach einer erfolgreichen Authentifizierung einen geeigneten Identitätsnachweis bereitzustellen, der von anderen Teilnehmern zur Überprüfung der Identität verwendet werden kann.

Die beiden bekannten Verfahren X.509 und PGP, mit denen Zertifizierungen von Benutzeridentitäten auf Basis digitaler Zertifikate bereitgestellt werden können, wurden bereits in Abschnitt 2.2.6 vorgestellt. Mit Hilfe sog. ID-Zertifikate kann, nach erfolgreicher Authentifizierung des Teilnehmers, ein Identitätsnachweis erstellt werden, mit dem die Identität auch gegenüber einem anderen Marktteilnehmer nachgewiesen werden kann.

Um ein eigenes ID-Zertifikat ausgestellt zu bekommen, muss sich ein Teilnehmer gegenüber dem späteren Aussteller ausweisen. Dies kann einerseits dadurch erfolgen, dass Dokumente (z. B. Personalausweis) vorgelegt werden können, die eine bestimmte Identität belegen. Andererseits ist es auch denkbar, eine Identität aufgrund von geheimem Wissen (z. B. Passwort) nachzuweisen. Dazu behauptet der Teilnehmer, der ein ID-Zertifikat erstellt haben möchte, eine bestimmte Identität. Nur wenn der Teilnehmer auch die dazugehörige geheime Information dem Aussteller vorlegen kann, sieht dieser die behauptete Identität als authentisch an und erstellt das gewünschte ID-Zertifikat. In beiden Fällen bindet der Aussteller die überprüfte Identitätsinformation an kryptographisches Schlüsselmaterial. Sowohl bei X.509, als auch bei PGP wird dabei der öffentliche Schlüssel eines asymmetrischen Schlüsselpaars (siehe Abschnitt 2.2.2) verwendet.

Der Vorteil von ID-Zertifikaten liegt darin, dass die Identität gegenüber anderen Teilnehmern nachgewiesen werden kann, ohne dass dafür der Aussteller kontaktiert werden muss. Der Identitätsnachweis gelingt jedoch nur dann, wenn der andere Teilnehmer dem Aussteller genügend Vertrauen entgegenbringt und das ausgestellte Zertifikat für glaubhaft erachtet.

Trotz des Vorteils, dass X.509 und PGP Mechanismen bieten, mit dem ein eigenständiger Identitätsnachweis auf dem verteilten elektronischen Marktplatz möglich ist, können die Verfahren nicht ohne Anpassungen in dem betrachteten Szenario eingesetzt werden. Beide Verfahren gehen davon aus, dass die Überprüfung der behaupteten Identität manuell vorgenommen wird. Einen Nachweis der Identität auf Basis eines geheimen Passwortes bieten beide Verfahren von sich aus nicht an.

Zudem kann beim Einsatz X.509 ein Zertifikat nicht von mehreren Ausstellern beglaubigt werden, da das Zertifikat die digitale Signatur des Ausstellers enthält. Da auf einem verteilten elektronischen Marktplatz mit einer Reihe von Authentifizierungsdienstanbietern zu rechnen ist und jeder Teilnehmer mehrere Vertrauensbeziehungen zu unterschiedlichen Anbietern unterhalten wird, führt diese Einschränkung dazu, dass jede Vertrauensbeziehung mittels eines separaten ID-Zertifikates dargestellt werden muss. Werden dann aufgrund des spontanen Charakters eines solchen elektronischen Marktplatzes Vertrauensbeziehungen zeitlich eng begrenzt, resultiert dies in einer Vielzahl von ID-Zertifikaten für jeden Teilnehmer. Um dann eine Vertrauensbeziehung zu einem anderen Marktteilnehmer aufzubauen, müssen alle diese Zertifikate zuerst an den anderen Marktteilnehmer übertragen und dann einzeln geprüft werden.

4.5.3 Signaturverfahren

Zwar werden digitale Signaturen in einer Reihe von Kommunikationsprotokollen (z. B. TLS, IPsec, DNSsec) eingesetzt, aber auf Anwendungsebene zum Schutz von Benutzerdaten vor Veränderung und der Zuordenbarkeit elektronischer Dokumente zu einem Verfasser sind diese noch nicht weit verbreitet. Einerseits scheinen oft keine Anforderungen hinsichtlich Integritätsschutz und Zuordenbarkeit zu bestehen, andererseits ist die Anwendung der darunterliegenden Verfahren oft aufwendig und inkompatibel aufgrund fehlender Standards.

Soll zudem mit der Anwendung digitaler Signaturen Rechtssicherheit bereitgestellt werden, werden zusätzliche rechtliche Anforderungen an die digitalen Signaturen gestellt. So werden im Signaturgesetz (siehe Abschnitt 2.7.1.5) verschiedene Formen elektronischer Signaturen definiert, jedoch stellen nur wenige davon einen hohen rechtlichen Beweiswert zur Verfügung.

So erbringen beispielsweise fortgeschrittene Signaturen einen hohen technischen Schutz bzgl. Integrität und Zuordenbarkeit elektronischer Dokumente, aus rechtlicher Sicht erfüllen diese Anforderungen jedoch nur qualifizierte Signaturen. Diese sind zwar aus technischer Sicht fortgeschrittenen Signaturen sehr ähnlich, stellen aber besondere Anforderungen an die verwendeten Komponenten zur Schlüsselverwaltung und Signaturerzeugung. Können diese Anforderungen erfüllt werden, sind die damit erzeugten digitalen Signaturen aus rechtlicher Sicht jedoch vergleichbar mit der handschriftlichen Unterschrift (siehe Vergleich der Schriftform und der elektronischen Form in Abschnitt 2.7.1.6).

4.5.3.1 S/MIME

Ein Anwendungsbereich, bei dem digitale Signaturen zur Bereitstellung von Integrität und Zuordenbarkeit von elektronischen Dokumenten eingesetzt werden, ist *elektronische Post*. Mit den *Secure / Multipurpose Internet Mail Extensions* (S/MIME) [100, 54] steht ein Standard zur Verfügung, mit dem ein wirkungsvoller Integritätsschutz und eine Zuordenbarkeit elektronischer Dokumente beim Nachrichtenaustausch mittels elektronischer Post bereitgestellt werden kann.

Der Integritätsschutz wird mit Hilfe digitaler Signaturen (siehe Abschnitt 2.2.5) realisiert, die Zuordenbarkeit wird durch den Einsatz einer X.509-basierten Zertifikatsinfrastruktur (siehe Abschnitt 2.3.2.1) sichergestellt. So kann ein elektronisches Dokument (z. B. E-Mail) eindeutig einem Ersteller zugeordnet werden, außerdem werden Veränderungen zuverlässig erkannt.

Prinzipiell kann damit S/MIME die Anforderungen nach einem Integritätsschutz elektronischer Dokumente und deren Zuordenbarkeit zu einem Verfasser erfüllen. Da S/MIME jedoch nur in Verbindung mit einer X.509-PKI eingesetzt werden kann, ist es nicht ohne Weiteres für das betrachtete Anwendungsszenario einsetzbar.

4.5.3.2 OpenPGP

Neben S/MIME existiert auch auf Basis des PGP-Ansatzes (siehe Abschnitt 2.2.6.2) eine Anwendung digitaler Signaturen für elektronische Post, um die Integrität und die Zuordenbarkeit von Dokumenten sicherzustellen. Im Prinzip kommen die gleichen Verfahren wie bei S/MIME zum Einsatz, jedoch werden andere Formate zur Darstellung von Signaturen und Zertifikaten verwendet (siehe [49]). Daher sind beide Verfahren nicht kompatibel zueinander, obwohl technisch gleichartige Verfahren eingesetzt werden.

Aufgrund der starken Ähnlichkeit vom verwendeten Ansatz kann auch OpenPGP nicht ohne Weiteres auf einem verteilten elektronischen Marktplatz Anwendung finden.

4.6 Entwurf

Nachfolgend werden die Komponenten, die zur Bereitstellung eines Identitätsnachweises, der Zuordenbarkeit und dem Integritätsschutz elektronischer Willenserklärungen vorgeschlagen wurden, detailliert beschrieben. Zu Beginn wird das Konzept eines verteilten Authentifizierungsdienstes vorgestellt, mit deren Hilfe die Marktteilnehmer nachprüfbare Identitätsnachweise erstellen können. Im Anschluss wird beschrieben, wie digitale Signaturen verschiedener Stufen innerhalb des SESAM-Systems eingesetzt werden, um die Integrität und eindeutige Zuordnung von Willenserklärungen sicherzustellen.

4.6.1 Verteilter Authentifizierungsdienst

Um Marktteilnehmern die Möglichkeit zu geben, einen überprüfbaren Identitätsnachweis zu erlangen, wird das SESAM-Basissystem um einen eigenen Authentifizierungsdienst erweitert. Dieser enthält ausschließlich Funktionen zur Authentifizierung und Zertifizierung von Marktteilnehmern. Nach erfolgreicher Authentifizierung erstellt der Authentifizierungsdienst einen Identitätsnachweis in Form eines ID-Zertifikates, mit dem der Marktteilnehmer seine Identität während einer Vertragsverhandlung auf dem verteilten Marktplatz gegenüber anderen Marktteilnehmern nachweisen kann.

Um die nicht-funktionalen Anforderungen nach Dezentralität und Selbstorganisation erfüllen zu können, wird der Authentifizierungsdienst, wie die restliche Marktinfrastruktur, verteilt organisiert. Somit setzt sich der verteilte Authentifizierungsdienst aus eine Menge von einzelnen lokalen Authentifizierungsdiensten zusammen, die durch verschiedene Marktteilnehmer bereitgestellt werden. Im Gegensatz zu den klassischen Märkten, bei denen meist nur der Marktplatzbetreiber selbst als Vertrauensanker auftritt, ermöglicht dies das parallele Agieren verschiedener *Authentifizierungsdienstanbieter*. Dadurch können bereits bestehende Vertrauensbeziehungen zwischen Marktteilnehmern und Authentifizierungsdienstanbietern genutzt werden, da der in Kapitel 3 vorgestellte vollständig verteilte elektronische Marktplatz aufgrund seiner dezentralen Organisationsform über keinen eigenen Vertrauensanker verfügt.

Um unterschiedlichen Anbietern die Authentifizierung und Zertifizierung von Marktteilnehmern zu ermöglichen, stellt der verteilte Authentifizierungsdienst ein generisches Authentifizierungsprotokoll bereit, mit dem die gängigen Authentifizierungsverfahren abgebildet werden können. Um die Anforderungen an Selbstorganisation, Skalierbarkeit und Robustheit erfüllen zu können, wird zur Organisation und Kommunikation der verschiedenen Instanzen ein Overlay-Netzwerk eingesetzt.

Um detaillierte Entwurfsinformationen zu den verschiedenen Bestandteilen des verteilten Authentifizierungsdienstes geben zu können, wird folgende Unterteilung vorgenommen:

- Rahmenwerk
  Das Rahmenwerk stellt die grundlegenden Funktionen und Datenstrukturen des verteilten Authentifizierungsdienstes bereit. Dazu gehören beispielsweise die Struktur des Identitätsnachweises, Erweiterungen am Datenmodell, die öffentliche Dienstschnittstelle des verteilten Authentifizierungsdienstes, Funktionen zum Erstellen und Validieren von Identitätsnachweisen und Informationen über das verwendete Overlay-Netzwerk zur Kommunikation und Verwaltung der vorhandenen Instanzen des verteilten Authentifizierungsdienstes.

- generisches Authentifizierungsprotokoll
  Mittels des generischen Authentifizierungsprotokolls, welches vom verteilten Authentifizierungsdienst unterstützt wird, soll es einerseits verschiedenen Anbietern ermöglicht werden, unter Verwendung eigener Authentifizierungsverfahren auf dem verteilten Marktplatz als Authentifizierungsdiensteanbieter zu agieren. Andererseits wird Marktteilnehmern auch die Möglichkeit gegeben, sich mit unterschiedlichen Verfahren gegenüber verschiedenen Anbietern zu authentifizieren. Gleichzeitig stellt das generische Authentifizierungsprotokoll Grundfunktionen in Bezug auf Sicherheit bereit, so dass diese nicht separat von den eingesetzten Authentifizierungsverfahren integriert werden müssen.

- Authentifizierungsmodule
  Da der Authentifizierungsdienst nur die grundlegenden Funktionen zur Authentifizierung und Zertifizierung von Marktteilnehmern enthält, müssen Verfahren zur Authentifizierung als zusätzliche Module bereitgestellt werden. Diese sind in sich abgeschlossen und verwenden das vorgeschlagene Authentifizierungsprotokoll zum Austausch von Daten zwischen Marktteilnehmer und Authentifizierungsdiensteanbieter.

4.6.1.1 Rahmenwerk

Das Rahmenwerk des verteilten Authentifizierungsdienstes enthält die Komponenten, die die Basis des verteilten Authentifizierungsdienstes darstellen. Nachfolgend werden detaillierte Informationen über die öffentliche Dienstschnittstelle, die Erweiterungen am Datenmodell, die Darstellung von Vertrauensbeziehungen mit der in Abschnitt 3.4.3.1.3 vorgestellten Zertifikatstruktur und dem einzusetzenden Overlay-Netzwerk gegeben.

4.6.1.1.1 Dienstschnittstelle

Damit der Authentifizierungsdienst von Marktteilnehmern genutzt werden kann, muss dieser eine Dienstschnittstelle anbieten. Diese ist öffentlich bekannt und für alle Instanzen des Authentifizierungsdienstes identisch.

Die Dienstschnittstelle muss zum einen Funktionen für den eigentlichen Authentifizierungsvorgang bereitstellen. Gleichzeitig werden Funktionen benötigt, mit denen nach einer erfolgreichen Authentifizierung die Zertifizierung des jeweiligen Marktteilnehmers vorgenommen werden kann. Zusätzlich sind weitere Funktionen zum Überprüfen und Widerrufen von Zertifikaten wünschenswert. Aus diesem Grund wurde die Dienstschnittstelle des verteilten Authentifizierungsdienstes wie folgt definiert (siehe Abbildung 4.1):

```
interface AuthenticationService
{
    AuthList setupAuthentication();
    AuthData requestAuthentication( AuthData);

    CertificateData setupCertifcation( CertificateData, AuthData)
    Certificate requestCertification( Certificate, CertificateData)

    boolean verifyCertificate( Certificate);
    void revokeCertificate( RevocationData);
}
```

Abbildung 4.1: Dienstschnittstelle Authentifizierungsdienst

Mit der Methode `setupAuthentication` wird ein Authentifizierungsvorgang von einem Marktteilnehmer gestartet. Als Ergebnis liefert der Methodenaufruf ein Objekt vom Typ `AuthList` zurück, das unter anderem die Liste mit den Authentifizierungsverfahren enthält, die von diesem Anbieter angeboten werden.

Die eigentliche Authentifizierung wird durch den Aufruf der Methode `requestAuthentication` durchgeführt. Dabei werden die verfahrensabhängigen Parameter mittels dem Parameterobjekt `AuthData` übergeben. Das Ergebnis der Authentifizierungsanfrage wird ebenfalls als `AuthData` zurückgeliefert. Abhängig vom jeweiligen Authentifizierungsverfahren kann es notwendig sein, die `requestAuthentication`-Methode mehrfach mit unterschiedlichen Parameterobjekten aufzurufen.

Nach erfolgreicher Authentifizierung startet der Marktteilnehmer die nachfolgende Zertifizierung durch den Aufruf der Methode `setupCertification`. Dabei übergibt der Teilnehmer ein Parameterobjekt vom Typ `CertificateData`, welches Informationen über das zu signierende Schlüsselmaterial enthält. Als zweites Parameterobjekt wird die positive Authentifizierungsantwort, die der Teilnehmer vom Authentifizierungsdienst erhalten hat, verwendet. Als Rückgabewert erhält der Teilnehmer ein Objekt vom Typ `CertificateData`. Die eigentliche Zertifizierung erfolgt dann im Aufruf der Methode `requestCertification`, welcher zwei Parameterobjekte übergeben werden. Der erste Parameter ist ein Zertifikat vom Typ `Certificate`, der zweite Parameter ist vom Typ `CertificateData`. Verfügt ein Teilnehmer noch über kein Zertifikat, führt er eine sog. Selbstzertifizierung durch und zertifiziert seinen eigenen öffentlichen Schlüssel. Als Ergebnis des Funktionsaufrufs liefert der Anbieter ein Zertifikat vom Typ `Certificate` welches mit einer zusätzlichen digitalen Signatur, dargestellt durch ein Objekt von Typ `Signature`, vom Authentifizierungsdienstanbieter versehen ist.

Eine nachträgliche Überprüfung bereits ausgestellter Zertifikate kann mittels der Methode `verifyCertificate` vorgenommen werden. Dazu übergibt ein Marktteilnehmer dem Funktionsaufruf ein vorhandenes Zertifikat als Parameter. Das Ergebnis der Zertifikatsprüfung wird mittels eines `boolean`-Wertes zurückgeliefert. Die Prüfung eines Zertifikates kann dabei prinzipiell durch jede Instanz des verteilten Authentifizierungsdienstes vorgenommen werden. Wird jedoch die Instanz, die das Zertifikat ursprünglich ausgestellt hat, mit der Prüfung beauftragt, kann diese zusätzliche Überprüfungen vornehmen und beispielsweise anhand eines Protokolls nachprüfen, ob das vorgelegte Zertifikat tatsächlich von dieser Instanz ausgestellt wurde.

Wurde das verwendete Schlüsselmaterial eines Marktteilnehmers kompromittiert, muss dieser alle aktuell gültigen Zertifikate widerrufen, da ansonsten der Angreifer unter der Identität des betroffenen Marktteilnehmers auftreten und Verträge unter seinem Namen schließen kann. Um ein Zertifikat zu widerrufen kann der Zertifikatsinhaber die Methode `revokeCertificate` verwenden. Dazu muss der Marktteilnehmer der Funktion die Datenstruktur `RevocationData` übergeben.

4.6.1.1.2 Datenmodell

Da für den verteilten Authentifizierungsdienst eigene Datenstrukturen benötigt werden, wurde eine Erweiterung des bestehenden Sicherheitsdatenmodells, welches in Abschnitt 3.4.3.1.3 vorgestellt wurde, vorgenommen. Abbildung 4.2 zeigt das Datenmodell des verteilten Authentifizierungsdienstes.

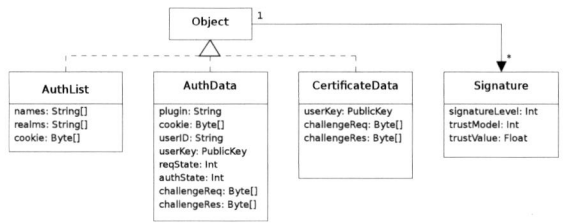

Abbildung 4.2: UML-Diagramm Datenmodell Authentifizierungsdienst

Mit Hilfe der Klasse `AuthList` wird die Liste der unterstützten Authentifizierungsverfahren eines Authentifizierungsdienstes zurückgeliefert. Dazu enthält das Attribut `names` eine Liste der angebotenen Verfahren, während das Attribut `realms` den jeweiligen Verantwortungsbereich eingrenzt. Der Verantwortungsbereich wird dabei in Form eines Domainnamen (z. B. example.com) angegeben. Die Einschränkung des Verantwortungsbereichs ist notwendig, da verschiedene Anbieter zwar das gleiche Authentifizierungsverfahren anbieten können, trotzdem aber nicht in der Lage sind, Teilnehmer zu authentifizieren, die nur eine Vertrauensbeziehung mit einem anderen Authentifizierungsdienstanbieter haben. Zusätzlich enthält die Klasse `AuthData` noch das Attribut `cookie`. Dieses Attribut enthält eine Sitzungskennung und wird zur Umsetzung von Sicherheitsmechanismen benötigt, welche in Abschnitt 4.6.1.2 näher erläutert werden.

Während dem eigentlichen Authentifizierungsvorgang dient die Klasse `AuthData` als Basiscontainer zum Austausch von Protokolldaten zwischen dem Teilnehmer und dem Authentifizierungsdienst. Für ein spezielles Authentifizierungsprotokoll wird eine Unterklasse von

`AuthData` abgeleitet und dann um die notwendigen verfahrensabhängigen Attribute erweitert. Aus diesem Grund enthält die Klasse `AuthData` nur eine Grundmenge an Attributen, die von allen Verfahren verwendet werden können. Mit dem Attribut `plugin` wird der Name des gewählten Verfahrens dargestellt. Diese Information wird vom Authentifizierungsdienst benötigt, um eingehende Anfragen den jeweiligen Verfahren zuzuordnen. Die Sitzungskennung ist wiederum im Attribut `cookie` abgelegt. Die Identität, die der Teilnehmer gegenüber dem Authentifizierungsdienst nachweisen möchte, ist im Attribut `userID` hinterlegt. Die Klasse `AuthData` enthält außerdem ein Attribut `userKey`, in welches später ein öffentlicher Schlüssel abgelegt wird.

Der aktuelle Status eines Authentifizierungsvorganges wird mittels zweier Variablen `reqState` und `authState` angezeigt, die ebenfalls Bestandteil der Datenstruktur `AuthData` sind. Mit der Variable `reqState` wird der Status der jeweiligen Authentifizierungsanfrage oder -antwort dargestellt, während die Variable `authState` anzeigt, ob die Authentifizierung erfolgreich war oder nicht. Der Anfragestatus einer Authentifizierungsanfrage oder -antwort kann dabei folgende Werte annehmen:

- `REQUEST_STATE_AUTHENTICATION_REQUEST`
  Mit diesem Status wird eine Anfrage von einem Marktteilnehmer an einen Authentifizierungsdienst angezeigt.

- `REQUEST_STATE_AUTHENTICATION_RESPONSE`
  Eine direkte Antwort durch den Authentifizierungsdienst auf eine Authentifizierungsanfrage wird durch diesen Status angezeigt.

- `REQUEST_STATE_CHALLENGE_REQUEST`
  Anstatt einer Antwort kann der Authentifizierungsdienst auch mit einer sog. Challenge-Anfrage antworten. Dabei wird der Anfrage-/Antwort-basierte Mechanismus zwischen Teilnehmer und Authentifizierungsdienst kurzzeitig umgekehrt, da der Authentifizierungsdienst auf eine Antwort zur gestellten Challenge-Anfrage wartet.

- `REQUEST_STATE_CHALLENGE_RESPONSE`
  Antwortet der Marktteilnehmer auf eine Challenge-Anfrage, so wird dies durch diesen Anfragestatus angezeigt. Im Anschluss daran kann der Authentifizierungsdienst zum ursprünglichen Antwort-/Anfragemodus zurückkehren oder weitere Challenge-Anfragen stellen.

Neben dem Anfrage-Status eines Dienstaufrufs zeigt der Authentifizierungsstatus an, ob die Authentifizierung erfolgreich war oder nicht. Dazu kann die Variable `authState` innerhalb der `AuthData`-Datenstruktur folgende Werte annehmen:

- `AUTHENTICATION_STATE_FAILED`
  Dieser Status zeigt an, dass die vorangegangene Authentifizierung fehlgeschlagen ist. Eine nachfolgende Zertifizierung wird der jeweilige Authentifizierungsdienst ablehnen.

- `AUTHENTICATION_STATE_HALTED`
  Durch diesen Status wird angezeigt, dass der Authentifizierungsvorgang temporär durch

den Authentifizierungsdienst unterbrochen wurde. Dies ist meist dann der Fall, wenn das
verwendete Authentifizierungsverfahren auf einer Mehrwegeauthentifizierung beruht und
zusätzliche Informationen über einen anderen Kommunikationskanal ausgetauscht werden.

- AUTHENTICATION_STATE_CONTINUED
  Wenn der Marktteilnehmer einen unterbrochenen Authentifizierungsvorgang wieder aufnehmen möchte, wird dies durch diesen Status angezeigt.

- AUTHENTICATION_STATE_SUCCESSFUL
  Konnte sich ein Marktteilnehmer eine erfolgreiche Authentifizierung gegenüber dem ge-
  wähltem Authentifizierungsdienst durchführen, zeigt der Dienst dies durch diesen Status
  an. Im Anschluss kann der Marktteilnehmer die Zertifizierung seines kryptographischen
  Schlüsselmaterials einleiten und somit dem gewünschten Identitätsnachweis erhalten.

Für Authentifizierungsverfahren, die auf Challenge-/Response-Mechanismen beruhen, sind
die beiden Attribute challengeReq und challengeRes vorgesehen. Mit dem Attribut
challengeReq wird der Challenge-Wert dargestellt, die zugehörige Antwort wird im Attribut challengeRes abgelegt.

Die für die eigentlichen Authentifizierungsverfahren notwendigen Erweiterungen des Datenmodells werden in Abschnitt 4.6.1.2 vorgestellt. Dort werden verschiedene bekannte Authentifizierungsverfahren in den verteilten Authentifizierungsdienst integriert, um so die Flexibilität
des vorgestellten Ansatzes zu verdeutlichen.

Neben den Klassen AuthList und AuthData enthält das Datenmodell noch die Klasse
CertificateData. Diese wird nach erfolgreicher Authentifizierung benötigt, um vom Authentifizierungsdienst ein Zertifikat ausgestellt zu bekommen. Dazu enthält die Klasse drei
Attribute. Wie in der Klasse AuthData dient das Attribut userKey der Ablage eines öffentlichen Schlüssels. Die Attribute challengeReq und challengeRes werden zur Überprüfung des zu zertifizierenden Schlüsselpaars benötigt. Die genaue Verwendung wird im Abschnitt 4.6.1.2 detailliert beschrieben.

Zusätzlich zu den Klassen, die direkt vom Authentifizierungsdienst benötigt werden, wurden einige Erweiterungen an der Klasse Signature aus dem bestehenden Datenmodell vorgenommen. Um die Eigenschaften verschiedener Vertrauensmodelle (siehe Abschnitt 2.3) abbilden
zu können, wurden die Attribute trustModel und trustValue in die Klasse Signature
aufgenommen. Zusätzlich wurde die Klasse Signature um das Attribut signatureLevel
erweitert. Die Anwendung dieser zusätzlichen Attribute wird in den nachfolgenden Abschnitten
erläutert.

4.6.1.1.3 Vertrauensaussagen mittels SESAM-Zertifikat

Nach einer erfolgreichen Authentifizierung eines Teilnehmers gegenüber einem Authentifizierungsdiensteanbieter stellt dieser einen Identitätsnachweis aus, mit dessen Hilfe ein Teilnehmer
seine Identität gegenüber anderen Marktteilnehmern nachweisen kann. Innerhalb des SESAM-
Systems wird dabei der Einsatz von ID-Zertifikaten verfolgt, da diese eine Bindung zwischen
einer Identität und kryptographischem Schlüsselmaterial herstellen. Diese Bindung kann einerseits zum Nachweis über die eigene Identität gegenüber anderen Marktteilnehmern genutzt

werden. Andererseits eignet sie sich in Kombination mit digitalen Signaturen zur Zuordnung von Inhalten an den Ersteller der jeweiligen Inhalte.

Im Gegensatz zu existierenden Zertifikatsstrukturen wie X.509 oder PGP, die eigenständige autarke Datenformate definieren, wurde innerhalb der SESAM-Plattform ein anderer Ansatz gewählt. Die Datenstruktur zur Darstellung von Vertrauensverhältnissen wurde direkt ins Datenmodell integriert und wird in Abschnitt 3.4.3.1.3 beschrieben. Im Gegensatz zur der Zertifikatsstruktur von X.509 sind die Informationen über den Aussteller des Zertifikates nicht direkt in der Zertifikatsstruktur enthalten, sondern sind Bestandteil der jeweiligen Signatur. Dabei beeinflussen sich mehrere Signaturen eines einzelnen Zertifikates nicht gegenseitig.

Diese Vorgehensweise ermöglicht, dass eine Zertifikatsstruktur von mehreren Teilnehmern zertifiziert werden kann, ohne dass dazu mehrere Kopien des Zertifikates angelegt werden müssen. Dies ist vor allem in Umgebungen mit hoher Spontaneität von Vorteil, bei denen keine langlebigen Zertifikate ausgestellt werden. Mit der Trennung von Austeller und Inhaber eines Zertifikates kann der Inhaber das Zertifikat an mehreren Stellen parallel zertifizieren lassen, ohne dabei jedes Mal eine komplett neue Zertifikatsstruktur erstellt zu bekommen. Da typischerweise die Vertrauensbeziehungen zeitlich befristet sind, können die zugehörigen Signaturen unter dem jeweiligen Zertifikat nach Ablauf der Frist entfernt werden, ohne dass dabei die Gültigkeit anderer Signaturen beeinflusst wird.

Die Trennung von Inhaber und Ersteller eines Zertifikates in zwei getrennte Datenstrukturen, die miteinander in Beziehung stehen, bringt einen weiteren Vorteil mit sich. Dadurch dass beliebig viele Instanzen ein einzelnes Zertifikat beglaubigen können, können damit neben den typischen hierarchischen Vertrauensketten, wie diese bei X.509 eingesetzt werden, auch andere Strukturen abgebildet werden. Ähnlich zu PGP können mit Hilfe der vorgestellten Datenstruktur auch baum- oder netzartige Vertrauensbeziehungen abgebildet werden, ohne dafür spezielle Vorkehrungen zu treffen. Abbildung 4.3 zeigt die Abbildung eines hierarchischen Vertrauensmodell, während in Abbildung 4.4 die Umsetzung eines anarchischen Vertrauensmodell dargestellt ist.

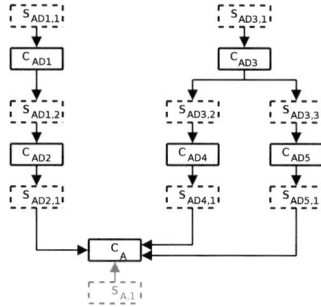

Abbildung 4.3: Umsetzung hierarchischer Vertrauensstrukturen mittels SESAM-Zertifikat

In Abbildung 4.3 werden alle Vertrauensbeziehungen ausgehend von den beiden Authentifizierungsdiensten $AD1$ und $AD3$ aufgebaut. Während unterhalb von $AD1$ nur der Authentifizierungsdienst $AD2$ in der Vertrauenskette enthalten ist, hat $AD3$ zwei Vertrauensbeziehungen zur $AD4$ und $AD5$. Kann sich der Teilnehmer A gegenüber $AD3$, $AD4$ oder $AD5$ korrekt authentifizieren, so können für andere Teilnehmer, die den Wurzeln $AD1$ oder $AD2$ Vertrauen entgegenbringen, eine Vertrauensbeziehung zum Teilnehmer A aufbauen.

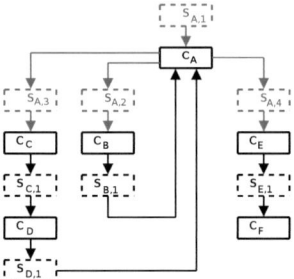

Abbildung 4.4: Umsetzung anarchischer Vertrauensstrukturen mittels SESAM-Zertifikat

Im Gegensatz dazu gehen in einem anarchischen Vertrauensmodell wie in Abbildung 4.4 die Vertrauensbeziehungen eines Teilnehmers von ihm selbst aus (für Teilnehmer A grau dargestellt), das Vertrauen wird nicht durch zentrale vertrauenswürdige Instanzen bereitgestellt. Im vorliegenden Beispiel kann der Teilnehmer A eine direkte Vertrauensbeziehung zu den Teilnehmern B, C und E aufbauen. Mit Hilfe transitiver Vertrauensbeziehungen kann Teilnehmer A auch Vertrauen zu den Teilnehmern D und F aufbauen, in dem bereits vorhandene Vertrauensbeziehungen über C und D genutzt werden. Die Teilnehmer B, C und D wiederum sind in der Lage eine Vertrauensbeziehung zum Teilnehmer A aufzubauen, während dies für Teilnehmer E und F nicht möglich ist.

Um verschiedene Vertrauensmodelle mit unterschiedlichen Parametern unterscheiden zu können, wird die Information über das verwendete Vertrauensmodell vom Ersteller einer Signatur unter ein Zertifikat im Attribut `trustModel` abgelegt. Außerdem kann eine qualitative Vertrauensaussage mit dem Attribut `trustValue` der Klasse `Signature` abgelegt werden. Dabei kann ein Vertrauenswert im Intervall $[-1, 1]$ verwendet werden, wobei 1 volles Vertrauen in die Identitätsinformation, 0 keine Vertrauensaussage über die Identität und -1 eine negative Vertrauensaussage in die behauptete Identität bedeuten. Im Unterschied zu X.509 kann also mit Hilfe dieses Mechanismus auch explizites Misstrauen in eine vorgelegte Identitätsinformation ausgedrückt werden.

Setzt beispielsweise ein Authentifizierungsdienstanbieter ein hierarchisches Vertrauensmodell mit einer zentralen vertrauenswürdigen Instanz ein (Single-CA, siehe Abschnitt 2.3.1.1), so verwendet er für das Attribut `trustModel` den Wert `TRUST_CA_SINGLE`. Hat sich dann der Teilnehmer beispielsweise unter Verwendung eines qualifizierten elektronischen X.509-Zertifikates authentifiziert (siehe Abschnitt 2.7.1.5), so verwendet der Authentifizierungsdienstanbieter einen Vertrauenswert von 1, da die Identität eindeutig einer realen Person sicher zugeordnet werden kann. Authentifizierungsdienstanbieter, die schwächere Verfahren anbieten, verwenden nach erfolgreicher Authentifizierung geringere positive Werte, um somit die Güte des Identitätsnachweises auszudrücken.

Bei Einsatz von anarchischen Vertrauensmodellen (siehe Abschnitt 2.3.1.3) verwendet der Authentifizierungsdiensteanbieter den Wert `TRUST_ANARCHY` für das Attribut `trustModel`. Anhängig von der Vertrauensbeziehung, die zwischen Teilnehmer und Authentifizierungsdiensteanbieter aufgebaut werden kann, verwendet dieser Werte im Intervall $[0, 1]$. Außerdem hat der Anbieter die Möglichkeit, mittels eines negativen Wertes explizites Misstrauen auszudrücken.

Somit eignet sich die Zertifikatsstruktur innerhalb des SESAM-Systems, um verschiedene Vertrauensstrukturen mit einem einheitlichen Mechanismus abzubilden, der zudem vollständig in das verwendete Datenmodell eingebettet ist. Es ist sogar möglich, verschiedene Verfahren miteinander zu kombinieren, da diese anhand der zusätzlichen Attribute der Klasse `Signature` unterschieden werden können.

4.6.1.1.4 Overlay-Organisation

Innerhalb der SESAM-Basisplattform werden alle Teilnehmerknoten, die den gleichen Dienst anbieten, in einem sog. ServiceNet (siehe Abschnitt 3.4.2) zusammengefasst. Dieses ServiceNet dient dann der Verwaltung und Koordination aller Dienstinstanzen. Gleichzeitig wird das ServiceNet genutzt, um Anfragen zwischen verschiedenen Teilnehmerknoten des jeweiligen Dienstes zu vermitteln. Aus diesem Grund sind neben der Dienstschnittstelle zur Beschreibung der angebotenen Funktionen des Authentifizierungsdienstes auch Informationen über die verwendete Organisationsstruktur innerhalb des zum Authentifizierungsdienst zugehörigen ServiceNet notwendig.

Das zu erwartende Nutzungsschema des verteilten Authentifizierungsdienstes durch die Marktteilnehmer zeichnet sich vorwiegend dadurch aus, dass die Teilnehmer aus der Menge der vorhandenen Authentifizierungsdiensteanbieter einen bestimmten auswählen und sich gegenüber diesem authentifizieren wollen. Dazu ist es notwendig, dass der jeweilige Teilnehmer mit der zum Authentifizierungsdiensteanbieter zugehörigen Dienstinstanz kommunizieren kann. Daraus leiten sich zwei grundlegende Anforderungen für das einzusetzende Overlay-Netzwerk ab:

- Adressierbarkeit von Dienstinstanzen
  Ein Dienstnehmer muss die Möglichkeit haben, verschiedene Dienstinstanzen eindeutig voneinander unterscheiden zu können. Dieses Unterscheidungsmerkmal muss auch dazu geeignet sein, einen Kommunikationsvorgang zwischen Dienstnehmer und ausgewähltem Dienstgeber etablieren zu können.

- Unicast-Kommunikation zwischen Teilnehmer und Dienstinstanz
  Das verwendete Overlay-Netzwerk muss ermöglichen, eine Unicast-Kommunikationsverbindung zwischen Teilnehmer und Dienstinstanz aufzubauen. Diese Funktion muss dabei nicht unbedingt vom Overlay-Netzwerk selbst bereitgestellt werden, es ist ausreichend, wenn notwendige Informationen zum Aufbau einer separaten Kommunikationsverbindung bereitgestellt werden.

Von den bekannten Overlay-Netzen (siehe Abschnitt 2.5) bieten nur strukturierte Overlay-Netze effiziente Funktionen zum direkten Adressieren und Auffinden von Overlay-Knoten. Daher wird aufgrund der Anforderungen und den spezifischen Eigenschaften der unterschiedlichen

Klassen von Overlay-Netzen ein strukturiertes Overlay-Netz (siehe Abschnitt 2.5.2) zum Aufbau des ServiceNet verwendet. Dabei wird keine Präferenz auf ein spezielles strukturiertes Overlay-Netz gegeben, da prinzipiell alle strukturierten Overlay-Netze die geforderten Eigenschaften bereitstellen. Die Auswahl eines dedizierten Overlay-Netzes kann dann abhängig vom jeweiligen Anwendungsszenario und den daraus resultierenden Eigenschaften der Kommunikationsstruktur erfolgen.

Zusätzlich zur Auswahl einer geeigneten Overlay-Struktur muss auch festgelegt werden, wie die verschiedenen Teilnehmerknoten adressiert werden. Da jeder der Authentifizierungsdiensteanbieter selbst ein Zertifikat besitzt, welches den jeweiligen Vertrauensanker dieses Anbieters repräsentiert, wird eine Bindung der Overlay-Adresse an das im Zertifikat enthaltene kryptographische Schlüsselmaterial vorgenommen. Diese Vorgehensweise bringt folgende Vorteile mit sich:

- einfaches Auffinden eines Authentifizierungsdiensteanbieters
  Möchte ein Marktteilnehmer den Authentifizierungsdienst eines Anbieters nutzen, kann er die zugehörige Overlay-Adresse anhand des öffentlichen Schlüssels aus dem Zertifikat des Anbieters ermitteln. Das jeweilige Zertifikat des Anbieters kennt der Teilnehmerknoten bereits im Voraus, da er bereits eine Vertrauensbeziehung zu diesem Authentifizierungsdiensteanbieter aufgebaut haben muss. Diese initiale Vertrauensbeziehung kann nicht vom SESAM-Basissystem hergestellt werden und muss daher außerhalb aufgebaut werden. Typischerweise veröffentlicht dazu ein Anbieter ein selbst signiertes Zertifikat, welches vom Benutzer manuell als vertrauenswürdig eingestuft werden muss.

- vertrauliche und integere Kommunikation mit dem Authentifizierungsdiensteanbieter
  Ein Teilnehmer kann unter Verwendung des öffentlichen Schlüssels eine vertrauliche Kommunikation mit dem Authentifizierungsdiensteanbieter etablieren. Wird von beiden Kommunikationspartnern jeweils der eigene private Schlüssel zur Erzeugung digitaler Signaturen eingesetzt, kann zudem die Integrität der ausgetauschten Daten sichergestellt werden.

- Schutz vor *Man-in-the-Middle-Attacken*
  Ein Angreifer ist nicht in der Lage, sich als ein bestimmter Authentifizierungsdiensteanbieter auszugeben, solange er dessen geheimen privaten Schlüssel nicht kompromittieren konnte. Ohne Kenntnis des privaten Schlüssels des Authentifizierungsdiensteanbieters ist ein Angreifer auch nicht in der Lage, verschlüsselte Dienstanfragen einzusehen. Dieser Schutz ist jedoch nur dann gewährleistet, wenn das Zertifikat des Authentifizierungsdiensteanbieters aus einer sicheren Quelle bezogen wurde und als authentisch eingestuft werden kann.

  Dieses Problem tritt jedoch bei allen zertifikats-basierten Ansätzen auf und wird meist dadurch gelöst, dass die Software eine Grundmenge an vertrauenswürdigen Zertifikaten bereits enthält.

Um aus dem öffentlichen Schlüssel $k_{A,pub}$ eines Authentifizierungsdiensteanbieters A die Overlay-Adresse OA_A abzuleiten, wird die Formel 4.1 verwendet. Dabei wird eine kryptographische Hash-Funktion H auf den öffentlichen Schlüssel angewendet und das Ergebnis als Overlay-Adresse OA_A interpretiert.

$$OA_A = H(k_{A,pub}) \tag{4.1}$$

Durch die Bindung der Overlay-Adresse an den öffentlichen Schlüssel des Dienstanbieters tritt dieser immer unter der gleichen Adresse in das Overlay-Netz ein. Da die Overlay-Adresse allein vom öffentlichen Schlüssel abgeleitet wird, kann der Anbieter seinen Schlüssel im Nachhinein zusätzlich von anderen Authentifizierungsdiensteanbietern zertifizieren lassen, ohne dass sich dies auf seine eigene Overlay-Adresse auswirkt. Will ein Authentifizierungsdiensteanbieter zur Verbesserung der Verfügbarkeit seines Authentifizierungsdienstes mit mehreren Dienstinstanzen eintreten, so muss dieser für jede Dienstinstanz ein eigenes Schlüsselpaar erzeugen. Die zugehörigen Zertifikate können sich untereinander zertifizieren (sog. Cross-Zertifizierung), so dass Vertrauensbeziehungen über jede Dienstinstanz und dem jeweiligen Zertifikat hergestellt werden können.

Durch den Einsatz eines strukturierten Overlay-Netzes können die Instanzen eines verteilten Authentifizierungsdienstes effizient verwaltet werden. Mit der vorgestellten Vorschrift zur Ableitung der Overlay-Adresse aus dem öffentlichen Schlüssel eines Authentifizierungsdiensteanbieters wird sichergestellt, dass die Dienstinstanz schnell aufgefunden werden kann und der Teilnehmer in der Lage ist, integer und vertraulich mit der jeweiligen Instanz zu kommunizieren.

4.6.1.2   Generisches Authentifizierungsprotokoll

Damit ein Marktteilnehmer von einem Authentifizierungsdiensteanbieter einen Identitätsnachweis in Form eines ID-Zertifikates ausgestellt bekommt, muss dieser seine Identität gegenüber dem Anbieter glaubhaft nachweisen. Zu diesem Zweck existieren bereits eine Reihe von Protokollen, die für die unterschiedlichsten Szenarien entworfen wurden. Aus der Menge vorhandener Protokolle wählt der jeweilige Anbieter ein oder mehrere Protokolle aus, die von den Marktteilnehmern zur Authentifizierung genutzt werden können.

Um diese Wiederverwendbarkeit bereits existierender Authentifizierungsprotokolle zu gewährleisten, wurde beim Entwurf des verteilten Authentifizierungsdienstes folgender Ansatz verfolgt. Anstatt ein weiteres Authentifizierungsverfahren zu entwickeln, welches unter Umständen wenig Akzeptanz erlangt und nur von wenigen Anbietern unterstützt wird, wurde ein generisches Authentifizierungsprotokoll entwickelt, in welches sich vorhandene Authentifizierungsverfahren problemlos einbetten lassen. Damit soll sichergestellt werden, dass Anbieter unter Verwendung ihrer eigenen Authentifizierungsverfahren als Authentifizierungsdiensteanbieter innerhalb des verteilten Marktplatzes auftreten können.

Die notwendige Flexibilität des generischen Authentifizierungsprotokolls wird dadurch erreicht, dass am Protokollanfang eine Aushandlung über das Authentifizierungsverfahren erfolgt, welches im Anschluss eingesetzt werden soll. Nach der eigentlichen Authentifizierung nimmt der Authentifizierungsanbieter die Zertifizierung des Marktteilnehmers vor.

Das generische Authentifizierungsprotokoll stellt sowohl die Funktionen zur Aushandlung des eigentlichen Authentifizierungsverfahrens, als auch die Funktionen zum Zertifizieren des Marktteilnehmers bereit. Zur Integration beliebiger Authentifizierungsverfahren enthält das

Protokoll einen generischen Transportcontainer, mit dem der Datenaustausch zwischen Marktteilnehmer und Authentifizierungsanbieter unter Verwendung des ausgehandelten Protokolls erfolgen kann. Dabei stellt der Transportcontainer grundlegende Datenstrukturen bereit, mit denen sich beispielsweise der Anfragestatus oder der Stand der Authentifizierung darstellen lassen, ohne dass diese für jedes Authentifizierungsverfahren neu modelliert werden müssen.

Zusammenfassend setzt sich das generische Authentifizierungsprotokoll aus den drei Phasen zusammen, die bei einer Authentifizierung eines Marktteilnehmers gegenüber einem Authentifizierungsanbieter nacheinander durchlaufen werden:

- Aushandlungsphase
  In der Aushandlungsphase informiert sich ein Marktteilnehmer, welche Verfahren zur Authentifizierung angeboten werden und initiiert die Authentifizierung mittels eines ausgewählten Verfahrens.

- Authentifizierungsphase
  Während der Authentifizierungsphase wird eine Authentifizierung des Marktteilnehmers anhand des ausgewählten Protokolls durchgeführt.

- Zertifizierungsphase
  Nach erfolgreicher Authentifizierung anhand eines oder mehrerer Verfahren erfolgt die Zertifizierung des Marktteilnehmers. Die Authentifizierungsdienstinstanz erstellt dann einen Identitätsnachweis in Form eines SESAM-Zertifikates.

Abbildung 4.5 zeigt den beispielhaften Ablauf eines Authentifizierungsvorganges zwischen einem Marktteilnehmer und einem Authentifizierungsdiensteanbieter.

Vor Beginn der Authentifizierung muss ein Marktteilnehmer einen Authentifizierungsanbieter aus der Menge der vorhandenen Anbieter auswählen. Diese Auswahl ist einerseits abhängig von den Vertrauensverhältnissen, welche der Marktteilnehmer zu den verschiedenen Anbietern bereits besitzt, andererseits auch davon abhängig, ob ein Anbieter das notwendige Authentifizierungsverfahren, welches vom Marktteilnehmer unterstützt wird, anbietet. Ausgehend vom vorab beim Marktteilnehmer vorhandenen Zertifikat, kann der Marktteilnehmer die Overlay-Adresse des jeweiligen Authentifizierungsanbieters bestimmen und die Authentifizierung anstoßen.

Jeder Authentifizierungsvorgang beginnt mit der *Aushandlungsphase*. In dieser ruft der Marktteilnehmer unter Verwendung der Methode `setupAuthentication` die Liste der unterstützten Authentifizierungsverfahren vom Anbieter ab. Die Liste der unterstützten Verfahren wird in einer Datenstruktur vom Typ `AuthList` zurückgeliefert. Zusätzlich zur Liste der Verfahren erzeugt der Anbieter in der Datenstruktur eine Sitzungskennung, die im Attribut `cookie` abgelegt ist. Außerdem ist die Datenstruktur `AuthList` mit einer digitalen Signatur des Authentifizierungsdiensteanbieters versehen.

Die Sitzungskennung wird vom Authentifizierungsdiensteanbieter für jeden Authentifizierungsvorgang neu erzeugt und identifiziert den Vorgang eindeutig. Um zu verhindern, dass ein Angreifer versucht, aus der eigenen Sitzungskennung andere gültige Sitzungskennungen abzuleiten, wird diese mit Hilfe eines HMAC (siehe Abschnitt 2.2.4.1) erzeugt. Ausgehend von einem

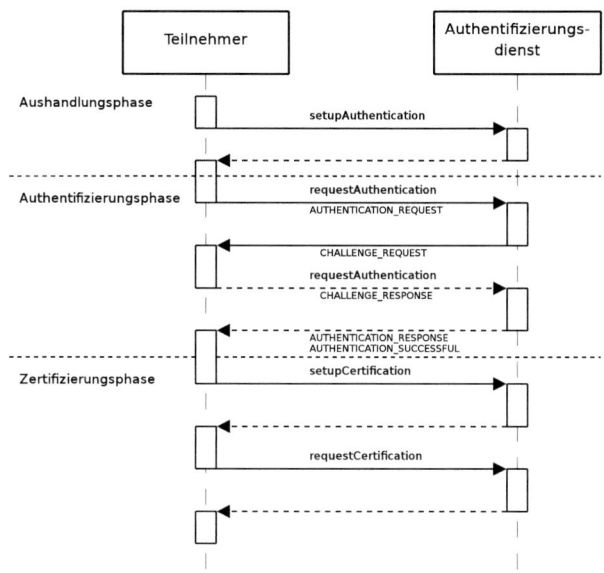

Abbildung 4.5: Phasen des generischen Authentifizierungsprotokolls

Startwert und einem geheimen Schlüssel k kann eine Hash-Kette unter Verwendung der HMAC-Funktion erstellt werden, deren Ergebniswerte als Sitzungskennungen verwendet werden können. Dadurch, dass in die Berechnung des HMAC-Wertes der geheime Schlüssel k eingeht, ist kein Angreifer in der Lage, in praktikabler Zeit, ausgehend von der eigenen Sitzungskennung andere gültige Sitzungskennungen zu berechnen.

Durch die vorhandene Signatur kann der Teilnehmer einerseits die Integrität der Liste und andererseits die Zugehörigkeit der Liste zum ausgewählten Authentifizierungsdiensteanbieter nachprüfen und somit einen Man-in-the-Middle-Angriff [79] erkennen. Die Sitzungskennung muss vom Teilnehmer in den nachfolgenden Authentifizierungsanfragen verwendet werden und dient als Schutz vor Angriffen durch Wiedereinspielen. Selbst wenn ein Angreifer in der Lage ist, einen erfolgreichen Authentifizierungsvorgang mitzuschneiden, wird dieser aufgrund der veralteten Sitzungskennung nicht nochmals von einem Authentifizierungsanbieter akzeptiert.

Jede Instanz des Authentifizierungsdienstes kann die Datenstrukturen von Typ `AuthList` im Voraus erzeugen, mit gültigen Sitzungkennungen versehen und danach digital signieren. Somit ist ein Authentifizierungsdienst schnell in der Lage die initiale Anfrage zu beantworten und verhindert damit, aufgrund vieler Anfragen überlastet zu werden.

Nachdem die Echtheit der Liste überprüft wurde, wählt der Teilnehmer ein Verfahren aus, mit dem er sich gegenüber dem Anbieter authentifizieren will. Dabei muss natürlich ein Verfahren ausgewählt werden, welches vom Marktteilnehmer selbst unterstützt wird, da ansonsten dieser nicht in der Lage ist, den gewünschten Protokollablauf einzuhalten.

Mit dem ersten Aufruf der Methode `requestAuthentication` beginnt die *Authentifizierungsphase*. Dazu erzeugt der Teilnehmer durch das entsprechende Authentifizierungsmodul ein Parameterobjekt vom Typ `AuthData`, die neben den allgemeinen Parametern und der Sitzungskennung auch verfahrensabhängige Attribute enthält, signiert diese mit dem eigenen privaten Schlüssel und ruft die Methode `requestAuthentication` mit dem Parameterobjekt auf. Abhängig vom jeweiligen Authentifizierungsverfahren kann die Übertragung der Attribute auch verschlüsselt erfolgen. Die Verschlüsselung erfolgt dabei auf Basis des öffentlichen Schlüssels des Authentifizierungsdiensteanbieters, so dass nur dieser in der Lage ist, die verschlüsselten Daten aufzudecken.

Empfängt ein Authentifizierungsdienst eine solche Anfrage, verifiziert er zuerst das Parameterobjekt. Nur mit einer gültigen digitalen Signatur und einer aktuellen Sitzungskennung wird die Anfrage weiterverarbeitet. Abhängig vom Verfahren reagiert der Authentifizierungsdienst auf eine solche Authentifizierungsanfrage. Im vorliegenden Beispiel aus Abbildung 4.5 hat der Marktteilnehmer ein Verfahren ausgewählt, bei dem das geheime Passwort nicht im Klartext zwischen den Parteien ausgetauscht werden soll. Daher antwortet der Authentifizierungsdienst mit einer sog. Challenge-Anfrage, welche beispielsweise eine Zufallszahl enthält. Die Challenge-Anfrage ist wieder vom Authentifizierungsdienst digital signiert und enthält die Sitzungskennung.

Die Challenge-Anfrage fordert den Marktteilnehmer auf, das geheime Passwort mit der Zufallszahl zu verknüpfen und das Ergebnis mittels einer Challenge-Antwort an den Authentifizierungsdienst zu übertragen. War der Marktteilnehmer im Besitz des richtigen geheimen Passwortes, antwortet der Authentifizierungsdienst mit einer positiven Authentifizierungsantwort und signalisiert so eine erfolgreiche Authentifizierung.

Diese positive Authentifizierungsantwort enthält die Identitätsinformation im Attribut `authID` und den öffentlichen Schlüssel des Teilnehmers im Attribut `authKey`. Da die Authentifizierungsantwort vom Authentifizierungsdienst digital signiert wurde, besteht bereits ein temporärer Nachweis über die nachgewiesene Identität des Teilnehmers, der im Anschluss in ein Zertifikat umgewandelt wird.

Nach dem erfolgreichen Abschluss der Authentifizierungsphase leitet der Marktteilnehmer die *Zertifizierungsphase* mit dem Aufruf der Methode `setupCertification` ein. Um jedoch eine digitale Signatur des Authentifizierungsanbieters unter das Zertifikat des Teilnehmers zu erlangen, welches die darin enthaltene Bindung zwischen einer Identität und dem kryptographischen Schlüsselmaterial bestätigt, muss der Authentifizierungsanbieter zusätzlich prüfen, ob der Teilnehmer Kenntnis über den zugehörigen privaten Schlüssel hat. Um dies zu überprüfen, verschlüsselt der Authentifizierungsanbieter eine Zufallszahl mit dem im Parameterobjekt `CertificateData` angegebenen öffentlichen Schlüssel. Die verschlüsselte Zufallszahl wird im Rückgabeobjekt vom Typ `CertificateData` im Attribut `challengeReq` abgelegt und als Ergebnis des Methodenaufrufs zurückgeliefert.

Nur wenn der Marktteilnehmer in der nachfolgenden Zertifizierungsanfrage durch den Aufruf der Methode `requestCertification` die korrekte Zufallszahl, abgelegt im Attribut `challegeRes`, im Parameterobjekt `CertificateData` vorweisen kann, hat er Kenntnis über den zugehörigen privaten Schlüssel, woraufhin der Authentifizierungsdienst das Zertifikat beglaubigt, in dem er eine digitale Signatur unter das Zertifikat des Teilnehmers erstellt.

Damit ist der Authentifizierungs- und Zertifizierungsvorgang beendet und der Authentifizierungsdienst invalidiert die verwendete Sitzungskennung. Nachfolgende Zertifizierungen, die auf dieser Sitzungskennung beruhen, werden vom Authentifizierungsdienst zurückgewiesen. Will ein Teilnehmer mehrere öffentliche Schlüssel vom einem Authentifizierungsdienstanbieter zertifizieren lassen, muss er die Authentifizierung und nachfolgende Zertifizierung für jedes Zertifikat separat wiederholen.

4.6.1.3 Authentifizierungsmodule

Da das generische Authentifizierungsprotokoll nur die grundlegenden Mechanismen zur Authentifizierung bereitstellt, sind sog. *Authentifizierungsmodule* notwendig, um Authentifizierungsverfahren in den verteilten Authentifizierungsdienst zu integrieren.

Da sowohl der Marktteilnehmer, der sich gegenüber einem Authentifizierungsdienstanbieter authentifizieren will, als auch der Authentifizierungsdienstanbieter selbst Informationen über den jeweiligen Protokollablauf benötigen, sind zwei Authentifizierungsmodule notwendig, um ein Authentifizierungsverfahren in den Authentifizierungsdienst zu integrieren. Auf der Teilnehmerseite muss das zugehörige Modul die Protokollschritte des Dienstnehmers umsetzen, auf Dienstseite das andere Modul die Protokollschritte des Dienstgebers.

Um die Implementierung von Authentifizierungsmodulen zu erleichtern, wurden zwei Schnittstellen (siehe Abbildung 4.6.1.3) entworfen, die von den Authentifizierungsmodulen implementiert werden müssen. Dabei muss die Schnittstelle `AuthenticationClientPlugin` von Authentifizierungsmodulen implementiert werden, die für den Protokollablauf auf der Dienstnehmer- oder Teilnehmerseite zuständig sind, während `AuthenticationServicePlugin` die Schnittstelle für Module auf der Dienstgeberseite ist.

```
interface AuthenticationClientPlugin
{
    AuthData createRequest( AuthData);
    AuthData handleResponse( AuthData);
}

interface AuthenticationServicePlugin
{
    AuthData handleRequest( AuthData);
}
```

Abbildung 4.6: Modulschnittstellen Authentifizierungsmodule

Mittels der Methode `createRequest` wird vom Modul das initiale Parameterobjekt vom Typ `AuthData` erzeugt, welches an den Authentifizierungsanbieter gesendet wird. Über den Parameter vom Typ `AuthData` können dem jeweiligen Modul bereits Authentifizierungsdaten übergeben werden, die für die erste Authentifizierungsanfrage notwendig sind. Das erzeugte Parameterobjekt wird dann mit dem Aufruf der Methode `requestAuthentication` an die ausgewählte Instanz des Authentifizierungsdienstes übermittelt. Vor dem Aufruf der Methode wird vom Rahmenwerk des verteilten Authentifizierungsdienstes die aktuelle Sitzungskennung dem Parameterobjekt hinzugefügt und eine digitale Signatur erzeugt.

Der Authentifizierungsdienst kann anhand des Attributes `plugin` des Parameterobjektes das verwendete Authentifizierungsverfahren bestimmen und den Aufruf an das zuständige Authentifizierungsmodul weiterleiten. Dazu wird die Methode `handleRequest` mit dem übergebenen Parameterobjekt vom Typ `AuthData` aufgerufen. Als Ergebnis dieses Aufrufes gibt das Modul wiederum ein Objekt vom Typ `AuthData` zurück, welches als Rückgabewert des Dienstaufrufes zurückgeliefert wird. Das Einfügen der Sitzungskennung und die Erzeugung der digitalen Signatur des Authentifizierungsdienstes wird wiederum vom Rahmenwerk übernommen.

Erhält der Teilnehmer das Resultat einer Authentifizierungsanfrage, ermittelt dieser das verwendete Authentifizierungsverfahren und leitet das Ergebnis ebenfalls an das jeweilige Authentifizierungsmodul weiter, indem die Methode `handleResponse` mit dem Rückgabeobjekt aufgerufen wird. Das Authentifizierungsmodul wertet dann die Antwort vom Authentifizierungsdienst aus und erzeugt abhängig vom Anfrage- und Authentifizierungsstatus eine neue Anfrage vom Typ `AuthData`, die wiederum als Rückgabewert des Methodenaufrufes zurückgegeben wird. Anhand des gesetzten Anfragestatus im Attribut `reqState` in dem erzeugten Parameterobjekt ermittelt das Rahmenwerk des Authentifizierungsdienstes auf Teilnehmerseite, ob der Authentifizierungsvorgang fortgesetzt werden soll, ob dieser beendet oder temporär unterbrochen wurde.

Durch die Aufteilung der Umsetzung eines Authentifizierungsverfahrens beim Teilnehmer und Authentifizierungsdienstanbieter in einen verfahrensunabhängigen und einen verfahrensabhängigen Teil, welcher von den jeweiligen Authentifizierungsmodulen implementiert wird, können Authentifizierungsverfahren in den verteilten Authentifizierungsdienst integriert werden, ohne dass grundlegende Funktionen mehrfach implementiert und getestet werden müssen. Die vorgestellten Schnittstellen für die jeweiligen Authentifizierungsmodule bieten genug Flexibilität, um alle denkbaren Protokollabläufe von Authentifizierungsverfahren umzusetzen.

Um die Flexibilität des vorgestellten Ansatzes zu veranschaulichen, wurden verschiedene bekannte Authentifizierungsverfahren mit unterschiedlichen Anforderungen unter Verwendung des vorgestellten generischen Authentifizierungsprotokolls modelliert. Diese werden nachfolgend vorgestellt, wobei primär auf die jeweiligen Besonderheiten kurz eingegangen wird.

4.6.1.3.1 PAP/CHAP-Authentifizierung

Um die einfache Integration klassischer Authentifizierungsverfahren in den verteilten Authentifizierungsdienst zu demonstrieren, wurden sowohl das *Password Authentication Protocol* (PAP) [74], als auch das *Challenge Handshake Authentication Protocol* (CHAP) [124] als Authentifizierungsmodule modelliert.

Während beim PAP-Verfahren der Benutzername und das zugehörige geheime Passwort im Klartext ausgetauscht wird, zeichnet sich das CHAP-Verfahren dadurch aus, dass das geheime Passwort während der Authentifizierung nicht über den Kommunikationskanal ausgetauscht wird. Abbildung 4.7 zeigt die Erweiterungen am Datenmodell des verteilten Authentifizierungsdienstes und die notwendigen Authentifizierungsmodule, die zur Umsetzung von PAP und CHAP notwendig waren.

Für das PAP-Verfahren wurde die Klasse `PAPAuthData` angelegt, welche von der Klasse `AuthData` erbt und zusätzlich die Attribute `userName` und `userPassword` enthält. Die

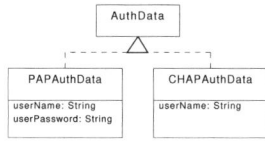

Abbildung 4.7: Datenmodell für die PAP/CHAP-Authentifizierungsverfahren

Klasse `CHAPAuthData`, welche die Datenstruktur für das CHAP-Verfahren repräsentiert, erbt ebenfalls von der Klasse `AuthData` und enthält das zusätzliche Attribut `userName`. Während bei beiden Verfahren mit dem Attribut `userName` der Benutzername dargestellt wird, dient `userPassword` bei PAP der Aufnahme des geheimen Benutzerpasswortes. Beim CHAP-Verfahren wird die Challenge-Anfrage und die zugehörige Antwort mittels der bereits vorhandenen Attribute `challengeReq` und `challengeRes` dargestellt.

Um das PAP-Verfahren in das generische Authentifizierungsprotokoll einzubetten, reicht die Verwendung der vorhandenen Authentifizierungsanfrage und der dazugehörigen Antwort aus. Um sich gegenüber dem Anbieter zu authentifizieren, sendet der Teilnehmer den Benutzernamen und das zugehörige Passwort in der initialen Authentifizierungsanfrage. Der Authentifizierungsdienst führt eine Verifikation anhand der Benutzerinformationen durch und antwortet entsprechend mit einer erfolgreichen oder fehlgeschlagenen Authentifizierung. Soll das normalerweise im Klartext übertragene Passwort gegen Mitlesen geschützt werden, kann es zusätzlich mit dem öffentlichen Schlüssel des Authentifizierungsdienstes gesichert werden.

Die Einbettung des CHAP-Verfahrens erfolgt auch unter Verwendung der bereits vorhandenen Attribute. Nach der initialen Authentifizierungsanfrage, bei der der Teilnehmer nur den Benutzernamen übergibt, unter dem er sich authentifizieren möchte, antwortet der Authentifizierungsdienst mit einer Challenge-Anfrage, welche einen sog. *Challenge*-Wert enthält. Das CHAP-Verfahren schreibt vor, dass der Teilnehmer das geheime Passwort mit dem vom Authentifizierungsdienst übertragenen Challenge-Wert verknüpft und einen Hash-Wert berechnet, indem eine kryptographischen Einwegfunktion (siehe Abschnitt 2.2.4) auf das Passwort und den Challenge-Wert angewendet wird. Das Ergebnis dieser Operation sendet der Teilnehmer als Antwort auf die Challenge-Anfrage zurück. Der Authentifizierungsanbieter führt die gleichen Schritte mit dem gespeicherten Passwort durch. Die Authentifizierung ist erfolgreich, wenn die Challenge-Antwort vom Teilnehmer identisch mit dem durch den Anbieter erzeugten Wert ist.

4.6.1.3.2 X.509-Authentifizierung

Zusätzlich zu den vorangegangenen Verfahren wurde auch ein komplexeres Authentifizierungsverfahren in den verteilten Authentifizierungsdienst integriert. Dabei fiel die Wahl auf die sog. *starke X.509-Authentisierung*, die eine Authentifizierung basierend auf asymmetrischer Kryptographie (siehe Abschnitt 2.2.2) und X.509-Zertifikaten (siehe Abschnitt 2.2.6) durchführt.

Der Vorteil einer zertifikatsgestützten Authentifizierung liegt darin, dass der Authentifizierungsanbieter keine Kenntnis über das jeweilige Benutzergeheimnis hat und trotzdem in der Lage ist, eine Authentifizierung des Teilnehmers vorzunehmen. Im X.509-Standard [64] werden mehrere Verfahren zur Authentifizierung von Teilnehmern mittels Zertifikaten vorgestellt. Im Rahmen dieser Arbeit wurde dabei die sog. starke 3-Wege-Authentisierung umgesetzt, um zu zeigen, dass auch aufwendige Authentifizierungsverfahren mit Hilfe des generischen Authentifizierungsprotokolls abgebildet werden können.

Die 3-Wege-Authentisierung schreibt vor, dass ein Teilnehmer T, der sich gegenüber einem Authentifizierungsdiensteanbieter A ausweisen möchte, diesem zuerst eine Nachricht mit dem Zertifizierungspfad $T \rightarrow A$ vom Teilnehmer zum Anbieter, einen Zeitstempel t_T, eine Zufallszahl r_T und dem X.500-Namen dn_A des Anbieters A zusendet. Zusätzlich muss die Nachricht eine digitale Signatur S_T über den Zeitstempel, die Zufallszahl und den X.500-Namen des Anbieters enthalten. Der Authentifizierungsdiensteanbieter überprüft die eingehende Nachricht und antwortet bei positiver Prüfung mit einer Nachricht, die einen Zeitstempel t_A, eine Zufallszahl r_A, den X.500-Namen des Teilnehmers T, die Zufallszahl vom Teilnehmer t_T und eine digitale Signatur S_A über diese Informationen enthält. Für die abschließende Authentifizierung muss der Teilnehmer T eine zweite Nachricht mit der Zufallszahl r_A und dem X.500-Namen des Anbieters A versehen und mit einer digitalen Signatur S_T an den Authentifizierungsdiensteanbieter senden. Erst wenn dieser korrekt überprüft hat, gilt der Teilnehmer T gegenüber dem Anbieter A als authentifiziert.

Im Vergleich zu anderen Authentisierungsverfahren, die im X.509-Standard enthalten sind, stellt die 3-Wege-Authentisierung das aufwendigste, aber zugleich auch das sicherste Verfahren dar. Durch den Einsatz der beiden Zufallszahlen t_T, t_A, die, jeweils mit einer digitalen Signatur versehen, zurückgesendet werden müssen, können Angriffe durch Wiedereinspielen verhindert werden, auch wenn die beiden Parteien keine synchron laufenden Uhren besitzen.

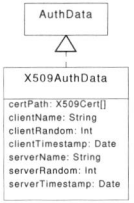

Abbildung 4.8: Datenmodell für X.509-basierte Authentifizierung

Abbildung 4.8 zeigt die zugehörige Datenstruktur, die beim Einsatz einer X.509-basierten Authentifizierung benötigt wird. Die Klasse `X509AuthData` erbt von der Basisklasse `AuthData` und enthält folgende Attribute:

- `certPath`
  Das Attribut `certPath` enthält den Vertrauenspfad $T \rightarrow A$ vom Teilnehmer zum Authentifizierungsdiensteanbieter in Form einer Kette von X.509-Zertifikaten.

- `clientName`, `serverName`
  Die Attribute `clientName` und `serverName` dienen zur Ablage des X.500-Namens vom Teilnehmer und dem beteiligten Authentifizierungsdienst.

- `clientTimestamp`, `serverTimestamp`
  Die Attribute `clientTimestam` und `serverTimestamp` enthalten die Zeitstempel, die bei der Authentifizierung eingesetzt werden.

- `clientRandom`, `serverRandom`
  Die Zufallszahlen, mit denen der Schutz gegen Wiedereinspielen realisiert wird, werden mit Hilfe der Attribute `clientRandom` und `serverRandom` dargestellt.

Die vorgestellte 3-Wege-Authentisierung mittels X.509-Zertifikaten kann ohne Anpassungen direkt mit dem generischen Authentifizierungsprotokoll umgesetzt werden, wie dies in Abbildung 4.9 dargestellt ist. Zur einfacheren Darstellung wurden die Aushandlungs- und Zertifizierungsphase im nachfolgenden Ablauf nicht dargestellt.

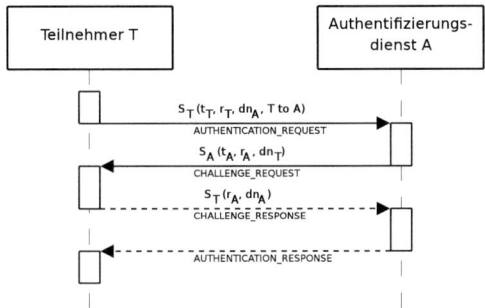

Abbildung 4.9: Ablauf Starke 3-Wege-Authentisierung mittels X.509

Nach der Aushandlungsphase sendet der Teilnehmer eine Authentifizierungsanfrage vom Typ `X509AuthData`, in der die erste Nachricht des X.509-Verfahren eingebettet ist. Der Authentifizierungsanbieter antwortet darauf mit einer Challenge-Anfrage, die die zweite Nachricht enthält. In der Challenge-Antwort vom Teilnehmer ist die dritte Nachricht enthalten. War die Authentifizierung erfolgreich, antwortet der Authentifizierungsanbieter mit einer positiven Authentifizierungsantwort und der Teilnehmer kann die Zertifizierungsphase einleiten.

Da bei der X.509-Authentifizierung bereits asymmetrisches Schlüsselmaterial zum Einsatz kommt, kann dies auch bei der nachfolgenden Zertifizierung durch den Authentifizierungsanbieter eingesetzt werden. Damit erhält der Teilnehmer die Möglichkeit, seinen öffentlichen Schlüssel als Bestandteil des ausgestellten SESAM-Zertifikates zum Nachweis seiner Identität zu nutzen.

4.6.1.3.3 SMS-TAN-Authentifizierung

Im Kontext dieser Arbeit wurde in [147] ein Authentifizierungsverfahren unter Verwendung eines Mobiltelefons entworfen, welches die Möglichkeit der temporären Unterbrechung eines Authentifizierungsvorganges nutzt.

Grundidee der SMS-TAN-Authentifizierung ist die Authentifizierung anhand des eigenen Mobiltelefons bzw. der darin enthaltenen SIM-Karte, in dem eine einmalig gültige Transaktionsnummer per SMS an die jeweilige Mobilfunknummer gesendet wird. Dadurch wird spontanes Agieren auf dem Marktplatz ermöglicht, da keine neue Vertrauensbeziehung zu anderen Authentifizierungsdiensteanbietern aufgebaut werden muss, sondern eine vorhandene Vertrauensbeziehung zum Mobilfunkbetreiber genutzt werden kann, die zudem keine hohen Einstiegskosten erfordert und großflächig verbreitet ist.

Dazu überträgt der Teilnehmer, der sich mittels dem SMS-TAN-Verfahren authentifizieren möchte, in der ersten Authentifizierungsanfrage seine Identitätsinformation und seine Mobilfunknummer. Der Authentifizierungsdienst erzeugt eine einmalig gültige Transaktionsnummer, vergleichbar mit einer TAN beim Online-Banking, und sendet diese per SMS an die angegebene Mobilfunknummer. Der Teilnehmer gilt als authentifiziert, wenn er dem Authentifizierungsanbieter die korrekte Transaktionsnummer vorlegen kann.

Das vorgeschlagene Verfahren eignet sich deshalb zur Authentifizierung von Teilnehmern, da innerhalb der Europäischen Union keine Mobilfunkverträge ohne eine vorherige Identitätsprüfung des zukünftigen Mobilfunknutzers durch den Mobilfunkanbieter abgeschlossen werden dürfen. Dadurch ist der Mobilfunkanbieter aufgrund der eineindeutigen SIM-Karten (IMSI-Kennung) in der Lage zu einer gegebenen Mobilfunknummer die Identität des Inhabers zu bestimmen. In [147] werden zudem die rechtlichen Konsequenzen erläutert, die durch die Weitergabe oder das Verleihen von SIM-Karten an andere Personen entstehen.

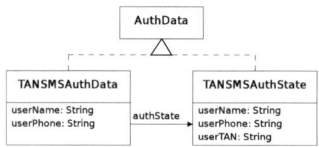

Abbildung 4.10: Datenmodell für SMS/TAN-Authentifizierung

Abbildung 4.10 zeigt die Erweiterungen am Datenmodell des Authentifizierungsdienstes. Die Klasse TANSMSAuthData enthält drei zusätzliche Attribute. Das Attribut userName enthält die Identitätsinformation des Teilnehmers, das Attribut userPhone dient der Ablage der Telefonnummer des Mobiltelefons. Um die Transaktionsnummer (TAN), die der Teilnehmer vom Authentifizierungsdienst per SMS erhält, an diesen zurückzusenden, wird das Attribut challengeRes der Oberklasse AuthData verwendet. Das dritte Attribut authState verweist auf die Klasse TANSMSAuthState. Mit Hilfe dieser Klasse transferiert der Authentifizierungsdienst bei einer temporären Unterbrechung des Authentifizierungsvorgangs alle Zustandsinformationen auf den Teilnehmer. Zum Schutz vor Mitlesen und Modifizieren werden die Daten mit dem öffentlichen Schlüssel des Authentifizierungsdiensteanbieters verschlüsselt und mit einer digitalen Signatur versehen. So ist sichergestellt, dass ein Angreifer nicht in der Lage ist, die Authentifizierungsinformationen aufzudecken und so die eigentliche Authentifizierung zu kompromittieren.

Abbildung 4.11 zeigt den eigentlichen Authentifizierungsvorgang beim Einsatz des SMS-TAN-Verfahrens. Auf die Darstellung der initialen Aushandlungs- und der abschließenden Zertifizierungsphase wurde verzichtet.

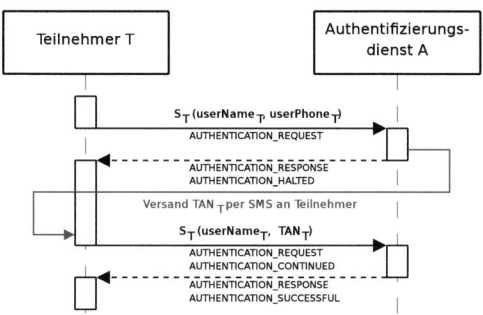

Abbildung 4.11: Ablauf SMS-TAN-Authentifizierung

In der ersten Authentifizierungsanfrage übermittelt der Teilnehmer den Namen und die eigene Mobilfunknummer an den Authentifizierungsdiensteanbieter. Dieser erzeugt eine einmalig gültige Transaktionsnummer und sendet diese als SMS an die Mobilfunknummer des Teilnehmers. Da die Zustellung der Transaktionsnummer einige Zeit in Anspruch nimmt, unterbricht der Anbieter die laufende Authentifizierung.

Mittels dem Authentifizierungsstatus `AUTHENTICATION_STATE_HALTED` zeigt der Authentifizierungsdiensteanbieter an, dass der Authentifizierungsvorgang erst dann fortgesetzt werden soll, wenn ein externes Ereignis eingetreten ist. Die notwendigen Zustandsinformationen, die vom Authentifizierungsdienst benötigt werden, um den Authentifizierungsvorgang wieder aufzunehmen, werden in Attribut `authState` der Klasse `TANSMSAuthData` hinterlegt und müssen vom Teilnehmer für die Zeitdauer der Unterbrechung gespeichert werden. Dadurch vermeidet der Authentifizierungsdienst die Bindung von eigenen Ressourcen während der Unterbrechung des Authentifizierungsvorganges, so dass dieses Verhalten nicht von Angreifern ausgenutzt werden kann. Aufgrund der digitalen Signatur unter das Zustandsobjekt vom Typ `TANSMSAuthState` kann der Authentifizierungsdienst schnell überprüfen, ob das jeweilige Objekt modifiziert wurde.

Empfängt der Teilnehmer die Transaktionsnummer, so kann er den Authentifizierungsvorgang wieder aufnehmen. Dazu erzeugt er eine weitere Authentifizierungsanfrage, die die gewünschte Transaktionsnummer enthält. Zusätzlich wird in der Anfrage der Authentifizierungsstatus auf `AUTHENTICATION_STATE_CONTINUED` gesetzt, so dass der Authentifizierungsdienst erkennen kann, dass ein unterbrochener Authentifizierungsvorgang wieder aufgenommen wird.

Der Authentifizierungsdienst antwortet mit einer positiven Authentifizierungsantwort, wenn der Teilnehmer die korrekte Transaktionsnummer vorweisen konnte. Im Anschluss kann der Teilnehmer innerhalb der Zertifizierungsphase einen Identitätsnachweis in Form eines Zertifikates erstellen lassen.

4.6.2 Erweiterung der SESAM-Sicherheitskomponente

Nachdem im vorherigen Abschnitt Verfahren vorgestellt wurden, mit denen ein Marktteilnehmer sich gegenüber Authentifizierungsdiensteanbietern auf dem verteilten Marktplatz authentifizieren und im Anschluss an eine erfolgreiche Authentifizierung zertifizieren lassen kann, wird in diesem Abschnitt darauf eingegangen, wie die verbleibenden Anforderungen an sichere Vertragsverhandlungen erfüllt werden können.

Eine gängige Methode, um die Integrität elektronischer Erklärungen sicherzustellen, ist die Anwendung *digitaler Signaturen*, welche bereits in Abschnitt 2.2.5 vorgestellt wurden. In Kombination mit den vorgestellten ID-Zertifikaten, die innerhalb des SESAM-Systems zum Identitätsnachweis benutzt werden, kann zudem auch eine sichere Zuordnung einer elektronischen Willenserklärung zum erklärenden Marktteilnehmer aufgebaut werden.

Um eine bestehende Willenserklärung W_A des Teilnehmers A, welche auf Basis des Minimalen Marktmodells der SESAM-Basisarchitektur dargestellt ist, vor Veränderung zu schützen, wird eine digitale Signatur $S_A(W_A)$ unter Verwendung des privaten Schlüssels $k_{A,priv}$ des Teilnehmers A erzeugt. Zur Erzeugung der digitalen Signatur kann die in Abschnitt 3.4.3.2 vorgestellte Sicherheitskomponente der SESAM-Basisarchitektur verwendet werden, da diese die notwendigen kryptographischen Verfahren bereits enthält. Wird nun die Willenserklärung W_A durch Dritte modifiziert, kann dies festgestellt werden, da die vorhandene digitale Signatur $S_A(W_A)$ nicht mehr zur modifizierten Willenerklärung W'_A passt.

Die neben dem Integritätsschutz ebenfalls notwendige Zuordenbarkeit der Willenserklärung W_A zum erklärenden Marktteilnehmer A kann mit Hilfe des vorgestellten ID-Zertifikates realisiert werden. Hat der Teilnehmer A seine Identität gegenüber einem vorhandenen Authentifizierungsdiensteanbieter nachgewiesen, ein ID-Zertifikat C_A mit dem öffentlichen Schlüssel $k_{A,pub}$ ausgestellt bekommen und bei der Signatur der Willenserklärung W_A den zugehörigen privaten Schlüssel $k_{A,priv}$ verwendet, ist ebenfalls die Zuordenbarkeit der elektronischen Willenserklärung W_A zum Teilnehmer A gewährleistet.

Trotz der bereits vorhandenen Mechanismen der SESAM-Basisarchitektur, um den Integritätsschutz und die Zuordenbarkeit von Willenserklärungen sicherzustellen, sind Erweiterungen an der vorhandenen SESAM-Sicherheitskomponente notwendig. Neben den bereits vorhandenen *fortgeschrittenen* elektronischen Signaturen auf Basis von Softwarekryptographiemodulen werden im Signaturgesetz (siehe Abschnitt 2.7.1.5) noch andere Formen elektronischer Signaturen definiert. Diese werden im Anschluss kurz vorgestellt und deren Umsetzung innerhalb der SESAM-Sicherheitskomponente beschrieben. Zusätzlich wurde im Kontext dieser Arbeit ein Verfahren erarbeitet, welches unter Einbeziehung der verteilten Infrastruktur des elektronischen Marktplatzes ein alternatives Signaturverfahren mit dem Ziel eines hohen Beweiswertes in Bezug auf die Zuordenbarkeit bereitstellt, ohne dabei die Nachteile bekannter Verfahren zu besitzen.

4.6.2.1 Einfache elektronische Signatur

Aus rechtlicher Sicht stellen *einfache elektronische Signaturen* die primitivste Art digitaler Signaturen dar, zumal es sich aus technischer Sicht nicht um eine kryptographische Signatur handelt. Die einfache elektronische Signatur schreibt nur vor, dass die jeweilige Willenserklärung mit anderen elektronischen Daten verknüpft wird, aus denen die Identität des Erstellers der Willenserklärung hervorgeht. Dies wird beispielsweise schon dadurch erreicht, dass der Willenserklärung der Name des Erklärenden hinzugefügt wird.

Einfache elektronische Signaturen werden oft im Alltag eingesetzt, ohne dass dies den Benutzern bewusst ist. Wird beispielsweise eine Bestellung per E-Mail aufgegeben und der Besteller schließt die E-Mail mit seinem Namen ab, so handelt es sich dabei bereits um eine einfache elektronische Signatur.

Zwar kann mittels der einfachen elektronischen Signatur nicht die geforderte Sicherheit beim Integritätsschutz und der Zuordenbarkeit von elektronischen Willenserklärungen erreicht werden, trotzdem wurde diese aus Gründen der Vollständigkeit in die Sicherheitskomponente integriert. Bei der Erstellung einer einfachen elektronischen Signatur wird kein kryptographischer Signaturwert erzeugt, trotzdem werden die gleichen Konzepte wie bei der Erstellung anderer Signaturen angewandt. Das zu signierende Datenobjekt wird um eine Instanz vom Typ `Signature` erweitert, die Signatur in Form des Namens oder der E-Mailadresse des Unterzeichners wird im Attribut `signature` abgelegt. Um die verschiedenen Signaturtypen zu unterscheiden, wird der verwendete Signaturtyp im Attribut `signatureLevel` angezeigt. Für einfache elektronische Signaturen wurde die Konstante `SIGNATURE_LEVEL_SIMPLE` in der Klasse `Signature` definiert.

4.6.2.2 Fortgeschrittene elektronische Signatur

Fortgeschrittene elektronische Signaturen entsprechen den digitalen Signaturen auf Basis von Softwarekryptographie, die sich mit den bereits vorhandenen kryptographischen Verfahren der SESAM-Sicherheitskomponente (siehe Abschnitt 3.4.3.2) umsetzen lassen.

Aus rechtlicher Sicht stellen fortgeschrittene Signaturen zwar einen deutlich höheren Beweiswert als einfache elektronische Signaturen bereit, sind jedoch nicht vergleichbar mit einer handschriftlichen Unterschrift. Im Falle einer gerichtlichen Auseinandersetzung muss der Beweiswert einer fortgeschrittenen Signatur mit Hilfe eines Gutachtens bewertet werden, wohingehend die im Anschluss vorgestellten qualifizierten Signaturen bei den meisten Rechtsgeschäften einer handschriftlichen Unterschrift gleichgestellt werden und dadurch anderen rechtlichen Bestimmungen hinsichtlich des Beweiswertes unterliegen.

Der im Vergleich zur handschriftlichen Unterschrift und den nachfolgenden qualifizierten elektronischen Signaturen geringere Beweiswert ergibt sich aus der Möglichkeit des Schlüsselinhabers, den privaten geheimen Signaturschlüssel absichtlich offenzulegen. Damit gilt der Schlüssel als kompromittiert und mit dem Schlüssel signierte Willenserklärungen können dem eigentlichen Schlüsselinhaber nicht mehr sicher zugeordnet werden.

Auch kann bedingt durch die Speicherung des geheimen Signaturschlüssels nicht verhindert werden, dass dieser beispielsweise durch Schadsoftware (z. B. Trojaner oder Viren) ausgelesen und ohne das Wissen des Signaturschlüsselinhabers für den Abschluss von Vertragsverhältnissen eingesetzt wird.

Um fortgeschrittene elektronische Signaturen von den im Anschluss vorgestellten technisch äquivalenten qualifizierten elektronischen Signaturen unterscheiden zu können, wird bei der Erstellung fortgeschrittener Signaturen die Konstante `SIGNATURE_LEVEL_ADVANCED` für das Attribut `signatureLevel` verwendet. Um eine Modifikation des Attributs `signatureLevel` erkennen zu können, wird es in die Berechnung der digitalen Signatur miteinbezogen.

4.6.2.3 Qualifizierte elektronische Signatur

Zwar unterscheiden sich fortgeschrittene Signaturen aus technischer Sicht nicht von *qualifizierten elektronischen Signaturen*, trotzdem ergeben sich aufgrund der Anforderungen an die qualifizierte elektronische Signatur deutlich abweichende rechtliche Konsequenzen. Laut dem Signaturgesetz (siehe Abschnitt 2.7.1.5) werden qualifizierte Signaturen mit Hilfe einer sicheren Signaturerstellungseinheit erzeugt, welche unter anderem über einen speziell gesicherten Speicher für Signaturschlüssel verfügt. Zwar kann der Schlüsselinhaber mit Hilfe der Signatureinheit eine digitale Signatur erstellen, ist aber nicht in der Lage, den geheimen Signaturschlüssel offenzulegen.

Zusätzlich dazu kann eine qualifizierte elektronische Signatur nur auf Basis eines qualifizierten Zertifikates erstellt werden. Ein solches qualifiziertes Zertifikat kann nur durch einen sog. *Zertifizierungsdiensteanbieter* ausgestellt werden. Bei der Erstellung eines qualifizierten Zertifikates wird die Identität des Signaturschlüsselinhabers anhand amtlicher Ausweisdokumente (Personalausweis, Reisepass) überprüft und als Identitätsinformation in das qualifizierte Zertifikat aufgenommen. Die technischen und rechtlichen Anforderungen an einen Zertifizierungsdiensteanbieter sind im zweiten Abschnitt des Signaturgesetzes [19] aufgeführt. Optional kann ein Zertifizierungsdiensteanbieter eine sog. *Akkreditierung* durchführen, womit sich weitere rechtliche Konsequenzen in Bezug auf den Beweiswert der qualifizierten Signatur mit Anbieterakkreditierung ergeben. Eine ausführliche Beschreibung der unterschiedlichen Rechtsfolgen für qualifizierte Signaturen mit und ohne Anbieterakkreditierung erfolgte bereits in den Abschnitten 2.7.1.5 und 2.7.1.6.

Trotz der gleichen kryptographischen Verfahren wie bei der fortgeschrittenen Signatur können qualifizierte elektronische Signaturen nicht mit den vorhandenen Bestandteilen der SESAM-Sicherheitskomponente umgesetzt werden. Die bislang einzig vom Gesetzgeber akzeptierte Umsetzung qualifizierter elektronischer Signaturen basiert auf der Anwendung von Smartcards in Verbindung mit einer sicheren Signaturerstellungseinheit in Form eines Lesegerätes, welches über eine zertifizierte Firmware verfügt. Für eine qualifizierte elektronische Signatur wird für das Attribut `signatureLevel` die Konstante `SIGNATURE_LEVEL_QUALIFIED` verwendet.

4.6.2.4 P2P-Signatur

Zusätzlich zu den vom Signaturgesetz vorgesehenen Arten von Signaturen, wurde im Kontext dieser Arbeit eine Zwischenstufe zwischen fortgeschrittenen und qualifizierten elektronischen Signaturen entworfen, da fortgeschrittene Signaturen unter bestimmten Umständen nicht den gewünschten Beweiswert bereitstellen und qualifizierte Signaturen mit administrativem Aufwand und jährlichen Kosten für die Zertifizierung beim Zertifizierungsdiensteanbieter verbunden sind.

Um einen höheren Beweiswert als fortgeschrittene Signaturen zu erreichen, wurde bei der P2P-Signatur das Konzept der sicheren Signaturerstellungseinheit von den qualifizierten Signaturen aufgegriffen und soll durch die verteilte Speicherung des geheimen Signaturschlüssels erreicht werden. Damit soll verhindert werden, dass der Schlüsselinhaber in der Lage ist, auf den eigenen geheimen privaten Schlüssel zuzugreifen und diesen offenzulegen.

Zwar kann durch die P2P-Signatur nicht der gleiche hohe Beweiswert qualifizierter Signaturen erreicht werden, da diese neben einer sicheren Signaturerstellungseinheit auch die Zertifizierung bei einem Zertifizierungsdiensteanbieter vorschreiben, welche auf der verteilten Marktplattform nicht bereitgestellt werden kann. Zudem behindert die Notwendigkeit der persönlichen Zertifizierung gegenüber dem Zertifizierungsdiensteanbieter die gewünschte Spontaneität auf dem elektronischen Marktplatz.

Das Verfahren zur Erstellung von digitalen Signaturen mit Hilfe der verteilten Infrastruktur wurde im Kontext dieser Arbeit im Rahmen von [69] entworfen und untergliedert sich in folgende Funktionsblöcke:

- Teilnehmerwahl
  Vor der Erzeugung eines verteilten privaten Schlüssels wird eine Gruppe von Teilnehmern ausgewählt, die die einzelnen Teile des privaten Signaturschlüssels speichern. Die Auswahl der Teilnehmer kann vom späteren Schlüsselinhaber nicht beeinflusst werden und ist im Nachhinein von den Gruppenmitgliedern nachprüfbar.

- Schlüsselerzeugung
  Nach der Auswahl der Teilnehmer wird ein verteilter geheimer Schlüssel erzeugt. Die Authentifizierung des Schlüsselinhabers gegenüber den anderen Teilnehmern wird mittels einer Hash-Kette (siehe Abschnitt 2.2.4.2) realisiert.

- Signaturerstellung
  Um eine digitale Signatur unter Verwendung des verteilten geheimen Schlüssels zu erstellen, muss sich der Schlüsselinhaber gegenüber der Gruppe authentifizieren. Dazu wird von der Gruppe eine einmalig gültige Transaktionsnummer (TAN) per SMS an das Mobiltelefon des Schlüsselinhabers versendet. Die jeweiligen Teilsignaturen werden von den Gruppenmitgliedern berechnet, wenn der Schlüsselinhaber die korrekte TAN und einen gültigen Wert der Hash-Kette vorweisen kann.

Durch die verteilte Speicherung des geheimen Signaturschlüssels, die Verwendung eines einmalig gültigen Geheimnisses zur Signaturerstellung in Form einer Hash-Kette und dem Einsatz eines Mobiltelefons zur Überprüfung der Identität des Signaturerstellers sollen die Anforderungen laut Signaturgesetz [19] und Signaturverordnung [20] an eine sichere Signaturerstellungseinheit erfüllt werden, da sowohl Wissen (Hash-Kette), als auch Besitz (SIM-Karte) zur Signaturerstellung benötigt werden. Nachfolgend werden die einzelnen Funktionsblöcke des verteilten P2P-Signaturverfahrens erläutert.

4.6.2.4.1 Teilnehmerwahl

Bevor ein verteilter geheimer Signaturschlüssel innerhalb einer Gruppe erstellt werden kann, müssen die jeweiligen Gruppenteilnehmer bestimmt werden. Um eine ausreichende Sicherheit für das verteilte Signaturverfahren zu erhalten, muss sichergestellt werden, dass sowohl der spätere Schlüsselinhaber A, als auch andere Marktteilnehmer nicht in der Lage sind, die Teilnehmerauswahl zu ihren Gunsten zu beeinflussen.

Die möglichen Teilnehmer sind in einem eigenen strukturierten Overlay-Netz (siehe Abschnitt 2.5.2) organisiert und dort unter einer festen Overlay-Adresse adressierbar. Dabei wird das gleiche Verfahren, wie beim verteilten Authentifizierungsdienst eingesetzt. Die Overlay-Adresse eines Teilnehmers T_i wird aus seinem öffentlichen Schlüssel $k_{T_i,pub}$ mit Hilfe der Formel 4.2 abgeleitet.

$$OA_{T_i} = H(k_{T_i,pub}) \tag{4.2}$$

Somit können die Gruppenmitglieder G_i aus der Menge aller Teilnehmer T_i anhand ihrer Overlay-Adresse ausgewählt werden. Um einen Angriff auf die Teilnehmerauswahl zu verhindern, muss diese möglichst nicht vorhersagbar, im Nachhinein aber leicht nachprüfbar sein.

Da für die spätere Authentifizierung des Schlüsselinhabers A gegenüber den Gruppenmitgliedern eine Hash-Kette eingesetzt wird, wird diese auch für die Auswahl der Teilnehmer verwendet. Ausgehend von einem zufälligen Startwert h_0 generiert der spätere Schlüsselinhaber eine Kette von Hash-Werten mit folgender Formel.

$$h_{i+1} = H(h_i) \quad \text{mit} \quad h_0 = rand \tag{4.3}$$

Das letzte Element der berechneten Hash-Kette h_n wird später zur Initialisierung des Authentifizierungsverfahren benutzt. Gleichzeitig wird bei der Teilnehmerauswahl dieser Wert h_n verwendet, um die Teilnehmer der Gruppe zu bestimmen. Dazu wird die Hash-Funktion weitere Male auf den Wert h_n angewendet und das jeweilige Ergebnis als eine Overlay-Adresse OA_{G_i} eines Gruppenmitgliedes G_i interpretiert, wie dies in Formel 4.4 dargestellt ist.

$$OA_{G_i} = H^i(h_n) \tag{4.4}$$

An die auf diese Weise berechneten Overlay-Adressen werden dann entsprechende Nachrichten versandt, die das zukünftige Gruppenmitglied G_i, der für diese Overlay-Adresse verantwortlich ist, zum Beitritt in eine Gruppe auffordern. Die Nachricht enthält unter anderem die berechnete Overlay-Adresse OA_{G_i} des jeweiligen Gruppenmitgliedes und einen öffentlichen Schlüssel $k_{A,pub}$ des Schlüsselinhabers A, welcher jedoch nur zur Absicherung der Kommunikation verwendet und nicht zur Signaturerstellung eingesetzt wird.

Damit ein Angreifer auf dem Pfad zwischen Schlüsselinhaber A und einem Gruppenmitglied G_i keinen Man-in-the-Middle-Angriff durchführen kann, wird die Nachricht vom Schlüsselinhaber in mehrere Teile aufgeteilt und über verschiedene Wege des Overlay-Netzes versandt, wie dies beispielhaft in Abbildung 4.12 dargestellt ist. Dadurch soll sichergestellt werden, dass der Angreifer nicht alle notwendigen Teile zur Rekonstruktion der Beitrittsnachricht abhören und somit den Beitritt manipulieren kann. Dieser Protokollschritt wird in Abschnitt 4.8.2.2 einer Evaluation unterzogen.

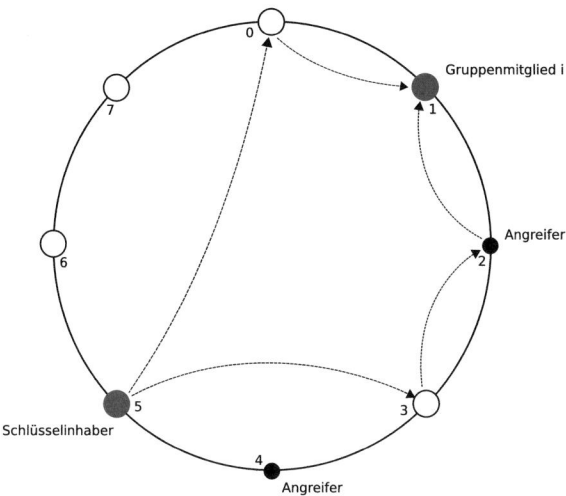

Abbildung 4.12: Versenden der Beitrittsnachrichten über verschiedene Overlay-Pfade

Obwohl ein Angreifer mit Knoten 2 auf dem Übertragungspfad einer der Nachrichten zum Beitritt von Gruppenmitglied i mitlesen kann, ist der Angreifer nicht in der Lage, den Man-in-the-Middle-Angriff erfolgreich durchzuführen und sich als ein gültiges Gruppenmitglied auszugeben, da die andere Nachricht nicht erfolgreich abgefangen werden konnte.

Abbildung 4.13 zeigt den Protokollablauf zwischen dem späteren Signaturschlüsselinhaber A und zwei Gruppenmitgliedern G_i und G_j.

Nach Berechnung der Overlay-Adressen potentieller Gruppenmitglieder sendet der Signaturschlüsselinhaber Beitrittsnachrichten (Join-Share), die einen Teil des öffentlichen Schlüssels $k_{A,pub}$ enthalten. Empfängt ein Mitglied G_i ausreichend viele Beitrittsnachrichten und kann den öffentlichen Schlüssel $k_{A,pub}$ des späteren Signaturschlüsselinhaber A rekonstruieren, antwortet dieses mit einer Nachricht, die den eigenen öffentlichen Schlüssel $k_{G_i,pub}$ und eine Zufallszahl r_i enthält. Zusätzlich erstellt das Gruppenmitglied eine digitale Signatur $S_{G_i}(r_i)$ und verschlüsselt alle Daten mit dem öffentlichen Schlüssel $k_{A,pub}$ des Signaturschlüsselinhabers A. Die Overlay-Adresse OA_A des Signaturschlüsselinhabers A kann aus dem öffentlichen Schlüssel $k_{A,pub}$ durch Anwenden einer Hash-Funktion ermittelt werden.

Der Signaturschlüsselinhaber verschickt solange Beitrittsnachrichten an verschiedene Knoten, bis er eine ausreichend große Menge an Gruppenmitgliedern aufgebaut hat. Bevor die verteilte Schlüsselerzeugung durchgeführt wird, verteilt der Schlüsselinhaber die öffentlichen Schlüssel $k_{G_j,pub}$ aller Gruppenmitglieder innerhalb der Gruppe. Gleichzeitig sendet der Signaturschlüsselinhaber die aufgedeckte Zufallszahl r_i an jedes Gruppenmitglied G_i zurück. Dabei erstellt auch der Signaturschlüsselinhaber A eine digitale Signatur $S_A(r_i)$. Zum Schutz vor Mitlesen werden die Nachrichten mit dem öffentlichen Schlüssel $k_{G_i,pub}$ des jeweiligen Gruppenmitgliedes verschlüsselt.

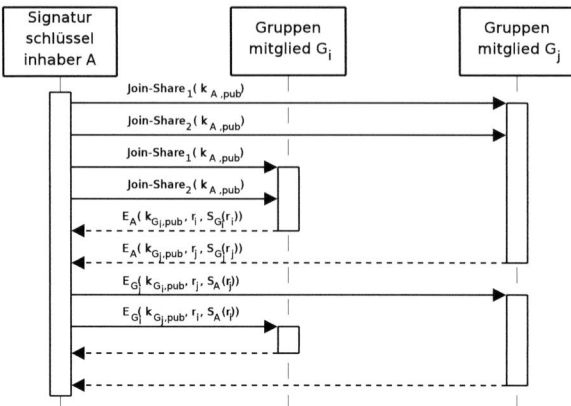

Abbildung 4.13: Protokollablauf zwischen Signaturschlüsselinhaber und Gruppenmitgliedern

Nach der Verteilung der öffentlichen Schlüssel $k_{G_j,pub}$ und der Überprüfung der Zufallszahlen r_i ist die Gruppe in der Lage, sicher miteinander zu kommunizieren. Der Datenaustausch innerhalb der Gruppe kann mit den öffentlichen Schlüsseln verschlüsselt werden, zur Integritätssicherung können digitale Signaturen eingesetzt werden.

4.6.2.4.2   Verteilte Schlüsselerzeugung und Initialisierung Hash-Kette

Nachdem die Gruppenmitglieder ermittelt und die öffentlichen Schlüssel verteilt wurden, erfolgt die Erzeugung eines verteilten Signaturschlüssels. Dazu wird das in Abschnitt 2.2.5.2 beschriebene Verfahren nach [52] eingesetzt. Grundidee des eingesetzten Verfahrens ist die verteilte Erzeugung eines Signaturschlüssels, bei dem sichergestellt wird, dass keiner der Teilnehmer den geheimen Signaturschlüssel vollständig kennt. Gleichzeitig zeichnet sich das eingesetzte Verfahren dadurch aus, dass es zur Klasse der sog. *Schwellwertsignaturen* gehört. Dies bedeutet, dass von den n Gruppenmitgliedern, die bei der verteilten Erzeugung des Signaturschlüssels beteiligt waren, nur l Mitglieder notwendig sind, um eine digitale Signatur zu erstellen. Diese Eigenschaft ist für das betrachtete Anwendungsszenario nützlich, da aufgrund der verteilten Infrastruktur und des spontanen Charakters des elektronischen Marktplatzes nicht garantiert werden kann, dass alle ursprünglichen Gruppenmitglieder zum Zeitpunkt einer Signaturerstellung erreichbar sind.

Nach der Erzeugung des verteilten geheimen Signaturschlüssels sind prinzipiell alle Gruppenmitglieder gleichberechtigt. Da jedoch der Signaturschlüssel auf Wunsch eines Teilnehmers erstellt wurde, der der alleinige Schlüsselinhaber sein soll, muss die Signaturerstellung eingeschränkt werden, so dass nur der eigentliche Schlüsselinhaber in der Lage ist, die Erstellung einer digitalen Signatur zu veranlassen.

Um nur dem Signaturschlüsselinhaber die Möglichkeit zu geben, eine Signaturerstellung anzustoßen, muss sich dieser gegenüber den anderen Gruppenmitgliedern authentifizieren können, so dass die anderen Gruppenmitglieder die Signaturberechnung nur nach erfolgreicher Authentifizierung vornehmen. Für diese Authentifizierung kann die in Abschnitt 4.6.2.4.1 vorgestellte Hash-Kette (siehe Formel 4.3) eingesetzt werden.

Um die Hash-Kette bei den anderen Gruppenteilnehmern zu initialisieren, versendet der Schlüsselinhaber nach der verteilten Schlüsselerzeugung des Wertes h_n an alle anderen Gruppenmitglieder. Die Authentizität des Wertes h_n kann jedes Gruppenmitglied überprüfen, da die Overlay-Adressen der einzelnen Gruppenmitglieder mittels Formel 4.4 vom Wert h_n abgeleitet wurden. Bei erfolgreicher Prüfung speichern die Gruppenmitglieder h_n als Startwert für nachfolgende Authentifizierungsvorgänge des Schlüsselinhabers. Will später der Signaturschlüsselinhaber die Erstellung einer Signatur veranlassen, so muss er den vorherigen Wert der Hash-Kette vorlegen (z. B. h_{n-1} da $H(h_{n-1}) = h_n$), anderenfalls verweigern die anderen Gruppenmitglieder die Erstellung einer Signatur.

4.6.2.4.3 Signaturerstellung

Prinzipiell wird bei einem verteilten Signaturverfahren eine digitale Signatur dadurch erzeugt, in dem zuerst die einzelnen Gruppenmitglieder die bekannte RSA-Operation unter Verwendung des jeweiligen Teilschlüssels durchführen. Anschließend werden die Teilsignaturen zusammengefügt und daraus die eigentliche digitale Signatur ermittelt.

Im betrachteten Szenario, in dem nur der Schlüsselinhaber, welcher die Erzeugung eines verteilten Signaturschlüssels veranlasst hat, in der Lage sein soll, eine digitale Signatur mit dem verteilten Signaturschlüssel zu erstellen, ist vor der Erzeugung der Teilsignaturen eine Überprüfung des vermeintlichen Schlüsselinhabers notwendig.

Um einen Signaturvorgang zu initiieren, sendet der Schlüsselinhaber in einer SIGNATURE-INIT-Nachricht den Hash-Wert $H(m)$ der zu signierenden Nachricht m und den letzten verwendeten Wert h_{j+1} der Hash-Kette an alle anderen Gruppenmitglieder G_i. Diese bestimmen daraufhin einen temporären Gruppenführer G_k, erzeugen einen Teil einer einmalig gültigen Transaktionsnummer (TAN_i) und senden diese in einer SESSION-TAN-Nachricht an den Gruppenführer G_k. Gleichzeitig teilen alle Gruppenmitglieder G_i dem Schlüsselinhaber mit einer SESSION-LEADER-Nachricht die Overlay-Adresse OA_k des Gruppenführers G_k mit.

Der Gruppenführer G_k erzeugt eine TAN, in dem er die Transaktionsnummern TAN_i der anderen Gruppenmitglieder verbindet und mittels XOR-Funktion mit dem Hash-Wert $H(m)$ verknüpft, wie dies in Formel 4.5 dargestellt ist. Die TAN versendet der Gruppenführer als SMS an den Schlüsselinhaber. Unter der Annahme eines Hash-Wertes $H(m)$ mit einer Länge von 128 bis 160 Bit Länge und den zur Verfügung stehenden 64 druckbaren Zeichen, wird eine Transaktionsnummer T von 20 bis 25 Zeichen Länge erzeugt. Nach dem Versand der TAN teilt der Gruppenführer G_k den anderen Gruppenmitgliedern G_i in einer SESSION-ORDER-Nachricht mit, in welcher Reihenfolge die Transaktionsnummern der einzelnen Gruppenmitgliedern zur TAN verknüpft wurden, so dass die Gruppenmitglieder später ihre Transaktionsnummer TAN_i aus der TAN extrahieren können.

$$TAN = H(m) \oplus (TAN_1, TAN_2, \ldots, TAN_n) \tag{4.5}$$

Empfängt der Signaturschlüsselinhaber die Transaktionsnummer TAN als SMS, ermittelt er den eigentlichen Wert, in dem er die XOR-Verknüpfung mit dem zu signierenden Hash-Wert $H(m)$ wiederholt. Im Anschluss daran versendet er die aufgedeckte Transaktionsnummer und den nächsten Wert h_j der Hash-Kette in einer SIGNATURE-VERIFY-Nachricht an alle anderen Gruppenmitglieder G_i. Diese können anhand der Transaktionsnummer überprüfen, ob es sich um eine gültige Signaturanfrage handelt. Gleichzeitig können sie anhand des offengelegten Hash-Wertes h_j überprüfen, ob die Signaturanfrage vom eigentlichen Schlüsselinhaber stammt.

Dieser hat im vorherigen Schritt den Wert h_{j+1} zur Authentifizierung offengelegt, womit die Echtheit des Wertes h_j durch das Anwenden der Hash-Funktion überprüft werden kann. Nur wenn der Wert h_{j+1} der Hash-Kette aus dem Wert h_j erzeugt werden kann ($H(h_j) = h_{j+1}$), handelt es sich um ein gültiges Element der Hash-Kette und der Signaturschlüsselinhaber gilt als authentifiziert. In diesem Fall erzeugen die Gruppenteilnehmer G_i die Teilsignaturen unter Verwendung ihrer Teilschlüssel k_i für den im ersten Protokollschritt vorgelegten Hash-Wert $H(m)$ und senden die Teilsignatur $S_{k_i}(m)$ in einer SIGNATURE-VALUE-Nachricht an den Signaturschlüsselinhaber, der daraus die vollständige Signatur $S_k(m)$ ermittelt. Der Protokollablauf ist in Abbildung 4.14 als UML-Sequenzdiagramm dargestellt.

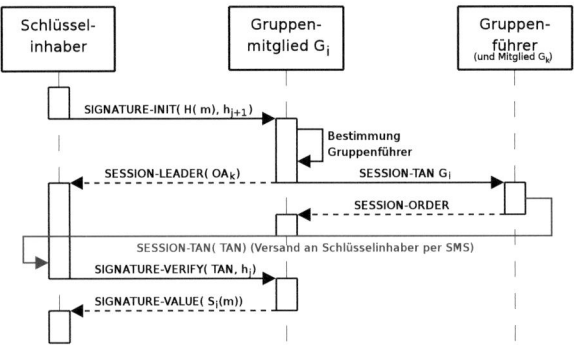

Abbildung 4.14: Ablauf Signaturerstellung

Die Evaluierung hinsichtlich der Sicherheit des vorgestellten Signaturverfahrens erfolgt in Abschnitt 4.8.2.2. Außerdem wird die Mitgliederwahl einer quantitativen Evaluierung unter Verwendung einer Simulationsumgebung für Overlay-Protokolle unterzogen. Eine ausführliche Beschreibung der einzelnen Protokollschritte erfolgt in [69].

4.6.2.4.4   Integration in SESAM-Sicherheitskomponente

Damit das vorgestellte Verfahren auf dem verteilten Marktplatz eingesetzt werden kann, wurde eine Integration in die bestehende SESAM-Sicherheitskomponente erarbeitet. Abbildung 4.15 zeigt das UML-Diagramm von der Einbettung des verteilten Signaturverfahrens in die Sicherheitskomponente.

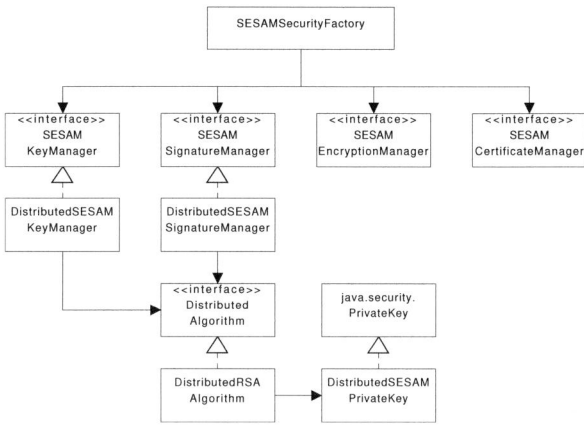

Abbildung 4.15: Integration verteilte P2P-Signatur

Um das Signaturverfahren anderen Komponenten zur Verfügung zu stellen, werden die Schnittstellen `SESAMSignatureManager` und `SESAMKeyManager` der SESAM-Sicherheitskomponente implementiert. Mit `DistributedSESAMKeyManager` und `DistributedSESAMSignatureManager` erfolgt die Integration des vorgestellten verteilten Signaturverfahrens in die SESAM-Sicherheitskomponente. Da der private geheime Schlüssel wie bei der Integration von qualifizierten elektronischen Signaturen nicht innerhalb der SESAM-Umgebung vorliegt, muss die Klasse `DistributedSESAMPrivateKey` bereitgestellt werden, die von der Klasse `PrivateKey` der Java Cryptography Architecture erbt und die Informationen enthält, die für den Zugriff auf den verteilten Schlüssel notwendig sind.

4.7 Implementierung

Der in den vorangegangenen Abschnitten vorgestellte verteilte Authentifizierungsdienst und die Erweiterungen der SESAM-Sicherheitskomponente um verschiedene Signaturverfahren wurden im SESAM-Softwareprototyp (siehe Abschnitt 3.5) implementiert. Die Umsetzung erfolgte größtenteils in der objektorientierten Programmiersprache Java, nur für die Integration qualifizierter elektronische Signaturen musste auf Systembibliotheken zurückgegriffen werden, die mittels *Java Native Interface* angesprochen wurden.

Nachfolgend wird eine kurze Beschreibung der Implementierung vorgenommen. Dabei liegt der Schwerpunkt auf der Integration in den vorhandenen SESAM-Softwareprototyp und der Umsetzung der Kernfunktionen der beschriebenen Komponenten.

4.7.1   Verteilter Authentifizierungsdienst

Die öffentliche Dienstschnittstelle und die Implementierung des verteilten Authentifizierungsdienstes wurde im Java-Paket de.uka.sesam.base.services.authentication
abgelegt. Die Definition der öffentlichen Schnittstelle befindet sich in der Klasse
AuthenticationService und erbt von der Klasse SESAMServiceInterface,
welche von der Dienstverwaltung (siehe Abschnitt 3.4.1.4) bereitgestellt wird.
Die Implementierung der öffentlichen Dienstschnittstelle erfolgt in der Klasse
AuthenticationServiceImpl. Außerdem erbt die Implementierung von der Klasse SESAMService aus dem Paket de.uka.sesam.base.common.service, die
ebenfalls vom Dienstmanagement bereitgestellt wird und Grundfunktionen für das Star-
ten/Stoppen und Anmelden von Diensten enthält. Die Dienstimplementierung enthält eine
Umsetzung des generischen Authentifizierungsmodells, Funktionen zum Ausstellen und
Überprüfen von Zertifikaten vom Typ Certificate.

Die für den Authentifizierungsdienst notwendigen Erweiterungen am SESAM-
Sicherheitsdatenmodell wurden im Java-Paket de.uka.sesam.base.data.sm abgelegt.
Die Schnittstellen für die eigentlichen Authentifizierungsmodule befinden sich im Java-Paket
de.uka.sesam.base.common.authentication. Zusätzlich wurden von den in
Abschnitt 4.6.1.3 vorgestellten Authentifizierungsverfahren folgende Verfahren implementiert:

- PAP-Authentifizierung
  Im Java-Paket de.uka.sesam.base.common.authentication.pap wurde
  das vom PPP-Protokoll her bekannte PAP-Verfahren implementiert. Mit der prototypischen Implementierung sollte die Integrierbarkeit einfacher Authentifizierungsverfahren,
  die ausschließlich auf Anfrage-/Antwortzyklen beruhen, gezeigt werden.

- CHAP-Authentifizierung
  Zum Nachweis, dass auch challenge-basierte Authentifizierungsverfahren mit
  Hilfe des generischen Authentifizierungsprotokolls umgesetzt werden kön-
  nen, wurde das CHAP-Verfahren ebenfalls implementiert und im Java-Paket
  de.uka.sesam.base.common.authentication.chap abgelegt. Bei der
  Implementierung wurde die Möglichkeit genutzt, das ursprüngliche Anfrage-/Antwort-
  Schema bei der Authentifizierung temporär zur Abfrage des Challenge-Wertes
  umzukehren.

- SMS/TAN-Authentifizierung
  Zusätzlich wurde das beschriebene SMS/TAN-Verfahren implementiert, da damit die temporäre Unterbrechbarkeit eines Authentifizierungsvorgangs veranschaulicht werden kann. Das Authentifizierungsmodul ist im Java-Paket
  de.uka.sesam.base.common.authentication.sms abgelegt. In der
  vorliegenden Implementierung erfolgt das Versenden der SMS durch den Authentifizierungsdienstanbieter per SMTP.

4.7.2   Erweiterungen der SESAM-Sicherheitskomponente

Um die Erweiterbarkeit der SESAM-Sicherheitskomponente zu demonstrieren, wurden einige der in Abschnitt 4.6.1.3 beschriebenen Verfahren innerhalb des SESAM-Softwareprototyps umgesetzt.

Neben der bereits vorhandenen Implementierung auf Basis der Java Cryptography Architecture API [133], mit der aus rechtlicher Sicht fortgeschrittene Signaturen bereitgestellt werden können, wurden zusätzliche Implementierungen zur Bereitstellung einfacher und qualifizierter elektronischer Signaturen vorgenommen. Außerdem wird die zur Evaluierung des vorgestellten verteilten Signaturverfahrens genutzte Implementierung kurz erläutert.

4.7.2.1   Einfache elektronische Signaturen

Die Erweiterung der SESAM-Sicherheitskomponente um einfache elektronische Signaturen wurde im Paket de.uka.sesam.base.common.security.simple realisiert. Für die Umsetzung einfacher elektronischer Signaturen war es ausreichend, die Klasse SimpleSESAMSignatureManager zu implementieren, welche die Schnittstelle SESAMSignatureManager anbietet (siehe Abbildung 4.16). Da einfache elektronische Signaturen ohne jegliche kryptographische Funktionen auskommen, war eine Implementierung passender Komponenten zur Schlüssel- und Zertifikatsverwaltung nicht notwendig.

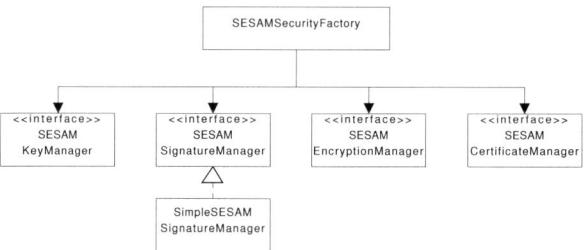

Abbildung 4.16: UML-Diagramm Integration einfache elektronische Signaturen

4.7.2.2   Qualifizierte elektronische Signaturen

Zusätzlich zu den einfachen elektronischen Signaturen erfolgte eine Erweiterung der SESAM-Sicherheitskomponente um qualifizierte elektronische Signaturen, welche im Gegensatz zu einfachen elektronischen Signaturen eine hohe technische und rechtliche Sicherheit bereitstellen.

Die Erweiterung der SESAM-Sicherheitskomponente wurde im Java-Paket de.uka.sesam.base.common.security.smartcard abgelegt. Da sich die Umsetzung qualifizierter Signaturen im Vergleich zu fortgeschrittenen Signaturen auf Basis von Softwarekryptographie deutlich unterscheidet, mussten die Schnittstellen zur Schlüssel- verwaltung und Signaturerstellung der SESAM-Sicherheitskomponente neu implementiert werden, wie dies in Abbildung 4.17 dargestellt ist. Gleichzeitig waren keine Änderungen an diesen Schnittstellen notwendig, so dass fortgeschrittene und qualifizierte Signaturen aus Sicht von Diensten oder Anwendungen ohne Anpassungen verwendet werden können.

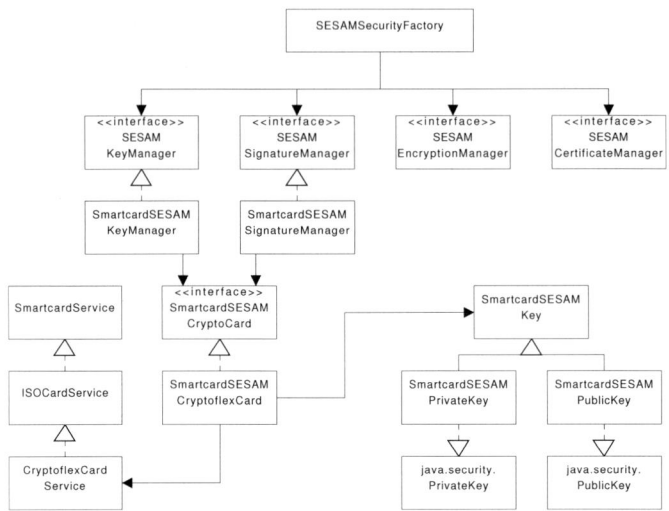

Abbildung 4.17: UML-Diagramm Integration qualifizierte elektronische Signaturen

Die Schnittstelle zur Signaturerstellung und Schlüsselverwaltung bilden die Klassen `SmartcardSESAMSignatureManager` und `SmartcardSESAMKeyManager`. Die eigentlichen Funktionen zum Erstellen von Signaturen und Laden von Schlüsseln wurden in der Klasse `SmartcardSESAMCryptoflexCard` implementiert, welche die Umsetzung der geforderten Funktion für die Smartcard vom Typ Schlumberger Cryptoflex enthält. Diese Klasse verwendet unter anderem das im Paket `de.uka.sesam.base.common.security.smart.framework` abgelegte Rahmenwerk bestehend aus den Klassen `SmartcardService`, `ISOCardServer` und `CryptoflexCardService`, mit dem die Ansteuerung des Kartenlesers und der eigentlichen Smartcard abstrahiert werden kann. In diesem Rahmenwerk sind alle Grundfunktionen zur Kommunikation der SESAM-Sicherheitskomponente mit dem Kartenleser und der Smartcard enthalten. Das Rahmenwerk wurde dabei so ausgelegt, dass neue Smartcards einfach integriert werden können.

Zusätzlich wurden eigene Implementierungen der Schnittstellen `PrivateKey`, `PublicKey` und `SecretKey` aus dem Paket `java.security` vorgenommen, da diese in den Schnittstellen der SESAM-Sicherheitskomponente eingesetzt werden. Die zusätzliche Implementierung dieser Grundtypen ist bei der Integration qualifizierter Signaturen notwendig, da diese Klassen keine kryptographischen Schlüssel, sondern nur Verweise auf die auf der Smartcard gespeicherten geheimen Schlüssel enthalten.

Die Schlüsselverwaltung und die Erstellung digitaler Signaturen unter Verwendung von Smart-cards wird nach dem PKCS#11-Standard [70] durchgeführt. Bei diesem werden die geheimen Schlüssel zur Verschlüsselung oder Erstellung digitaler Signaturen in einem sicheren Bereich auf der Smartcard gespeichert. Der höhere Schutz gegenüber software-basierten Lösungen besteht darin, dass das geheime Schlüsselmaterial nicht aus der Smartcard ausgelesen werden kann. Zur Kommunikation mit dem Kartenleser und der Smartcard wurde der PKCS#15-Standard [72] unter Verwendung der PC/SC-Bibliothek [40] und der Java-Anbindung JP-C/SC [84] verwendet.

Trotz der im Vergleich zu fortgeschrittenen Signaturen erheblich unterschiedlichen Umsetzung von qualifizierten elektronischen Signaturen konnten diese in die SESAM-Sicherheitskomponente integriert werden, ohne dass dafür Änderungen an den bestehenden Schnittstellen notwendig waren.

4.7.2.3 P2P-Signatur

Das in Abschnitt 4.6.2.4 vorgestellte verteilte Signaturverfahren wurde zwar nicht im SESAM-Softwareprototyp umgesetzt, jedoch wurden Protokollteile in der Simulationsumgebung Over-Sim (siehe Anhang A) implementiert, um eine quantitative Evaluierung des Protokolls vornehmen zu können.

Dabei wurde der Protokollschritt der Teilnehmerauswahl gewählt und in der Simulationsumgebung nachgebildet, wie dies in Abbildung 4.18 dargestellt ist.

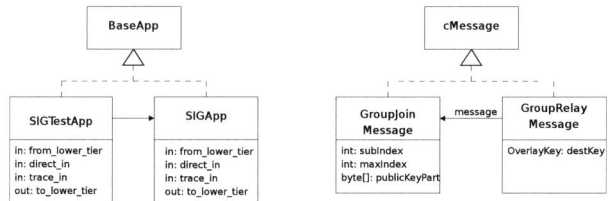

Abbildung 4.18: Module und Nachrichtentypen zur Umsetzung in OverSim

Der ausgewählte Protokollschritt wurde im Modul `SigApp` abgelegt, während das Modul `SigTestApp` eine Testanwendung darstellt, mit Hilfe derer verschiedene Szenarien nachgestellt werden konnten. Zur Kommunikation der verschiedenen Teilnehmer wurde eine Nachricht vom Typ `GroupJoinMessage` definiert, die eine partielle Beitrittsnachricht an ein Gruppenmitglied enthält. Mit Hilfe der Attribute `maxIndex` und `subIndex` wird die maximale Anzahl von Beitrittsnachrichten und der aktuelle Index einer Beitrittsnachricht modelliert. Das Attribut `publicKeyPart` enthält einen Teil des temporären öffentlichen Schlüssels des späteren Schlüsselinhabers, welcher nur zur verteilten Schlüsselerzeugung eingesetzt wird. Nur mit einer Mindestanzahl von Beitrittsnachrichten ist ein Gruppenmitglied in der Lage den öffentlichen Schlüssel zu ermitteln und eine Antwort zurückzusenden.

Um die Übertragung der verschiedenen Beitrittsnachrichten über disjunkte Overlay-Pfade zu realisieren, wurde eine zusätzliche Nachricht vom Typ `GroupRelayMessage` definiert.

Während die erste Beitrittsnachricht an ein Gruppenmitglied direkt verschickt wird, werden die anderen Beitrittsnachrichten vom Typ `GroupJoinMessage` jeweils in eine Nachricht vom Typ `GroupRelayMessage` mit Hilfe des Attributes `message` eingebettet und dann an eine zufällige Overlay-Adresse verschickt. Empfängt ein Knoten eine solche Nachricht, extrahiert er die eigentliche Beitrittsnachricht und verschickt diese an die im Attribut `destKey` angegebene Overlay-Adresse. Diese Vorgehensweise stellt sicher, dass nicht alle Beitrittsnachrichten über den gleichen Pfad im Overlay-Netz übertragen werden und so ein Angreifer die Möglichkeit hat, die Nachrichten mitzulesen und den öffentlichen Schlüssel zu rekonstruieren, welcher zum Gruppenaufbau eingesetzt wird.

4.8 Evaluation

In diesem Abschnitt erfolgt eine Bewertung des vorgestellten verteilten Authentifizierungsdienstes und der Integration verschiedener Formen digitaler Signaturen in die SESAM-Sicherheitskomponente anhand der in Abschnitt 4.3 aufgestellten Anforderungen.

Während für den verteilten Authentifizierungsdienst ausschließlich eine formale Bewertung anhand der funktionalen und nicht-funktionalen Anforderungen vorgenommen wird, erfolgt für die SESAM-Sicherheitskomponente eine zusätzliche quantitative Untersuchung mit Hilfe der Simulationsumgebung OverSim.

4.8.1 Verteilter Authentifizierungsdienst

Von den in Abschnitt 4.3 aufgestellten funktionalen Anforderungen soll mit Hilfe des verteilten Authentifizierungsdienstes die Anforderung nach einem Identitätsnachweis von Marktteilnehmern erfüllt werden. Zusätzlich müssen die in Abschnitt 3.2 aufgestellten nicht-funktionalen Anforderungen erfüllt werden. Dabei liegt das Hauptaugenmerk auf der Sicherheit des verteilten Authentifizierungsdienstes. Nur wenn sichergestellt ist, dass die Identitätsnachweise nicht durch Angreifer gefälscht oder die vor der Zertifizierung stattfindende Authentifizierung nicht beeinflusst werden kann, bieten die vorgestellten Identitätsnachweise eine ausreichende Glaubwürdigkeit und können zum Nachweis der Identität von Marktteilnehmern eingesetzt werden.

4.8.1.1 Identitätsnachweis von Marktteilnehmern

Die Grundlage für den geforderten Identitätsnachweis von Marktteilnehmern auf dem verteilten elektronischen Marktplatz stellt das in Abschnitt 3.4.3.1.3 vorgestellte SESAM-Zertifikat dar. Mit dem SESAM-Zertifikat wird analog zum klassischen ID-Zertifikat eine Bindung zwischen einer Identitätsinformation (z. B. Name, E-Mail) und kryptographischem Schlüsselmaterial hergestellt. Wird eine digitale Signatur mit dem zertifizierten Schlüsselmaterial erzeugt, kann diese der zertifizierten Identität zugeordnet werden. Mit den zusätzlichen Erweiterungen, die in Abschnitt 4.6.1.1.3 vorgestellt wurden, können verschiedene Vertrauensmodelle und unterschiedliche Werte für die Authentizität einer beglaubigten Identität dargestellt werden.

Im Unterschied zum bekannten Zertifikatsstandard X.509 wurde eine Aufteilung der Zertifizierungsinformationen wie Aussteller und Inhaber auf das eigentliche Zertifikatsdokument und die dazugehörige digitale Signatur vorgenommen. Dadurch, dass die Identität des Ausstellers nicht direkter Bestandteil des Zertifikatsdokumentes ist, sondern als ein Bestandteil der Signatur des Ausstellers modelliert wird, können mehrere Aussteller parallel das gleiche Zertifikatsdokument zertifizieren. Dies hat vor allem in Hinblick auf den spontanen Charakter des verteilten elektronischen Marktplatzes Vorteile. Einerseits sind die ausgestellten Zertifikate eher kurzlebig, anderseits treten eine Reihe von Authentifizierungsdiensteanbietern auf.

Für eine Identität muss jeder Marktteilnehmer nur ein Zertifikatsdokument vorhalten, welches von verschiedenen Ausstellern zertifiziert werden kann. Da auf einem spontanen Marktplatz eher kurzlebige Zertifikate ausgestellt werden, ist es auch von Vorteil, dass abgelaufene Signaturen problemlos entfernt werden können, ohne dass andere noch gültige Signaturen dadurch beeinflusst werden. In Hinblick auf die Menge vorhandener Authentifizierungsdiensteanbieter ist dieser Ansatz auch sinnvoll, da anderenfalls pro Vertrauensbeziehung zu einem Authentifizierungsdiensteanbieter ein eigenständiges Zertifikat mit einer digitalen Signatur vorgehalten werden muss.

Der Identitätsnachweis in Form eines ID-Zertifikates wird von einem Authentifizierungsdiensteanbieter nur nach vorheriger Authentifizierung ausgestellt. Dazu stellt der Authentifizierungsdienst ein generisches Authentifizierungsprotokoll und eine einfache Schnittstelle zur Integration zusätzlicher Authentifizierungsverfahren bereit. Nur nach erfolgreicher Authentifizierung zertifiziert der Authentifizierungsdiensteanbieter ein vorgelegtes Zertifikat mit einer zusätzlichen digitalen Signatur.

Um eine Vertrauensbeziehung zu einem anderen Marktteilnehmer aufzubauen, prüft der Teilnehmer alle Signaturen des ID-Zertifikates des anderen Marktteilnehmers. Nur wenn zu einer der digitalen Signaturen eine Vertrauensbeziehung besteht, kann diese auf das Zertifikat ausgeweitet werden. Dazu ist es jedoch notwendig, dass jeder Marktteilnehmer einige Authentifizierungsdiensteanbieter als vertrauenswürdig einstuft. Die zugehörigen Zertifikate der Authentifizierungsdiensteanbieter bilden das Grundvertrauen, alle Vertrauensbeziehungen gehen von diesen Zertifikaten aus. Zusätzlich kann jeder Marktteilnehmer sein eigenes Teilnehmerzertifikat als vertrauenswürdig einstufen, um auch Vertrauensbeziehungen, die direkt ausgesprochen wurden, zu nutzen. Ohne eine Menge von vertrauenswürdigen Zertifikaten kann ein Marktteilnehmer zu keinem anderen Teilnehmer eine Vertrauensbeziehung aufbauen.

Stuft ein Marktteilnehmer ein Zertifikat eines Authentifizierungsdiensteanbieters als vertrauenswürdig ein, so muss in die Bewertung auch eingehen, welche Güte die Vertrauensaussage in die Identität ausgestellter Zertifikate des Anbieters besitzt und welche Authentifizierungsverfahren vom Anbieter zur Verfügung gestellt werden. Verwendet beispielsweise ein Anbieter ein schwaches Authentifizierungsverfahren und hat als Identitätsinformation nur eine Information, die sich schwer einer Person zuordnen lässt (z. B. Benutzername), so besteht eventuell nur eine schwache Vertrauensbeziehung zwischen dem Marktteilnehmer und dem Authentifizierungsdiensteanbieter. Setzt jedoch ein Anbieter nur sichere Authentifizierungsverfahren ein und verfügt über detaillierte Identitätsinformationen (z. B. Name, Anschrift, Telefon), so kann ein Marktteilnehmer Zertifikaten dieses Anbieters hohes Vertrauen entgegenbringen. Die Sicherheit der nachgeprüften Identität des Authentifizierungsdiensteanbieters kann daher nicht pauschal bewertet werden, da diese sehr stark von der Vertrauensbeziehung zwischen dem Teilnehmer und dem Anbieter abhängt.

4.8.1.2 Sicherheit

Neben der funktionalen Anforderung nach einem Identitätsnachweis für Marktteilnehmer stellt vor allem die Sicherheit des Identitätsnachweises eine wichtige Anforderung dar. Nur wenn sichergestellt ist, dass der Identitätsnachweis nicht von Angreifern gefälscht werden kann, kann dieser auch zum Nachweis der Identität gegenüber anderen Marktteilnehmern eingesetzt werden.

Die Sicherheit des Identitätsnachweises ist dabei von unterschiedlichen Komponenten abhängig. Einerseits muss der Identitätsnachweis selbst eine ausreichende Sicherheit gegen Fälschung bereitstellen. Gleichzeitig muss sichergestellt werden, dass der Authentifizierungsdienst genügend Sicherheit bereitstellt, so dass ein Angreifer nicht unerlaubt Identitätsnachweise erzeugen kann. Anderenfalls kann zwar die Sicherheit des Identitätsnachweises selbst garantiert werden, jedoch ist ein Angreifer in der Lage einen Identitätsnachweis zu erstellen, der von anderen Marktteilnehmern akzeptiert wird.

Von den in Abschnitt 4.2 identifizierten Bedrohungen stehen insbesondere das Vortäuschen und das Abstreiten einer Identität eines Marktteilnehmers in Bezug mit der Sicherheit eines Identitätsnachweises im Fokus.

4.8.1.2.1 Marktteilnehmer täuscht Identität vor

Beim Vortäuschen einer Identität versucht der Angreifer mit einer anderen als der eigenen Identität aufzutreten und diese bei Vertragsverhandlungen oder Vertragsabschlüssen einzusetzen. Der Angreifer kann damit versuchen, Vertragsverhältnisse im Namen Dritter zu schliessen oder Verträge mit nicht existenten Vertragspartnern zu erzeugen.

Abbildung 4.19 zeigt die Möglichkeiten des Angreifers, eine Identität vorzutäuschen.

In allen Fällen versucht der Angreifer einen glaubwürdigen Identitätsnachweis zu erzeugen, der von anderen Marktteilnehmern akzeptiert wird. Dabei kann der Angreifer entweder versuchen, einen vorhandenen Identitätsnachweis zu modifizieren oder einen Identitätsnachweis zu erhalten.

Um einen Identitätsnachweis zu kompromittieren, muss der Angreifer entweder das Zertifikatsdokument so modifizieren, dass aufgrund einer Hash-Kollision die Signatur des Ausstellers gültig bleibt oder die Signatur des Ausstellers fälschen. Um die Signatur zu fälschen, muss der Angreifer entweder den privaten Signaturschlüssel des Ausstellers berechnen oder kompromittieren. Laut der Definition des Standardangreifers in Abschnitt 2.8.2 wurde jedoch ausgeschlossen, dass der Angreifer in der Lage ist, mit vertretbarem Aufwand eine gezielte Kollision in der verwendeten Hash-Funktion zu erzeugen und den privaten Schlüssel des Ausstellers effizient zu berechnen oder gezielt zu kompromittieren. Aus diesem Grund ist der Angreifer nicht in der Lage einen vorhandenen Identitätsnachweis so zu modifizieren, dass dieser mit einer gefälschten Identitätsinformation für glaubhaft gehalten wird.

Die andere Möglichkeit des Angreifers, eine Identität vorzutäuschen, besteht darin, einen gültigen Identitätsnachweis mit einer anderen Identität zu erhalten. Dies kann einerseits dadurch erreicht werden, in dem der Angreifer einen Identitätsnachweis eines anderen Marktteilnehmers als seinen eigenen Identitätsnachweis ausgeben kann, andererseits kann der Angreifer

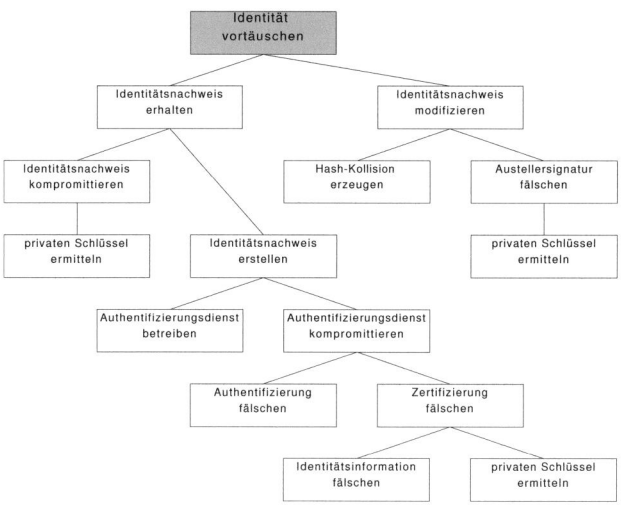

Abbildung 4.19: Attack-Tree "Marktteilnehmer täuscht Identität vor"

versuchen mit Hilfe eines Authentifizierungsdienstes einen gültigen Identitätsnachweis zu erstellen. Dazu kann der Angreifer entweder einen eigenen Authentifizierungsdienst betreiben oder versuchen, einen gefälschten Identitätsnachweis bei einem anderen Authentifizierungsdienst ausgestellt zu bekommen. Beim Versuch einen gefälschten Identitätsnachweis bei einem anderen Authentifizierungsdiensteanbieter ausgestellt zu bekommen, kann der Angreifer entweder versuchen den Authentifizierungsvorgang oder den nachfolgenden Zertifizierungsvorgang zu beeinflussen. Alternativ kann der Angreifer versuchen, den privaten Zertifizierungsschlüssel zu ermitteln, um so selbst ein Zertifikat im Namen des Authentifizierungsanbieters zu erstellen.

Um den Identitätsnachweis eines anderen Marktteilnehmers als den eigenen ausgeben zu können, benötigt der Angreifer Wissen über den zugehörigen geheimen Signaturschlüssel. Dazu kann der Angreifer versuchen, diesen aus dem im Zertifikat enthaltenen öffentlichen Schlüssel zu berechnen oder den privaten Schlüssel des Inhabers zu kompromittieren. Laut der Definition des Standardangreifers ist der Angreifer jedoch nicht in der Lage den privaten Schlüssel zu berechnen oder gezielt vom Inhaber zu kompromittieren.

Zwar kann der Angreifer mit einem eigenen Authentifizierungsdienst einen Identitätsnachweis mit einer gefälschten Identität erzeugen, jedoch werden andere Marktteilnehmer diesen nicht als gültig akzeptieren, da sie selbst keine Vertrauensbeziehung zum Angreifer als ausstellenden Authentifizierungsdiensteanbieter haben. Versucht der Angreifer den eigentlichen Authentifizierungsvorgang gegenüber einem Authentifizierungsdiensteanbieter zu modifizieren oder wiedereinzuspielen, wird das vom Authentifizierungsdienst anhand der digitalen Signaturen und der Sitzungskennung der Authentifizierungsnachrichten erkannt. Auch ist der Angreifer nicht in der Lage eine positive Authentifizierungsmeldung zu fälschen, da dafür Wissen über den privaten Schlüssel des Authentifizierungsdienstes benötigt wird. Der Angreifer ist auch nicht in der Lage, die nachfolgende Zertifizierung zu seinen Gunsten zu beeinflussen. Einerseits kann der Angreifer die Identitätsinformation nicht fälschen, da diese dann vom Authentifizierungsdienst nicht zertifiziert wird, andererseits hat der Angreifer kein Wissen über den Zertifizierungsschlüssel, um diese selbst vornehmen zu können.

Trotz der vielen Möglichkeiten zum Fälschen einer Identität ist der Angreifer nicht in der Lage einen gefälschten Identitätsnachweis bei einem anderen Authentifizierungsdienstanbieter zu erstellen. Dies kann nur gelingen, wenn der Angreifer über die geheime Information verfügt, die ein anderer Marktteilnehmer zur Authentifizierung nutzt. Selbst die Möglichkeit, einen eigenen Authentifizierungsdienst zu betreiben und von diesem Identitätsnachweise zu erstellen, bringt keinen nennenswerten Vorteil für den Angreifer, da diese Identitätsnachweise von anderen Marktteilnehmern aufgrund der fehlenden Vertrauensbeziehung zum Authentifizierungsdienst nicht als glaubhaft eingestuft werden.

Um eine Vertrauensbeziehung von den Teilnehmern zum Authentifizierungsdienst des Angreifers zu etablieren, muss dieser sich über einen längeren Zeitraum wie ein regulärer Authentifizierungsdiensteanbieter verhalten. Nur wenn aufgrund der vom Authentifizierungsdienst des Angreifers erstellten Identitätsnachweise keine bzw. wenige Probleme bei Vertragsabschlüssen und zugehörigen Abwicklungen auftreten, werden andere Teilnehmer den Authentifizierungsdienst des Angreifers als vertrauenswürdig erachten und eine direkte Vertrauensbeziehung aufbauen. Der dafür notwendige zeitliche Vorlauf und aufzubringende Aufwand reduzieren den durch den Angriff erzielbaren Gewinn deutlich. Zudem ist davon auszugehen, dass nach einigen erfolgreichen Angriffen die verbleibenden Teilnehmer die aufgebaute Vertrauensbeziehung zum Authentifizierungsdienst des Angreifers sofort widerrufen, so dass der Angriff nur gegen eine geringe Anzahl von Teilnehmern durchgeführt werden kann. Das zu erwartende Missverhältnis zwischen Aufwand und Nutzen eines solchen Angriffs machen diese Vorgehensweise für einen Angreifer unrentabel.

4.8.1.2.2 Marktteilnehmer streitet Identität ab

Beim Abstreiten einer Identität versucht ein Angreifer die eigene Identität, die bei einem Rechtsgeschäft eingesetzt wurde, abzustreiten. Dies kann aus Sicht des Angreifers sinnvoll sein, wenn ein geschlossener Vertrag nicht oder nur mit finanziellen Nachteilen erfüllt werden kann. Abbildung 4.20 zeigt die Möglichkeiten des Angreifers, um eine vorhandene Identität abzustreiten.

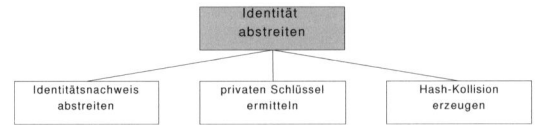

Abbildung 4.20: Attack-Tree "Marktteilnehmer streitet Identität ab"

Am einfachsten kann ein Angreifer eine Identität abstreiten, in dem er behauptet nicht im Besitz des verwendeten Identitätsnachweises zu sein. In diesem Fall kann jedoch der Authentifizierungsdiensteanbieter, welcher den Identitätsnachweis ausgestellt hat, zur Feststellung der

Identität des Zertifikatsinhabers herangezogen werden. Können die Identitätsinformationen des Authentifizierungsdiensteanbieters dem Angreifer zugeordnet werden, ist er nicht in der Lage die Identität abzustreiten.

Alternativ kann der Angreifer versuchen, eine andere Identität mit dem Vorgang in Verbindung zu bringen. Ist beispielsweise der Angreifer ein Rechtsgeschäft eingegangen und streitet seine Teilnahme ab, kann er versuchen, andere Identitätsnachweise vorzulegen, die sich mit dem Vorgang in Verbindung bringen lassen.

Um dieses Ziel zu erreichen, hat der Angreifer theoretisch zwei Möglichkeiten. Einerseits kann er versuchen eine Kollision in der verwendeten Hash-Funktion des Authentifizierungsdiensteanbieters zu finden. Mit Hilfe einer Kollision könnte der Angreifer ein Identitätsnachweis erzeugen, welcher den gleichen Hash-Wert wie ein bereits existierender Identitätsnachweis eines anderen Marktteilnehmers hat. Die digitale Signatur des Ausstellers ließe sich dann nicht mehr eindeutig einem Identitätsnachweis zuordnen. Da jedoch in der Definition des Standardangreifers das Auffinden einer gezielten Kollision als unwahrscheinlich eingestuft wird, ist der Angreifer nicht in der Lage, seine Identität aufgrund einer Hash-Kollision abzustreiten.

Andererseits kann der Angreifer versuchen, das geheime Schlüsselmaterial eines anderen Marktteilnehmers zu kompromittieren und sich auf dessen Basis einen Identitätsnachweis erstellen zu lassen. Für den Fall, dass der Angreifer seine Identität abstreiten will, kann er auf den ursprünglichen Inhaber des Schlüsselmaterials verweisen und behaupten, dass dieser am fraglichen Vorgang beteiligt war. Da die Kompromittierung von geheimem Schlüsselmaterial jedoch ausgeschlossen wurde, eignet sich auch diese Möglichkeit nicht zum Abstreiten einer Beteiligung der eigenen Identität an einem bestimmten Vorgang.

4.8.1.3 Weitere nicht-funktionale Anforderungen

Neben der funktionalen Anforderung nach einem sicheren Identitätsnachweis für Teilnehmer auf der verteilten Marktplattform und der Anforderung nach ausreichender Sicherheit für den vorgestellten Identitätsnachweis wurden weitere nicht-funktionale Anforderungen an den verteilten Authentifizierungsdienst gestellt. Diese sind von den allgemeinen Anforderungen an die verteilte SESAM-Marktplattform abgeleitet und gelten für alle Dienste oder Komponenten.

Die Anforderung nach Dezentralität wurde dadurch erfüllt, dass der Authentifizierungsdienst selbst verteilt umgesetzt wird. Jeder Marktteilnehmer darf als Authentifizierungsdiensteanbieter auftreten und eine eigene Instanz des Authentifizierungsdienstes anbieten. Außerdem kann jeder Marktteilnehmer weitgehend unabhängig von anderen Teilnehmern beliebige Instanzen des verteilten Authentifizierungsdienstes nutzen. Dadurch ist sichergestellt, dass auch bei Ausfall einiger Knoten der Dienst weiterhin, eventuell jedoch mit verminderter Qualität, angeboten und genutzt werden kann.

Durch den Einsatz eines strukturierten Overlay-Netzes zur Kommunikation zwischen den Teilnehmern und Dienstinstanzen und der Organisation der Dienstinstanzen untereinander (siehe Abschnitt 4.6.1.1.4) wird sichergestellt, dass zur Verwaltung der vorhandenen Dienstinstanzen keine zentrale Instanz benötigt wird. Durch die von strukturierten Overlay-Netzen bereitgestellten Mechanismen kann der Ausfall von Knoten erkannt und die Netztopologie selbstständig angepasst werden.

Die Erweiterbarkeit des verteilten Authentifizierungsdienstes wurde mit Hilfe verschiedener Mechanismen sichergestellt. Einerseits wird mit dem vorgestellten Identitätsnachweis in Form eines ID-Zertifikates eine hohe Flexibilität bei der Darstellung von Vertrauensbeziehungen erreicht. Es können sowohl hierarchische, als auch anarchische Vertrauensbeziehungen mit unterschiedlichen Abstufungen hinsichtlich der Authentizität der eigentlichen Identitätsinformation parallel dargestellt werden. Gleichzeitig kann mit Hilfe des generischen Authentifizierungsprotokolls und der öffentlichen Schnittstelle zur Integration neuer Authentifizierungsverfahren der verteilte Authentifizierungsdienst leicht erweitert werden.

Das Rahmenwerk des verteilten Authentifizierungsdienstes (siehe Abschnitt 4.6.1.1) stellt eine Reihe von Grundfunktionen bereit, welche von den eigentlichen Authentifizierungsverfahren wiederverwendet werden können. Zusätzlich enthält das generische Authentifizierungsprotokoll Protokollbausteine, die von den Authentifizierungsverfahren genutzt werden können, ohne dass diese nochmals bereitgestellt werden müssen.

Die vorgestellten Mechanismen des verteilten Authentifizierungsdienstes eignen sich, um die Anforderungen nach Rechtskonformität und Beweissicherheit zu erfüllen. Jedoch ist die erreichbare Beweissicherheit stark vom verwendeten Authentifizierungsverfahren abhängig. Nur bei Authentifizierungsverfahren, die den entsprechenden rechtlichen Bestimmungen des Signaturgesetzes genügen, kann automatisch eine hohe Beweissicherheit erreicht werden. In anderen Fällen muss im Streitfall die Qualität der Beweisinformationen durch einen Gutachter bestimmt werden, bevor diese eingesetzt werden können.

Die geforderte Robustheit wird einerseits dadurch erreicht, dass der Ausfall einzelner Instanzen nicht zum Totalausfall des verteilten Authentifizierungsdienstes führt. Andererseits wird durch die in Abschnitt 3.4 vorgestellte Systemzugangsschicht der SESAM-Basisarchitektur sichergestellt, dass aufgrund der verwendeten Mechanismen einzelne entfernte Dienstaufrufe nicht zum Ausfall der Dienstinstanz führen können.

Um die Funktionsweise bei steigender Teilnehmerzahl sicherzustellen, kann prinzipiell jeder Marktteilnehmer einen eigenen Authentifizierungsdienst anbieten, wodurch eine Überlastung einzelner Knoten vermieden werden könnte. Da zu Beginn jedoch die meisten Marktteilnehmer die notwendige initiale Vertrauensbeziehung nur zu einer Reihe von etablierten Authentifizierungsdienstanbietern besitzen, bringt eine hohe Anzahl von unterschiedlichen Anbietern unter Umständen nicht den gewünschten Erfolg. Alternativ dazu können etablierte Authentifizierungsdienstanbieter jedoch zusätzliche Dienstinstanzen bereitstellen und somit die Überlastung einzelner Dienstinstanzen vermeiden. Dadurch kann die Anforderung nach Skalierbarkeit sowohl durch zusätzliche unabhängige Dienstinstanzen neuer Marktteilnehmer als auch durch zusätzliche Dienstinstanzen bereits vorhandener Authentifizierungsdienstanbieter erfüllt werden.

4.8.1.4 Bewertung

Tabelle 4.1 enthält eine Zusammenfassung der funktionalen und nicht-funktionalen Anforderungen. Für jede Anforderung ist aufgeführt, ob diese erfüllt werden konnte und welche Mechanismen dazu in den verteilten Authentifizierungsdienst integriert wurden.

Abschließend wird festgestellt, dass mit dem vorgestellten SESAM-Zertifikat und dem verteilten Authentifizierungsdienst die Anforderung nach einem Identitätsnachweis für Teilnehmer auf

Anforderung	Bewertung	Beschreibung
Identitätsnachweis	ja	Einsatz ID-Zertifikat
Dezentralität	ja	beliebig gleichberechtigte Anbieter
Selbstorganisation	ja	Einsatz ServiceNet und Overlay-Netzwerk
Erweiterbarkeit	ja	generisches Authentifizierungsprotokoll, Schnittstelle für Authentifizierungsverfahren
Wiederverwendbarkeit	ja	Protokollbausteine für Authentifizierungs-verfahren
Rechtskonformität	ja	Definition Zertifikatsstruktur
Beweissicherheit	partiell	Beweiswert abhängig vom Authentifizierungsverfahren und Authentifizierungsdienstanbieter
Robustheit	ja	mehrere unabhängige Dienstinstanzen
Sicherheit	ja	digitale Signaturen, Verschlüsselung, DoS- und Replay-Abwehr

Tabelle 4.1: Bewertung Identitätsnachweis/Verteilter Authentifizierungsdienst

dem verteilten elektronischen Marktplatz erfüllt werden kann. Neben dem SESAM-Zertifikat, welches mittels digitaler Signaturen gegen unerkannte Veränderungen geschützt wird, stellen das generische Authentifizierungsprotokoll und das Rahmenwerk des verteilten Authentifizierungsdienstes die notwendigen technischen Primitive bereit, um sichere Authentifizierungsverfahren als eigenständige Module umzusetzen und diese in den verteilten Authentifizierungsdienst zu integrieren, ohne dass dafür Änderungen an der bestehenden Infrastruktur vorgenommen werden müssen. Der Beweiswert eines Identitätsnachweises ist jedoch auch von den Güte des Anbieters abhängig.

4.8.2   Erweiterungen der SESAM-Sicherheitskomponente

Mit der Integration zusätzlicher Formen digitaler Signaturen in die SESAM-Sicherheitskomponente sollen die funktionalen Anforderungen aus Abschnitt 4.3 nach Integritätsschutz und Zuordenbarkeit elektronischer Willenserklärungen erfüllt werden.

Neben den funktionalen Anforderungen sind vor allem die nicht-funktionalen Anforderungen Sicherheit, Rechtskonformität und Beweissicherheit bei der Evaluation der Erweiterungen der SESAM-Sicherheitskomponente zu berücksichtigen. Die verbleibenden nicht-funktionalen Anforderungen wie Dezentralität, Selbstorganisation, Robustheit und Skalierbarkeit spielen eine untergeordnete Rolle, da die integrierten Verfahren bis auf das verteilte Signaturverfahren nicht auf die verteilte Infrastruktur aufsetzen, sondern nur lokal angewandt werden.

Im Anschluss erfolgt eine formale Bewertung der unterschiedlichen Signaturverfahren nach dem Signaturgesetz anhand der aufgestellten funktionalen Anforderungen und den nicht-funktionalen Anforderungen Sicherheit, Rechtskonformität und Beweissicherheit. Danach erfolgt eine Evaluation des in Abschnitt 4.6.2.4 vorgestellten verteilten Signaturverfahrens. Neben einer formalen Bewertung der enthaltenen Sicherheitsmechanismen erfolgt auch eine quantitative Bewertung mittels der Simulationsumgebung OverSim (siehe Anhang A) hinsichtlich Robustheit und Skalierbarkeit.

4.8.2.1 Erweiterungen nach Signaturgesetz

Um die rechtlichen Bestimmungen aus dem Signaturgesetz und der Signaturverordnung erfüllen zu können, wurden die im Signaturgesetz definierten Signaturformen in die SESAM-Sicherheitskomponente integriert. Neben den bereits vorhandenen fortgeschrittenen elektronischen Signaturen auf Basis von Softwarekryptographiemodulen wurden sowohl einfache, als auch qualifizierte elektronische Signaturen umgesetzt.

4.8.2.1.1 Integritätsschutz und Zuordenbarkeit

Aufgrund der eingesetzten kryptographischen Verfahren wie kryptographische Einwegfunktionen (siehe Abschnitt 2.2.4) und asymmetrischen Chiffren (siehe Abschnitt 2.2.2) zur Erstellung elektronischer Signaturen können die aufgestellten funktionalen Anforderungen sowohl für fortgeschrittene, als auch qualifizierte elektronische Signaturen erfüllt werden.

Wird ein bereits signiertes Dokument verändert, so unterscheidet sich das Ergebnis der kryptographischen Einwegfunktion mit dem in der digitalen Signatur festgehaltenen Wert. Die Zuordenbarkeit wird über die digitale Signatur unter das elektronische Dokument und der Zuordnung der digitalen Signatur zu einem Zertifikat erreicht. Wenn die Gültigkeit einer digitalen Signatur mit dem im Teilnehmerzertifikat enthaltenen öffentlichen Schlüssel nachgewiesen werden kann, gilt der Teilnehmer als der Ersteller der digitalen Signatur und im Fall einer elektronischen Willenserklärung als dessen Ersteller.

4.8.2.1.2 Sicherheit

Laut der Definition des Standardangreifers in Abschnitt 2.8.2 ist der Angreifer beim Brechen kryptographischer Verfahren polynomiell gebunden, so dass aktuelle kryptographische Einwegfunktionen (z. B. SHA-1, SHA-256) und asymmetrische Chiffrierverfahren (z. B. RSA) mit den aktuell üblichen Schlüssellängen nicht in akzeptabler Zeit gebrochen werden können. Durch den Einsatz digitaler Signaturen (siehe Abschnitt 2.2.5), die auf diesen beiden kryptographischen Grundfunktionen beruhen, ist der Integritätsschutz von elektronischen Willenserklärungen, die mit einer digitalen Signatur versehen werden, gewährleistet.

In Kombination mit dem vorgestellten Identitätsnachweis in Form eines ID-Zertifikates, welches eine Bindung zwischen kryptographischem Schlüsselmaterial und einer Identitätsinformation (z. B. Name, E-Mail) herstellt, wird auch die Anforderung nach Zuordenbarkeit einer elektronischen Willenserklärung erfüllt. Wird die digitale Signatur mit dem im Zertifikat enthaltenen Schlüsselmaterial erstellt, ist jederzeit eine Zuordnung der Signatur zu einem Zertifikat möglich. Die Identität des Erstellers einer elektronischen Willenserklärung kann aus den Identitätsinformationen des zugehörigen Zertifikates ermittelt werden.

Für einfache elektronische Signaturen, die der Vollständigkeit halber auch in die SESAM-Sicherheitskomponente integriert wurden, können diese Anforderungen nicht erfüllt werden.

Zwar ist auch in diesem Fall das elektronische Dokument mit einer digitalen Unterschrift versehen, jedoch kommen bei der Erstellung der Signatur keine kryptographischen Verfahren zum Einsatz. Gleichzeitig kann auch für einfache elektronische Signaturen die Zuordenbarkeit von elektronischen Erklärungen zum Erklärenden nicht gewährleistet werden.

4.8.2.1.3 Rechtskonformität und Beweissicherheit

Die Anforderung nach Rechtskonformität kann von allen Verfahren, die zur Erstellung elektronischer Signaturen in die SESAM-Sicherheitskomponente integriert wurden, erfüllt werden, auch wenn nicht alle Verfahren die geforderten Funktionen einer handschriftlichen Unterschrift (siehe Abschnitt 2.7.1.4) bereitstellen können.

So können beispielsweise einfache elektronische Signaturen die Echtheits-, Identitäts- und Verifikationsfunktion nur unzureichend bereitstellen, da sowohl die elektronische Signatur, als auch die unterzeichnete Willenserklärung modifiziert werden können, ohne dass dies im Nachhinein festgestellt werden kann. Auch kann die Willenserklärung erweitert werden, ohne dass dies festgestellt werden kann, wodurch die Abschlussfunktion nicht erfüllt wird. Im Vergleich zu anderen Signaturarten ist zudem die Warnfunktion nicht ausreichend ausgeprägt. Ausgehend von einigen fehlenden Funktionen einfacher elektronischer Signaturen kann auch die Beweisfunktion nicht in der geforderten Qualität erbracht werden.

Im Vergleich dazu können fortgeschrittene elektronische Signaturen mehr Funktionen bereitstellen. Neben der Verifikationsfunktion werden auch die Abschluss- und Warnfunktion erfüllt. Die Echtheitsfunktion kann nur dann erbracht werden, wenn sichergestellt ist, dass der private geheime Signaturschlüssel nicht kompromittiert oder absichtlich offengelegt wurde. Trotzdem können die Identitäts- und Beweisfunktion nicht ausreichend bereitgestellt werden, auch wenn im Vergleich zu einfachen elektronischen Signaturen ein höherer Beweiswert erbracht werden kann. Im Fall einer juristischen Auseinandersetzung muss der genaue Beweiswert einer fortgeschrittenen elektronischen Signatur durch einen Gutachter bewertet werden. Problematisch bei fortgeschrittenen Signaturen ist die Tatsache, dass der Schlüsselinhaber den privaten Signaturschlüssel absichtlich offenlegen kann und im Anschluss versucht, bereits geleistete Signaturen aufgrund des bekannten privaten Schlüssel abzustreiten.

Alle Funktionen, die an eine handschriftliche Unterschrift gestellt werden, können auch durch qualifizierte elektronische Signaturen erfüllt werden. Im Fall qualifizierter elektronischer Signaturen ohne Anbieterakkreditierung wird im Streitfall der Beweiswert der vorliegenden Signatur ebenfalls durch einen Gutachter bewertet, bei einer qualifizierten Signatur auf Basis eines Zertifikates eines akkreditierten Anbieters entfällt die Bewertung und es gilt der Anscheinsbeweis nach §371a ZPO (siehe Abschnitt 2.7.1.5). Die hohe Beweissicherheit bei qualifizierten Signaturen wird durch den Einsatz einer sicheren Signaturerstellungseinheit und der Zertifizierung des Schlüsselinhabers durch einen Zertifizierungsdiensteanbieter erreicht. Ein Vergleich der Schriftform und der elektronischen Form erfolgte in Abschnitt 2.7.1.6.

4.8.2.2 P2P-Signatur

Neben den aus dem Signaturgesetz bekannten Arten digitaler Signaturen wurde ein zusätzliches verteiltes Signaturverfahren vorgestellt, welches im Gegensatz zu den bekannten fortgeschrittenen Signaturen auch die Anforderungen an eine sichere Signaturerstellungseinheit erfüllt und

sich somit zwischen den fortgeschrittenen und qualifizierten elektronischen Signaturen einord-
net. Aufgrund der Umsetzung des Signaturverfahrens auf Basis einer verteilten Infrastruktur
ohne einen zentralen Betreiber können die verbleibenden Anforderungen an qualifizierte elektronische Signaturen nicht vom verteilten Signaturverfahren erfüllt werden.

4.8.2.2.1 Integritätsschutz und Zuordenbarkeit

Da die gleichen kryptographischen Verfahren wie bei fortgeschrittenen und qualifizierten Signaturen zum Einsatz kommen, können die Anforderungen an Integritätsschutz und Zuordenbarkeit in gleichem Maße erfüllt werden. Veränderungen an bereits signierten Dokumenten werden
aufgrund unterschiedlicher Ergebnisse der kryptographischen Einwegfunktion erkannt. Die Zuordenbarkeit erfolgt ebenfalls über den im Zertifikat enthaltenen öffentlichen Signaturschlüssel.

4.8.2.2.2 Rechtskonformität und Beweissicherheit

Wie bei fortgeschrittenen elektronischen Signaturen können durch das verteilte Signaturverfahren bereits eine Reihe der geforderten Unterschriftsfunktionen erfüllt werden. Zusätzlich dazu
wird bei dem vorgestellten Signaturverfahren die Echtheitsfunktion bereitgestellt, da der private geheime Signaturschlüssel nicht durch den Signaturschlüsselinhaber offengelegt werden
kann. Die geforderte Identitäts- und Beweisfunktion können zwar in gewissem Maße erbracht
werden, bedürfen im Einzelfall jedoch einer zusätzlichen rechtlichen Bewertung.

4.8.2.2.3 Sicherheit

Die Sicherheit des verteilten Signaturverfahrens hängt von der Sicherheit aller drei Verfahrensschritte Teilnehmerwahl, verteilte Schlüsselerzeugung und Signaturerstellung ab. Dabei ist die
Sicherheit der Teilnehmerwahl von großer Bedeutung. Kann diese nicht gewährleistet werden,
kann ein Angreifer das verteilte Signaturprotokoll kompromittieren, auch wenn die nachfolgenden Verfahrensschritte wie die verteilte Schlüsselerzeugung und die verteilte Signaturerstellung
sicher gegenüber (externen) Angreifern sind.

Ist ein Angreifer in der Lage, die Teilnehmerwahl zu beeinflussen und genügend eigene Knoten
als Gruppenmitglieder einzusetzen, verfügt der Angreifer nach der verteilten Schlüsselerzeugung über ausreichend viele Teilschlüssel k_i, so dass der Angreifer im Anschluss in der Lage
ist, ohne Wissen des eigentlichen Signaturschlüsselinhabers A gültige digitale Signaturen zu erstellen. Im vorliegenden Szenario tritt der Fall dann ein, wenn ein Angreifer die Mehrheit aller
Gruppenmitglieder bereitstellen kann.

Um einen eigenen Knoten als Gruppenmitglied platzieren zu können, muss der Angreifer den
ersten Protokollschritt innerhalb der Teilnehmerwahl angreifen. Hat ein zukünftiges Gruppenmitglied ausreichend viele Beitrittsnachrichten vom Signaturschlüsselinhaber erhalten und ist
in der Lage, den öffentlichen Schlüssel zu ermitteln, hat der Angreifer keine Möglichkeit mehr,
dieses Gruppenmitglied zu ersetzen.

Selbst wenn der Angreifer parallel dazu genug Beitrittsnachrichten mitlesen konnte, wird die
Rückmeldung des Gruppenmitgliedes der Rückmeldung des Angreifers vorgezogen, da der

Hash-Wert des öffentlichen Schlüssels des zukünftigen Gruppenmitgliedes näher an der errechneten Overlay-Adresse OA_{G_i} liegt als der Wert des Angreifers. Außerdem haben der Signaturschlüsselinhaber A und das Gruppenmitglied G_i dann ihre öffentlichen Schlüssel ausgetauscht, so dass sie in Zukunft sicher miteinander kommunizieren können. Zudem führt jedes Gruppenmitglied eine Überprüfung des Signaturschlüsselinhabers durch, da es diesem einen signierten Zufallswert r_i verschickt, der mit dem öffentlichen Schlüssel des Signaturschlüsselinhabers verschlüsselt wird. Somit ist nur der Signaturschlüsselinhaber in der Lage, diesen Wert aufzudecken. Bei der Verteilung der öffentlichen Schlüssel aller Gruppenmitglieder am Ende der Teilnehmerwahl muss der Signaturschlüsselinhaber den Wert r_i mit einer digitalen Signatur $S_A(r_i)$ versehen, so dass nachgewiesen wurde, dass der behauptete Signaturschlüsselinhaber A auch im Besitz des passenden geheimen Schlüssels $k_{A,priv}$ ist. Zudem wird die Nachricht wieder mit dem öffentlichen Schlüssel des Gruppenmitgliedes verschlüsselt und kann von Dritten nicht eingesehen werden.

Somit bleibt dem Angreifer nur die Vorgehensweise, möglichst viele Beitrittsnachrichten mitzuhören und zu verwerfen, so dass diese nicht vom zukünftigen Gruppenmitglied empfangen werden können. Das Modifizieren oder Wiedereinspielen von Beitrittsnachrichten erbringt für den Angreifer keinen Vorteil, da dieser ein potentielles Gruppenmitglied ersetzen und nicht in eine andere Gruppe einladen möchte. Auch lohnt sich eine sog. Man-in-the-Middle-Attacke für den Angreifer nicht, da er ein Gruppenmitglied vollständig ersetzen möchte und nicht die Kommunikation zwischen Signaturschlüsselinhaber und Gruppenmitglied mitlesen und modifizieren möchte.

Zwar erfüllen alle weiteren Protokollschritte der Teilnehmerwahl die Anforderungen nach Authentizität, Integrität und Vertraulichkeit, da die Nachrichten jederzeit entweder dem Signaturschlüsselinhaber A oder einem Gruppenmitglied G_i zugeordnet werden können, gegen Veränderung geschützt sind und bei Bedarf verschlüsselt werden, jedoch können diese Anforderungen vom ersten Protokollschritt nicht erfüllt werden. Da der Signaturschlüsselinhaber und die Gruppenmitglieder noch keinerlei Vertrauensbeziehung aufgebaut haben, kann der Signaturschlüsselinhaber die Echtheit der Rückantwort eines Gruppenmitgliedes nicht verifizieren. Deshalb wird im ersten Protokollschritt durch das parallele Versenden von partiellen Beitrittsnachrichten versucht, die Wahrscheinlichkeit zu minimieren, dass ein Angreifer die vollständige Beitrittsnachricht erhalten kann und sich selbst als ein gültiges Gruppenmitglied ausgibt.

Für die verteilte Schlüsselerzeugung, bei der ein bekanntes Verfahren [52] eingesetzt wurde, wurde im Rahmen dieser Arbeit keine eigene Sicherheitsevaluierung vorgenommen, Für eine ausführliche Sicherheitsbewertung wird auf Abschnitt 9.3 in [52] verwiesen. Aus diesem geht hervor, dass bei der verteilten Schlüsselerzeugung ein Angreifer nicht in der Lage ist, Kenntnis über den geheimen Signaturschlüssel zu erlangen, sofern der Angreifer nicht die entsprechende Menge von Gruppenmitgliedern selbst stellt.

Um die spätere Signaturerstellung anzugreifen, muss der Angreifer einerseits Kenntnis über den nächsten Wert der Hash-Kette haben und die Möglichkeit besitzen, die per SMS versandte Transaktionsnummer abzufangen, sofern der Angreifer nicht in der Lage war, die Teilnehmerwahl zu kompromittieren. Zwar ist der letzte verwendete Element h_j der Hash-Kette bekannt, jedoch gelingt es dem Angreifer aufgrund der Einschränkungen des Standardangreifers (siehe Abschnitt 2.8.2) nicht, effizient daraus das vorhergehende Element h_{j-1} der Hash-Kette zu bestimmen. Außerdem wird es als unrealistisch eingeschätzt, dass ein Angreifer in der Lage ist, die Infrastruktur eines Mobilfunkbetreibers zu kompromittieren und so die SMS mit der Transaktionsnummer abzufangen. Auch ist es unwahrscheinlich, dass ein Angreifer Zugriff auf die SIM-Karte des Signaturschlüsselinhaber erhält, ohne dass dies von diesem bemerkt wird.

Selbst wenn der Angreifer die initiale Signaturaufforderung (SIGNATURE-INIT) des Signaturschlüsselinhabers bei der Erstellung einer verteilten Signatur abfängt und den zu signierenden Hash-Wert $H(m)$ ersetzt, um ein anderes Dokument m unterzeichnen zu lassen, wird dies durch die Gruppenmitglieder festgestellt. Der Signaturschlüsselinhaber ermittelt aufgrund des unterschiedlichen Hash-Wertes eine falsche Transaktionsnummer, die von den Gruppenmitgliedern nicht akzeptiert wird und diese die Signaturerstellung verweigern.

Abschließend kann aufgrund der Problematik, dass der Signaturschlüsselinhaber und die Gruppenmitglieder zu Beginn keinerlei Vertrauensbeziehung zueinander haben und diese erst während der Teilnehmerwahl aufgebaut wird, dem verteilten Signaturprotokoll keine absolute Sicherheit bescheinigt werden, da diese maßgeblich von der Robustheit des ersten Protokollschrittes der Teilnehmerwahl abhängt. Nur wenn sichergestellt ist, dass während der Teilnehmerwahl ein Angreifer nicht in der Lage war, die Mehrheit aller Gruppenmitglieder zu ersetzen, kann das vorgestellte verteilte Signaturverfahren die gewünschte Sicherheit bereitstellen. Die Ergebnisse in Bezug auf die Robustheit der Teilnehmerwahl werden im nachfolgenden Abschnitt vorgestellt.

4.8.2.2.4 Robustheit

Neben der Sicherheit wurde auch die Robustheit des vorgestellten Signaturverfahrens untersucht. Dabei wurde festgestellt, dass die Sicherheit des verteilten Signaturverfahrens maßgeblich abhängig von der Robustheit der Mitgliederwahl gegenüber Angreifern ist. Aus diesem Grund wurde mittels der Simulationsumgebung OverSim (siehe Anhang A) untersucht, wie stark eine erfolgreiche Mitgliederwahl von der Angreiferwahrscheinlichkeit abhängig ist. In diesem Szenario versucht der Angreifer möglichst viele Beitrittsnachrichten eines Teilnehmers mitzulesen und zu unterdrücken, so dass der Angreifer anstelle des Teilnehmers in die Gruppe eintreten kann. Eine Mitgliederwahl wird als nicht erfolgreich eingestuft, wenn der Angreifer es geschafft hat, mehr als die Hälfte aller Gruppenmitglieder bereitzustellen und dann in der Lage ist, digitale Signaturen unter Verwendung des geheimen Schlüssels des Signaturschlüsselinhabers A zu erstellen, ohne dass dieser davon Kenntnis hat.

Tabelle 4.2 enthält die Simulationsparameter zur Sicherheitsanalyse der Teilnehmerwahl des verteilten Signaturverfahrens. Die Parameter, die über verschiedene Simulationsläufe variiert wurden, sind grau hinterlegt.

Für alle Untersuchungen wurde die Anzahl der Teilnehmer zwischen 1024 (2^{10}) und 16384 (2^{14}) variiert. Als Zugangsnetz wurden für jeden Teilnehmer ein typischer asymmetrischer DSL-Zugang mit 16 Mbit/s Download- und 1 Mbit/s Upload-Datenrate mit einer Verzögerung von 20 ms und einer Nutzdatengröße von 1452 Byte pro Paket modelliert. Zugunsten einer höheren Simulationsgeschwindigkeit wurde als Underlay-Netzwerk das OverSim-eigene SimpleUnderlay verwendet, welches auf eine genaue Modellierung der Kernnetzes verzichtet. Die Eintrittsrate von neuen Knoten beträgt 100 Knoten pro Sekunde. Nach dem Beitritt aller Knoten wird eine Initialisierungsphase von 10 Minuten abgewartet, in der sich das Overlay stabilisiert und die Nachbarschaftsbeziehungen der einzelnen Overlay-Teilnehmer aufgebaut werden. Während der 30-minütigen Simulation führt jeder Knoten jeweils eine Teilnehmerwahl gleichverteilt inner-

Parameter	Parameterraum	Beschreibung
Teilnehmer	$2^{10}, 2^{11}, 2^{12}, 2^{13}, 2^{14}$	Anzahl Teilnehmer
Angreifer	1, 2, 5, 10%	Anteil Angreifer
Eintrittsrate	100/s	Eintrittsrate Overlay
Initialisierungszeit	600 s	Stabilisierungsphase Overlay
Simulationszeit	1800 s	Evaluierungsphase
Overlay	Chord	Overlay-Topologie
Underlay	SimpleUnderlay	Underlay-Topologie
Zugangsnetz	DSL - 16 Mbit/s, 20 ms	Verkehrsdaten Zugangsnetz
Paketgröße	1452 Byte	Nutzdatengröße pro Paket
Gruppengröße	3, 7, 13, 23	Teilnehmer pro Schlüsselgruppe
Nachrichten	5, 7, 11, 13	Nachrichten pro Teilnehmer
Schlüssellänge	1024 bit	Länge Signaturschlüssel
Hashwertlänge	160 bit	Länge Hashwert
Zufallswert	32 bit	Länge Zufallswert

Tabelle 4.2: Simulationsparameter Robustheitsanalyse

halb der Simulationszeit durch. Für jede untersuchte Konfiguration wurden 10 Simulationsläufe mit unterschiedlichen Startwerten der verwendeten Zufallszahlengeneratoren vorgenommen. Die dargestellten Ergebnisse wurden gemittelt und mit dem 90%-igen Konfidenzintervall dargestellt.

Die Gruppengröße wurde zwischen 3 und 23 Teilnehmern variiert, pro Teilnehmer wurden zwischen 5 und 13 Beitrittsnachrichten versandt. Um die gewünschte Verteilung des Signaturschlüssels zu erreichen, muss eine gewisse Mindestanzahl an Teilnehmern eingesetzt werden. Andererseits darf die Anzahl der Gruppenmitglieder auch nicht beliebig hoch sein, da sonst der Kommunikationsaufwand bei der Schlüsselerzeugung für die einzelnen Gruppenmitglieder stark ansteigt. Um das Abhören von Beitrittsnachrichten durch einen Angreifer zu erschweren, muss die Beitrittsnachricht an ein Gruppenmitglied in mehrere Teile aufgeteilt werden. Gleichzeitig ist zu beachten, dass abhängig vom Overlay-Netz jeder Knoten nur eine gewisse Anzahl von Nachbarschaftsbeziehungen hat, so dass es keinen deutlichen Vorteil bringt, mehr Beitrittsnachrichten pro Gruppenmitglied als Nachbarschaftsbeziehungen zu verschicken, da sonst mit hoher Wahrscheinlichkeit identische Teilpfade zum Nachrichtentransport verwendet werden.

Der Angreifer, der in diesem Szenario modelliert wurde, versucht die Teilnehmerwahl zu kompromittieren und sich anstelle der ausgewählten Teilnehmer in die Gruppe aufnehmen zu lassen. Zu diesem Zweck liest der Angreifer alle Overlay-Nachrichten, die über seinen Knoten laufen, mit und verwirft die mitgelesenen Nachrichten, so dass diese nicht mehr zum gewünschten Teilnehmer übertragen werden. Wenn der Angreifer in der Lage ist, die Mehrheit aller an einen Teilnehmer versendeten Nachrichten mitzulesen, kann er anstelle des Teilnehmers in die Gruppe eintreten. Die Gruppe, die später den Signaturschlüssel verwaltet, gilt als kompromittiert, wenn mehr als die Hälfte aller Gruppenmitglieder durch den Angreifer gestellt werden.

Neben dem Mitlesen und Verwerfen von Nachrichten führt der Angreifer keine weiteren Aktionen durch. Das Modifizieren oder Wiedereinspielen von abgehörten Nachrichten ist in diesem

Szenario nicht von Bedeutung, da der Angreifer selbst als ein Gruppenmitglied auftreten und nicht andere Gruppenmitglieder in eine gefälschte Gruppe einladen möchte.

Abbildung 4.21 zeigt den Anteil gültiger Gruppen nach der Teilnehmerwahl bei einer Gruppengröße von 3 Teilnehmern. Die Teilnehmerwahl gilt als erfolgreich, wenn der Angreifer nicht in der Lage war, die Mehrheit der Gruppenmitglieder zu stellen, was bei einer Gruppengröße von 3 Teilnehmern bedeutet, dass der Angreifer nur einen Teilnehmer pro Gruppe stellen darf. Um die Zusammensetzung der resultierenden Gruppen zu veranschaulichen, zeigt Abbildung 4.22 den Anteil gültiger Teilnehmer pro Gruppe.

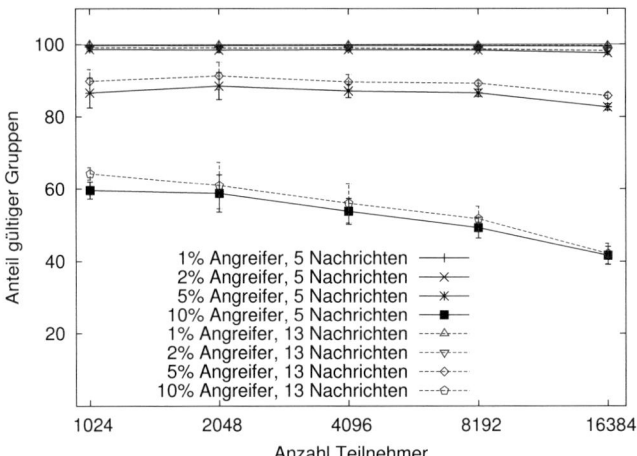

Abbildung 4.21: Anteil gültiger Gruppen (Gruppengröße 3)

In beiden Abbildungen ist erkennbar, dass der Anteil gültiger Gruppen bzw. Teilnehmer mit zunehmender Angreiferwahrscheinlichkeit wie erwartet abnimmt. Während bei 5% Angreifern ein leichter Abfall des Anteils gültiger Gruppen festzustellen ist, führen 10% Angreifer zu einer deutlich geringeren Anzahl. Zudem fällt der Anteil gültiger Gruppen bei 10% Angreifern mit steigender Teilnehmeranzahl stark ab.

Dieser deutliche Abfall bei 10% Angreifern und steigender Teilnehmerzahl lässt sich jedoch mit Hilfe der grundlegenden Eigenschaften strukturierter Overlay-Netze erklären. So wächst beispielsweise bei Chord [130] die durchschnittliche Pfadlänge nur logarithmisch ($\frac{1}{2}log_2(n)$) mit steigender Teilnehmeranzahl, während die absolute Anzahl der Angreifer linear steigt. Dies hat zur Folge, dass die Wahrscheinlichkeit von Angreifern auf einem beliebigen Pfad des Chord-Overlays mit zunehmender Teilnehmeranzahl trotz gleichbleibender Angreiferwahrscheinlichkeit ansteigt. Eine detailliertere Darstellung dieses Effektes und mögliche Auswirkungen werden in Anhang B beschrieben.

Der beobachtete Effekt wird auch in den Abbildungen 4.23 und 4.24 deutlich, die den Anteil gültiger Gruppen bzw. Teilnehmer pro Gruppe bei einer Gruppengröße von 13 Teilnehmern darstellen.

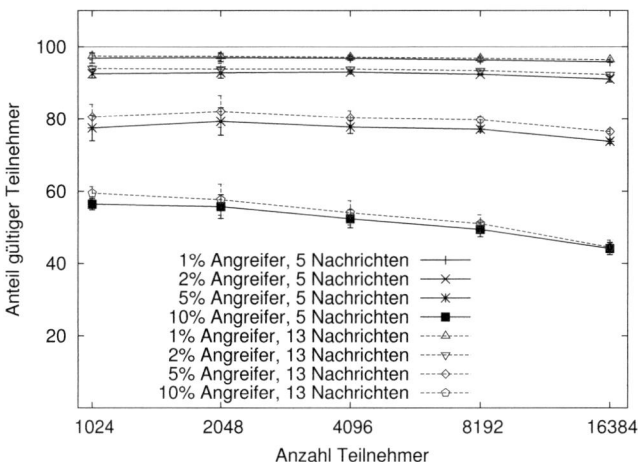

Abbildung 4.22: Anteil gültiger Teilnehmer pro Gruppe (Gruppengröße 3)

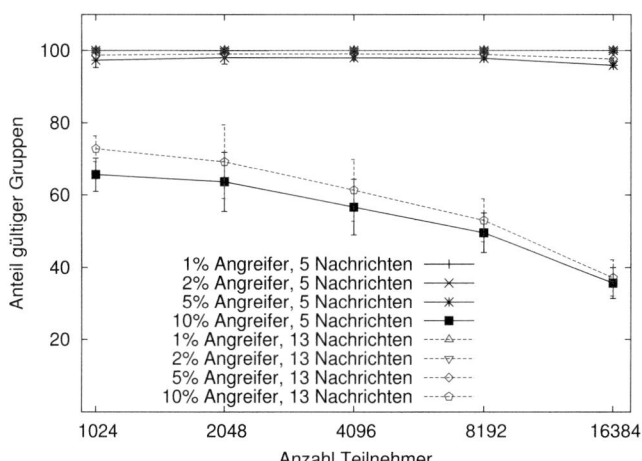

Abbildung 4.23: Anteil gültiger Gruppen (Gruppengröße 13)

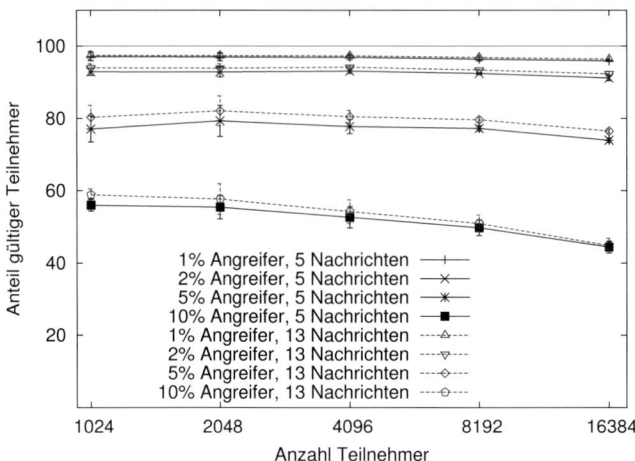

Abbildung 4.24: Anteil gültiger Teilnehmer pro Gruppe (Gruppengröße 13)

Während die Wahrscheinlichkeit gültiger Teilnehmer (Abbildung 4.24) vergleichbar mit dem Szenario mit einer Gruppengröße von 3 Teilnehmern ist (Abbildung 4.22), zeigt sich für den Anteil gültiger Gruppen (Abbildung 4.23) ein anderes Bild. Bis 5% Angreifer wird eine sehr hoher Anteil gültiger Gruppen erreicht, erst bei 10% Angreifer fällt der Anteil wieder auf den Wert wie bei einer Gruppengröße von 3 zurück. Bei geringen Angreiferwahrscheinlichkeiten ist der Angreifer nicht in der Lage ausreichend Nachrichten abzufangen und mitzulesen und anstelle eines Teilnehmers in die Gruppe einzutreten. Bei 10% Angreiferwahrscheinlichkeit ist jedoch die Wahrscheinlichkeit sehr hoch, dass sich ein Angreifer auf einem beliebigen Overlay-Pfad befindet und in der Lage ist, die Beitrittsnachrichten abzuhören.

Dieses Verhalten wird nochmals in Abbildung 4.25 verdeutlicht. Für feste Angreiferwahrscheinlichkeiten von 5 und 10% und eine feste Anzahl von 13 Nachrichten pro Teilnehmer ist der Anteil gültiger Gruppen für unterschiedliche Gruppengrößen dargestellt.

Für eine Angreiferwahrscheinlichkeit von 5% wird die Erfolgswahrscheinlichkeit der Teilnehmerwahl durch ein Erhöhen der Anzahl der Gruppenmitglieder verbessert. Auch bei steigender Gesamtanzahl von Teilnehmern kann die hohe Erfolgswahrscheinlichkeit gehalten werden. Zwar führt ein Erhöhen der Mitgliederanzahl auch bei einer Angreiferwahrscheinlichkeit von 10% anfänglich zu einer höheren Erfolgswahrscheinlichkeit, jedoch verschwindet dieser Effekt bei steigender Gesamtanzahl. Dieses Verhalten ist auf den in Anhang B beschriebenen Effekt zurückzuführen, da mit steigender Teilnehmerzahl die Wahrscheinlichkeit stärker steigt, dass ein Angreifer sich auf einem beliebigen Overlay-Pfad befindet und Nachrichten mithören kann. Bei einer Gesamtanzahl von 16384 Teilnehmern ist sogar zu beobachten, dass der Anteil gültiger Gruppen für große Gruppen mit 13 oder 23 Gruppenmitgliedern stärker fällt als bei kleineren Gruppen mit 3 oder 7 Teilnehmern.

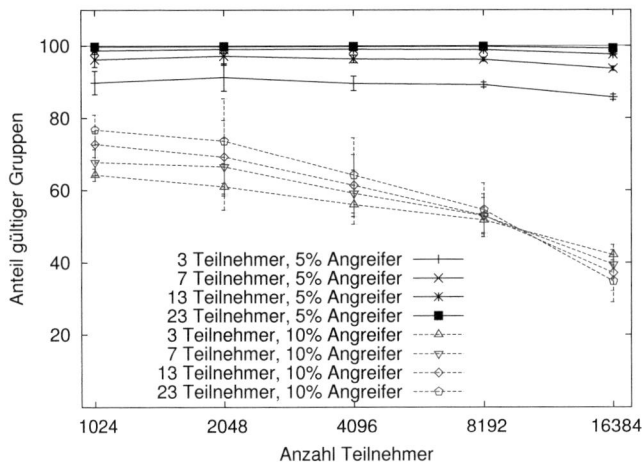

Abbildung 4.25: Anteil gültiger Gruppen (Gruppengröße 13)

Abschließend kann festgestellt werden, dass die Teilnehmerwahl des verteilten Signaturverfahrens für Angreiferwahrscheinlichkeiten bis 5% hohe Erfolgswahrscheinlichkeiten bereitstellen kann. Darüber hinaus jedoch fällt die Erfolgswahrscheinlichkeit für die Teilnehmerwahl aufgrund der Eigenschaften der untersuchten strukturierten Overlay-Netze deutlich ab, so dass das Verfahren für solche Szenarien nur bedingt geeignet erscheint.

Der in Anhang B beobachtete Effekt ist aufgrund der grundlegenden Eigenschaft strukturierter Overlay-Netze, bei linear steigender Teilnehmerzahl nur logarithmisch steigende mittlere Pfadlängen zu benötigen, nicht ohne zusätzliche Maßnahmen gegenüber Angreifern vermeidbar und weitgehend unabhängig vom eingesetzten Overlay-Netz.

4.8.2.2.5 Skalierbarkeit

Zusätzlich zu den Untersuchungen hinsichtlich Robustheit wurde auch ermittelt, inwieweit die Anforderungen nach Skalierbarkeit erfüllt werden können. Aufgrund der verteilten Infrastruktur muss auch für wachsende Teilnehmerzahlen sichergestellt werden, dass das vorgestellte Signaturverfahren anwendbar bleibt.

Neben der verteilten Schlüsselerzeugung, welche in [14] und [52] vorgestellt und bewertet wurde, stellt die Teilnehmerwahl einen aufwendigen Teil des Signaturverfahrens dar. Aus diesem Grund wurde die benötigte Zeitdauer und der Kommunikationsaufwand für unterschiedliche Szenarien untersucht. Zwar sind an einer späteren Signaturerstellung auch alle Gruppenmitglieder beteiligt, jedoch ist der Aufwand niedriger als bei der Teilnehmerwahl. Da die Gruppenmitglieder nach der Teilnehmerwahl bekannt sind, kann die Kommunikation untereinander mittels direkter Unicast-Kommunikation erfolgen, die aufwendigere Kommunikation über das Overlay-Netzwerk ist nicht notwendig.

Wie im vorherigen Simulationsszenario wurden auch für die Untersuchungen hinsichtlich Skalierbarkeit die Anzahl der Teilnehmer zwischen 1024 und 16384 variiert. Um den Einfluss verschiedener Overlay-Netze festzustellen, wurden zusätzlich zum Chord-Overlay auch die Overlay-Netze Bamboo und Kademlia (siehe Abschnitt 2.5.2) untersucht. Um die Auswirkungen unterschiedlicher Gruppengrößen und Anzahl Nachrichten pro Teilnehmer zu messen, führt während des Simulationszeitraums jeder Teilnehmer eine eigene Teilnehmerwahl durch. Dabei wurde die Gruppengröße zwischen 3 und 23 Teilnehmern und die Anzahl der Nachrichten zwischen 5 und 13 variiert.

In Tabelle 4.3 sind die Simulationsparameter zur Ermittlung des Zeit- und Kommunikationsaufkommen für die Teilnehmerwahl des verteilten Signaturprotokolls nochmals dargestellt. Die Parameter, die über verschiedene Simulationsläufe variiert wurden, sind grau hinterlegt. Neben der Anzahl der Teilnehmer und der eingesetzten Overlay-Topologie wurden zusätzlich die Anzahl der Gruppenmitglieder und die Menge der Nachrichten, die an ein potentielles Gruppenmitglied versendet wird an jedes Gruppenmitglied variiert.

Parameter	Parameterraum	Beschreibung
Teilnehmer	$2^{10}, 2^{11}, 2^{12}, 2^{13}, 2^{14}$	Anzahl Teilnehmer
Eintrittsrate	100/s	Eintrittsrate Overlay
Vorlaufzeit	600 s	Stabilisierungsphase Overlay
Simulationszeit	1800 s	Evaluierungsphase
Overlay	Chord, Kademlia, Bamboo	Overlay-Topologie
Underlay	SimpleUnderlay	Underlay-Topologie
Zugangsnetz	DSL - 16 Mbit/s, 20 ms	Verkehrsdaten Zugangsnetz
Paketgröße	1452 Byte	Nutzdatengröße pro Paket
Gruppengröße	3, 7, 13, 23	Teilnehmer pro Schlüsselgruppe
Nachrichten	5, 7, 11, 13	Nachrichten pro Teilnehmer
Schlüssellänge	1024 bit	Länge Signaturschlüssel
Hashwertlänge	160 bit	Länge Hashwert

Tabelle 4.3: Simulationsparameter Zeit- und Datenaufkommen

4.8.2.2.6 Zeitaufkommen

Die Abbildungen 4.26 und 4.27 zeigen die benötigte Zeitdauer in Abhängigkeit des verwendeten Overlay-Netzwerkes für die Teilnehmerwahl bei einer Gruppengröße von 3 oder 13 Teilnehmern und einer Nachrichtenanzahl pro Gruppenmitglied von 5 oder 13 Nachrichten.

Aus den beiden Abbildungen geht hervor, dass die Zeitdauer für die Teilnehmerwahl unabhängig vom verwendeten Overlay-Netzwerk mit steigender Teilnehmerzahl leicht anwächst. Die besten Ergebnisse können mit dem Overlay-Netzwerk Bamboo erreicht werden, ähnliche Ergebnisse werden mit Chord erzielt. Die Steigung der Kurven beider Abbildungen für Chord und Bamboo sind fast identisch, nur bei Kademlia erhöht sich die Steigung bei einer Gruppengröße von 13 im Vergleich zur einer Gruppengröße von 3 Teilnehmern.

Dieses Verhalten resultiert auch in einer höheren Dauer der Teilnehmerwahl, wenn als Overlay-Netzwerk Kademlia eingesetzt wird. Um eine hohe Robustheit zu gewährleisten, werden bei

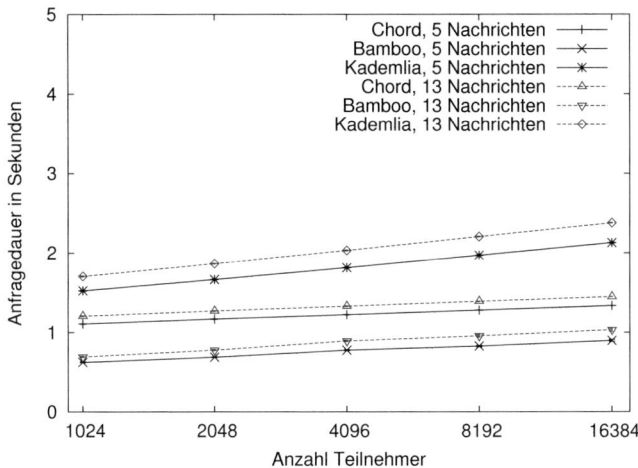

Abbildung 4.26: Zeitdauer Teilnehmerwahl für verschiedene Overlay-Netze (Gruppengröße 3)

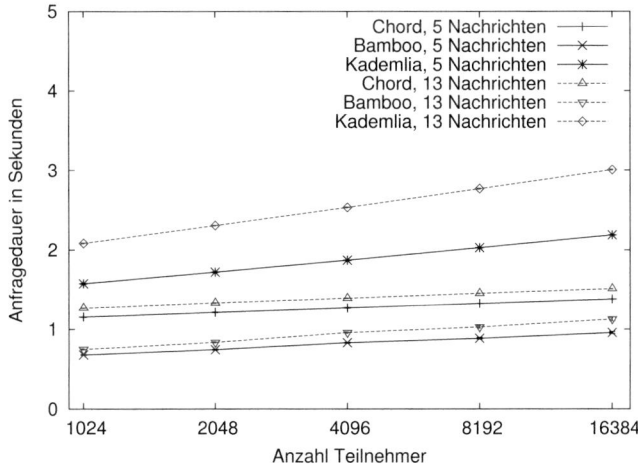

Abbildung 4.27: Zeitdauer Teilnehmerwahl für verschiedene Overlay-Netze (Gruppengröße 13)

Kademlia für die Wegewahl innerhalb des Overlay-Netzes mehrere Anfragen parallel versendet, so dass eine höhere Anzahl Nachrichten ausgetauscht werden muss.

Gleichzeitig kann man erkennen, dass die Zeitdauer von der Gruppengröße leicht beeinflusst wird. Da jedoch die Nachrichten an die verschiedenen Gruppenmitglieder parallel verschickt werden können, ist die benötigte Zeitdauer bei einer Gruppengröße von 13 Teilnehmern nur geringfügung größer als bei 3 Teilnehmern. Einzig beim Overlay-Netzwerk Kademlia ist ein Anstieg von 30% bei einer Gruppengröße von 13 Teilnehmern und einer Nachrichtenanzahl von 13 Nachrichten zu verzeichnen. Dies ist wiederum mit der höheren Anzahl von Nachrichten bei der Wegewahl erklärbar.

In Abbildung 4.28 ist die Zeitdauer für die Teilnehmerwahl bei der größten untersuchten Gruppengröße von 23 Teilnehmern für verschiedene Nachrichtenanzahlen pro Teilnehmer für die Overlay-Netze Chord, Bamboo und Kademlia dargestellt. Wie bei den vorherigen Auswertungen steigt die benötigte Zeitdauer mit wachsender Teilnehmerzahl leicht an. Beim Einsatz von Bamboo wird im Vergleich zu Chord eine geringere Zeitdauer benötigt, mit steigender Nachrichtenanzahl steigt diese jedoch stärker als im Vergleich zu Chord. Kademlia benötigt im Vergleich zu den beiden anderen Overlay-Netzen mindestens doppelt so viel Zeit und weist bei steigender Teilnehmerzahl eine höhere Steigung auf. Unabhängig vom eingesetzten Overlay-Netz steigt die Zeitdauer auch mit der Nachrichtenanzahl pro Gruppenmitglied.

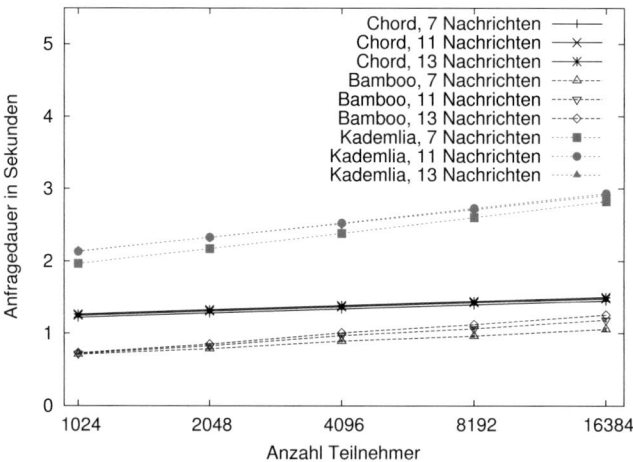

Abbildung 4.28: Zeitdauer Teilnehmerwahl für verschiedene Overlay-Netze (Gruppengröße 23)

Für alle drei untersuchten Overlay-Netze konnte festgestellt werden, dass das vorgestellte Verfahren zur Teilnehmerwahl hinsichtlich der benötigten Zeitdauer skaliert. Der Zeitaufwand wächst mit steigender Teilnehmer- und Nachrichtenanzahl leicht, jedoch nur in linearer Weise, während die Gesamtanzahl der Teilnehmer exponentiell wächst.

4.8.2.2.7 Kommunikationsaufwand

Neben dem Zeitaufwand für die Teilnehmerwahl wurde auch der dazu benötigte Kommunikationsaufwand ausgewertet. Dazu wurde die gesendete Datenmenge pro Knoten innerhalb einer Simulation erfasst und über alle Knoten gemittelt. Eine getrennte Erfassung der empfangenen Datenmenge ist in diesem Szenario nicht erforderlich, da die Knoten nur mit anderen Knoten des Overlay-Netzes kommunizieren und somit das gesamte Datenaufkommen in Senderichtung dem gesamten Datenaufkommen in Empfangsrichtung entspricht.

Die Abbildungen 4.29 und 4.30 zeigen das Datenaufkommen pro Knoten in Abhängigkeit des verwendeten Overlay-Netzwerkes für die Teilnehmerwahl bei einer Gruppengröße von 3 oder 13 Teilnehmern und einer Nachrichtenanzahl pro Gruppenmitglied von 5 oder 13 Nachrichten.

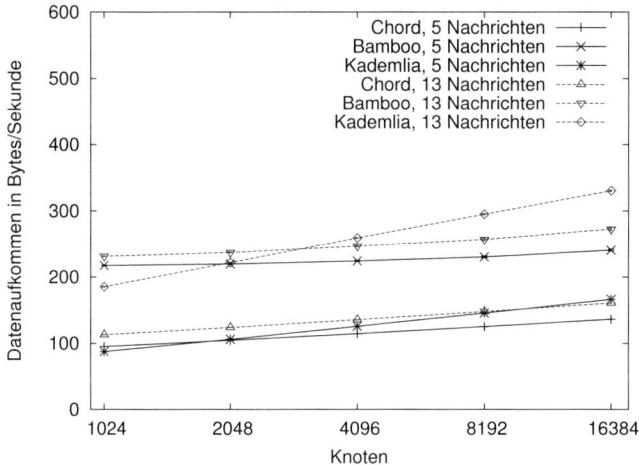

Abbildung 4.29: Datenaufkommen pro Knoten für verschiedene Overlay-Netze (Gruppengröße 3)

Bei einer Gruppengröße vom 3 Teilnehmern wird für das Chord-Overlay ein Datenaufkommen von 100 bis 150 Byte pro Sekunde pro Knoten benötigt, während beim Einsatz des Bamboo-Overlays 220-280 Byte pro Sekunde ermittelt wurden. Bei einer Gruppengröße von 13 Teilnehmern steigt das Datenaufkommen pro Knoten für das Chord-Overlay bis auf 300 Byte pro Sekunde und für das Bamboo-Overlay bis auf 450 Byte pro Sekunde. Diese Steigerung ist leicht durch die höhere Teilnehmeranzahl pro Gruppe erklärbar, da mehr Beitrittsnachrichten verschickt werden. In beiden Fällen benötigt das Overlay-Netz Kademlia aufgrund der parallelen Anfragen zur Wegewahl ein höheres Datenaufkommen und weist eine höhere Steigung als Chord und Bamboo auf.

Abbildung 4.31 zeigt das Datenaufkommen pro Knoten für die Teilnehmerwahl bei einer festen Gruppengröße von 23 Teilnehmern für verschiedene Nachrichtenanzahlen pro Teilnehmer für die Overlay-Netze Chord und Bamboo. Mit steigender Gesamtanzahl der Teilnehmer steigt

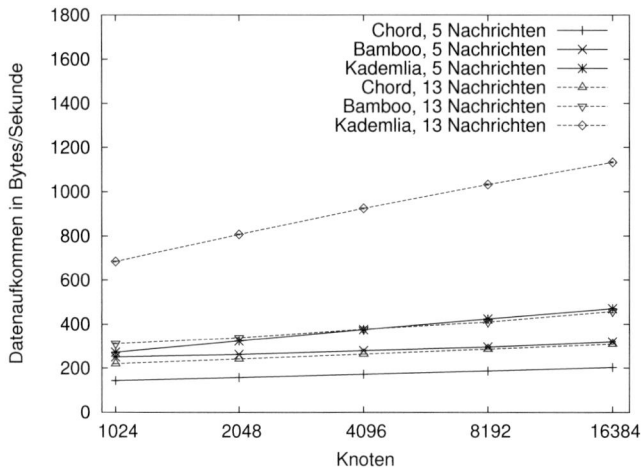

Abbildung 4.30: Datenaufkommen pro Knoten für verschiedene Overlay-Netze (Gruppengröße 13)

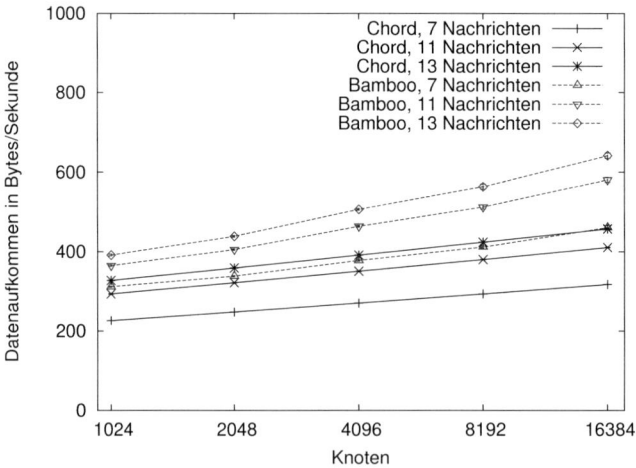

Abbildung 4.31: Datenaufkommen pro Knoten für verschiedene Anzahl Beitrittsnachrichten mit Chord-/Bamboo-Overlay

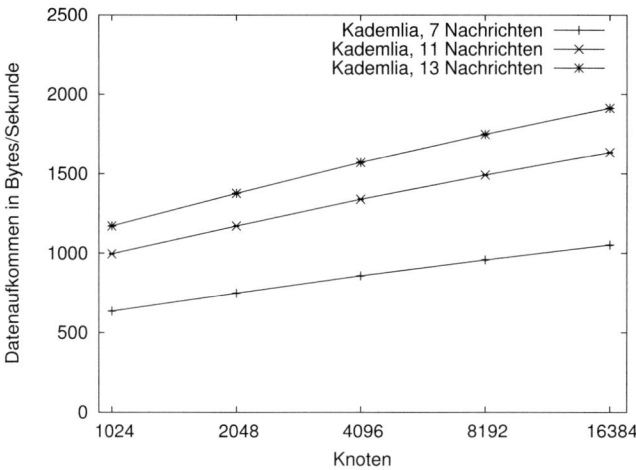

Abbildung 4.32: Datenaufkommen pro Knoten für verschiedene Anzahl Beitrittsnachrichten mit Kademlia-Overlay

auch das Datenaufkommen pro Knoten. Im Unterschied zur Evaluierung der Zeitdauer verursacht das Chord-Overlay ein geringes Datenaufkommen als das Bamboo-Overlay. Unabhängig vom eingesetzten Overlay-Netz steigt die Zeitdauer auch mit der Nachrichtenanzahl pro Gruppenmitglied.

In Abbildung 4.32 ist das Datenaufkommen pro Knoten für die Teilnehmerwahl bei einer Gruppengröße von 23 Teilnehmern für verschiedene Anzahlen von Beitrittsnachrichten pro Gruppenteilnehmer für das Overlay-Netz Kademlia dargestellt. Im Vergleich zu Chord und Bamboo ist ein deutlich höheres Datenaufkommen zu beobachten, welches wieder mit der höheren Anzahl von Overlay-Anfragen zu erklären ist. Das Datenaufkommen bei zunehmender Anzahl von Beitrittsnachrichten steigt erwartungsgemäß.

Zusammenfassend konnte in Bezug auf das benötigte Datenaufkommen für die untersuchten Parameter festgestellt werden, dass die Teilnehmerwahl mit wachsender Teilnehmerzahl skaliert. Das geringste Datenaufkommen konnte beim Einsatz des Chord-Overlays festgestellt werden, während das Bamboo-Overlay etwas mehr Datenaufkommen aufweist, dafür jedoch bessere Ergebnisse beim Zeitverhalten aufweist. Wie bei der Evaluation der benötigen Zeitdauer benötigt Kademlia vor allem bei einer hohen Anzahl von Beitrittsnachrichten deutlich mehr Ressourcen als Chord und Bamboo.

4.9   Zusammenfassung

In diesem Kapitel wurden Mechanismen vorgestellt, mit denen auf Basis der SESAM-Basisarchitektur sichere Vertragsverhandlungen auf einem verteilten elektronischen Markplatz realisiert werden können.

Mit dem in Abschnitt 4.6.1 beschriebenen verteilten Authentifizierungsdienst erhalten Marktteilnehmer die Möglichkeit, nach erfolgreicher Authentifizierung gegenüber einem Authentifizierungsdiensteanbieter einen Identitätsnachweis zu erhalten, mit dem die eigene Identität auch gegenüber anderen Marktteilnehmern glaubhaft nachgewiesen werden kann. Im Unterschied zu bisherigen Szenarien, bei denen meist der zentrale Marktplatzbetreiber als alleiniger Vertrauensanker auftritt, bietet der verteilte Authentifizierungsdienst mehreren Authentifizierungsdiensteanbietern die Möglichkeit auf dem elektronischen Marktplatz zu agieren. Durch das Vorhandensein mehrerer Authentifizierungsdiensteanbieter sind die Marktteilnehmer in der Lage, eventuell bestehende Vertrauensbeziehungen auch auf dem elektronischen Marktplatz zu nutzen. Dies ist notwendig, da die verteilte Marktplattform keinen eigenen Vertrauensanker bereitstellt. Mit dem generischen Authentifizierungsprotokoll des verteilten Authentifizierungsdienstes wird sichergestellt, dass unterschiedliche Authentifizierungsverfahren ohne Änderungen an den Basisfunktionen des verteilten Authentifizierungsdienstes integriert werden können.

Neben der Bereitstellung des verteilten Authentifizierungsdienstes war auch eine Erweiterung der SESAM-Sicherheitskomponente notwendig, um die Anforderungen nach Integritätsschutz und Zuordenbarkeit von elektronischen Willenserklärungen zu erfüllen. Neben den bereits in der SESAM-Sicherheitskomponente enthaltenen fortgeschrittenen elektronischen Signaturen wurde diese auch um qualifizierte elektronische Signaturen erweitert. Aufgrund der technischen Umsetzung qualifizierter elektronischer Signaturen stellen diese einen hohen Beweiswert bereit, der aus rechtlicher Sicht vergleichbar mit einer handschriftlichen Unterschrift ist.

Zusätzlich zu denen vom Signaturgesetz her bekannten Formen elektronischer Signaturen wurde ein weiteres Verfahren in die SESAM-Sicherheitskomponente integriert, um einige Vorteile qualifizierter elektronischer Signaturen ohne die damit verbundenen Nachteile zu erhalten. Mittels der P2P-Signatur, eines verteilten Signaturverfahrens wird die Funktion einer sicheren Signaturerstellungseinheit ohne die Abhängigkeit von Hardwarekomponenten wie Kartenleser oder Smartcards erbracht. Zwar kann damit nicht der gleiche Beweiswert wie bei qualifizierten elektronischen Signaturen erreicht werden, jedoch ist der Beweiswert höher als bei fortgeschrittenen Signaturen. Durch die Umsetzung der sicheren Signaturerstellungseinheit unter Verwendung der verteilten Marktinfrastruktur kann zudem eine gewisse Spontaneität der Marktteilnehmer unterstützt werden, da das Verfahren ohne Abhängigkeit zu externen Dienstleistern (z. B. Zertifizierungsdiensteanbieter) eingesetzt werden kann.

Zum Abschluss des Kapitels wurden sowohl der verteilte Authentifizierungsdienst als auch die Erweiterungen der SESAM-Sicherheitskomponente einer Evaluierung unterzogen. Neben einer formalen Bewertung hinsichtlich der Anforderungen mit einem besonderen Augenmerk auf die Sicherheit wurde die Robustheit und Skalierbarkeit der Teilnehmerwahl des verteilten Signaturverfahrens untersucht. Dabei wurde festgestellt, dass das verteilte Signaturprotokoll in Bezug auf Zeit- und Kommunikationsverhalten gut skaliert und für geringe Angreiferwahrscheinlichkeiten geeignet ist, bei höheren Angreiferwahrscheinlichkeiten jedoch nicht die gewünschte Robustheit bereitstellen kann, wodurch die Sicherheit des Verfahrens beeinträchtigt wird.

Zusammenfassend wurde in diesem Kapitel gezeigt, dass sichere Vertragsverhandlungen auf einem verteilten elektronischen Marktplatz mit Hilfe des vorgestellten Identitätsnachweises, dem verteilten Authentifizierungsdienst zum Ausstellen von Identitätsnachweisen und den Erweiterungen der SESAM-Sicherheitskomponente realisiert werden können.

Kapitel 5

Beweiserleichterung beim Zugang elektronischer Willenserklärungen

5.1 Einleitung

Mit der in Kapitel 3 vorgestellten Marktplattform zum Aufbau verteilter elektronischer Märkte und den in Kapitel 4 beschriebenen Verfahren, um sichere Vertragsverhandlungen auf einem solchen elektronischen Marktplatz durchführen zu können, sind wichtige Bestandteile zur Bereitstellung eines sicheren Rechtsverkehrs auf verteilten elektronischen Märkten gegeben.

Trotzdem ergeben sich auf allen Marktplätzen Situationen, bei denen zusätzlich zu den Informationen, die durch die Vertragsverhandlungen selbst erzeugt werden, weitere Daten benötigt werden, die bestimmte vertragsrelevante Aktionen dokumentieren bzw. protokollieren. Diese Informationen, die sog. *Beweisinformationen*, sind für die eigentlichen Vertragsverhandlungen nicht unbedingt notwendig, sondern werden nur benötigt, falls es im Nachhinein zu Unstimmigkeiten bzw. zu einer gerichtlichen Auseinandersetzung zwischen den Vertragsparteien kommt.

Im Falle einer gerichtlichen Auseinandersetzung werden nach §286 der Zivilprozessordnung (ZPO) [22] behauptete Tatsachen vom Gericht auf Wahrheit geprüft. Aus diesem Grund müssen Tatsachen, die von einer Partei behauptet werden, gegebenenfalls auch nachgewiesen werden können. Für den Nachweis einer behaupteten Tatsache ist dabei typischerweise die Partei verantwortlich, die aus der Tatsache einen Vorteil erzielen würde. In den Kommentaren zur Zivilprozessordnung [85][1] und [115][2] werden die juristischen Schlussfolgerungen zum §286 der ZPO näher erläutert.

Als Beispiel für die Notwendigkeit von Beweisinformationen wurde im Rahmen dieser Arbeit das Problem des *Zugangs elektronischer Willenserklärungen* untersucht. In einem Urteil des Bundesgerichtshof [15] wurde die Bedeutung eines nachweisbaren Zugangs einer Erklärung deutlich gemacht. Die Bereitstellung von Beweisinformationen beim Zugang elektronischer Willenserklärungen stellt eine bedeutende Herausforderung für alle Arten von elektronischen Märkten dar (siehe [53]). Besonders auf verteilten Marktplätzen, bei denen kein zentraler Betreiber auftritt, welcher die notwendige Protokollierung vertragsrelevanter Aktionen vornimmt,

---

[1] ZPO/Musielak §286 Rn. 32f
[2] ZPO/Saenger §286 Rn. 53

kommt dem nachweisbaren Zugang elektronischer Willenserklärungen eine wichtige Bedeutung zu.

Der Nachweis über den Zugang einer elektronischen Willenserklärung ist ein weiterer Baustein zum Aufbau rechtskonformer und beweissicherer elektronischer Märkte. Zwar werden mit den in Abschnitt 4 vorgestellten Verfahren sichere und nachweisbare Vertragsverhandlungen zwischen den Marktteilnehmern eines verteilten elektronischen Marktplatzes ermöglicht, die notwendige Rechtssicherheit wird jedoch erst mit dem gesicherten Nachweis über den Zugang von elektronischen Willenserklärungen erreicht. Dies resultiert aus der Tatsache, dass Willenserklärungen, die auch bei Vertragsverhandlungen auf einem verteilten elektronischen Marktplatz abgegeben werden, gegenüber Abwesenden laut §130 BGB [21] erst dann wirksam sind, wenn diese dem Empfänger zugegangen sind. Eine genauere Einführung in die rechtlichen Bestimmungen erfolgte in Abschnitt 2.7.

Bei schriftlichen Vertragsverhandlungen wird das Zugangsproblem der einzelnen Willenserklärungen meist durch den Einsatz einer dritten vertrauenswürdigen Instanz gelöst. So werden beispielsweise schriftliche Kündigungserklärungen mit ausreichendem zeitlichen Vorlauf per Post dem anderen Vertragspartner zugesandt. Oft wird dabei die Wirksamkeit der Kündigung mit dem Datum des Poststempels verknüpft. Wurde der Poststempel vor dem Ablauf der Kündigungsfrist erzeugt, so wird von einem fristgerechten Zugang der enthaltenen Erklärung ausgegangen. Alternativ bieten die meisten Postunternehmen spezielle Zustellungsverfahren (z.B. Einwurfeinschreiben oder Einschreiben mit Rückschein) an, bei dem der Zusteller eine schriftliche Bestätigung über den Zugang eines Briefes erhält, bevor der Zusteller den eigentlichen Brief an den Empfänger aushändigt. Dabei wird das Postunternehmen selbst als vertrauenswürdige Instanz angesehen, die kein Interesse hat, mit einem der Vertragspartner zu kooperieren und den Zugang einer Erklärung zu fälschen.

Die beschriebene Vorgehensweise lässt sich jedoch nicht ohne Weiteres auf das Szenario eines verteilten elektronischen Marktplatzes übertragen. Einerseits existiert auf dem verteilten Marktplatz keine globale vertrauenswürdige Instanz, andererseits wird bei internet-basierter Kommunikation kein dedizierter Dienstleister genutzt, der den Transport von Erklärungen übernimmt und gleichzeitig Funktionen zur Protokollierung über den Zugang von Willenserklärungen anbietet.

Zwar können die Vertragspartner über das Internet direkt miteinander kommunizieren, jedoch kann diese Eigenschaft nicht genutzt werden, um daraus einen sicheren Zugangsnachweis aufzubauen. Das nachfolgende Beispiel verdeutlicht anhand eines sehr einfachen Lösungsansatzes (siehe Abbildung 5.1) das grundsätzliche Problem hinsichtlich der Nachweisbarkeit des Zugangs beim direkten Austausch von Nachrichten zwischen den Vertragspartnern.

Der Teilnehmer A erstellt eine Willenserklärung D, die an Teilnehmer B gerichtet ist und überträgt diese an B, welcher daraufhin eine Bestätigung über den Zugang der Willenserklärung abgibt. Solange sich Absender und Empfänger beim Zugang einer Willenserklärung erwartungsgemäß verhalten, scheint dieses einfache Verfahren gut zu funktionieren. Jedoch können sowohl Absender, als auch Empfänger das Verfahren problemlos zu ihren Gunsten beeinflussen.

Da der Empfänger das Dokument bereits in Augenschein nehmen kann, bevor er die Zugangsbestätigung erstellt, könnte der Empfänger das Ausstellen einer Bestätigung unterlassen, wenn er den Nachweis über den Zugang dieser Willenserklärung vermeiden will. Im Umkehrschluss bedeutet dies für den Absender einer Willenserklärung, dass diese erst nach Vorliegen einer

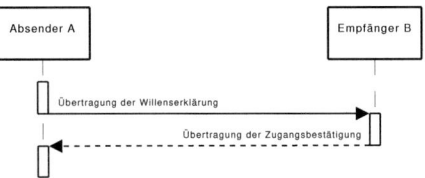

Abbildung 5.1: Darstellung Zugangsproblem

Zugangsbestätigung vom Empfänger einsehbar sein darf. Diese Vorgehensweise ist beispielsweise auch beim Zustellen eines Briefes per Einschreiben üblich. Der Empfänger quittiert den
Empfang, bevor er die Möglichkeit bekommt, den Brief in Augenschein zu nehmen. Dies kann
beispielsweise durch eine Verschlüsselung der Willenserklärung durch den Absender erreicht
werden, bevor diese an den Empfänger übertragen wird. Den zur Entschlüsselung notwendigen Schlüssel händigt der Absender erst nach dem Eintreffen der Zugangsbestätigung aus. Dadurch ist jedoch der Absender einer Willenserklärung in der Lage, nach dem Empfang der Zugangsbestätigung, das Aushändigen des zur Entschlüsselung der Willenserklärung notwendigen
Schlüssel zu unterlassen und verfügt trotzdem über einen Zugangsnachweis der entsprechenden
Willenserklärung.

Generell lässt sich das beschriebene Zugangsproblem darauf zurückführen, dass bislang kein
Verfahren bekannt ist, dass zwei Parteien mittels direkter Kommunikation gegenseitig geheime Informationen austauschen können und dabei sichergestellt ist, dass keine der Parteien in
Besitz der geheimen Information der Gegenseite kommt, ohne die eigene geheime Information
preiszugeben. Eine mögliche Lösung ist der Einsatz einer dritten Instanz, die für beide Parteien
vertrauenswürdig ist und den Austausch der geheimen Informationen koordiniert.

Für einen sicheren Zugangsnachweis für elektronische Willenserklärungen bedeutet dies, dass
dieser auf keinen Fall ohne externe Unterstützung umgesetzt werden kann. Nachfolgend wird
ein Verfahren vorgestellt, welches unter Einbeziehung der Infrastruktur eines verteilten elektronischen Marktplatzes den nachweisbaren Zugang von elektronischen Willenserklärungen sicherstellen kann.

5.2   Problemstellung

Laut Abschnitt 2.7 kommt ein Vertragsverhältnis immer dann zustande, wenn übereinstimmende wechselseitige Willenserklärungen vorliegen. Da im betrachteten Anwendungsszenario eines
verteilten elektronischen Marktplatzes die Verhandlungspartner sich im allgemeinen nicht ge-
genüberstehen und daher die Willenserklärungen zur Herbeiführung eines Vertragsverhältnisses
gegenüber einem Abwesenden abgegeben werden, muss auch §130 BGB berücksichtigt werden. Dieser sagt aus, dass eine Willenserklärung gegenüber einem Abwesenden erst wirksam
ist, wenn diese ihm zugegangen ist.

Da ohne einen entsprechenden Nachweis jeder der beteiligten Verhandlungspartner den Zugang einer Willenserklärung verneinen und somit ein bestehendes Vertragsverhältnis abstrei-

ten kann, muss daher für elektronische Märkte ein geeignetes Verfahren entwickelt werden, welches den Zugang von elektronischen Willenserklärungen protokolliert und den beteiligten Verhandlungspartnern eine aussagekräftige Beweisinformation bereitstellt. Anderenfalls bieten sich verschiedene Möglichkeiten für die beteiligten Vertragsparteien, einen Vertragsschluss vorzutäuschen oder einen bereits geschlossenen Vertrag nachträglich zu widerrufen, da der Zugang der entsprechenden Willenserklärungen nicht nachweisbar ist.

Folgende Bedrohungsszenarien konnten identifiziert werden, wobei bei diesem Überblick zunächst auf tiefergehende technische Aspekte bewusst verzichtet wurde, da diese später ausführlich behandelt werden.

- Absender behauptet Zugang einer Willenserklärung
  Der Absender könnte im Nachhinein den Zugang einer Erklärung, die beispielsweise zu einem geschlossenen Vertragverhältnis geführt hätte, behaupten, obwohl die Erklärung nie abgegeben worden ist. Alternativ könnte der Absender den fristgerechten Zugang einer Kündigungserklärung behaupten, obwohl die entsprechende Erklärung erst nach Ablauf der Kündigungsfrist abgegeben worden ist.

- Absender verneint fristgerechte Abgabe einer Willenserklärung
  Da die Abgabe der Erklärung nicht bestritten werden kann, behauptet der Absender, dass der Zeitpunkt der Abgabe der Erklärung erst nach dem Ablauf einer Frist lag und somit die Erklärung unwirksam ist. Im Falle einer voreiligen Vertragskündigung könnte so der Absender versuchen, im Nachhinein die Kündigung eines Vertrages zu widerrufen.

- Empfänger streitet Zugang einer Willenserklärung ab
  Der Empfänger behauptet, dass vom Absender keine Erklärung eingegangen ist. Dies würde beispielsweise dem Empfänger ermöglichen, einen bestehenden Vertrag abzustreiten und im Nachhinein ein Vertragsverhältnis mit einem anderen Marktteilnehmer einzugehen.

- Empfänger verneint fristgerechten Zugang einer Willenserklärung
  Im Falle einer Kündigungserklärung kann der Empfänger behaupten, die entsprechende Erklärung erst nach Ablauf der Kündigungsfrist erhalten zu haben, so dass die Erklärung unwirksam ist und das Vertragsverhältnis nicht durch den Absender aufgelöst werden konnte.

5.3 Anforderungen

Nach Analyse der rechtlichen Anforderungen und der Berücksichtigung der im vorherigen Abschnitt beschriebenen Bedrohungsszenarien werden in diesem Abschnitt die funktionalen und nicht-funktionalen Anforderungen an einen sicheren Zugangsnachweis beim Austausch elektronischer Erklärungen auf verteilten Märkten formuliert.

5.3.1 Funktionale Anforderungen

Folgende funktionalen Anforderungen werden an einen sicheren Zugangsnachweis elektronischer Willenserklärungen gestellt:

- Protokollierung eines Zeitpunkts t
  Ein grundlegender Baustein zur Bereitstellung eines Zugangsnachweises ist die nach-prüfbare Protokollierung eines Zeitpunkts t. Normalerweise wird ein solcher Nachweis genutzt, um die Existenz eines Dokuments D zu einem Zeitpunkt t nachzuweisen. Gleich-zeitig kann mit Hilfe einer solchen Zeitinformation eine für alle verbindliche Zeitbasis bereitgestellt werden.

- Nachweis über den Besitz eines elektronischen Dokuments
  Aufbauend auf der Funktion einer nachprüfbaren Zeitinformation wird ein Verfahren be-nötigt, welches den Besitz eines elektronischen Dokuments zu einem Zeitpunkt nach-weist. Dies kann beispielsweise dazu genutzt werden, um die Existenz eines Dokuments ab dem protokollierten Zeitpunkt nachzuweisen. In den Nachweis über den Besitz muss jedoch auch eine Information über den Besitzer des jeweiligen Dokuments aufgenom-men werden, da ansonsten der Besitznachweis im Nachhinein nicht zugeordnet und damit nicht zur Beweiserleichterung herangezogen werden kann.

- Protokollierung über den Zugang eines elektronischen Dokuments
  Ausgehend von der nachvollziehbaren Protokollierung eines Zeitpunkts und der Besitz-zuordnung eines elektronischen Dokuments zu einem Marktteilnehmer muss ein Verfah-ren entwickelt werden, welches den Zugang einer elektronischen Willenserklärung sicher protokolliert.

5.3.2 Nicht-funktionale Anforderungen

An den sicheren Zugangsnachweis elektronischer Willenserklärungen werden die gleichen nicht-funktionalen Anforderungen, wie an die verteilte Marktplattform selbst gestellt. Neben einer verteilten Infrastruktur und einer dezentralen Organisationsform müssen vor allem eine ausreichende Sicherheit, Robustheit und Skalierbarkeit sichergestellt werden. Eine ausführliche Beschreibung der nicht-funktionalen Anforderungen an die verteilte Marktplattform erfolgte in Abschnitt 3.2.

5.3.3 Angreifermodell

Als Angreifermodell für die Sicherheitsbewertung des Zugangsnachweises elektronischer Wil-lenserklärungen wird der in Abschnitt 2.8.2 definierte Standardangreifer verwendet. Der Stan-dardangreifer ist im Hinblick auf kryptographische Verfahren polynomiell gebunden, agiert als ein statischer und aktiver Angreifer, kann partiell Nachrichten abhören, einfügen, modifizie-ren und wiedereinspielen und verfügt über partielles Wissen und Präsenz. Außerdem ist der Angreifer in der Lage eigene Knoten einzubringen oder andere Knoten zu übernehmen.

5.4 Stand der Forschung

Wie schon in Abschnitt 3.3 ermittelt wurde, gibt es keine bekannten Lösungen, die sich mit der Bereitstellung von Rechtskonformität und Beweissicherheit auf verteilten elektronischen

Märkten beschäftigen. Auch für klassische elektronische Märkte, die auf dem Vorhandensein eines zentralen Marktplatzbetreibers beruhen, sind bislang keine Verfahren verfügbar, die einen nachweisbaren Zugang elektronischer Willenserklärungen ermöglichen.

Einzig durch sog. Zeitstempeldienste, die auf Anfrage digitale Zeitstempel (siehe Abschnitt 2.3.3) erstellen und damit einen Bezug eines Datums zu einem Zeitpunkt herstellen, können bisher einfache Beweisinformationen bereitgestellt werden.

Existierende Zeitstempeldienste werden meist von zentralen Betreibern angeboten und beruhen auf dem Client-/Server-Prinzip. Dabei wird meist ein Zeitstempelprotokoll verwendet, welches auf einer X.509-basierten PKI-Struktur aufsetzt. Das eingesetzte Zeitstempelprotokoll ist in RFC 3161 [4] definiert und wird kurz in Abschnitt 2.3.4 beschrieben.

Aus rechtlicher Sicht ermöglicht das Signaturgesetz (SigG) [19], dass ein Zertifizierungsdiensteanbieter auch als Zeitstempeldiensteanbieter auftreten kann und sog. *qualifizierte Zeitstempel* erzeugen kann. Technisch gesehen unterscheiden diese sich nicht von normalen Zeitstempeln, wie sie in Abschnitt 2.3.3 vorgestellt werden, jedoch erfüllt die digitale Signatur die Anforderungen an qualifizierte elektronische Signaturen, wie sie in Abschnitt 2.7.1.5 beschrieben werden.

Im November 2008 wurde von der deutschen Bundesregierung das Projekt *Bürgerportale* vorgestellt, welches sich unter anderem mit dem Problem des nachweisbaren Zugangs elektronischer Erklärungen beschäftigt. Mit Hilfe des Projektes Bürgerportale sollen Teile der Europäischen Dienstleistungsrichtlinie 2006/123/EG im Binnenmarkt [50] umgesetzt werden. Der Beschluss des zugehörigen Gesetzes zur Regelung von Bürgerportalen und zur Änderung weiterer Vorschriften [17] zur Umsetzung in nationales Recht erfolgte am 4. Februar 2009. Ein zentraler Bestandteil dieser Anstrengungen ist das Kommunikationsmittel *De-Mail*. Mittels De-Mail soll ab 2010 ein sicherer Austausch rechtsgültiger elektronischer Dokumente zwischen Bürgern, Behörden und Unternehmen bereitgestellt werden. Beteiligte Unternehmen werden ähnlich den akkreditierten Zertifizierungsdiensteanbietern einer besonderen Zertifizierung unterzogen.

Als technische Basis des De-Mail-Dienstes wird die verbreitete elektronische Post (E-Mail) eingesetzt. Aufbauend darauf erfolgt eine eindeutige Authentifizierung der Benutzer (z. B. Post-Ident-Verfahren), ein Integritäts- und Vertraulichkeitschutz von Nachrichten und ein Nachweis über den Zugang elektronischer Nachrichten. Zusätzlich bietet De-Mail auch eine sichere Speicherung elektronischer Nachrichten. Die notwendige Infrastruktur wird von akkreditierten Unternehmen betrieben, die voraussichtlich einen server-basierten Ansatz verfolgen. Da eine Authentifizierung der Benutzer notwendig ist, kann De-Mail nicht spontan eingesetzt werden, zudem werden bestimmte Leistungen, wie der Versand oder der Nachweis des Zugangs einer elektronischen Nachricht kostenpflichtig sein.

5.5 Lösungsansatz

Da bislang die Bereitstellung von Beweisinformationen nur auf dem Erstellen von Zeitstempeln von zentralen Zeitstempeldiensten beruht, die zwar die Existenz einer Willenserklärung zu einem Zeitpunkt nachweisen können, aber nicht den Zugang dieser gegenüber dem Empfänger, wurde im Rahmen dieser Arbeit ein eigener Lösungsansatz zur Umsetzung eines sicheren

Zugangsnachweises beim Austausch elektronischer Willenserklärungen auf einem verteilten elektronischen Marktplatz erarbeitet.

Der verfolgte Lösungsansatz sieht vor, ein dediziertes Kommunikationsprotokoll für den nachweisbaren Austausch von elektronischen Willenserklärungen zu entwerfen, bei dem der Absender einer Willenserklärung eine Empfangsbestätigung über die zugestellte Willenserklärung vom Empfänger erhält. Da, wie bereits dargestellt, eine direkte Kommunikation zwischen Absender und Empfänger nicht geeignet ist, um einen nachweisbaren Zugang von elektronischen Willenserklärungen zu realisieren, müssen andere Marktteilnehmer in den Zugangsvorgang einbezogen werden.

In der Empfangsbestätigung, die dem Absender nach erfolgreichem Protokolldurchlauf vorliegt, bestätigt der Empfänger, dass eine Willenserklärung ab einem gewissen Zeitpunkt in seinem Besitz ist. Handelt es sich dabei um die vom Absender zugestellte Willenserklärung, muss dem Empfänger die Willenserklärung vorher zugegangen sein.

Um eine glaubwürdige Aussage über den genauen Zugangszeitpunkt zu erhalten, wird ein Verfahren entworfen, mit dem nachprüfbare Zeitangaben unter Verwendung der vorhandenen verteilten Marktinfrastruktur erzeugt werden können.

Aus dem beschriebenen Lösungsansatz zum Nachweis des Zugangs elektronischer Willenserklärungen wurden folgende Grundfunktion abgeleitet, die von der verteilten Infrastruktur bereitgestellt werden müssen.

- Protokollierung des Vorhandenseins eines Dokuments D zum Zeitpunkt t
  Wie bei klassischen zentralen Zeitstempeldiensten wird für die vorgestellte verteilte Marktplattform eine Funktion benötigt, die das Vorhandensein eines elektronischen Dokuments D zum Zeitpunkt t protokolliert. Im Unterschied zu zentralen Zeitstempeldiensten muss diese Funktion jedoch innerhalb der verteilten Infrastruktur und ohne Abhängigkeit von zentralen Komponenten bereitgestellt werden.

- Nachweis über den Besitz eines Dokuments D zum Zeitpunkt t durch einen Teilnehmer A
  Über den typischen Funktionsumfang klassischer Zeitstempeldienste hinaus wird eine Funktion benötigt, mit der der Besitz eines Dokuments D zum Zeitpunkt t durch einen Teilnehmer A nachgewiesen werden kann. Im Unterschied zum reinen Existenzbeweis eines Dokuments D ist diese Funktion bei vorhandenen Zeitstempeldiensten und -protokollen nicht vorhanden.

- Nachweis über den Zugang eines Dokuments D zum Zeitpunkt t beim Teilnehmer B
  Aufbauend auf dem Besitznachweis eines Dokuments D zum Zeitpunkt t durch einen Teilnehmer B muss ein Nachweis über den eigentlichen Zugangsvorgang des Dokuments D beim Teilnehmer B bereitgestellt werden.

Ausgehend von diesen drei Grundfunktionen lässt sich ein Zugangsnachweis für elektronische Willenserklärungen auf einem verteilten elektronischen Marktplatz realisieren. Unter Berücksichtigung der SESAM-Basisarchitektur kann der Lösungsansatz wie folgt umgesetzt werden:

- verteilter Zeitstempeldienst
  Die Anforderung, auch in verteilten Umgebungen ohne zentrale Instanz eine nachprüfbare Protokollierung des Vorhandenseins eines Dokuments D zum Zeitpunkt t zu haben, soll durch einen verteilten Zeitstempeldienst erfüllt werden, welcher unter Zuhilfenahme der verteilten Infrastruktur robuste und sichere Zeitstempel erstellt.

- Besitznachweis über elektronische Dokumente
  Mit dem Besitznachweis soll jedem Marktteilnehmer eine Möglichkeit angeboten werden, den Besitz eines Dokuments zu einem bestimmten Zeitpunkt nachweisen zu können. Dabei wird unter Verwendung des verteilten Zeitstempeldienstes eine entsprechende Beweisinformation erzeugt, die auch im Nachhinein von Dritten überprüfbar ist.

- Kommunikationsprotokoll für einen Zugangsnachweis in verteilten Umgebungen
  Mittels eines geeigneten Kommunikationsprotokolls zum Austausch elektronischer Erklärungen zwischen dem Absender und dem Empfänger soll ein nachprüfbarer und sicherer Zugangsnachweis erbracht werden.

  Dabei werden andere Marktteilnehmer als sog. Zeugen am eigentlichen Austauschprozess beteiligt und überwachen und protokollieren den Austausch der elektronischen Erklärung. Der Nachweis über den Zugang einer elektronischen Erklärung enthält dann Informationen über den Absender und den Empfänger der Erklärung, den Inhalt der zugestellten Erklärung und den Zeitpunkt des Zugangs.

Unter Berücksichtigung der in Abschnitt 5.3 aufgestellten Anforderungen und dem vorgestellten Lösungsansatz wird im Anschluss der daraus resultierende Entwurf und die Ergebnisse der Evaluierung der einzelnen Komponenten des Lösungsansatzes beschrieben.

5.6   Verteilter Zeitstempeldienst

In den nachfolgenden Abschnitten wird ein *verteilter Zeitstempeldienst* vorgestellt, mit dem auf Basis der verteilten Marktinfrastruktur sichere und nachweisbare Zeitstempel für elektronische Dokumente erstellt werden können.

5.6.1   Bedrohungsanalyse

Da Zeitstempel meist zur Protokollierung von Informationen oder von Vorgängen verwendet werden und somit einen wichtigen Anteil zur späteren Beweiserleichterung einnehmen, besteht für potentielle Angreifer ein hoher Anreiz, die Erstellung von Zeitstempeln zu beeinflussen, zu erschweren oder vollständig zu unterbinden.

Bei der Analyse der typischen Funktionen eines Zeitstempeldienstes konnten insgesamt vier unterschiedliche Angreifergruppen identifiziert werden. Einerseits kann derjenige, der die Erstellung des Zeitstempels anfordert, versuchen, die Erstellung des Zeitstempels zu seinen Gunsten zu beeinflussen. Andererseits kann auch derjenige, für den der entsprechende Zeitstempel erzeugt wird, die Absicht haben, auf die Erstellung einzuwirken. Zudem ist auch denkbar, dass der eigentliche Ersteller eines Zeitstempels den Vorgang manipulieren möchte. Zusätzlich kann ein externer Angreifer versuchen, die Erstellung von Zeitstempeln zu behindern oder zu unterbinden. Nachfolgend eine detaillierte Beschreibung der verschiedenen Angreifer.

- Zeitstempelanforderer
  Der Teilnehmer, welcher die Erstellung eines Zeitstempels anfordert, kann versuchen, die Erstellung zu seinen Gunsten zu beeinflussen. Ein mögliches Ziel, welches der Zeitstempelanforderer verfolgen könnte, wäre eine Vor- oder Rückdatierung des in Auftrag gegebenen Zeitstempels. Auch kann der Inhaber eines Zeitstempels im Nachhinein versuchen, die Bindung zwischen dem ursprünglichen Dokument D und dem Zeitstempel t zu fälschen und entweder ein anderes Dokument D' oder einen anderen Zeitstempel t' einzubringen, ohne dass dies bei der Verifikation festgestellt werden kann.

- Zeitstempelverwender
  Die Partei, in dessen Auftrag der Zeitstempel erzeugt wird, kann ebenfalls versuchen, die Erstellung des Zeitstempels zu beeinflussen. Ähnlich wie der Anfordernde kann der Verwender eine Vor- oder Rückdatierung des Zeitstempels anstreben. Auch der Verwender eines Zeitstempels kann versuchen, die Zuordnung zwischen Dokument D und Zeitstempel t zu fälschen und somit einen anderen Protokollierungszeitpunkt oder einen anderen Informationsinhalt vortäuschen.

- Zeitstempelersteller
  Obwohl der Ersteller eines Zeitstempels meist kein direktes Interesse hat, auf die Zeitstempelerstellung einzuwirken, kann er jedoch entweder mit dem Anforderer oder dem Verwender kooperieren und diesen bei dem Erreichen seines Angriffsziels zu unterstützen.

- externer Angreifer
  Der externe Angreifer ist meist nicht an einer Modifikation oder Beeinflussung eines Zeitstempels interessiert, da er in keiner Beziehung zum Anforderer oder Ersteller eines Zeitstempels steht. Der externe Angreifer zielt eher darauf ab, das Erstellen von Zeitstempeln durch Überlasten oder Kompromittieren der Infrastruktur zu behindern oder vollständig zu unterbinden. Die dadurch fehlende Rechtssicherheit auf dem betroffenen Marktplatz könnte dann vom Angreifer ausgenutzt werden.

Hinsichtlich ihrer Fähigkeiten entsprechen die identifizierten Angreifer dem in Abschnitt 2.8.2 definierten Standardangreifer. Die Angreifer sind beim Angriff auf kryptographische Verfahren polynomiell gebunden, verfügen über partielle Präsenz und partielles Wissen und sind der Lage, eigene Knoten in die verteilte Infrastruktur einzustellen oder eine geringe Anzahl von bereits vorhandenen Knoten zu übernehmen. Jedoch sind die jeweiligen Angreifer nicht in der Lage, gezielt Wissen über benötigtes Schlüsselmaterial der beteiligten Parteien zu erlangen.

5.6.2 Anforderungen

Ausgehend vom Einsatzszenario und der vorangegangenen Bedrohungsanalyse wurden Anforderungen an einen verteilten Zeitstempeldienst formuliert. Aus Gründen der besseren Übersichtlichkeit wurde eine Unterteilung in funktionale und nicht-funktionale Anforderungen vorgenommen.

Folgende funktionale Anforderungen werden an einen verteilten Zeitstempeldienst gestellt:

- Protokollierung eines Zeitpunktes t
  Wie bereits in Abschnitt 5.3.1 beschrieben, ist die Protokollierung eines Zeitpunktes t
  eine wichtige funktionale Anforderung an einen verteilten Zeitstempeldienst. Aufgrund
  der Annahme, dass alle Teilnehmer nicht über synchron laufende Uhren verfügen, sollte die gewünschte Genauigkeit bei der Auswertung von vorliegenden Zeitinformationen
  beeinflussbar sein.

- eindeutige Zuordnung des Zeitstempels zum Inhalt D
  Da Zeitstempel meist zur Protokollierung eingesetzt werden, muss sichergestellt werden,
  dass sich ein Zeitstempel eindeutig der protokollierten Information D zuordnen lässt.

- Verifizierbarkeit durch Dritte
  Der erstellte Zeitstempel muss ohne zusätzliche Informationen durch Dritte verifizierbar
  sein. Dabei soll sowohl auf die enthaltene Zeitinformation t, als auch die protokollierte
  Information D zugegriffen werden können. Gleichzeitig soll die Echtheit des Zeitstempels überprüfbar sein.

Neben den funktionalen Anforderungen wurden auch einige nicht-funktionale Anforderungen
aufgestellt, die die Anforderungen an die Sicherheit, aber auch an die Robustheit und Skalierbarkeit eines verteilten Zeitstempeldienstes formulieren.

- Dezentralität und Selbstorganisation
  Um nicht in Konflikt zu den Anforderungen an den Zugangsnachweis von elektronischen
  Willenserklärungen nach einer verteilten Infrastruktur ohne zentrale Komponenten zu stehen, muss auch der verteilte Zeitstempeldienst ohne zentrale Komponenten auskommen
  und allein auf der verteilten Infrastruktur aufsetzen.

- Sicherheit gegenüber Vor- oder Rückdatieren
  Die Erstellung von Zeitstempeln muss robust gegenüber dem böswilligen Vor- oder Rückdatieren sein. Dazu könnte ein Angreifer versuchen, während der Zeitstempelerstellung
  die beteiligten Parteien mit einer inkorrekten Zeitinformation zu versorgen und so den
  protokollierten Zeitpunkt zu verfälschen.

- Sicherheit gegenüber nachträglicher Modifikation von Zeitstempeln
  Ein erstellter Zeitstempel muss so gestaltet werden, dass dieser im Nachhinein nicht verändert werden kann, ohne dass dies bei der Verifikation festgestellt wird.

- Sicherheit gegenüber Löschen und Einfügen von Zeitstempeln
  Die benötigten Datenstrukturen müssen so gestaltet werden, dass das Löschen erstellter
  Zeitstempel oder das Einfügen von neuen Zeitstempeln sicher erkannt werden kann.

- Sicherheit gegenüber Kompromittierung der Infrastruktur
  Das zur Zeitstempelerzeugung zugrundeliegende Verfahren muss so gestaltet werden,
  dass die Genauigkeit und Sicherheit von Zeitstempeln nicht durch die Kompromittierung
  einzelner Infrastrukturkomponenten nachhaltig beeinflusst werden kann.

- Robustheit gegenüber Ausfällen der Infrastruktur
  Da in einer verteilten Umgebung keine hohen Anforderungen an die Verfügbarkeit einzelner Komponenten gestellt werden, muss das Verfahren zur Zeitstempelerzeugung auch robust gegenüber unbeabsichtigten oder gezielten Teilausfällen der verteilten Infrastruktur sein.

- Robustheit gegenüber nicht synchronen Uhren
  Neben den gezielten Manipulationen durch einen Angreifer muss das Verfahren zur Zeitstempelerzeugung auch robust gegenüber ungenauen und nicht synchron laufenden Uhren sein. Werden beispielsweise mehrere Zeitquellen in die Erstellung eines Zeitstempels einbezogen, kann nicht davon ausgegangen werden, dass die jeweiligen Uhren synchronisiert laufen und dadurch unter Umständen verschiedene Zeitinformationen vorliegen.

5.6.3 Entwurf

Im Rahmen dieser Arbeit wurde ein einheitlicher Lösungsansatz verfolgt, der einen *verteilten Zeitstempeldienst* auf Basis der vorhandenen Infrastruktur der verteilten elektronischen Marktplattform vorsieht. Dabei besitzt der Lösungsansatz im Hinblick auf die Anforderungen nach Dezentralität und Selbstorganisation folgende drei grundlegenden Eigenschaften:

- jeder Teilnehmer bietet einen lokalen Zeitstempeldienst an
  Anstatt eine zentrale Instanz oder eine kleine Gruppe mit der Erstellung von Zeitstempeln zu beauftragen, bietet jeder Teilnehmer als Teil der verteilten Infrastruktur einen eigenständigen lokalen Zeitstempeldienst an. Jede Instanz des Zeitstempeldienstes erzeugt dazu ein eigenes asymmetrisches Schlüsselpaar, wobei der private Schlüssel zur Erzeugung und der öffentliche Schlüssel zur Verifikation von Zeitstempeln verwendet wird. Als Zeitinformation nutzt dazu jeder Teilnehmer seine lokale Uhr, besondere Anforderungen an die Qualität der lokalen Uhrzeit werden dabei nicht gestellt.

- alle Teilnehmer bilden verteilten Zeitstempeldienst
  Ausgehend von der SESAM-Architektur (siehe Abschnitt 3) wird ein eigenständiges sog. ServiceNet (siehe Abschnitt 3.4.2) gebildet, in welches alle Teilnehmer, die einen lokalen Zeitstempeldienst anbieten, eintreten. Mit Hilfe dieses dedizierten ServiceNet wird dann ein verteilter Zeitstempeldienst aufgebaut.

- mehrere Zeitstempeldienste sind an der Erzeugung eines Zeitstempels beteiligt
  Da kaum oder keine Aussagen über die Vertrauenswürdigkeit eines einzelnen Teilnehmers vorliegen, werden immer mehrere Teilnehmer an der Erzeugung eines Zeitstempels beteiligt. Die Anzahl der beteiligten Teilnehmer, die an der Erzeugung eines Zeitstempels beteiligt sind, ist jedoch deutlich kleiner als die Gesamtanzahl aller Teilnehmer, die einen Zeitstempeldienst anbieten.

  Sind die Sicherheitsanforderungen an einen Zeitstempel nicht besonders hoch, reichen bereits wenige einzelne Zeitstempeldienste, die an der Erstellung mitwirken. Bei höheren Sicherheitsanforderungen müssen entsprechend mehr Zeitstempeldienste in die Erstellung eines Zeitstempels eingebunden werden.

Durch die Verteilung des Dienstes auf alle Teilnehmer und die Verwendung einer speziellen Kommunikationsstruktur zur Koordination aller lokaler Zeitstempeldienste können die Anforderungen nach Dezentralität und Selbstorganisation gut erfüllt werden. Dadurch wird auch sichergestellt, dass mit steigender Teilnehmer- und Transaktionszahl der verteilte Zeitstempeldienst gut hinsichtlich Kommunikations- und Rechenaufwand skaliert, da gleichzeitig mehr Teilnehmer für die Bereitstellung des verteilten Zeitstempeldienstes vorhanden sind. Auf Basis dieses Lösungsansatzes wird im Anschluss der Entwurf eines verteilten und sicheren Zeitstempeldienstes vorgestellt.

Der Entwurf für einen verteilten Zeitstempeldienst sieht vor, die gewünschte Funktionalität aus einer Menge von Zeitstempeldiensten, die von den jeweiligen Marktteilnehmern angeboten werden, aufzubauen. Diese Menge von Zeitstempeldiensten wird mittels eines Overlay-Netzwerks organisiert und kann dann durch die Marktteilnehmer genutzt werden, um sog. *Dokumentenzeitstempel* zu erzeugen. Ein Dokumentenzeitstempel setzt sich dabei aus einer Reihe von Einzelzeitstempeln, welche wiederum von den einzelnen Zeitstempeldiensten erstellt werden, zusammen. Zur Bestimmung der enthaltenen Zeitinformation eines solchen Dokumentenzeitstempels, bestehend aus einer Menge von Einzelzeitstempeln, wird ein entsprechender Algorithmus vorgestellt, der resistent gegenüber gefälschten Zeitstempeln von aktiven Angreifern ist. Gleichzeitig werden Verfahren vorgestellt, wie der verteilte Zeitstempeldienst vor Angriffen geschützt werden kann. Der Entwurf für einen verteilten Zeitstempeldienst unterteilt sich in folgende vier Funktionsblöcke, die nachfolgend detailliert beschrieben werden:

- **Organisationsstruktur des verteilten Zeitstempeldienstes**
  In diesem Abschnitt wird erläutert, wie die einzelnen Zeitstempeldienste zu einem verteilten Zeitstempeldienst organisiert werden. Dazu werden verschiedene Arten von Overlay-Netzen dahingehend analysiert, inwiefern sich diese als Organisationsstruktur eines verteilten robusten und skalierbaren Zeitstempeldienstes eignen.

- **Erstellung und Auswertung eines Dokumentenzeitstempels**
  Der Abschnitt behandelt die Erstellung und die Auswertung von sog. Dokumentenzeitstempeln, also Zeitstempeln, die von Marktteilnehmern angefragt werden. Da aus Effizienzgründen nicht alle vorhandenen Zeitstempeldienste an der Erstellung eines einzelnen Dokumentenzeitstempels mitwirken können, wird das Verfahren zur Auswahl von Zeitstempeldiensten vorgestellt. Da ein Dokumentenzeitstempel durch die Kooperation mehrerer Zeitstempeldienste erstellt wird, wird außerdem ein Algorithmus zur Bestimmung des protokollierten Zeitpunkts erläutert.

- **Verkettung von Zeitstempeln eines Zeitstempeldienstes**
  Um die aufgestellten Sicherheitsanforderungen erfüllen zu können, wird in diesem Abschnitt die Verkettung von Zeitstempeln eines einzelnen Zeitstempeldienstes (die sog. *Intra-TSA-Verkettung*) vorgestellt. Durch die Verkettung von Zeitstempeln soll das Modifizieren, Einfügen und Löschen von Zeitstempeln eines Zeitstempeldienstes erschwert bzw. verhindert werden.

- **Verkettung von Zeitstempeln mehrerer Zeitstempeldienste**
  Aufbauend auf der Verkettung von Zeitstempeln eines Zeitstempeldienstes wird in diesem Abschnitt die Verkettung von Zeitstempeln zwischen mehreren Zeitstempeldiensten erläutert. Durch die Überkreuzung von Zeitstempelketten (sog. *Inter-TSA-Verkettung*)

wird ein höheres Sicherheitsniveau erreicht, so dass Angriffe durch potentielle Angreifer noch effektiver unterbunden werden können.

5.6.3.1 Organisationsstruktur des verteilten Zeitstempeldienstes

Die Idee, alle Marktteilnehmer an der Bereitstellung eines verteilten Zeitstempeldienstes einzubeziehen, wirft die Fragestellung auf, wie diese effizient verwaltet werden können, ohne dabei auf eine zentrale koordinierende Instanz zurückzugreifen. Einerseits muss sichergestellt werden, dass die Knoten effizient miteinander kommunizieren können, andererseits darf die Verwaltung dieser Kommunikationsstruktur einzelne Knoten nicht überlasten. Außerdem darf der Ausfall einzelner Knoten nur einen geringen Einfluss auf die Kommunikationsfähigkeit der verbleibenden Knoten haben.

Die in Abschnitt 2.5 vorgestellten Overlay-Netzwerke eignen sich gut, um große Mengen von Knoten effizient zu verwalten, ohne dabei auf globales Wissen oder eine zentrale Instanz angewiesen zu sein. Gleichzeitig benötigen die meisten Overlay-Netze im Vergleich zur Teilnehmerzahl einen konstanten oder sehr geringen Speicheraufwand und einen moderaten Kommunikationsaufwand zur Verwaltung der Kommunikationsstruktur. Abhängig vom jeweiligen Overlay können die einzelnen Teilnehmerknoten direkt adressiert werden, der dafür benötigte Kommunikationsaufwand lässt sich im Vorfeld sehr genau abschätzen.

Der Entwurf für einen verteilten Zeitstempeldienst sieht deshalb vor, alle Instanzen des Zeitstempeldienstes innerhalb eines dedizierten Overlay-Netzes zu organisieren. Bei der Auswahl einer geeigneten Overlay-Struktur wurden jedoch nur strukturierte Overlay-Netze (siehe Abschnitt 2.5.2) berücksichtigt, da unstrukturierte Overlay-Netze (siehe Abschnitt 2.5.1) meist keine direkte Adressierung von Knoten bieten, der Kommunikationsaufwand schlecht abgeschätzt und die Skalierbarkeit bei unstrukturierten Overlay-Netzen nicht immer gewährleistet werden kann.

Strukturierte Overlay-Netze bieten im Gegensatz zu unstrukturierten eine Reihe von Vorteilen. Diese Untergruppe von Overlay-Netzen folgt meist einem festgelegten Algorithmus beim Aufbau der Kommunikationsstruktur, so dass die Vermittlung von Nachrichten innerhalb des Netzes effizient erfolgen kann. Die Knoten sind durch eindeutige Adressen unterscheidbar, so dass gezielt Nachrichten an bestimmte Knoten gesendet werden können. Gleichzeitig bieten strukturierte Overlay-Netze eine gute Skalierbarkeit mit wachsender Knotenzahl. Trotz der vorgegebenen Kommunikationsstruktur stellen gängige strukturierte Overlay-Netze eine hohe Verfügbarkeit bereit, da die Protokolle bereits entsprechende Mechanismen enthalten [76, 68, 75], um ausgefallene Knoten schnell zu erkennen und daraufhin eine Reorganisation des Netzes vorzunehmen.

Um einzelne Instanzen des Zeitstempeldienstes direkt ansprechen zu können, muss den jeweiligen Teilnehmerknoten eine eindeutige Adresse zugeordnet werden. Zusätzlich kann es für die Verifikation notwendig sein, gezielt Zeitstempeldienste anhand ihrer Overlay-Adresse wieder auffinden zu können. Deshalb wird die Overlay-Adresse OA_A des Zeitstempeldienstes vom Teilnehmer A wie folgt aus seinem öffentlichen Schlüssel $k_{A,pub}$ abgeleitet:

$$OA_A = H(k_{A,pub}) \tag{5.1}$$

Die Overlay-Adresse wird bestimmt, indem eine kryptographische Hash-Funktion auf den öffentlichen Schlüssel $k_{A,pub}$ angewendet wird. Abhängig von der Adressgröße verwenden die meisten Overlay-Netze den ermittelten Hash-Wert oder einen Teil davon als Overlay-Adresse des jeweiligen Knotens. Die Bindung der Overlay-Adresse an den öffentlichen Schlüssel der jeweiligen Zeitstempeldienstinstanz hat folgende Vorteile:

- nachprüfbare Overlay-Adresse
  Jeder Knoten kann die Gültigkeit der Overlay-Adresse eines anderen Knotens dadurch überprüfen, in dem er die gleiche Hash-Funktion auf den öffentlichen Schlüssel des anderen Knotens anwendet. Gleichzeitig kann ein Teilnehmer relativ einfach überprüfen, ob der zugehörige öffentliche Schlüssel, welcher beispielsweise zur vertraulichen Kommunikation verwendet wird, zur entsprechenden Overlay-Adresse passt, da mit Formel 5.1 eine Vorschrift existiert, wie die Overlay-Adresse aus dem eigenen öffentlichen Schlüssel gebildet wird.

- keine beliebige Platzierung
  Ein Teilnehmer kann sich nicht beliebig im Overlay-Netz platzieren, da die Overlay-Adresse direkt aus dem öffentlichen Schlüssel gebildet wird. Um eine bestimmte Overlay-Adresse zu erhalten, muss ein Angreifer entweder eine gezielte Kollision in der eingesetzten Hash-Funktion herbeiführen können oder in der Lage sein, ein asymmetrisches Schlüsselpaar zu erzeugen, dessen Hash-Wert vom öffentlichen Schlüssel der gewünschten Overlay-Adresse entspricht.

  Ein geeigneter öffentlicher Schlüssel, der eine Platzierung an der gewünschten Stelle im Overlay-Netz erlaubt, kann nur mittels Brute-Force-Verfahren gefunden werden. Außerdem liegt der Aufwand für eine gezielte Kollision (sog. Preimage-Angriff) beim Einsatz der SHA-1-Hash-Funktion [45] deutlich höher (2^{126} anstatt 2^{69} Versuche), als die in [118] beliebigen Kollisionen. Aus diesen Gründen werden beide Angriffe als nicht praktikabel eingestuft.

- keine Knotenverdrängung
  Für einen Angreifer ist es nahezu unmöglich, eine bereits vergebene Overlay-Adresse zugeteilt zu bekommen, da dies wiederum auf eine Kollision in der verwendeten Hash-Funktion oder auf identisches Schlüsselmaterial hinausläuft.

Trotzdem können durch die beschriebene Bindung von Overlay-Adresse und öffentlichen Schlüssel nicht alle möglichen Angriffe vermieden werden. Bei der sog. *Sybil*-Attacke [44, 28] versucht der Angreifer möglichst viele eigene Knoten zu erzeugen und diese in das Overlay-Netz zu integrieren. Die dazu notwendigen Schlüsselpaare kann der Angreifer im Voraus erzeugen. Zwar ist der Angreifer nicht in der Lage, gezielt Knoten im Overlay-Netz zu platzieren, jedoch kann er mit ausreichender Anzahl von Knoten die Wahrscheinlichkeit, dass eine Nachricht über einen kompromittierten Knoten übertragen wird, deutlich erhöhen.

Dieses Problem ist jedoch nicht auf das im Rahmen dieser Arbeit untersuchte Anwendungsszenario beschränkt, sondern eher als Grundproblem von Overlay-Netzen anzusehen. Die bisher vorgestellten Lösungsansätze zur Verhinderung von Sybill-Attacken basieren auf der Reglementierung von Knotenadressen, so dass ein Angreifer nicht beliebig viele Adressen im Overlay belegen kann. In [26, 125] werden erste Ansätze vorgestellt, die jedoch auf einer Zuteilung durch eine übergeordnete Instanz angewiesen sind. Ein alternativer Ansatz [43] ist die sog. Selbstregistrierung, bei der ein neuer Knoten eine Overlay-Adresse von deren Benutzung bei anderen Knoten registrieren muss, wobei die Anzahl von Overlay-Adresse pro IP-Adresse begrenzt ist.

5.6.3.2 Erstellung und Auswertung eines Dokumentenzeitstempels

Bevor auf das Verfahren zur Erstellung von Dokumentenzeitstempeln näher eingegangen wird, werden nachfolgend zwei Definitionen und die formale Darstellung der definierten Begriffe gegeben.

5.6.3.2.1 Erstellung und Auswertung eines Einzelzeitstempels

Für den Begriff *Einzelzeitstempel* wird folgende Definition vorgenommen:

Definition 1 (Einzelzeitstempel) *Ein **Einzelzeitstempel** STS (Single Timestamp) wird von einer einzelnen Instanz des verteilten Zeitstempeldienstes erstellt und entspricht einer digitalen Signatur unter ein Dokument D unter Einbeziehung einer Zeitinformation t und zweier Nonce-Werte n_c, n_s. Die digitale Signatur wird von der Zeitstempeldienstinstanz X unter Verwendung des eigenen privaten Schlüssels $k_{X,priv}$ erzeugt.*

Im Vergleich zum klassischen Zeitstempel, welcher in Abschnitt 2.3.3 vorgestellt wurde, werden zwei zusätzliche Nonce-Werte n_c und n_s bei der Erzeugung eines Einzelzeitstempels eingesetzt. Dabei wird der Nonce-Wert n_c von demjenigen vorgegeben, der den Einzelzeitstempel erzeugt haben will, während der Nonce-Wert n_s vom Ersteller des Einzelzeitstempels bereitgestellt wird. Beide Nonce-Werte müssen im Anschluss offengelegt werden und bilden gemeinsam mit dem Dokument D und der Zeitinformation t_s die Daten, die zur Überprüfung eines Einzelzeitstempels notwendig sind. Formal wird ein Einzelzeitstempel wie folgt dargestellt.

$$STS_A(D, n_c, n_s, t_s) = E_{k_{A,priv}}(H(H(D)||H(n_c)||H(n_s)||t_s)) \qquad (5.2)$$

Um einen Einzelzeitstempel für ein Dokument D von einem Zeitstempeldienst A erstellen zu lassen, muss der Initiator den Hash-Wert $H(D)$ des Dokuments D und den Nonce-Wert n_c an dem Zeitstempeldienst übergeben. Der Zeitstempeldienst erzeugt den Nonce-Wert n_s und ermittelt die aktuelle Zeit t_s. Der digitale Zeitstempel, in den der Hash-Wert des Dokuments D, die Hash-Werte der Nonce-Werte n_c und n_s und die Zeitinformation t_s eingehen, wird mit dem privaten Schlüssel $k_{A,priv}$ des Zeitstempeldienstes A signiert.

Um einen Einzelzeitstempel auf Korrektheit überprüfen zu können, werden neben dem Dokument D auch die Hash-Werte der beiden Nonce-Werte n_c und n_s und die Zeitinformation t_s benötigt. Diese werden wie in Formel 5.2 verknüpft und der resultierende Hash-Wert mit dem Hash-Wert der Signatur verglichen. Um den Hash-Wert der Signatur offenzulegen, muss dieser mit dem öffentlichen Schlüssel des Erstellers entschlüsselt werden. Sind beide Hash-Werte identisch, ist der Zeitstempel gültig, anderenfalls wurde der Zeitstempel modifiziert oder nicht vom angegebenen Zeistempeldienst ausgestellt.

5.6.3.2.2 Erstellung von Dokumentenzeitstempeln

Aufbauend auf dem Begriff Einzelzeitstempel wird für den Begriff *Dokumentenzeitstempel* folgende Definition vorgenommen:

Definition 2 (Dokumentenzeitstempel) *Ein **Dokumentenzeitstempel** DTS (Document Timestamp) wird von einer Gruppe von Zeitstempeldiensten erstellt und dient der Protokollierung des Vorhandenseins eines Dokuments D zum Zeitpunkt t. Ein Dokumentenzeitstempel setzt sich dabei aus einer Menge von **Einzelzeitstempeln** zusammen, die von den beteiligten Zeitstempeldienstinstanzen erzeugt werden.*

Vereinfacht kann daher ein Dokumentenzeitstempel, bestehend aus einer Menge von n Einzelzeitstempeln, formal wie folgt dargestellt werden.

$$DTS(D, n_c) = \{STS_i(D, n_{c_i}, n_{s_i}, t_{s_i}) |\quad \forall i < n, n \in \mathbb{N}\} \tag{5.3}$$

Um einen erstellten Dokumentenzeitstempel gegen Veränderung zu schützen, kann dieser vom Teilnehmer A, der die Erstellung des Dokumentenzeitstempels initiiert hat, mit einer digitalen Signatur S_A versehen werden, wobei dafür die Notation $DTS(D, n_c)|S_A$ verwendet wird.

Der in Abschnitt 5.6.3 vorgestellte Lösungsansatz sieht vor, einen Teil aller vorhandenen Zeitstempeldienste an der Erstellung eines Dokumentenzeitstempels zu beteiligen, ohne dabei jedoch alle vorhandenen Zeitstempeldienste in die Erstellung einzubinden.

Ein einfacher Lösungsansatz zur Erstellung eines Dokumentenzeitstempels stellt die Verwendung einer ungeordneten Menge von Einzelzeitstempeln dar, bei der ein Zeitstempeldienst andere Zeitstempeldienste auffordert, einen Einzelzeitstempel zur erzeugen. Dabei tritt jedoch das Problem auf, dass der Zeitaufwand linear mit der Anzahl der Einzelzeitstempel wächst, außerdem bedeutet dies einen erhöhten Kommunikationsaufwand für den Zeitstempeldienst, der den Aufbau der Liste übernimmt, da dieser mit jedem beteiligten Zeistempeldienst in Kontakt treten muss, um einen Einzelzeitstempel anzufordern.

Aus diesem Grund wurde ein anderer Lösungsansatz [143] gewählt, der den Einsatz einer baumartigen Struktur zum Aufbau eines Dokumentenzeitstempels verfolgt, wie dies in Abbildung 5.2 dargestellt ist. Ausgehend von einer Wurzel, die durch einen einzelnen Zeitstempeldienst gebildet wird, werden je nach *Grad* des Baums mehrere Zeitstempeldienste ausgewählt, die jeweils einen Einzelzeitstempel für den Dokumentenzeitstempel beitragen. Gleichzeitig fordern diese weitere Zeitstempeldienste auf, Einzelzeitstempel zu erzeugen. Diese Vorgehensweise wird solange von den ausgewählten Zeitstempeldiensten wiederholt, bis die gewünschte *Tiefe* des Zeitstempelbaums erreicht ist. Die Abbildung 5.2 zeigt beispielsweise einen binären Baum (Grad 2) der Tiefe 4.

Durch die Baumstruktur der Einzelzeitstempel eines Dokumentenzeitstempels ergeben sich einige Vorteile. Einerseits wird der Aufwand zum Erstellen eines Dokumentenzeitstempels auf alle beteiligten Zeitstempeldienste nahezu gleichmäßig verteilt. Andererseits wird durch die Baumstruktur eine gute Parallelisierung erreicht, da viele Anfragen nach Einzelzeitstempeln von verschiedenen Zeitstempeldiensten gleichzeitig bearbeitet werden. Auch bei steigender

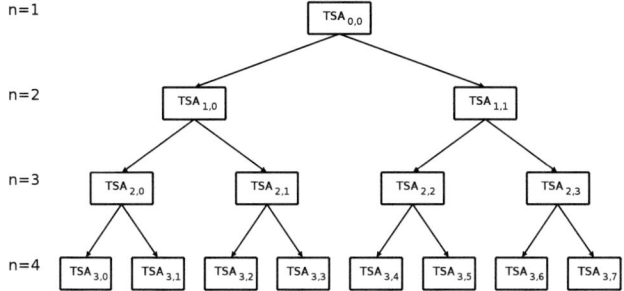

Abbildung 5.2: Baumstruktur zum Erstellen eines Dokumentenzeitstempels

Anzahl von Einzelzeitstempeln innerhalb eines Dokumentenzeitstempels kann eine effiziente Erzeugung ermöglicht werden, da die Tiefe des Baums, durch welche die Erstellungszeit am meisten beeinflusst wird, nur logarithmisch zur Gesamtanzahl der Einzelzeitstempel des Baums wächst.

Die Auswahl der beteiligten Zeitstempeldienste darf jedoch nicht willkürlich erfolgen, da ansonsten ein Angreifer in der Lage ist, einen Dokumentenzeitstempel nur aus Einzelzeitstempeln von kooperierenden oder kompromittierten Knoten zu bilden. Diese können eine gefälschte Zeitinformation in die erstellten Einzelzeitstempel einbringen und somit auch die Zeitinformation des Dokumentenzeitstempels beeinflussen.

Aus diesem Grund muss die Auswahl der Zeitstempeldienste, die an der Erstellung eines einzelnen Dokumentenzeitstempels mitwirken, möglichst nicht vorhersagbar, aber gleichzeitig im Nachhinein für Dritte nachvollziehbar sein. Gleichzeitig muss die Auswahl sicherstellen, dass die Anfragen gut über alle vorhandenen Zeitstempeldienste verteilt werden und es nicht zur Überlastung einzelner Zeitstempeldienste kommt. Um eine möglichst schwer vorherzusagende Auswahl von beteiligten Zeitstempeldiensten zu erreichen, wird vorgeschlagen, die Auswahl sowohl vom eigentlichen Dokument D und, falls möglich, von der zu protokollierenden Zeitinformation t abhängig zu machen.

Dazu muss zuerst der Zeitstempeldienst bestimmt werden, welcher die Wurzel $TSA_{0,0}$ des Zeitstempelbaums bildet. Die einfachste Methode wäre die Overlay-Adresse der Wurzel direkt aus dem Dokument D abzuleiten, indem beispielsweise der Hash-Wert des Dokuments als Overlay-Adresse interpretiert wird. Diese Vorgehensweise ist zwar einfach durchzuführen und bindet die Auswahl der Wurzel an das Dokument, welches mit einem Zeitstempel versehen werden soll, hat aber einen entscheidenden Nachteil. Ein Angreifer, welcher einen gefälschten Zeitstempel unter sein Dokument D ausgestellt bekommen möchte, kann das Dokument D erzeugen, die Overlay-Adresse der Wurzel berechnen und danach versuchen, den dazugehörigen Zeitstempeldienst zu ersetzen oder zu kompromittieren. Außerdem geht in die Bestimmung der Wurzel keine Zeitinformation t ein, so dass der Angriff beliebig im Voraus vorbereitet werden kann.

Abbildung 5.3 zeigt den zeitlichen Ablauf der Bestimmung der Wurzel $TSA_{0,0}$ des Zeitstempelbaums und die anschließende Anforderung des Dokumentenzeitstempels bei der ermittelten Wurzel. Dabei wird sichergestellt, dass in die Auswahl der Wurzel $TSA_{0,0}$ auch die aktuelle

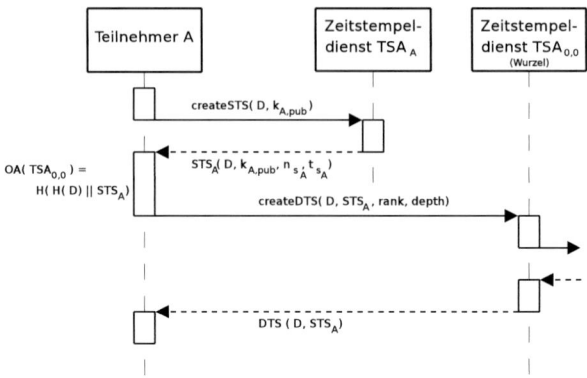

Abbildung 5.3: Ablauf Wurzelbestimmung und Anforderung des Dokumentenzeitstempels

Zeit einbezogen wird, so dass ein Angreifer die Auswahl nicht vorberechnen und entsprechende kompromittierte Knoten platzieren kann.

Zuerst fordert der Teilnehmer A, der einen Dokumentenzeitstempel für das Dokument D erstellt haben möchte, vom eigenen Zeitstempeldienst TSA_A einen Einzelzeitstempel $STS_A(D, n_{c_a}, n_{s_a}, t_{s_a})$ an. Als Nonce-Wert n_{c_a} wählt A seinen öffentlichen Schlüssel $k_{A,pub}$, der Nonce-Wert n_{s_a} und die Zeitinformation t_{s_a} werden vom Zeitstempeldienst TSA_A vorgegeben. Durch die Verwendung des öffentlichen Schlüssels $k_{A,pub}$ als Nonce-Wert n_{c_a} ist A nicht in der Lage, mittels des Nonce-Wertes gezielt einen Knoten als Wurzel des Zeitstempelbaums auszuwählen. Anschließend wird mittels der Formel 5.4 die Overlay-Adresse $OA_{TSA_{0,0}}$ der Wurzel $TSA_{0,0}$ bestimmt, in dem der Hash-Wert des Dokuments D mit dem Hash-Wert des erzeugten Einzelzeitstempel STS_A verknüpft wird und auf das Ergebnis nochmals eine Hash-Funktion angewandt wird.

$$OA_{TSA_{0,0}} = H(H(D)||H(STS_A(D, n_{c_a}, n_{s_a}, t_{s_a}))) \qquad (5.4)$$

Die Anfrage nach einem Dokumentenzeitstempel $DTS(D, n_c)$ für das Dokument D wird dann an den Zeitstempeldienst $TSA_{0,0}$ weitergeleitet, der für den Bereich, in welchem sich die bestimmte Overlay-Adresse befindet, verantwortlich ist. Neben dem Hash-Wert des Dokuments D enthält die Anfrage nach einem Dokumentenzeitstempel an die Wurzel $TSA_{0,0}$ auch den Nonce-Wert $n_{c_{0,0}}$, welcher vom Aufrufer A frei gewählt werden darf. In diesem Fall wählt der Aufrufer A den selbst zuvor erstellten Zeitstempel $STS_A(D, n_{c_a}, n_{s_a}, n_{t_a})$ als Nonce-Wert und überträgt den Hash-Wert des Einzelzeitstempels $H(STS_A)$ an den Wurzelknoten. Dadurch ist der Zeitstempeldienst $TSA_{0,0}$, welcher als Wurzel ausgewählt wurde, anhand des Hash-Wertes des Dokuments D und dem Hash-Wert des Zeitstempels mit Hilfe von Formel 5.4 in der Lage zu überprüfen, ob der Knoten korrekt als Wurzel des Zeitstempelbaums ausgewählt wurde. Gleichzeitig übergibt der Aufrufer die Parameter *Tiefe* n und *Grad* m des Baums, wodurch die Anzahl der Einzelzeitstempel innerhalb des Dokumentenzeitstempels bestimmt wird.

War die Überprüfung korrekt, erzeugt der Zeitstempeldienst der Wurzel einen Einzelzeitstempel $STS_{0,0}(D, n_{c_{0,0}}, n_{s_{0,0}}, t_{s_{0,0}})$ für das Dokument D, wobei die Werte $n_{s_{0,0}}$ und $t_{s_{0,0}}$ vom Zeitstempeldienst der Wurzel vorgegeben werden. Als Nonce-Wert $n_{c_{0,0}}$ wird der vom Aufrufer übergebene Hash-Wert des Einzelzeitstempels STS_A verwendet. Um die Zeitstempeldienste $TSA_{i,j}$ zu bestimmen, die weitere Einzelzeitstempel in den Dokumentenzeitstempel einbringen sollen, wird die Formel 5.5 eingesetzt. Die jeweilige Overlay-Adresse $OA_{TSA_{i,j}}$ eines Zeitstempeldienstes $TSA_{i,j}$, welcher einen weiteren Einzelzeitstempel erzeugen soll, wird in Abhängigkeit des Dokuments D und dem Einzelzeitstempel des aufrufenden Zeitstempeldienstes erzeugt.

$$OA_{TSA_{i,j}} = H^j(H(D)||H(STS_{x,y}(D, n_{c_{x,y}}, n_{s_{x,y}}, t_{s_{x,y}}))) \qquad (5.5)$$
$$\text{mit } x = i - 1 \text{ und } y = \lfloor log_m(j) \rfloor \quad \forall 0 < i < n, 0 \leq j < m$$

Abhängig vom Rang des nachfolgenden Zeitstempeldienstes muss zur Bestimmung der Overlay-Adresse $OA_{TSA_{i,j}}$ die gewählte Hash-Funktion H mehrfach auf den Einzelzeitstempel aufgerufen werden, da ansonsten identische Overlay-Adressen für die nachfolgenden Zeitstempeldienste ermittelt werden. In Abbildung 5.4 werden die notwendigen Schritte zum Aufbau des Zeitstempelbaums in Pseudocode dargestellt.

Wird eine Anfrage nach einem Dokumentenzeitstempel von einem Zeitstempeldienst empfangen, so erzeugt dieser zuerst einen Einzelzeitstempel (Vorwärtsverkettung). Danach prüft jeder Zeitstempeldienst, ob er ein Blatt des Zeitstempelbaums darstellt. In diesem Fall erzeugt der Zeitstempeldienst einen weiteren Einzelzeitstempel (Rückwärtsverkettung) und liefert die zwei Einzelzeitstempel innerhalb der Datenstruktur eines Dokumentenzeitstempels an den aufrufenden Zeitstempeldienst zurück.

Für den Fall, dass der Zeitstempeldienst noch kein Blatt des Zeitstempelbaums darstellt, werden nach der Erstellung des Eingangseinzelzeitstempels die Overlay-Adresse der nachfolgenden Zeitstempeldienste (Kinderknoten) ermittelt. Danach erfolgt ein Aufruf zur Erstellung eines Dokumentenzeitstempels für die berechneten Overlay-Adressen, wobei jedoch der Tiefenparameter des Zeitstempelbaums verringert wird. Haben alle Kinderknoten die Anfrage nach einem Dokumentenzeitstempel beantwortet, werden die Hash-Werte der enthaltenen Einzelzeitstempel konkateniert und daraus der Nonce-Wert für den abschließenden Einzelzeitstempel (Rückwärtsverkettung) berechnet. Nach der Erstellung des abschließenden Einzelzeitstempels werden alle Einzelzeitstempel in einer Dokumentenzeitstempeldatenstruktur zusammengefasst und an den aufrufenden Zeitstempeldienst zurückgeliefert.

5.6.3.2.3 Verkettung von Einzelzeitstempeln innerhalb eines Dokumentenzeitstempels

Dadurch, dass die Auswahl von Zeitstempeldiensten, die an der Erstellung eines Dokumentenzeitstempels mittels der Formel 5.5 erfolgt, wird eine lose Bindung der beteiligten Zeitstempeldienste erreicht. Dritte können leicht nachprüfen, ob der jeweilige Zeitstempeldienst zurecht für die Erzeugung eines Einzelzeitstempels ausgewählt wurde.

Dazu werden mit Hilfe der Formel 5.5 nochmals die Overlay-Adressen der auszuwählenden Zeitstempeldienste ermittelt. Aufgrund der Tatsache, dass bei strukturierten Overlay-Netzen

```
TimestampService createDocumentTimestamp( documentHash, nonceHash, rank, depth)
{
  // create local single timestamp (forward chaining)
  Timestamp forwardTimestamp = createTimestamp( documentHash, nonceHash);

  DocumentTimestamp documentTimestamp = new DocumentTimestamp();
  documentTimestamp.add( forwardTimestamp);

  if ( depth == 0 ) {
    nonceHash = Hash.createHash( forwardTimestamp);

    // create local single timestamp (backward chaining)
    Timestamp backwardTimestamp = createTimestamp( documentHash, nonceHash);
    documentTimestamp.add( backwardTimestamp);
  } else {
    childAddress = Hash( Document) || localTimestamp)
    nonceHash = new String();

    for( i=1; i<rank; i++) {
      childAddress = Hash( childAddress);
      childService = ServiceFactory.getService( TimestampService, childAddress);

      // create local single timestamp (forward chaining)
      childTimestamp = childService.createDocumentTimestamp( documentHash,
                                                             nonceHash,
                                                             rank,
                                                             depth - 1);

      documentTimestamp.add( childTimestamp);
      nonceHash.append( childTimestamp);
    }

    // create local single timestamp (backward chaining)
    Timestamp backwardTimestamp = createTimestamp( documentHash, Hash( nonceHash));
    documentTimestamp.add( backwardTimestamp);
  }

  // return document timestamp call to parent node
  return documentTimestamp;
}
```

Abbildung 5.4: Pseudocode für Zeitstempelerzeugung innerhalb des Zeitstempelbaums

der mögliche Adressraum typischerweise nicht vollständig besetzt ist, ist es sehr unwahrscheinlich, dass genau unter den berechneten Overlay-Adressen Zeitstempeldienste adressiert werden können.

Aus diesem Grund wird wie bei anderen, auf strukturierten Overlay-Netzen aufbauenden Verfahren, das Nachbarschaftsprinzip ausgenutzt. Dabei ist jeder Knoten, der Teil eines strukturierten Overlay-Netzes ist, neben der eigenen Overlay-Adresse auch für einen Bereich um die eigene Overlay-Adresse zuständig. Insofern wurde der korrekte Zeitstempeldienst ausgewählt, wenn dieser auch für die berechnete Overlay-Adresse zuständig ist. Selbst wenn sich die Anzahl aktiver Teilnehmer im Overlay-Netz nach der Erstellung eines Dokumentenzeitstempels stark erhöht und damit sich auch die verantwortlichen Adressbereiche verkleinert haben, so muss sich die Overlay-Adresse des ausgewählten Zeitstempeldienstes in unmittelbarer Nachbarschaft zu der berechneten Overlay-Adresse befinden, selbst wenn dieser mittlerweile nicht mehr für die Adresse verantwortlich ist.

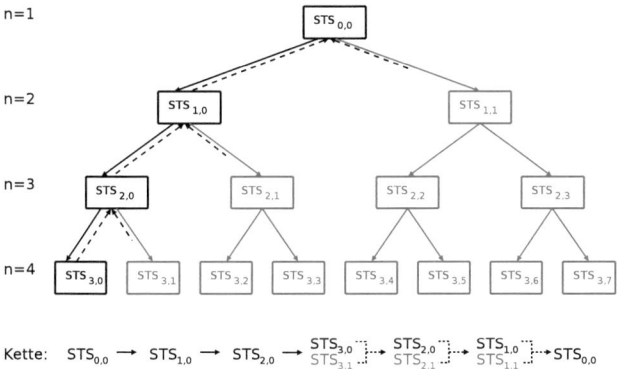

Abbildung 5.5: Verkettung der Einzelzeitstempel innerhalb eines Dokumentenzeitstempels

Außerdem wird durch die lose Vorwärtsverkettung verhindert, dass ein Angreifer einen Einzelzeitstempel aus dem Zeitstempelbaum entfernt, modifiziert oder einen anderen beliebigen Zeitstempel einsetzt. Jedoch kann ein Angreifer eine Vielzahl von leicht unterschiedlichen Zeitstempeln erzeugen und dann denjenigen einsetzen, welcher bei der Bestimmung der Overlay-Adresse nah an den nachfolgenden Zeitstempeldienst kommt.

Um diese Art von Angriff auf den Zeitstempelbaum eines Dokumentenzeitstempels vollständig zu unterbinden, wurde eine stärkere Verkettung der Einzelzeitstempel innerhalb eines Dokumentenzeitstempels ausgewählt. Im Unterschied zur Bestimmung von nachfolgenden Zeitstempeldiensten im Zeitstempelbaum wird nicht nur eine Vorwärtsverkettung, sondern auch eine Rückwärtsverkettung der beteiligten Zeitstempeldienste realisiert. Damit wird verhindert, dass ein Angreifer unbemerkt in der Lage ist, einen oder mehrere Einzelzeitstempel im Zeitstempelbaum zu modifizieren oder zu ersetzen.

Die Verkettung, wie in Abbildung 5.5 dargestellt, wird für jeden Teilpfad des Zeitstempelbaums vorgenommen. Beim Abstieg des Zeitstempelbaums wird die Verkettung dadurch erreicht, in dem neben dem Hash-Wert des Dokuments D in die Berechnung des Einzelzeitstempels auch der Zeitstempel des übergeordneten Knotens im Baum eingeht. Dazu verwendet der aufrufende Knoten als Nonce-Wert n_c den Hash-Wert seines eigenen Zeitstempels. Auf der untersten Ebene des Zeitstempelbaums werden keine nachfolgenden Zeitstempeldienste mehr ausgewählt, der jeweilige Zeitstempeldienst erzeugt den gewünschten Einzelzeitstempel und liefert diesen an den aufrufenden Zeitstempeldienst zurück.

Um auch eine robuste Rückwärtsverkettung der beteiligten Zeitstempeldienste zu erreichen, wird beim nachfolgenden Aufstieg die Verkettung wie folgt realisiert. Erhält ein Zeitstempeldienst alle angeforderten Einzelzeitstempel von seinen untergeordneten Knoten zurück, so erzeugt dieser wie beim Abstieg einen Einzelzeitstempel. Aus den Einzelzeitstempeln aller Kinderknoten bestimmt der Zeitstempeldienst den Nonce-Wert n_c, der in den Einzelzeitstempel zur Rückwärtsverkettung eingeht.

Die Vorwärts- und Rückwärtsverkettung der Einzelzeitstempel innerhalb eines Dokumentenzeitstempels kann formal mit den nachfolgenden Formeln dargestellt werden. Die Formeln 5.6 und 5.7 enthalten die Vorwärtsverkettung (FTS, *Forward Timestamp*). Fordert ein Zeitstempeldienst weitere Einzelzeitstempel von seinen Kinderknoten an, so verwendet dieser seinen eigenen erstellten Einzelzeitstempel als Nonce-Wert und erreicht damit die gewünschte Verknüpfung der Einzelzeitstempel.

Die Rückwärtsverkettung (RTS, *Reverse Timestamp*) wird in Formel 5.8 beschrieben. Nachdem ein Zeitstempeldienst alle angeforderten Einzelzeitstempel von den Kinderknoten erhalten hat, konkateniert er diese und erstellt einen weiteren Einzelzeitstempel und verwendet die aneinandergehangenen Zeitstempel als Nonce-Wert. Die in den Formeln angegebenen Nonce-Werte n_s und Zeitinformationen t_s werden vom jeweiligen Zeitstempeldienst ausgewählt und können nicht durch den Aufrufer vorgegeben werden.

$$
\begin{aligned}
FTS_{0,0}(D) &= STS_{0,0}(D, STS_A(H(D), n_{c_a}, n_{s_a}, t_{s_a}), n_{s_{0,0}}, t_{s_{0,0}}) & (5.6)\\
FTS_{i,j}(D) &= STS_{i,j}(D, STS_{x,y}(H(D), n_{x,y}), n_{s_{i,j}}, t_{s_{i,j}}) & (5.7)\\
&\quad \text{mit } x = i-1 \text{ und } y = \lfloor log_m(j) \rfloor \quad \forall 0 < i < n, 0 \le j < m\\
RTS_{i,j}(D) &= STS_{i,j}(D, \{STS_{x,y}(D, n_{x,y})\}, n_{s_{i,j}}, t_{s_{i,j}}) & (5.8)\\
&\quad \text{mit } x = i+1 \text{ und } y = mj+k \quad \forall 0 \le i < n-1, 0 \le j < m, 0 \le k < m
\end{aligned}
$$

Durch die Vorwärts- und Rückwärtsverkettung kann ein Angreifer einzelne Einzelzeitstempel aus dem Dokumentenzeitstempel nicht entfernen, ohne dass dies bei einer Verifikation des Dokumentenzeitstempels festgestellt wird. Dies resultiert aus der Vorschrift, dass der Hash-Wert des vorangegangenen Einzelzeitstempels in die Berechung des aktuellen Einzelzeitstempels eingeht. Wird nun ein Einzelzeitstempel aus der Einzelzeitstempelkette entfernt oder modifiziert, unterscheiden sich die Hash-Werte der Einzelzeitstempel und die Verifikation des Dokumentenzeitstempels bestehend aus Einzelzeitstempeln schlägt fehl. Ein Angreifer wäre nur dann in der Lage, einen Einzelzeitstempel zu modifizieren oder zu ersetzen, wenn er nach der Korrumpierung eines beteiligten Zeitstempeldienstes und dessen geheimen Schlüsselmaterials in der Lage wäre, eine gezielte Kollision in der verwendeten Hash-Funktion zu erzeugen, was jedoch im Angreifermodell ausgeschlossen wurde.

5.6.3.2.4 Auswertung von Dokumentenzeitstempeln

Die Auswertung der Zeitinformation eines Einzelzeitstempels gestaltet sich relativ einfach, da dieser nur genau eine Zeitinformation t enthält. Aufwendiger dagegen ist die Auswertung der Zeitinformation eines Dokumentenzeitstempels, da sich dieser aus einer Reihe von Einzelzeitstempeln zusammensetzt, die jeweils leicht unterschiedliche Zeitpunkte t_i enthalten. Zudem muss davon ausgegangen werden, dass ein Angreifer in der Lage war, einzelne, an der Dokumentenzeitstempelerstellung beteiligte Zeitstempeldienste zu kompromittieren und diese Zeitstempel eine falsche Zeitinformation t_i' enthalten.

Nach Evaluation verschiedener bekannter Verfahren zur Auswertung von Stichproben, wurde ein eigenes Verfahren entworfen, um eine Zeitinformation t aus der Stichprobe T, bestehend aus der Menge aller Einzelzeitstempel t_i des Dokumentenzeitstempels, zu bestimmen. Das Verfahren wird als *Minimum Time Range* (MTR) bezeichnet und ermittelt aus der Stichprobe T den Wert $\hat{t}$, der wie folgt berechnet wird.

Die Grundidee des MTR-Verfahrens beruht auf der Ausnutzung des zeitlichen Bezuges der verschiedenen Zeitstempel. Ähnlich wie bei verschiedenen Quantilen (siehe Abschnitt C) werden Elemente aus der vorliegenden Stichprobe entfernt, bevor der Durchschnitt über die verbleibende Stichprobe berechnet wird. Im Unterschied zu den bekannten Verfahren werden jedoch keine festen Anteile am Anfang und Ende der sortierten Stichprobe entfernt, sondern nur solche, die eine bestimmte zeitliche Differenz t_ϵ zum Median $\tilde{t}$ überschreiten, wie dies in Formel 5.9 dargestellt ist.

$$MTR(T) = \{t_i \mid |t_i - \tilde{t}| < t_\epsilon \quad \forall t_i \in T\} \tag{5.9}$$

Dadurch werden für die Durchschnittsbildung nur Werte betrachtet, die innerhalb der *zeitlichen* Umgebung t_ϵ (nachfolgend auch als MTR-Distanz bezeichnet) um den Median $\tilde{t}$ liegen. Dies hat im Vergleich zum Quartilsabstand den Vorteil, dass abhängig von der aktuellen Angreifersituation unterschiedlich viele Werte aus der Stichprobe entfernt werden. Der eigentliche Wert kann mit der nachfolgenden Formel 5.10 berechnet werden.

$$\hat{t} = \frac{1}{n} \sum_{i=1}^{n} t_i | \forall t_i \in MTR(T) \tag{5.10}$$

Agiert beispielsweise kein Angreifer, welcher versucht, Einzelzeitstempel mit gefälschten Zeitinformationen in den Dokumentenzeitstempel einzubringen, werden eventuell nur wenige Einzelzeitstempel nicht berücksichtigt, da sich viele in der zeitlichen Umgebung t_ϵ um den Median befinden. Damit gehen besonders viele Einzelzeitstempel in die Zeitinformation des Dokumentenzeitstempels ein.

Im umgekehrten Fall werden viele Einzelzeitstempel innerhalb der Stichprobe nicht berücksichtigt, wenn diese von einem aktiven Angreifer eingebracht wurden. Die Einzelzeitstempel des Angreifers werden nur dann auch zur Bestimmung der Zeitinformation des Dokumentenzeitstempels verwendet, wenn diese dicht genug am Median liegen. Dies kollidiert jedoch mit der Absicht des Angreifers, die Zeitinformation des Dokumentenzeitstempels entscheidend zu beeinflussen.

Um die Eignung des vorgestellten Verfahren zu zeigen, wird in Abschnitt 5.6.5 ein Vergleich mit anderen Auswertungsverfahren, die in Abschnitt C kurz erläutert werden, vorgenommen.

5.6.3.3 Verkettung von Zeitstempeln eines Zeitstempeldienstes

Jeder Zeitstempeldienst, welcher innerhalb der verteilten Infrastruktur bereitgestellt wird, ist im Laufe der Zeit an der Erstellung einer Vielzahl von Dokumentenzeitstempeln beteiligt, in dem er dem jeweiligen Dokumentenzeitstempel einen Einzelzeitstempel hinzufügt.

Kann ein Angreifer einen Zeitstempeldienst kompromittieren und erhält dadurch Zugriff auf das geheime Schlüsselmaterial des Zeitstempeldienstes, könnte er versuchen, neue Zeitstempel mit einem in der Vergangenheit liegenden Protokollierungszeitpunkt auszustellen. Gleichzeitig kann ein Angreifer versuchen, bereits ausgestellte Zeitstempel eines Zeitstempeldienstes zu löschen und damit vorhandene Dokumentenzeitstempel zu schwächen. Aus diesem Grund wird ein Mechanismus benötigt, der das Löschen und Einfügen von Zeitstempeln in die Menge der bereits geleisteten Zeitstempel erkennt und so eine nachträgliche Manipulation der Zeitstempelmenge unterbindet.

Um zu verhindern, dass ein Angreifer in der Lage ist, beliebige Zeitstempel aus der Menge vorhandener Zeitstempel zu löschen oder in diese einzufügen, müssen die vorhandenen Zeitstempel in Relation zueinander gebracht werden. Eine Möglichkeit besteht in der sog. *Intra-TSA-Verkettung*, welcher auf einer Verkettung aller bereits geleisteten Zeitstempel beruht. Dabei werden die ausgestellten Zeitstempel in einer zeitlich geordneten Liste angeordnet und als *Zeitstempelkette* bezeichnet. Eine schematische Darstellung einer solchen Zeitstempelkette für den Zeitstempeldienst A (TSA_A) ist in Abbildung 5.6 dargestellt.

Abbildung 5.6: Darstellung Zeitstempelkette Intra-TSA-Verkettung

Um die Verkettung robust zu gestalten, reicht eine einfache, zeitlich aufsteigende Anordnung allein nicht aus, ein Angreifer könnte problemlos Zeitstempel entfernen oder einfügen, ohne dass dies im Nachhinein erkannt werden könnte. Eine Möglichkeit, eine sichere Verkettung der vorhandenen Zeitstempel zu erreichen, besteht darin, in die Berechnung eines neuen Zeitstempels TS_i eine Information aus dem letzten erstellten Zeitstempel TS_{i-1} eingehen zu lassen.

Bei der Verwendung der bereits vorgestellten Einzelzeitstempel kann dies auf einfache Art und Weise realisiert werden, indem der Zeitstempeldienst als Nonce-Wert n_s, den der Zeitstempeldienst selbst bestimmt, den Hash-Wert $H(STS_{i-1})$ wählt. Formal kann die Intra-TSA-Verkettung aller Zeitstempel eines einzelnen Zeitstempeldienstes A folgendermaßen dargestellt werden. Der Index i gibt dabei die zeitliche Abfolge der vorhandenen Zeitstempel an.

$$STS_0(D, n_{c_0}, n_{s_0}, t_{s_0}) = STS_A(D, n_{c_0}, H(k_{A,pub}), t_{A,0}) \tag{5.11}$$

$$STS_i(D, n_{c_i}, n_{s_i}, t_{s_i}) = STS_A(D, n_{c_i}, H(STS_{i-1}(D, n_{c_{i-1}})), t_{A,i}) \tag{5.12}$$

Da zu Beginn der Zeitstempelkette kein vorhergehender Einzelzeitstempel existiert, wird die Zeitstempelkette mit dem Hash-Wert des öffentlichen Schlüssels $k_{A,pub}$ des jeweiligen Zeitstempeldienstes TSA_A initialisiert.

Diese Vorgehensweise führt zu einer sicheren Verkettung der einzelnen Zeitstempel untereinander. Da der Angreifer laut der Definition des Standardangreifers (siehe Abschnitt 2.8.2) nicht in der Lage ist, effizient gezielte Kollisionen bei den eingesetzten Hash-Funktionen zu erzeugen, gelingt es dem Angreifer nicht, einen Einzelzeitstempel STS_x in die Kette einzufügen, ohne dass dies leicht erkannt werden kann. Gleichzeitig ist der Angreifer auch nicht in der Lage einen vorhandenen Zeitstempel STS_y aus der Kette zu entfernen, ohne dass dies festgestellt werden kann.

5.6.3.4 Verkettung von Zeitstempeln mehrerer Zeitstempeldienste

Das im vorherigen Abschnitt beschriebene Verfahren zur Verkettung aller Zeitstempel eines einzelnen Zeitstempeldienstes verhindert zwar, dass ein Angreifer einzelne Zeitstempel aus der Kette löscht oder neu in die Kette einfügt. Bei Kenntnis des privaten Schlüssels eines Zeitstempeldienstes kann ein Angreifer jedoch beginnend vom Ende der Kette beliebig viele Zeitstempel löschen und dann neue Zeitstempel mit gefälschten Zeitpunkten an die verkürzte Kette anhängen. Dadurch wäre ein Angreifer im Nachhinein in der Lage gezielt Zeitstempel in die Kette einzubringen, ohne dass dies sofort erkannt werden kann. Eine Möglichkeit, dies zu unterbinden, wäre eine periodische Veröffentlichung der aktuellen Zeitstempelkette jedes Zeitstempeldienstes. Dies würde jedoch einen relativ hohen Aufwand bezüglich Datenaufkommen und Speicherkapazität bedeuten, da, um eine hohe Verfügbarkeit gewährleisten zu können, die Zeitstempelkette auf mehreren Knoten gespeichert werden müssten.

Der Ansatz, der im Rahmen dieser Arbeit aufgegriffen wurde, wendet das obige Prinzip der Verkettung von Zeitstempeln auch auf die Zeitstempelketten mehrerer Zeitstempeldienste an. Dabei werden die vorhandenen Zeitstempelketten zweier Zeitstempeldienste überkreuzt, so dass der Zeitstempeldienst A einen Zeitstempel vom Zeitstempeldienst B in seine eigene Kette aufnimmt. Dieser Zeitstempel, welcher im folgenden als *Protokollzeitstempel* bezeichnet wird, wird dabei wie folgt definiert:

Definition 3 (Protokollzeitstempel) *Ein **Protokollzeitstempel** PTS (Protocol Timestamp) ist eine besondere Form eines Einzelzeitstempels (siehe Definition 1) und wird auf Anfrage eines anderen Zeitstempeldienstes erzeugt, wenn dieser einen Einzelzeitstempel des angefragten Zeitstempeldienstes zur Aufnahme in seine eigene Zeitstempelkette anfordert.*

Abbildung 5.7 zeigt beispielhaft die Verkettung mehrerer Zeitstempelketten unter Verwendung von Protokollzeitstempeln. Im Gegensatz zur Intra-TSA-Verkettung wird diese Form der Verkettung als *Inter-TSA-Verkettung* bezeichnet. Die Inter-TSA-Verkettung unterscheidet von der Intra-TSA-Verkettung dadurch, dass die Zeitstempelketten mehrerer Zeitstempeldienste miteinander verkettet werden.

Das obige Beispiel zeigt die Verkettung der Zeitstempelketten der Zeitstempeldienste A, B und C. Zuerst fordert A einen Protokollzeitstempel PTS beim Zeitstempeldienst B an, kurz danach fordert Zeitstempeldienst C die Instanz A auf, einen Protokollzeitstempel zu erstellen. Die jeweiligen Protokollzeitstempel können wie gewohnt in die Zeitstempelketten der erzeugenden Zeitstempeldienste integriert werden. Gleichzeitig gelingt es auch dem anforderneden Zeitstempeldienst, den Protokollzeitstempel in die eigene Zeitstempelkette aufzunehmen.

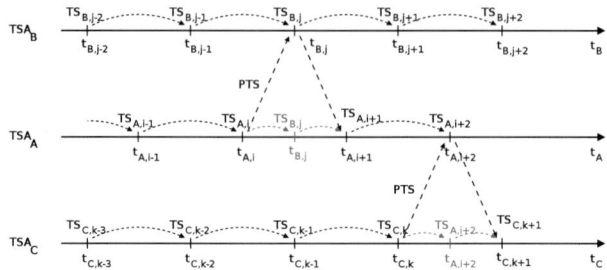

Abbildung 5.7: Darstellung Zeitstempelkette Inter-TSA-Verkettung

Um zu verhindern, dass der Zeitstempeldienst, der den Protokollzeitstempel erstellen soll, beliebig gewählt werden kann, muss eine nachprüfbare Vorschrift existieren, welcher Zeitstempeldienst mit der Erzeugung des Protokollzeitstempels beauftragt wird. Ansonsten ist ein Angreifer in der Lage, eigene oder korrumpierte Knoten zur Erstellung von Protokollzeitstempeln aufzufordern und so eine scheinbar intakte Zeitstempelkette vorweisen.

Der Zeitstempeldienst B, welcher den angeforderten Protokollzeitstempel für Zeitstempeldienst A leisten soll, wird bestimmt, indem aus dem letzten erstellten Zeitstempel $STS_{A,i}$ die Overlay-Adresse OA_B von B abgeleitet wird. Eine einfache Methode ist das Anwenden einer Hash-Funktion auf den Zeitstempel, wie dies in der nachfolgenden Formel gezeigt wird.

$$OA_B = H(STS_{A,i}) \tag{5.13}$$

Natürlich kann nicht davon ausgegangen werden, dass genau unter der ermittelten Overlay-Adresse OA_B ein Zeitstempeldienst adressiert werden kann. Jedoch sind die meisten strukturierten Overlay-Netze so definiert, dass ein Knoten auch für einen Bereich um seine eigene Overlay-Adresse verantwortlich ist und Anfragen an diese Adressen bearbeitet.

Wenn der Zeitstempeldienst A die Overlay-Adresse ermittelt hat, stellt er eine Protokollzeitstempelanfrage an den zugehörigen Zeitstempeldienst B. Dazu fordert der Zeitstempeldienst A die Instanz B auf, einen Einzelzeitstempel $STS_{B,j}$ unter den eigenen öffentlichen Schlüssel $k_{A,pub}$ zu leisten. Als Nonce-Wert n_c des Aufrufers wählt A den letzten eigenen erstellten Zeitstempel $STS_{A,i}$.

$$PTS_{B,j}(k_{A,pub}, STS_{A,i}, n_B, t_B) = STS_{B,j}(k_{A,pub}, STS_{A,i}, n_B, t_B) \tag{5.14}$$

Um die im vorherigen Abschnitt beschriebene Intra-TSA-Verkettung der eigenen Zeitstempel zu erreichen, wählt der Zeitstempeldienst B als Wert für n_B den letzten erstellten Zeitstempel $STS_{B,j-1}$. Somit kann der Protokollzeitstempel $PTS_{B,j}$ wie gewohnt in die Zeitstempelkette von B integriert werden.

Zusätzlich wäre eine nahtlose Integration des Protokollzeitstempels $PTS_{B,j}$ in die Zeitstempelkette des Zeitstempeldienstes A wünschenswert. Mit der vorliegenden Definition zur Erstellung von Einzelzeitstempeln (siehe Formel 5.2) ist dies nicht möglich, jedoch kann der gewünschte Effekt durch eine Anpassung erreicht werden, wie dies in Formel 5.15 dargestellt wird.

$$STS_X(D, n_c, n_s, t_s) = E_{k_{X,priv}}(H(H(D)||(H(n_c) \oplus H(n_s))||t_s)) \qquad (5.15)$$

Werden die Nonce-Werte n_c und n_s nicht wie bisher einfach mit dem Hash-Wert des Dokuments D und der Zeitinformation t konkateniert, sondern vorher mittels einer XOR-Operation $\oplus$ verknüpft und erst dann mit den restlichen Werten verbunden, tritt der gewünschte Effekt ein. Da nun die Reihenfolge der Nonce-Werte n_c und n_s nicht mehr relevant ist, kann der erstellte Protokollzeitstempel PTS auch in die Zeitstempelkette des Zeitstempeldienstes integriert werden, welcher die Erstellung des Protokollzeitstempels angefordert hat.

Aufgrund der XOR-Operation zwischen den Hash-Werten der gewählten Nonce-Werte ist deren Reihenfolge beliebig, wie dies anhand der nachfolgenden Formeln verdeutlicht wird.

$$
\begin{aligned}
PTS_{B,j}(D, n_A, n_B, t) &= & (5.16) \\
STS_{B,j}(D, TS_{A,i}, TS_{B,j-1}, t) &= STS_{B,j}(D, TS_{B,j-1}, TS_{A,i}, t) & (5.17) \\
&= PTS_{B,j}(D, n_B, n_A, t) & (5.18)
\end{aligned}
$$

Durch die Inter-TSA-Verkettung wird ein Verfahren bereitgestellt, welches das nachträgliche Fälschen von Zeitstempelketten korrumpierter Knoten deutlich erschwert. Zwar ist der Angreifer in der Lage, die Zeitstempelkette des übernommenen Knotens teilweise zu löschen, jedoch wird er keine Protokollzeitstempel mit einem Zeitpunkt in der Vergangenheit von anderen Zeitstempeldiensten erstellt bekommen. Da die Auswahl des Zeitstempeldienstes, welcher für die Erstellung des Protokollzeitstempels verantwortlich ist, nur schwer durch den Angreifer beeinflusst werden kann, kann der Angreifer die Anfragen nicht auf eigene Knoten umleiten, die dann gefälschte Protokollzeitstempel erstellen würden.

5.6.4 Implementierung

Der im vorigen Abschnitt vorgestellte verteilte Zeitstempeldienst wurde einerseits prototypisch im SESAM-Basissystem (siehe Abschnitt 3) implementiert, andererseits wurden die Kernfunktionen des verteilten Verzeichnisdienstes in verschiedenen Simulationsumgebungen nachgebildet, um die vorgeschlagenen Verfahren evaluieren zu können.

So wurden die notwendigen Funktionen für die Evaluierung der Genauigkeit von Einzel- und Dokumentenzeitstempeln abhängig von verschiedenen Angreiferszenarien in einer eigenständigen Implementierung vorgenommen. Zusätzlich erfolgte für die Evaluation der vorgestellten Kommunikationsstruktur die Implementierung von Teilfunktionen des verteilten Zeitstempeldienstes in der Simulationsumgebung OverSim, welche in Abschnitt A kurz erläutert wird.

Zuerst erfolgt eine kurze Beschreibung der prototypischen Implementierung des verteilten Zeitstempeldienstes innerhalb der SESAM-Plattform. Im Anschluss daran wird die Implementierung innerhalb der Simulationsumgebung OverSim eingegangen.

5.6.4.1 Integration in das SESAM-Basissystem

Um den verteilten Zeitstempeldienst in die dienstorientierte SESAM-Plattform zu integrieren, mussten einerseits Erweiterungen am existierenden SESAM-Sicherheitsdatenmodell vorgenommen werden, andererseits muss der Dienst mit einer öffentlichen Dienstschnittstelle beschrieben werden, um von anderen Komponenten der SESAM-Plattform benutzt werden zu können.

5.6.4.1.1 Datenmodell

Abbildung 5.8 zeigt die Erweiterungen am SESAM-Sicherheitsdatenmodell, die zur Integration des verteilten Zeitstempeldienstes notwendig waren.

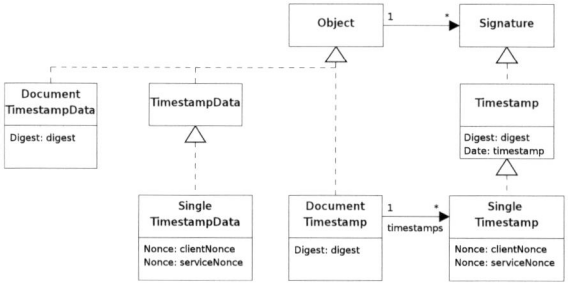

Abbildung 5.8: Datenstrukturen für Einzel- und Dokumentenzeitstempeln im SESAM-Sicherheitsdatenmodell

Einzelzeitstempel werden mittels der Klasse `SingleTimestamp` dargestellt, welche von der Klasse `Timestamp` des SESAM-Sicherheitsdatenmodells abgeleitet wird. Während die Klasse `Timestamp` die Attribute `digest` und `timestamp` zur Aufnahme des Hash-Wertes des Dokumentes D und der Zeitinformation t enthält, definiert die Klasse `SingleTimestamp` zwei zusätzliche Attribute `clientNonce` und `serviceNonce`, mit denen die vorgestellten Nonce-Werte n_c und n_s abgebildet werden können. Zur Darstellung von Dokumentenzeitstempeln wurde das Datenmodell um die Klasse `DocumentTimestamp` erweitert. Die Klasse erbt von der Basisklasse `Object` und enthält zwei Attribute. Das Attribut `digest` enthält den Hash-Wert des Dokuments, für welches ein Dokumentenzeitstempel erstellt werden soll. Die Einzelzeitstempel, aus denen der Dokumentenzeitstempel aufgebaut wird, werden im Attribut `timestamps` abgelegt. Da die Klasse `DocumentTimestamp` von der Basisklasse `Object` erbt, können Instanzen der Klasse ohne weitere Änderungen mit digitalen Signaturen versehen werden.

Die Klassen `SingleTimestampData` und `DocumentTimestampData` entsprechen weitgehend den beiden Klassen zur Darstellung von Einzel- und Dokumentenzeitstempeln und dienen nur der Zusammenfassung aller notwendigen Parameter bei der Übergabe an die entsprechenden Dienst- oder Komponentenschnittstellen.

5.6.4.1.2   Dienstschnittstelle

Bei Verwendung eines dienstorientierten Architekturansatzes wird die öffentliche Dienstschnittstelle benötigt, um die angebotene Funktionalität eines Dienstes zu gruppieren und unter einer
gemeinsamen Schnittstelle bereitzustellen. Anhand der öffentlichen Schnittstelle sind dann andere Teilnehmer oder Dienste in der Lage die Funktionen des Zeitstempeldienstes zu nutzen.

Ausgehend von den vorgestellten Grundfunktionen des verteilten Zeitstempeldienstes und der
daraus abgeleiteten Erweiterung des SESAM-Sicherheitsdatenmodells wurde folgende Dienstschnittstelle für den verteilten Zeitstempeldienst entworfen:

```
package de.uka.sesam.base.services.timestamp;

interface TimestampingService
{
    SingleTimestamp createTimestamp( SingleTimestampData);
    boolean verifyTimestamp( SingleTimestamp);

    DocumentTimestamp createDocumentTimestamp( DocumentTimestampData);
    boolean verifyDocumentTimestamp( DocumentTimestamp);
}
```

Abbildung 5.9: Dienstschnittstelle Zeitstempeldienst

Die öffentliche Dienstschnittstelle des verteilten Zeitstempeldienstes wird
über die abstrakte Java-Schnittstelle `TimestampService` im Paket
`de.uka.sesam.base.services.timestamp` beschrieben. Die Schnittstelle enthält zwei Gruppen von Methoden. Mittels der Methode `createTimestamp` und
`verifyTimestamp` können Einzelzeitstempel erstellt und verifiziert werden. Um einen
Einzelzeitstempel durch eine Instanz des verteilten Zeitstempeldienstes erstellen zu lassen,
muss der Aufrufer die Methode `createTimestamp` benutzen und dieser ein Objekt vom
Typ `SingleTimestampData` übergeben. Dieses Parameterobjekt enthält unter anderem
ein Attribut für den Hash-Wert des Dokuments, für das der Zeitstempel erzeugt werden soll.
Der erstellte Zeitstempel wird dann als Ergebniswert vom Typ `SingleTimestamp` von der
Dienstinstanz zurückgegeben.

Um einen Einzelzeitstempel zu überprüfen, kann die Methode `verifyTimestamp` verwendet werden. Dieser muss der jeweilige Zeitstempel als Parameter übergeben werden. Mittels
des booleschen Rückgabewerts zeigt die Dienstinstanz an, ob der vorgelegte Zeitstempel gültig
ist oder nicht. Dabei muss jedoch angemerkt werden, dass ein Zeitstempeldienst unter Umständen keine Aussage über den enthaltenen Zeitpunkt t des Zeitstempels machen kann, sofern die
benutzte Instanz nicht der Ersteller des Zeitstempels war.

Um Dokumentenzeitstempel erstellen oder überprüfen zu können, dienen die Methoden
`createDocumentTimestamp` und `verifyDocumentTimestamp`. Dabei dient die Methode `createDocumentTimestamp` sowohl zum Anstoß der Erstellung eines Dokumentenzeitstempels durch Anwendungen oder anderen Dienste der SESAM-Plattform, als auch der
Interaktion der verschiedenen Instanzen des verteilten Zeitstempeldienstes während des Aufbaus des Zeitstempelbaums des gewünschten Dokumentenzeitstempels. Um einen Dokumentenzeitstempel für ein gegebenes Dokument zu erstellen, muss der Aufrufer im Parameterobjekt

vom Typ `DocumentTimestampData` den Hash-Wert des Dokuments und Tiefe und Breite des resultierenden Zeitstempelbaums vorgeben.

Wird die Methode zwischen verschiedenen Instanzen des Zeitstempeldienstes aufgerufen, um weitere Einzelzeitstempel für den Zeitstempelbaum zu erzeugen, müssen dem Parameterobjekt noch weitere Angaben hinzugefügt werden. Dies sind unter anderem die aktuelle Tiefe im Zeitstempelbaum und der Index des jeweiligen Einzelzeitstempels. Um die vorgeschlagene Verkettung der Einzelzeitstempel durchführen zu können, muss zusätzlich der Hash-Wert des vorherigen Einzelzeitstempels der jeweiligen Zeitstempelkette auch im Parameterobjekt angegeben werden.

Mit der Methode `verifyDocumentTimestamp` kann eine Überprüfung eines bereits existierenden Dokumentenzeitstempels vorgenommen werden. Dazu wird der Dokumentenzeitstempel übergeben, als Ergebnis liefert der Aufruf zurück, ob der Dokumentenzeitstempel valide ist oder nicht.

Um die prinzipielle Funktionsfähigkeit des verteilten Zeitstempeldienstes innerhalb der SESAM-Plattform zu zeigen, wurde eine teilweise Implementierung der vorgestellten Dienstschnittstelle vorgenommen. In der Klasse `TimestampServiceImpl`, die ebenfalls im Paket `de.uka.sesam.base.services.timestamp` abgelegt ist, wurden die Methoden zum Erstellen und Verifizieren von Einzelzeitstempeln implementiert und mittels eines Regressionstests auf die Funktionsfähigkeit getestet.

5.6.4.2   Integration in die Simulationsumgebung OverSim

Um die vorgeschlagenen Verfahren zur Erzeugung und Auswertung von Dokumentenzeitstempeln hinsichtlich Leistungsfähigkeit, Skalierbarkeit und Sicherheit evaluieren zu können, wurden diese in der Simulationsumgebung OverSim (siehe Abschnitt A) nachgebildet.

Dabei wurde jedoch bewusst auf die Implementierung der grundlegenden kryptographischen Verfahren wie Hash-Funktionen und asymmetrische Verschlüsselungsverfahren innerhalb der Simulationsumgebung verzichtet, da deren Funktionsweise nicht Bestandteil der nachfolgenden Evaluation ist und außerdem einen deutlich erhöhten Rechenaufwand bei der Durchführung der Evaluation nach sich gezogen hätte, ohne dabei die Ergebnisse zu beeinflussen.

Um den verteilten Zeitstempeldienst innerhalb der Simulationsumgebung OverSim evaluieren zu können, wurden zwei Module und verschiedene Nachrichtentypen definiert, wie dies in Abbildung 5.10 dargestellt ist.

Das Modul `TSAApp` enthält die Funktionen des Zeitstempeldienstes, während das Modul `TSATestApp` eine Testanwendung darstellt, die je nach Konfiguration Einzel- und Dokumentenzeitstempel vom Zeitstempelmodul anfordert.

Um den in OverSim enthaltenen RPC-Mechanismus zum Informationsaustausch zwischen verschiedenen Modulen nutzen zu können, wurden entsprechende Anfrage- und Antwortnachrichten definiert. Alle Anfragenachrichten, die zur Evaluierung des Zeitstempeldienstes definiert wurden, erben von der Klasse `TSACall`, die wiederum selbst von der Basisklasse `BaseCallMessage` erbt. Identisch dazu erben alle Antwortnachrichten von der Klasse `TSAResponse`, welcher von der Klasse `BaseResponseMessage` abgeleitet ist.

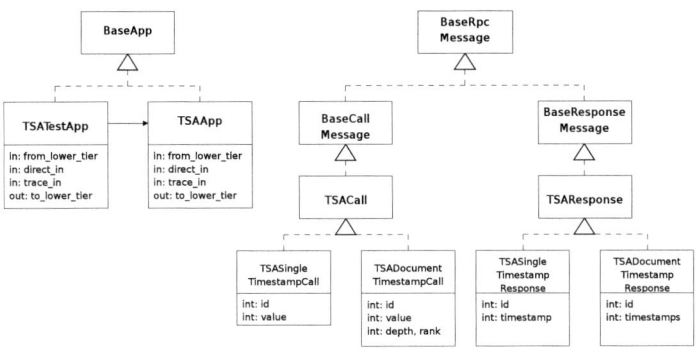

Abbildung 5.10: Module und Nachrichtentypen zur Umsetzung in OverSim

Insgesamt wurden von der Klasse `TSACall` zwei Unterklassen abgeleitet. Zum einen wird die Klasse `TSASingleTimestampCall` zur Darstellung einer Einzelzeitstempelanfrage verwendet, im Gegenzug dazu dient die Klasse `TSADocumentTimestampCall` dazu, um Anfragen nach Dokumentenzeitstempeln darzustellen. Die jeweiligen zugehörigen Antwortnachrichten `TSASingleTimestampResponse` und `TSADocumentTimestampResponse` wurden von der Klasse `TSAResponse` abgeleitet.

Die vorgestellten Module und Nachrichtentypen wurden in gleichlautende C++-Klassen innerhalb der OverSim-Simulationsumgebung im Unterverzeichnis `Applications/TSAApp` implementiert, die zur Laufzeit in die Simulationsumgebung nachgeladen werden.

5.6.5 Evaluation

In diesem Abschnitt wird eine Evaluation des vorgestellten verteilten Zeitstempeldienstes vorgenommen. Zu Beginn wird untersucht, ob die funktionalen Anforderungen in Abschnitt 5.6.2, die an den verteilten Zeitstempeldienst gestellt wurden, erfüllt werden können. Im Anschluss erfolgt eine Bewertung hinsichtlich der nicht-funktionalen Anforderungen, wobei besonders folgende Aspekte näher untersucht werden:

- Genauigkeit von Dokumentenzeitstempeln
  Abhängig von der Genauigkeit von Einzelzeitstempeln wird evaluiert, wie sich dies auf die Genauigkeit von Dokumentenzeitstempeln auswirkt. Zusätzlich wird der Einfluss von Angreifern analysiert, die versuchen, mittels gezielter falscher Einzelzeitstempel die Zeitinformation eines Dokumentenzeitstempels zu beeinflussen.

- Sicherheit von Dokumentenzeitstempeln
  In diesem Abschnitt werden unter Berücksichtigung der aufgestellten Sicherheitsanforderungen die vorgeschlagenen Sicherheitsmechanismen, die bei der Erstellung von Dokumentenzeitstempeln eingesetzt werden, evaluiert.

- Sicherheit von Protokollzeitstempeln
  Ähnlich zur Sicherheit der Dokumentenzeitstempel erfolgt in diesem Abschnitt eine Evaluierung hinsichtlich der Sicherheit von Protokollzeitstempeln. Ein besonderer Augenmerk liegt dabei auch auf den Auswirkungen auf bereits geleistete Zeitstempel im Falle
  einer nachträglichen Kompromittierung einer Zeitstempeldienstinstanz.

- Skalierbarkeit des verteilten Zeitstempeldienstes
  Abhängig von der gewählten Breite und Tiefe des Zeitstempelbaums wird der Zeitaufwand zur Erstellung von Dokumentenzeitstempeln ermittelt. Zusätzlich wird dabei das
  Datenaufkommen betrachtet, um den Aufwand pro Knoten bei steigender Knotenzahl
  abschätzen zu können.

- Robustheit des verteilten Zeitstempeldienstes
  Neben der Sicherheit des verteilten Zeitstempeldienstes ist auch die Robustheit eine wichtige Anforderung. Aus diesem Grund wird in diesem Abschnitt evaluiert, inwiefern sich
  der Ausfall von Knoten oder das absichtliche Verwerfen von Zeitstempelanfragen durch
  kompromittierte Knoten bei der Erstellung von Dokumentenzeitstempeln auf die Qualität
  der erstellten Dokumentenzeitstempel auswirken.

Zum Abschluss der Evaluation des verteilten Zeitstempeldienstes wird eine zusammenfassende
Bewertung anhand der aufgestellten funktionalen und nicht-funktionalen Anforderungen vorgenommen.

5.6.5.1   Protokollierung des Zeitpunktes t

Für die Protokollierung eines Zeitpunktes t stellt der verteilte Zeitstempeldienst zwei verschiedene Arten von Zeitstempeln zur Verfügung. Mit einem Einzelzeitstempel kann ein einfacher
digitaler Zeitstempel, vergleichbar mit Abschnitt 2.3.3 erzeugt werden. An der Erstellung eines Einzelzeitstempels wirkt nur eine Instanz des verteilten Zeitstempeldienstes mit, welcher
gleichzeitig die protokollierte Zeitinformation t zur Verfügung stellt.

Aufbauend auf dem Konzept des Einzelzeitstempels stellt der verteilte Zeitstempeldienst Dokumentenzeitstempel bereit. Ein Dokumentenzeitstempel besteht dabei aus einer Menge von
Einzelzeitstempeln, die in einer Baumstruktur miteinander verkettet sind. Dadurch wird verhindert, dass Einzelzeitstempel aus dem Dokumentenzeitstempel entfernt oder modifiziert werden
können, ohne dass dies festgestellt werden kann.

Die Auswertung der Zeitinformation eines Dokumentenzeitstempels wird mit dem MTR-
Verfahren (siehe Abschnitt 5.6.3.2.4) vorgenommen. Das Verfahren ermittelt anhand der Zeitinformationen der im Dokumentenzeitstempel enthaltenen Zeitinformationen den Protokollierungszeitpunkt t des Dokumentenzeitstempels. Durch einen Parameter t_ϵ (MTR-Distanz) kann
die Genauigkeit des Protokollierungszeitpunktes bei der Auswertung der Einzelzeitstempel angepasst werden. Abhängig vom Parameter t_ϵ werden unterschiedlich viele Einzelzeitstempel
bei der Berechung des Protokollierungszeitpunktes des Dokumentenzeitstempels berücksichtigt. Damit steht ein Mechanismus zur Verfügung, mit dem ein Zeitpunkt t protokolliert werden
kann, wodurch die Anforderung erfüllt ist.

5.6.5.2 Eindeutige Zuordnung des Zeitstempels zum Inhalt D

Neben der Protokollierbarkeit eines Zeitpunktes t ist die eindeutige Zuordnung eines Zeitstempels zu einem Inhalt D eine wichtige Anforderung. Die eindeutige Zuordnung eines Zeitstempels wird dadurch erreicht, dass der Hash-Wert $H(D)$ in jeden Einzelzeitstempel eingeht. Wird ein Dokumentenzeitstempel zur Protokollierung des Zeitpunktes eingesetzt, besteht dieser aus einer Menge von Einzelzeitstempeln, die eine Zuordnung zum Inhalt D aufweisen. Dadurch kann der Dokumentenzeitstempel eindeutig einem Inhalt D zugeordnet werden, wodurch auch die Anforderung nach der Zuordenbarkeit erfüllt werden kann.

5.6.5.3 Verifizierbarkeit durch Dritte

Um die Verifizierbarkeit von Zeitstempeln durch Dritte zu gewährleisten, wurden diese als eigenständige Konzepte in das SESAM-Sicherheitsdatenmodell aufgenommen und können unabhängig vom protokollierenden Inhalt dargestellt werden.

Der auf normalen Zeitstempeln aufbauende Einzelzeitstempel enthält alle Daten, die zu einer Verifikation notwendig sind. Neben dem Hash-Wert der zu protokollierenden Information D sind auch die Informationen zum Erstellungszeitpunkt t und die eingesetzten Nonce-Werte n_c und n_s vorhanden. Mit Hilfe des öffentlichen Schlüssels des Erstellers, welcher als ein Teil der Signatur modelliert wurde, kann daher ein Einzelzeitstempel auf Gültigkeit überprüft werden, ohne dass zusätzliche Informationen notwendig sind. Um jedoch einen Einzelzeitstempel einem Dokument D zuordnen zu können, muss das Dokument auch vorliegen, da der Einzelzeitstempel nur den Hash-Wert des Dokumentes enthält.

Ein Dokumentenzeitstempel, der wiederum aus einer Menge von Einzelzeitstempeln besteht, ist auch ohne andere zusätzliche Informationen verifizierbar. Um eine einfache Zuordnung eines Dokumentenzeitstempels zum protokollierten Inhalt D zu gewährleisten, wurde der Hash-Wert $H(D)$ auch in den Dokumentenzeitstempel aufgenommen. Durch die separate Modellierung im verwendeten Datenmodell und dem Vorhandensein aller zur Verifikation benötigten Informationen kann die Anforderung an die Verifizierbarkeit erfüllt werden.

Damit können alle funktionalen Anforderungen an den verteilten Zeitstempeldienst erfüllt werden. Im Anschluss erfolgt die Evaluierung des verteilten Zeitstempeldienstes anhand ausgewählter nicht-funktionaler Anforderungen.

5.6.5.4 Genauigkeit von Dokumentenzeitstempeln

Bevor eine Evaluierung in Bezug auf die Genauigkeit von Dokumentenzeitstempeln vorgenommen werden kann, müssen Annahmen über die Genauigkeit der lokalen Uhren der Teilnehmer getroffen werden. Dies ist notwendig, da der verteilte Zeitstempeldienst durch alle Teilnehmer des verteilten elektronischen Marktplatzes bereitgestellt wird und somit die Genauigkeit der geleisteten Einzelzeitstempel maßgeblich von der Genauigkeit der lokalen Uhren der Teilnehmer bestimmt wird.

Laut [99] und den Statistiken der Firma StatCounter.com [128] stellen die Betriebssysteme Windows XP und Windows Vista der Firma Microsoft zum aktuellen Zeitpunkt deutlich mehr als 80% aller aktuellen Installationen. Beide Betriebssysteme verfügen über eine automatische Zeitsynchronisation mittels dem *Simple Network Time Protocol* (SNTP) [82], welche standardmäßig aktiviert ist. Die Synchronisation erfolgt wöchentlich, dadurch sind nur geringe Abweichungen von der aktuellen Uhrzeit im Sekundenbereich zu erwarten. Zwar verfügen die Betriebssysteme Mac OSX von der Firma Apple, Linux und verschiedene Unix-Derivate nicht über eine solche starke Verbreitung wie Windows, trotzdem beherrschen auch sie die Zeitsynchronisation über das Internet. Dabei kommt meist das *Network Time Protocol* (NTP) [81] zum Einsatz.

Unter der Annahme, dass die Mehrzahl aller Teilnehmerrechner eine regelmäßige Zeitsynchronisation vornimmt, wird in dem zugehörigen Evaluationsszenario von einer geringen Abweichung zwischen den Uhren der Marktteilnehmer ausgegangen, so dass für die Evaluation eine Standardabweichung von 30 Sekunden angenommen wird.

Zusätzlich wird jedoch auch eine Evaluation mit einer Standardabweichung von 2 Minuten (120 Sekunden) vorgenommen. Diese soll ein Szenario wiederspiegeln, bei der nicht alle Rechner von Marktteilnehmern periodisch mit entsprechenden Zeit-Servern synchronisiert werden. Dadurch ergeben sich zwangsweise höhere Abweichungen zwischen den Uhren der Teilnehmer als im ersten Szenario.

In beiden Fällen wird eine Unabhängigkeit der Uhren der verschiedenen Teilnehmer angenommen, da diese jedoch mehr oder weniger genau die aktuelle Uhrzeit angeben, wird zur Beschreibung der aktuellen Uhrzeit aller Teilnehmer eine *Normal-* oder *Gaußverteilung* (siehe [109]) angewendet. Die Wahrscheinlichkeitsdichte der Normalverteilung wird in der Formel 5.19 dargestellt.

$$f(x) = \frac{1}{\sigma\sqrt{2\pi}} e^{-\frac{(x-\mu)^2}{2\sigma^2}} \qquad (5.19)$$

Dabei gibt der Parameter μ den Erwartungswert an, während σ die Standardabweichung um den Erwartungswert darstellt. Dabei kann vereinfacht gesagt werden, dass im Intervall $[-\sigma, \sigma]$ um den Erwartungswert μ bereits mehr als 68% aller Stichprobenelemente liegen, während es mehr als 95% im Intervall $[-2\sigma, 2\sigma]$ sind. Abbildung 5.11 zeigt die Dichtefunktion verschiedener Normalverteilungen. Als Erwartungswert wurde der Wert 0 verwendet, die Standardabweichung wurde zwischen 30 Sekunden, eine, zwei und fünf Minuten variiert.

Wie erwartet weist bei einer geringen Standardabweichung (z. B. 30 Sekunden) die Dichtefunktion im Erwartungswert einen höheren Wert auf, als bei den anderen Verteilungen. Für die weiteren Untersuchungen wird für das Szenario mit einer Vielzahl von Rechnern, die eine automatische Zeitsynchronisation durchführen, eine Standardabweichung von 30 Sekunden angenommen. Dies bedeutet im Umkehrschluss, dass die Mehrheit aller Teilnehmer eine maximale Abweichung von 1 Minute (60 Sekunden) untereinander hat. Parallel dazu erfolgt eine zusätzliche Evaluation mit einer Standardabweichung von 2 Minuten, um damit ein Szenario nachzustellen, bei dem höhere Abweichungen der lokalen Uhren zu erwarten sind.

Neben den ungewollten Abweichungen bei den Uhren der Teilnehmer kann durch einen Angreifer auch gezielt eine falsche Zeitinformation in einen Einzelzeitstempel eingefügt werden. Laut Abschnitt 5.6.1 kann dabei ein Angreifer mittels Vor-, Rück- oder Zufallsdatieren versuchen, die Zeitinformation eines Dokumentenzeitstempels mit Hilfe gefälschter Einzelzeitstempel zu

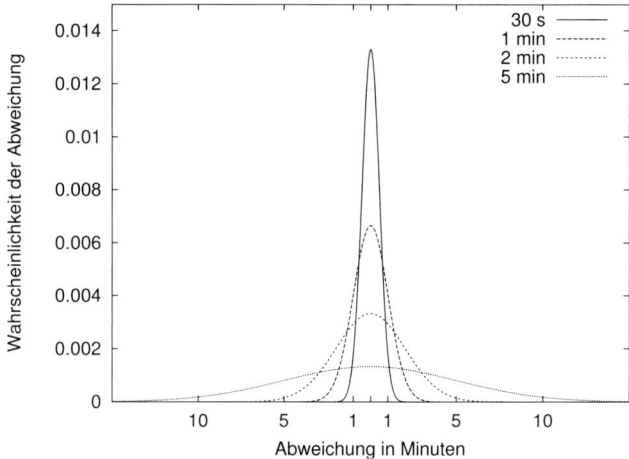

Abbildung 5.11: Wahrscheinlichkeitsdichten verschiedener Normalverteilungen der aktuellen Uhrzeit

beeinflussen. Abbildung 5.12 zeigt neben den zwei gewählten Dichtefunktionen der verschiedenen Evaluationsszenarien auch die Dichtefunktionen verschiedener Angriffe.

In der Mitte der Abbildung 5.12 sind die Dichtefunktionen bzgl. einer Abweichung von 30 Sekunden und 2 Minuten dargestellt. Zusätzlich enthält die Abbildung die Dichtefunktionen der Zeitinformationen von drei unterschiedlichen Angreifern. Auf der linken Seite ist ein sog. *Rückdatierangriff* dargestellt. Dabei verwenden die Angreifer gezielt eine Zeitinformation, die bereits in der Vergangenheit liegt. Im Unterschied dazu wird auf der rechten Seite ein sog. *Vordatierangriff* dargestellt, bei dem ein noch nicht existenter Zeitpunkt in der Zukunft in die Einzelzeitstempel eingetragen wird. Zusätzlich ist die Wahrscheinlichkeitsdichte für einen *Zufallsdatierangriff* dargestellt, bei dem die Angreifer willkürliche Zeitinformationen für die Einzelzeitstempel verwenden.

Im weiteren Verlauf der Arbeit wird davon ausgegangen, dass die Angreifer in der Lage sind, sich untereinander zu organisieren und eine einheitliche Zeitbasis zu verwenden, so dass es nur zu einer sehr geringen Streuung der Uhren der Angreifer kommt.

Aufgrund der Annahmen über die Genauigkeit der lokalen Uhren aller Teilnehmer sind moderate Abweichungen zu erwarten. Daraus ergibt sich jedoch die Problemstellung bei der Auswertung eines Dokumentenzeitstempels, dass aus der Menge leicht unterschiedlicher Zeitinformationen der enthaltenen Einzelzeitstempel eine gemeinsame Zeitinformation abgeleitet werden muss. In Abschnitt 5.6.3.2.4 wurde dazu das MTR-Verfahren zur Auswertung eines Dokumentenzeitstempels vorgestellt, welches nun evaluiert werden soll.

Dazu werden verschiedene Angriffe auf die Zeitinformationen der Einzelzeitstempel durchgeführt und dann ermittelt, welche Abweichungen sich vom ursprünglichen Wert des Dokumen-

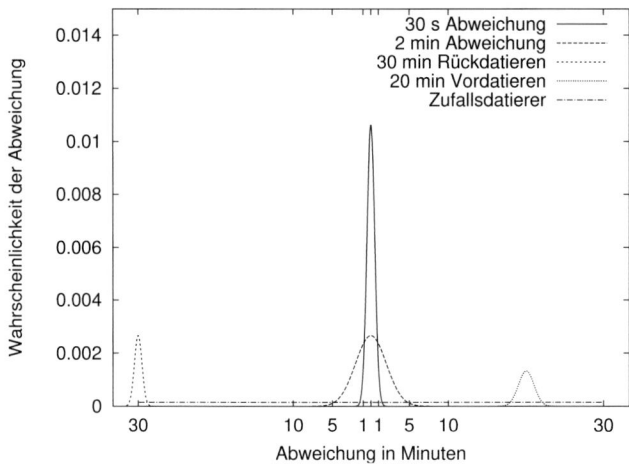

Abbildung 5.12: Wahrscheinlichkeitsdichten verschiedener Angriffe

tenzeitstempels ergeben. Neben dem in Abschnitt 5.6.3.2.4 vorgestellten MTR-Verfahren zur Auswertung von Dokumentenzeitstempeln wurden zusätzlich bekannte Verfahren verwendet, die nachfolgend aufgezählt sind. Eine kurze Beschreibung der ausgewählten Verfahren befindet sich in Anhang C.

- Durchschnitt $\bar{t}$

- Median $\tilde{t}$

- Quartilsdurchschnitt ($\bar{t}_{(Q_{.75}-Q_{.25})}$) (IQR)

5.6.5.4.1 Vergleich Auswertung ohne Angreifer

Zu Beginn wird die korrekte Funktionsweise des MTR-Verfahrens und der anderen Vergleichsverfahren anhand von Stichproben, bestehend aus einer unterschiedlichen Anzahl von Einzelzeitstempeln, überprüft. Die jeweiligen Stichproben enthalten keine Einzelzeitstempel die von einem Angreifer erzeugt wurden.

In Abbildung 5.13 ist die Abweichung in Sekunden vom Sollwert des Dokumentenzeitstempels bei einer Standardabweichung von 30 Sekunden für die aufgezählten Verfahren ohne das Vorhandensein von gefälschten Einzelzeitstempeln dargestellt. Als Wert für die MTR-Distanz wurden ebenfalls 30 Sekunden verwendet.

Es ist leicht erkennbar, dass alle Verfahren für eine niedrige Anzahl von Einzelzeitstempeln geringe Abweichungen aufweisen, für eine hohe Anzahl von Einzelzeitstempeln pro Dokumentenzeitstempel ist keine Abweichung vom Sollwert festzustellen. Diese Abweichungen sind

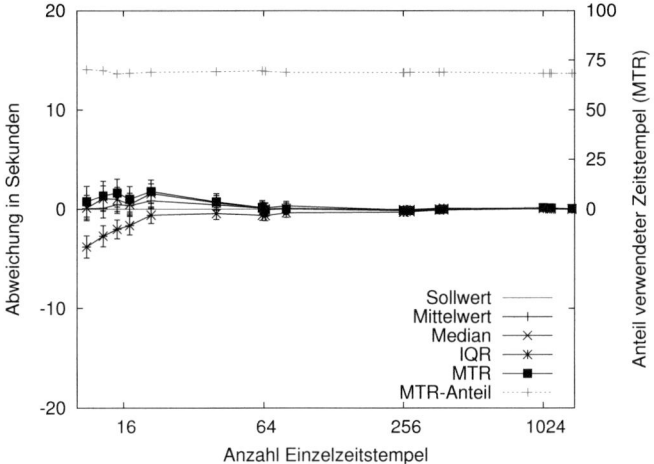

Abbildung 5.13: Standardabweichung 30s, MTR-Distanz 30s

aufgrund der Standardabweichung von 30 Sekunden zu erwarten. Der Anteil der Einzelzeit-stempel, die beim MTR-Verfahren zur Berechnung der Zeitinformation des Dokumentenzeit-stempels berücksichtigt wurden, liegt mit ca. 70% relativ hoch.

Im Unterschied dazu sind in Abbildung 5.14 die Ergebnisse dargestellt, die bei einer Standard-abweichung von 2 Minuten für die lokalen Uhren der verschiedenen Teilnehmer auftreten. Im Unterschied zu Abbildung 5.13 ist erkennbar, dass höhere Abweichungen vor allem für eine niedrige Anzahl von Einzelzeitstempeln auftreten. Mit zunehmender Menge von Einzelzeit-stempeln gehen die Abweichungen zurück, da eine größere Stichprobe von Einzelzeitstempeln zur Verfügung steht und Ausreißer besser erkannt werden können.

Sofern kein Angreifer mit gefälschten Einzelzeitstempeln versucht, die Zeitinformation inner-halb eines Dokumentenzeitstempels zu verschieben, eigen sich alle untersuchten Verfahren, zur Bestimmung der Zeitinformation eines Dokumentenzeitstempels.

5.6.5.4.2 Angriff auf einen Dokumentenzeitstempel durch Rückdatieren

Ein mögliches Szenario, welches für einen Angreifer interessant ist, ist das Rückdatieren von Dokumentenzeitstempeln, um somit Aktionen zu Zeitpunkten protokollieren zu lassen, die schon in der Vergangenheit liegen.

Abbildung 5.15 zeigt die Abweichung in Minuten vom Sollwert bei 40% Angreifern, die eine Rückdatierung des Dokumentenzeitstempels um eine Stunde erreichen wollen. Zwar beträgt die Abweichung beim MTR-Verfahren bei einer geringen Anzahl von Einzelzeitstempeln auch bis zu 15 Minuten, mit steigender Anzahl von Einzelzeitstempeln sinkt die Abweichung, so dass sie ab 64 Einzelzeitstempeln nur noch max. 2 Minuten beträgt. Die graue Kurve gibt an, wie-viel Einzelzeitstempel in die Zeitinformation des Dokumentenzeitstempels eingeflossen sind.

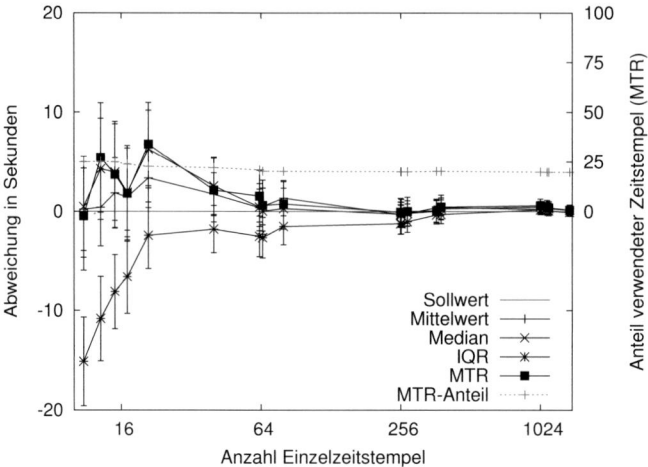

Abbildung 5.14: Standardabweichung 120s, MTR-Distanz 30s

Aufgrund der hohen Angreiferwahrscheinlichkeit wurden insgesamt nur 25% aller Einzelzeitstempel berücksichtigt.

Für alle anderen betrachteten Verfahren ergibt sich ein anderes Bild. Wie erwartet verschiebt sich der Mittelwert gleichmäßig unabhängig von der Anzahl der Einzelzeitstempel, so dass die Abweichung gegenüber dem Sollwert des Dokumentenzeitstempels mehr als 20 Minuten beträgt. Die Abweichung für den Median und den Quartilsdurchschnitt ist anfangs vergleichbar mit der Abweichung des Mittelswertes, verbessert sich aber mit zunehmender Anzahl von Einzelzeitstempel auf unter 20 Minuten. Da dies jedoch einer Verschiebung von 30% gegenüber dem angepeilten Wert des Angreifers ist, sind die Verfahren bei hohen Angreiferwahrscheinlichkeiten nicht brauchbar.

In Abbildung 5.16 sind die prozentualen Abweichungen für verschiedene Angreiferwahrscheinlichkeiten eines Angriffes durch Rückdatieren (6h) dargestellt. Man kann leicht erkennen, dass der Mittelwert zuerst vom Sollwert abweicht, bei Angreiferwahrscheinlichkeiten über 20% steigt auch die Abweichung für den Median und den Quartilsdurchschnitt signifikant an.

Zwar steigt für eine geringe Anzahl von Einzelzeitstempeln auch die Abweichung des MTR-Verfahrens, ab einer Menge von 64 Einzelzeitstempeln wird jedoch wieder eine sehr geringe Abweichung erreicht.

5.6.5.4.3 Angriff auf einen Dokumentenzeitstempel durch Vordatieren

Das Vordatieren stellt im Prinzip die gleiche Art von Angriff dar, bloß dass der Angreifer versucht, die Zeitinformation eines Dokumentenzeitstempels in die Zukunft zu verschieben.

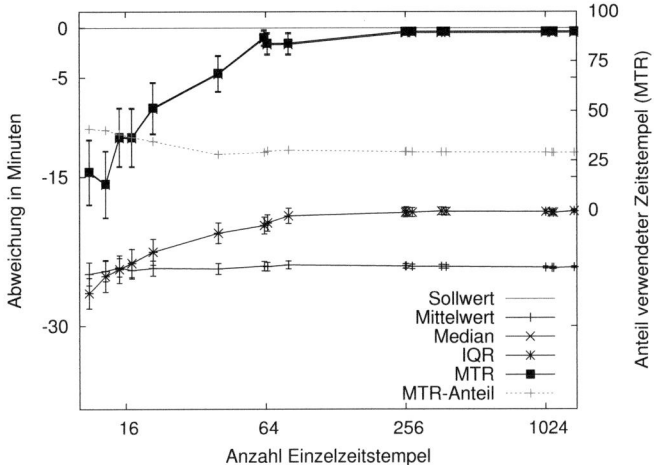

Abbildung 5.15: Abweichung in Minuten bei Rückdatierangriff

Abbildung 5.17 zeigt die prozentuale Abweichung bei einem Vordatierangriff, bei dem der Angreifer versucht, die Zeitinformation des Dokumentenzeitstempels um 12 Stunden in die Zukunft zu verschieben.

Im Prinzip ergibt sich ein ähnliches Bild wie beim Angriff durch Rückdatieren. Während die Abweichung für den Mittelwert schon für geringe Angreiferwahrscheinlichkeiten deutlich wird, steigt die Abweichung für den Median und den Quartilsabstand erst bei Angreiferwahrscheinlichkeiten von über 20%. Das im Rahmen dieser Arbeit entworfene MTR-Verfahren weist für eine gewisse Mindestanzahl von Einzelzeitstempeln eine geringe Abweichung vom eigentlichen Sollwert auf.

Zusammenfassend ergibt sich aus den Untersuchungen, dass das MTR-Verfahren im Gegensatz zu den anderen betrachteten Verfahren für die Bestimmung der Zeitinformation eines Dokumentenzeitstempels geeignet ist. Auch bei hoher Angreiferwahrscheinlichkeit wird eine geringe Abweichung vom eigentlichen Sollwert des Dokumentenzeitstempels erreicht. Es ist aber zu erwarten, dass die Abweichung zunimmt, wenn mehr als die Hälfte aller Einzelzeitstempel eines Dokumentenzeitstempels von Angreifern erstellt werden, die eine falsche Zeitinformation in den Einzelzeitstempeln ablegen.

Bei den betrachteten Angriffen hatte die angenommene Streuung der lokalen Uhren der Teilnehmer nur einen geringen Einfluss. Dies resultiert aus der Tatsache, dass die Angreifer meist versuchen, die Zeitinformation eines Dokumentenzeitstempels um eine größere Zeitdifferenz zu verschieben, so dass leichte Schwankungen zwischen den verschiedenen Uhren kaum auffallen.

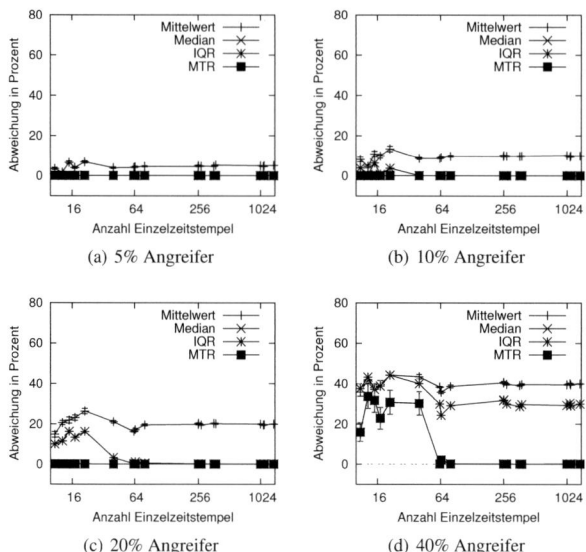

(a) 5% Angreifer   (b) 10% Angreifer

(c) 20% Angreifer   (d) 40% Angreifer

Abbildung 5.16: Abweichung Zeitinformation Dokumentenzeitstempel mit Rückdatierer (6h)

5.6.5.5 Sicherheit von Dokumentenzeitstempeln

Nach der Evaluation der Genauigkeit von Dokumentenzeitstempeln wird in diesem Abschnitt die Sicherheit dieser bewertet. Da ein Dokumentenzeitstempel sich aus einer Reihe von Einzelzeitstempeln zusammensetzt, ist dessen Sicherheit auch von der Sicherheit der Einzelzeitstempel abhängig.

Der in Abschnitt 5.6.3.2.1 definierte Einzelzeitstempel ähnelt aus technischer Sicht einer klassischen digitalen Signatur (siehe Abschnitt 2.2.5). Im Unterschied zu einer digitalen Signatur gehen jedoch neben dem Hash-Wert des Dokumentes D zusätzliche Parameter wie die Zeitinformation t_s und die Nonce-Werte n_c und n_s in die Signatur ein. Trotzdem gelten die gleichen Sicherheitseigenschaften, da die Parameter vor der Signaturberechnung konkateniert werden und nochmals eine Hash-Funktion angewandt wird, so dass sich im Vergleich zur einfachen digitalen Signatur kein Unterschied in der eigentlichen Signaturberechnung ergibt.

Laut dieser Sicherheitseigenschaften kann ein Einzelzeitstempel von einem Angreifer nicht in vertretbarem Zeitaufwand gefälscht oder im Namen eines anderen Teilnehmers erstellt werden. Dies resultiert aus den Einschränkungen des in Abschnitt 2.8.2 definierten Standardangreifers. Dieser ist einerseits nicht in der Lage, effizient eine Hash-Kollision zu erzeugen, wodurch eine digitale Signatur einem anderen Einzelzeitstempel zugeordnet werden könnte. Andererseits kann der Angreifer aus dem bekannten öffentlichen Schlüssel den geheimen Signaturschlüssel nicht berechnen. Außerdem wird ausgeschlossen, dass ein Angreifer gezielt kryptographisches Schlüsselmaterial kompromittieren kann.

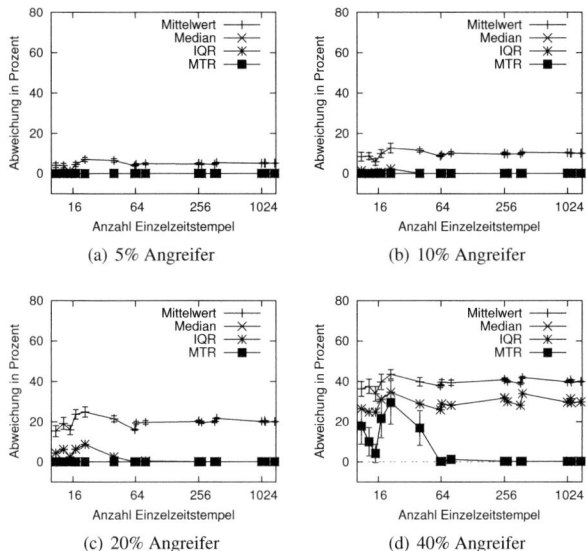

(a) 5% Angreifer   (b) 10% Angreifer

(c) 20% Angreifer   (d) 40% Angreifer

Abbildung 5.17: Abweichung Zeitinformation Dokumentenzeitstempel mit Vordatierer (12h)

Nachdem nachgewiesen wurde, dass Einzelzeitstempel eine ausreichende Sicherheit bereitstellen, kann darauf aufbauend die Sicherheit von Dokumentenzeitstempeln bewertet werden. Im Unterschied zum Einzelzeitstempel verfügt der Dokumentenzeitstempel (siehe Abschnitt 5.6.3.2.2) nicht zwangsweise über eine digitale Signatur. Zwar kann der Teilnehmer, der die Erstellung des Dokumentenzeitstempels angefordert hat, eine digitale Signatur unter den Dokumentenzeitstempel erstellen, diese hat jedoch nur einen geringen Einfluss auf die Sicherheit des Dokumentenzeitstempels. Diese Tatsache resultiert aus der Möglichkeit, dass bereits während der Erstellung des Dokumentenzeitstempels Modifikationen an den erstellten Einzelzeitstempeln durch einen Angreifer vorgenommen werden können. Auch ist denkbar, dass der Teilnehmer, der die Erstellung des Dokumentenzeitstempels initiiert hat, vor der Erstellung der digitalen Signatur bereits Einzelzeitstempel aus dem Dokumentenzeitstempel entfernt.

Aus diesem Grund wird die Sicherheit des Dokumentenzeitstempels auf andere Art und Weise erbracht. Ob ein Dokumentenzeitstempel vollständig ist oder ob Einzelzeitstempel entfernt worden sind, kann über die in Abschnitt 5.6.3.2.3 vorgestellte Verkettung der Einzelzeitstempel eines Dokumentenzeitstempels festgestellt werden. Abbildung 5.5 zeigt den Zeitstempelbaum, bestehend aus Einzelzeitstempeln, der bei der Erstellung eines Dokumentenzeitstempels aufgebaut wird. Dabei geht der Einzelzeitstempel eines Elternknotens mit in die Einzelzeitstempel der Kinderknoten ein. Dies wird dadurch erreicht, dass der Elternknoten seinen eigenen Einzelzeitstempel als Nonce-Wert n_c bei der Anforderung des Einzelzeitstempels einsetzt.

Diese Vorgehensweise führt zu einer baumartigen Verkettung der Einzelzeitstempel innerhalb eines Dokumentenzeitstempels und sorgt für die gewünschte Sicherheit eines Dokumentenzeitstempels. Da der Angreifer laut der Definition des Standardangreifers nicht in der Lage ist, effizient einen gefälschten Einzelzeitstempel mit dem gleichen Hash-Wert eines bereits bestehenden Einzelzeitstempels zu erzeugen, kann er keinen Einzelzeitstempel unbemerkt ersetzen. Versucht der Angreifer einen kompletten Teilbaum des Dokumentenzeitstempels zu ersetzen, muss der Angreifer die Regeln zur Auswahl von Zeitstempeldiensten, die die einzelnen Einzelzeitstempel erzeugen, einhalten. Dies hat zur Folge, dass auch Einzelzeitstempel von Zeitstempeldiensten erzeugt werden, die nicht unter der Kontrolle des Angreifers stehen, wodurch sich die Menge kompromittierter Einzelzeitstempel reduziert. Im Abschnitt 5.6.5.4 wurde gezeigt, dass auch bei einem hohen Anteil gefälschter Einzelzeitstempel der korrekte Erstellungszeitpunkt für einen Dokumentenzeitstempel ermittelt werden kann.

Somit stehen einem Angreifer keine effizienten Möglichkeiten zur Verfügung, mit der eine signifikante Menge von gefälschten Einzelzeitstempeln innerhalb eines Dokumentenzeitstempels ersetzen werden kann, ohne dass dies bei einer Überprüfung festgestellt wird. Damit stellen auch Dokumentenzeitstempel die notwendige Sicherheit bereit, dass die Anforderung nach sicheren Dokumentenzeitstempeln erfüllt werden kann.

5.6.5.6 Sicherheit von Protokollzeitstempeln

Neben den Dokumentenzeitstempeln kommt auch den Protokollzeitstempeln eine hohe Bedeutung zu, da diese benutzt werden, um die Zeitstempelketten verschiedener Zeitstempeldienste zu überlappen und dadurch zu vermeiden, dass bei einer Kompromittierung des geheimen Schlüsselmaterials eines Zeitstempeldienstes alle bisher geleisteten Zeitstempel dieser Instanz invalidiert werden müssen.

Da Protokollzeitstempel technisch gesehen Einzelzeitstempeln entsprechen, haben sie die gleichen Sicherheitseigenschaften und können nicht effizient gefälscht oder im Namen Dritter erstellt werden. Eine zusätzliche Evaluation ist trotzdem notwendig, da nachgewiesen werden muss, ob der gewünschte Effekt der Verkettung zweier Zeitstempelketten unterschiedlicher Zeitstempeldienste mit Hilfe der Protokollzeitstempel erreicht werden kann.

Während die Intra-TSA-Verkettung der Zeitstempelkette eines einzelnen Zeitstempeldienstes nur durch die Benutzung des Nonce-Wertes n_s bei einer regulären Zeitstempelerzeugung realisiert wird, wird die Inter-TSA-Verkettung unabhängig von Zeitstempelanfragen anderer Teilnehmer oder Zeitstempeldienste vorgenommen.

Um eine Verkettung der eigenen Zeitstempelketten mit der Kette eines anderen Zeitstempeldienstes zu erreichen, muss ein Protokollzeitstempel vom anderen Zeitstempeldienst angefordert werden. Im Unterschied zu klassischen Einzelzeitstempeln hat jedoch der anfordernde Zeitstempeldienst die Möglichkeit, sowohl das Dokument D, als auch den Nonce-Wert n_c zu bestimmen, wie dies in Abschnitt 5.6.3.4 beschrieben wird. Dies kann jedoch von einem Angreifer nicht für einen Angriff ausgenutzt werden. Entweder versucht der Angreifer einen Protokollzeitstempel zu fälschen, was jedoch aufgrund des Aufwandes für das Auffinden einer Hash-Kollision als unpraktikabel eingestuft wird, oder der Angreifer versucht, während der Erstellung die Parameter des Protokollzeitstempels zu modifizieren, so dass diese sich nicht mehr in die bestehende Zeitstempelkette integrieren lassen. Dies wird jedoch sofort durch den anfordernden Zeitstempeldienst festgestellt, der wahlweise die Erstellung des Protokollzeitstempels wiederholt oder zu einem späteren Zeitpunkt einen anderen Zeitstempeldienst auffordert, einen Protokollzeitstempel zu erstellen.

Der Einsatz der XOR-Funktion für die Umsetzung der Protokollzeitstempel (siehe Formel 5.15) stellt auch kein erhöhtes Sicherheitsrisiko dar, da die XOR-Verknüpfung zweier Hash-Werte, auf deren Ergebnis nochmals eine Hash-Funktion angewendet wird, keine Abschwächung der kryptographischen Eigenschaften der Hash-Funktion nach sich zieht.

Zusammenfassend kann festgestellt werden, dass die Protokollzeitstempel auf Basis der Einzelzeitstempel die gleichen Sicherheitseigenschaften besitzen und somit für die Realisierung der sicheren Verkettung verschiedener Zeitstempelketten eingesetzt werden können.

5.6.5.7 Skalierbarkeit des verteilten Zeitstempeldienstes

In diesem Abschnitt soll die Skalierbarkeit des verteilten Zeitstempeldienstes gezeigt werden. Dazu wird das Kommunikations- und Zeitverhalten des verteilten Zeitstempeldienstes für verschiedene Overlay- und Zugangsnetze untersucht. Gleichzeitig werden verschiedene Konfigurationen des verteilten Zeitstempeldienstes hinsichtlich des Aufbaus von Dokumentenzeitstempeln miteinander verglichen.

Bei der Erstellung von Dokumentenzeitstempeln durch den verteilten Zeitstempeldienst kann die Anzahl der in einem Dokumentenzeitstempel enthaltenen Einzelzeitstempel durch den Grad und die Tiefe des Zeitstempelbaums bestimmt werden. Prinzipiell können als Grad und Tiefe alle positiven ganzen Zahlen verwendet werden, jedoch wurde für die Evaluierung eine Einschränkung auf bestimmte Konfigurationen vorgenommen. Tabelle 5.1 zeigt die Auswahl an Konfigurationen, bestehend aus Grad und Tiefe des Zeitstempelbaums eines Dokumentenzeitstempels und der daraus resultierenden Menge an beteiligten Zeitstempeldiensten, die im weiteren Verlauf der Evaluation hinsichtlich Kommunikationsaufwand und Zeitverhalten untersucht werden.

Grad	Anzahl beteiligter Zeitstempeldienste					
	16		64		256	
	Tiefe	Anzahl	Tiefe	Anzahl	Tiefe	Anzahl
2	3	15	5	63	7	255
4	2	21	3	85	4	341
16	1	17			2	273
64			1	65		
256					1	257

Tabelle 5.1: Übersicht Konfigurationen Zeitstempelbaum

Die ausgewählten Parameterkonfigurationen können in drei Gruppen unterteilt werden. Die erste Gruppe enthält Konfigurationen, bei denen eine geringe Anzahl von Zeitstempeldiensten (15-21) an der Erstellung eines Dokumentenzeitstempels beteiligt werden. In der zweiten Gruppe sind Konfigurationen enthalten, die eine höhere Anzahl von Zeitstempeldienstinstanzen (63-85) in die Erstellung eines Dokumentenzeitstempels einbinden. Die dritte Gruppe besteht aus

Konfigurationen, die eine sehr hohe Zahl von Zeitstempeldiensten an der Erstellung eines Dokumentenzeitstempels beteiligen.

Da für die verschiedenen Konfigurationen innerhalb einer Gruppe ähnlich viele Zeitstempeldienste an der Erstellung eines Dokumentenzeitstempels mitwirken und dadurch vergleichbare Mengen von Einzelzeitstempeln erzeugen, sind die Ergebnisse der nachfolgenden Untersuchungen innerhalb einer Gruppe gut miteinander vergleichbar.

5.6.5.7.1 Zeitverhalten des verteilten Zeitstempeldienstes

Die Evaluation des verteilten Zeitstempeldienstes in Hinblick auf das Zeitverhalten wurde mit der Simulationsumgebung OverSim (siehe Anhang A) vorgenommen. Mit den Untersuchungen soll gezeigt werden, dass der verteilte Zeitstempeldienst unabhängig vom verwendeten Overlay-Netz und eingesetztem Zugangsnetz mit steigender Teilnehmerzahl skaliert.

Tabelle 5.2 enthält die Simulationsparameter, die bei der Untersuchung des Zeitverhaltens des verteilten Zeitstempeldienstes eingesetzt wurden. Die Parameter, die über verschiedene Simulationsläufe variiert wurden, sind grau hinterlegt.

Parameter	Parameterraum	Beschreibung
Teilnehmer	$2^{10}, 2^{11}, 2^{12}, 2^{13}, 2^{14}$	Anzahl Teilnehmer
Eintrittsrate	100/s	Eintrittsrate Overlay
Vorlaufzeit	600 s	Stabilisierungsphase Overlay
Simulationszeit	1800 s	Evaluierungsphase
Overlay	Chord, Kademlia, Bamboo	Overlay-Topologie
Underlay	SimpleUnderlay	Underlay-Topologie
Zugangsnetz	Ethernet, 10 Mbit/s, 10ms ADSL - 16 Mbit/s, 20 ms	Verkehrsdaten Zugangsnetz
Grad	2, 4, 16	Grad Zeitstempelbaum
Tiefe	1, 2, 3, 4, 5, 7	Tiefe Zeitstempelbaum
Paketgröße	1452 Byte	Nutzdatengröße pro Paket
Schlüssellänge	1024 bit	Länge Signaturschlüssel
Länge Hash-Wert	128 bit	

Tabelle 5.2: Simulationsparameter Zeitverhalten

Für alle durchgeführten Simulationen wurde die Knotenanzahl zwischen 1024 und 16384 Knoten variiert. Zu Beginn der Simulation treten 100 Knoten pro Sekunde ein. Nach dem Beitritt aller Knoten wird eine Initialisierungsphase von 10 Minuten zur Stabilisierung des Overlay-Netzes abgewartet, bevor die 30-minütige Simulation durchgeführt wird. Um die Auswirkungen verschiedener Overlay-Netze zu bestimmen, wurden die Untersuchungen mit den Overlay-Netzen Chord, Bamboo und Kademlia durchgeführt. Außerdem wurden zwei verschiedene Zugangsnetze eingesetzt, welche sich vor allem hinsichtlich des Verhältnisses von Sende- und Empfangsdatenrate unterscheiden.

Innerhalb der 30-minütigen Simulationszeit fragt jeder Knoten zu zwei zufälligen Zeitpunkten (gleichverteilt) jeweils einen Dokumentenzeitstempel vom lokalen Zeitstempeldienst an. Je nach Konfiguration werden unterschiedliche Parameter für den Grad und die Tiefe des resultierenden Zeitstempelbaums verwendet. Für alle Simulationen wurde eine Schlüssellänge von 1024 Bit und eine Hash-Wertlänge von 128 Bit angenommen. Jede Konfiguration wurde mit 10 verschiedenen Startwerten für den Zufallszahlengenerator durchgeführt, in den nachfolgenden Abbildungen werden die gemittelten Ergebnisse zusammen mit dem 90%-igen Konfidenzintervall dargestellt.

Abbildung 5.18 zeigt die benötigte Zeitdauer für unterschiedliche Konfigurationen eines Dokumentenzeitstempels, an dessen Erstellung zwischen 15 und 21 Zeitstempeldienste mitwirken. Insgesamt ist erkennbar, dass die benötigte Zeitdauer unabhängig vom Overlay-Netz mit steigender Teilnehmerzahl leicht zunimmt. Außerdem wird mit höherem Grad des Zeitstempelbaums weniger Zeit benötigt. Dies ist leicht erklärbar, da aufgrund der geringeren Tiefe des Zeitstempelbaums weniger aufeinanderfolgende Anfragen an Zeitstempeldienste durchgeführt werden. Der Zeitaufwand beim Einsatz von Chord und Kademlia als Overlay-Netz liegt fast gleichauf, während beim Einsatz von Bamboo nur ca. 50% der Zeit benötigt werden.

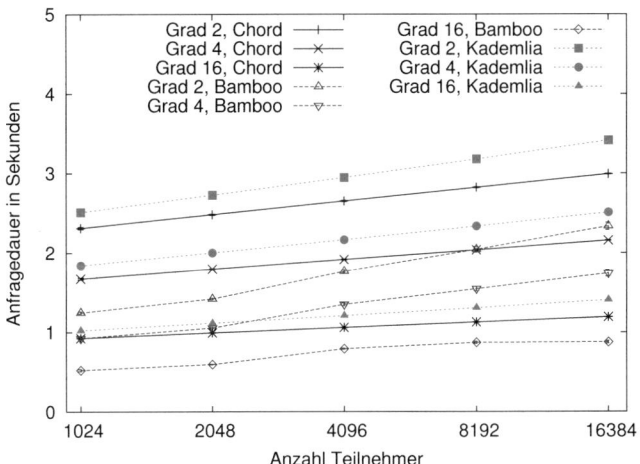

Abbildung 5.18: Zeitdauer in Abhängigkeit von Grad und Overlay-Netz (Anzahl Zeitstempeldienste 16)

Die Abbildungen 5.19 und 5.20 zeigen die benötigte Zeitdauer für die anderen beiden Gruppen von Konfigurationen, bei denen ca. 64 und ca. 256 Zeitstempeldienste an der Erstellung eines Dokumentenzeitstempels beteiligt sind. In Abbildung 5.18 ist erkennbar, dass der Zeitaufwand mit steigender Teilnehmerzahl moderat wächst. In beiden Fällen liegt der Zeitaufwand unabhängig vom verwendeten Grad des Zeitstempelbaums für die Overlay-Netze Chord und Kademlia annähernd gleichauf, während Bamboo zu Beginn zwar geringer ausfällt, aber mit steigender Anzahl stärker wächst. Dabei ist zu erwarten, dass für noch größere Teilnehmerzahlen die benötigte Zeitdauer von Bamboo höher als für Chord oder Kademlia ausfällt.

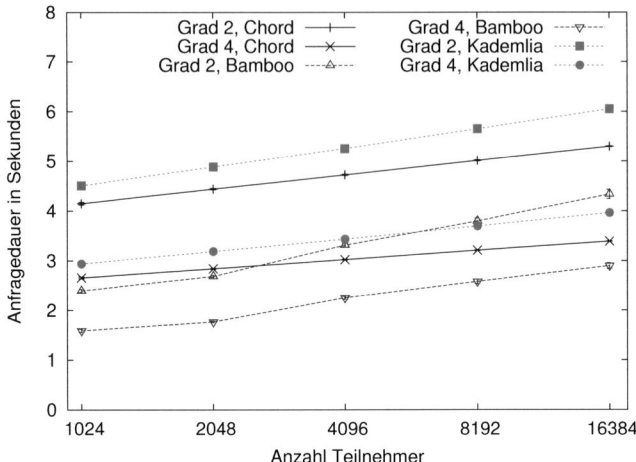

Abbildung 5.19: Zeitdauer in Abhängigkeit von Grad und Overlay-Netz (Anzahl Zeitstempeldienste 64)

Trotz einer Vervierfachung der Anzahl der Einzelzeitstempel innerhalb eines Dokumentenzeitstempels wächst der Zeitbedarf bei 16384 Teilnehmern beispielsweise für das Overlay-Netz Chord und den Grad 4 des Zeitstempelbaums von 2 Sekunden bei 16 Zeitstempeldiensten über 3,5 Sekunden bei 64 auf nur 5 Sekunden bei 256 beteiligten Zeitstempeldiensten. Dies ist dadurch zu erklären, dass die Tiefe des Zeitstempelbaums jeweils nur um eins zunimmt und die zusätzlichen Einzelzeitstempel aufgrund der Baumstruktur parallel erzeugt werden.

In Abbildung 5.21 wird gezeigt, dass die ermittelten Ergebnisse weitgehend unabhängig vom eingesetzten Zugangsnetz sind. Sowohl für ein ADSL-basiertes Zugangsnetz, als auch ein Zugangsnetz auf Ethernet-Basis zeigt sich ein leicht ansteigender Zeitaufwand mit zunehmender Teilnehmerzahl. Unabhängig vom Overlay-Netz ist zu beobachten, dass der Zeitaufwand beim Einsatz von Ethernet nur rund zwei Drittel im Vergleich zum ADSL-basierten Zugangsnetz beträgt. Dies ist dadurch zu erklären, dass die Knoten beim Einsatz von Ethernet über eine höhere Sendedatenrate verfügen.

Abschließend kann für Bewertung des benötigten Zeitverhaltens festgestellt werden, dass der verteilte Zeitstempeldienst für unterschiedliche Konfigurationen des zu erstellenden Dokumentenzeitstempels gut skaliert. Wie erwartet sinkt der Zeitaufwand mit höherem Grad des Zeitstempelbaums, da aufgrund der höheren Parallelität weniger aufeinanderfolgende Anfragen an das Overlay-Netz gestellt werden müssen. Zudem wurde gezeigt, dass der verteilte Zeitstempeldienst auch für unterschiedliche Overlay-Netze oder Zugangsnetze gut skaliert.

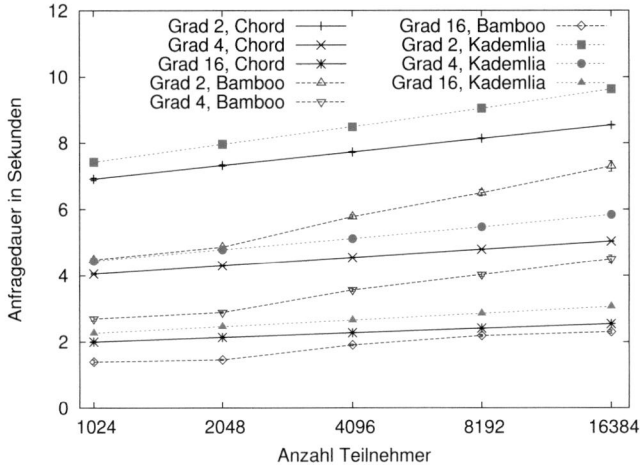

Abbildung 5.20: Zeitdauer in Abhängigkeit von Grad und Overlay-Netz (Anzahl Zeitstempeldienste 256)

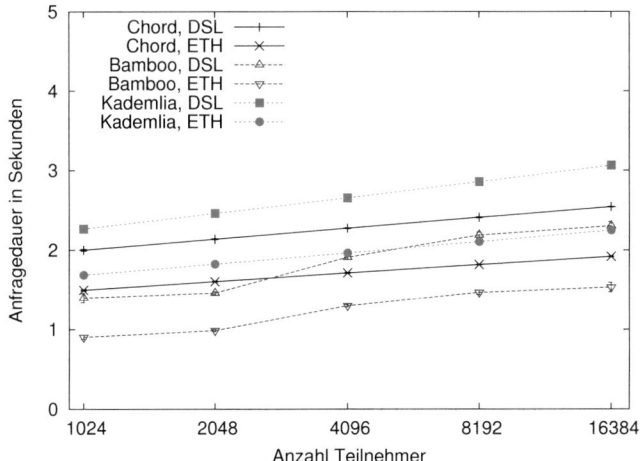

Abbildung 5.21: Zeitdauer in Abhängigkeit des Zugangsnetzes (DSL, ETH)

5.6.5.7.2 Kommunikationsaufwand

Neben der Untersuchung des Zeitverhaltens des verteilten Zeitstempeldienstes für unterschiedliche Konfigurationen hinsichtlich Zugangsnetz, Overlay-Struktur und Anzahl und Struktur der Einzelzeitstempel eines Dokumentenzeitstempels wurde auch untersucht, welches Datenaufkommen durch den verteilten Zeitstempeldienst verursacht wird. Unter Verwendung der gleichen Simulationsparameter wie im vorherigen Abschnitt wurde erfasst, welches Datenaufkommen pro Knoten in Senderichtung während der Simulation auftritt.

In den Abbildungen 5.22 und 5.23 ist das Datenaufkommen pro Knoten in Senderichtung für ca. 16 und ca. 256 beteiligte Zeitstempeldienste dargestellt. Während für die Konfiguration mit nur 16 beteiligten Zeitstempeldiensten das Overlay-Netz Bamboo das höchste Datenaufkommen verursacht, liegt es bei 256 beteiligten Zeitstempeldiensten gleichauf mit Chord. Dies ist durch den höheren Kontrollverkehr bei der Pflege des Bamboo-Overlay zu erklären, welcher jedoch gleichzeitig zu einem geringem Zeitaufwand führt. Mit steigendem Datenaufkommen durch die Anwendung (256 beteiligte Zeitstempeldienste) nimmt der Anteil des Kontrollverkehrs im Vergleich zum Anwendungsverkehr ab, so dass der Effekt nahezu verschwindet.

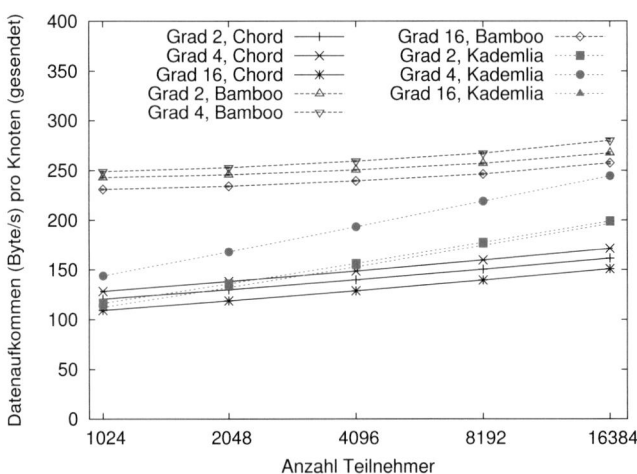

Abbildung 5.22: Datenaufkommen pro Knoten in Abhängigkeit vom Grad und Overlay-Netz (Anzahl Zeitstempeldienste 16)

Wie bei den übrigen Szenarien benötigt auch in diesem Fall Kademlia ein höheres Datenaufkommen und weist eine stärkere Steigung als Bamboo und Chord auf. Während bei 16 beteiligten Zeitstempeldiensten für die Overlay-Netze Chord und Bamboo der Datenaufwand weitgehend unabhängig vom Grad des Zeitstempelbaums ist, kann man für 256 beteiligte Zeitstempeldienste beobachten, dass das Datenaufkommen beim Grad 16 des Zeitstempelbaums um die Hälfte niedriger als für die anderen Konfigurationen liegt. Dieser Effekt lässt sich durch den Transport der erstellen Zeitstempel erklären. Bei einem niedrigeren Grad (und dadurch ver-

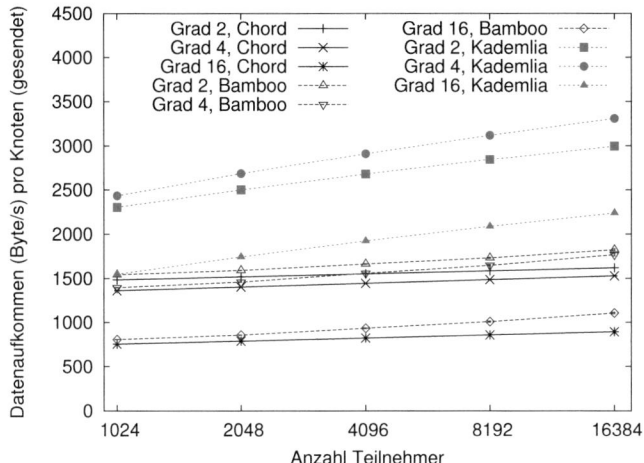

Abbildung 5.23: Datenaufkommen pro Knoten in Abhängigkeit von Grad und Overlay-Netz (Anzahl Zeitstempeldienste 256)

bundenen höheren Tiefe) des Zeitstempelbaums müssen die Einzelzeitstempel über mehrere Ebenen des Zeitstempelbaums übertragen werden, bis diese bei der Wurzel ankommen.

In Abbildung 5.24 wird die Unabhängigkeit des Datenaufkommens pro Knoten vom verwendeten Zugangsnetz bei 256 an der Erstellung eines Dokumentenzeitstempels beteiligten Zeitstempeldienste dargestellt. Wie zu erwarten, ist das Datenaufkommen pro Knoten annähernd gleich. Während die Overlay-Netze Chord und Bamboo ein sehr ähnliches Datenaufkommen zeigen, wird beim Einsatz von Kademlia ein höheres Datenaufkommen verursacht, welches wiederum durch die enthaltenen Robustheitsmechanismen erklärt werden kann.

Auch für die Untersuchungen hinsichtlich des Datenaufkommens kann für den verteilten Zeitstempeldienst festgestellt werden, dass dieser mit steigender Teilnehmeranzahl gut skaliert. Das benötigte Datenaufkommen ist im Vergleich zu der zur Verfügung stehenden Datenrate des eingesetzten Zugangsnetzes sehr niedrig und führt nicht zu einer Überlastung der Kommunikationsanbindung oder des Knotens.

Zusammenfassend wurde sowohl für die benötigte Zeitdauer, als auch für das verursachte Datenaufkommen für den verteilten Zeitstempeldienst festgestellt, dass dieser mit steigender Teilnehmeranzahl skaliert. Um einen geringen Zeitaufwand und ein niedriges Datenaufkommen zu gewährleisten, sollte der Zeitstempelbaum eines Dokumentenzeitstempels bestehend aus Einzelzeitstempeln einen höheren Grad als 2 oder 4 aufweisen. Trotzdem sollte der Grad nicht beliebig hoch gewählt werden, da ansonsten mehr Zustand pro Knoten gehalten werden muss.

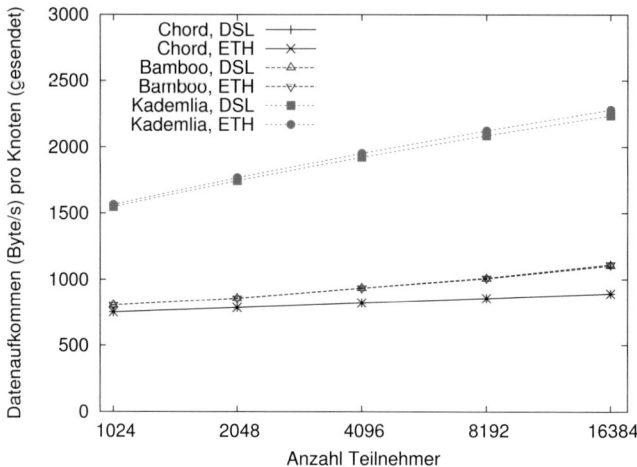

Abbildung 5.24: Datenaufkommen pro Knoten in Abhängigkeit des Zugangsnetzes (DSL, ETH)

5.6.5.8 Robustheit des verteilten Zeitstempeldienstes

Neben der Skalierbarkeit ist auch die Robustheit des verteilten Zeitstempeldienstes von Bedeutung. Aufgrund der im Vergleich zu zentralen Lösungen geringeren Verfügbarkeit von Knoten, muss die Erstellung von Zeitstempeln durch den verteilten Zeitstempeldienst auch gewährleistet sein, wenn einige Knoten nicht verfügbar oder ausgefallen sind.

Außerdem muss davon ausgegangen werden, dass ein Angreifer versucht, die Erstellung von Dokumentenzeitstempeln zu unterbinden oder zu erschweren und somit die Protokollierung des Vorhandenseins eines Dokumentes D zum Zeitpunkt t zu verhindern. Einerseits kann ein Angreifer dazu eigene Knoten ins Netz einstellen, andererseits kann der Angreifer einige vorhandene Knoten kompromittieren, so dass sich diese nicht mehr protokollkonform verhalten.

Da bereits im Abschnitt 5.6.5.4 festgestellt wurde, dass die Erstellung von Einzelzeitstempeln mit einer falschen Zeitinformation aufgrund des MTR-Verfahrens nicht zur einer nennenswerten Verschiebung des Protokollierungszeitpunktes t führt, wird der Angreifer für die Robustheitsanalyse wie folgt modelliert. Empfängt ein Knoten, welcher entweder vom Angreifer eingestellt oder durch den Angreifer kompromittiert wurde, eine Anfrage, an einem Dokumentenzeitstempel mitzuwirken, verwirft dieser die Anfrage. Dieses Verhalten führt nicht nur dazu, dass der Einzelzeitstempel des Angreifers im Zeitstempelbaum fehlt, es werden auch alle Einzelzeitstempel unterhalb des Angreiferknotens nicht erzeugt. Somit verfügt der Angreifer über ein effizientes Mittel, die Anzahl der Einzelzeitstempel innerhalb eines Dokumentenzeitstempels zu reduzieren, so dass der Beweiswert eines Dokumentenzeitstempels sinkt.

Aus diesem Grund wurde mit Hilfe der Simulationsumgebung OverSim für verschiedene Angreiferwahrscheinlichkeiten ermittelt, wie der Anteil an Einzelzeitstempeln innerhalb eines Dokumentenzeitstempels durch einen Angreifer beeinflusst werden kann. Tabelle 5.3 enthält die

Parameter	Parameterraum	Beschreibung
Teilnehmer	$2^{10}, 2^{11}, 2^{12}, 2^{13}, 2^{14}$	Anzahl Teilnehmer
Angreifer	1, 2, 5, 10, 20, 40%	Anteil Angreifer
Eintrittsrate	100/s	Eintrittsrate Overlay
Vorlaufzeit	600 s	Stabilisierungsphase Overlay
Simulationszeit	1800 s	Evaluierungsphase
Overlay	Chord	Overlay-Topologie
Underlay	SimpleUnderlay	Underlay-Topologie
Zugangsnetz	ADSL - 16 Mbit/s, 20 ms	Verkehrsdaten Zugangsnetz
Grad	2, 4, 16	Grad Zeitstempelbaum
Tiefe	1, 2, 3, 4, 5, 7	Tiefe Zeitstempelbaum
Paketgröße	1452 Byte	Nutzdatengröße pro Paket
Schlüssellänge	1024 bit	Länge Signaturschlüssel
Länge Hash-Wert	160 bit	

Tabelle 5.3: Simulationsparameter Robustheitsanalyse

Simulationsparameter zur Robustheitsanalyse des vorgestellten verteilten Zeitstempeldienstes. Die Parameter, die über verschiedene Simulationsläufe variiert wurden, sind grau hinterlegt.

Wie bei den bisherigen Untersuchungen wird die Knotenanzahl von 1024 bis 16384 Knoten variiert, während Angreiferwahrscheinlichkeiten zwischen 1% und 40% untersucht werden. Zu Beginn der Simulation treten 100 Knoten pro Sekunde in das Overlay-Netz ein. Nach dem Beitritt aller Knoten erfolgt eine 10-minütige Initialisierungsphase, in der das Overlay-Netz aufgebaut werden kann. Als Overlay-Netz wird Chord eingesetzt, als Underlay wird das OverSim-eigene SimpleUnderlay benutzt. Als Zugangstechnologie wird ADSL mit einer Download-Rate von 16 Mbit/s (Upload-Rate 1 Mbit/s) und einer Latenz von 20 Millisekunden angenommen. Die maximale Paketgröße im Zugangsnetz beträgt 1452 Byte.

Innerhalb der 30-minütigen Simulationszeit fragt jeder Knoten zu zwei zufälligen Zeitpunkten (gleichverteilt) jeweils einen Dokumentenzeitstempel vom lokalen Zeitstempeldienst an. Je nach Konfiguration werden unterschiedliche Parameter für den Grad und die Tiefe des resultierenden Zeitstempelbaums verwendet. Für alle Simulationen wurde eine Schlüssellänge von 1024 Bit und eine Hash-Wertlänge von 128 Bit angenommen. Jede Konfiguration wurde mit 10 verschiedenen Startwerten für den Zufallszahlengenerator durchgeführt, in den nachfolgenden Abbildungen werden die gemittelten Ergebnisse zusammen mit dem 90%-igen Konfidenzintervall dargestellt.

In den Abbildungen 5.25, 5.26 und 5.27 ist der Anteil vorhandener Einzelzeitstempel im angeforderten Dokumentenzeitstempel für verschiedene Grade des Zeitstempelbaums und Angreiferwahrscheinlichkeiten von 1, 2 und 5% Angreifern dargestellt.

Mit steigender Anzahl der beteiligten Zeitstempeldienste (16, 64, 256) und der höheren Anzahl von Einzelzeitstempeln ist erkennbar, dass der Anteil vorhandener Einzelzeitstempel bei einer Angreiferwahrscheinlichkeit von 5% vor allem für Zeitstempelbäume mit einem Grad von 2 oder 4 auf bis zu 80% abfällt, während der Anteil bei einem Grad von 16 bei über 90% liegt. Dies ist dadurch erklärbar, dass aufgrund der höheren Tiefe der Zeitstempelbäume mit dem Grad 2 und 4 durch einen Angreifer, der eine Anfrage verwirft, im Mittel mehr Einzelzeitstempel

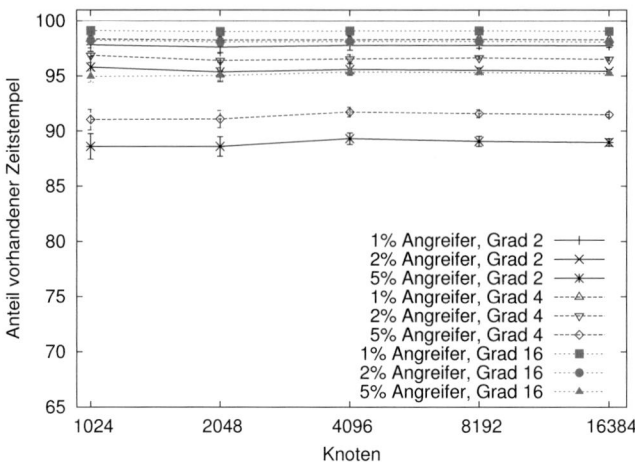

Abbildung 5.25: Anteil vorhandener Einzelzeitstempel (Anzahl Zeitstempeldienste 16)

verlorengehen. Bei einem Grad von 16 werden mehr unabhängige Teilbäume aufgebaut, die alle eine geringere Tiefe aufweisen. Geht dabei ein Teilbaum durch einen Angreifer verloren, sind insgesamt weniger Einzelzeitstempel betroffen.

Unabhängig von der Angreiferwahrscheinlichkeit ist erkennbar, dass der Anteil vorhandener Einzelzeitstempel vom Grad des Zeitstempelbaums abhängt. Bei steigender Anzahl beteiligter Zeitstempeldienste sinkt der Anteil vorhandener Einzelzeitstempel für den Grad 2 und 4 schneller, als für den Grad 16.

Trotzdem kann für bis zu 5% Angreifer festgestellt werden, dass ein Großteil der angeforderten Einzelzeitstempel eines Dokumentenzeitstempels von gültigen Zeitstempeldiensten erzeugt wird. Mit über 80% der angeforderten Einzelzeitstempel kann der Protokollierungszeitpunkt des Dokumentenzeitstempels ohne große Abweichungen festgestellt werden.

Die Abbildungen 5.28 und 5.29 zeigen den Anteil an vorhandenen Einzelzeitstempeln für 10%, 20% und 40% Angreifer. Insgesamt wird ein deutlich niedriger Anteil vorhandener Einzelzeitstempel festgestellt, der jedoch auch bei steigender Teilnehmeranzahl konstant bleibt. Bei hohen Angreiferwahrscheinlichkeiten tritt der beobachtete Effekt, dass der Anteil vorhandener Einzelzeitstempel abhängig vom Grad des Zeitstempelbaums ist, viel stärker hervor.

Während bei Dokumentenzeitstempeln, die von ca. 16 Zeitstempeldiensten erzeugt werden und 40% Angreifern, der Anteil vorhandener Einzelzeitstempel auf unter 40% sinkt, können die Angreifer bei Dokumentenzeitstempeln mit ca. 256 beteiligten Zeitstempeldiensten die Erstellung von Einzelzeitstempeln bei einem Zeitstempelbaum mit dem Grad 2 fast vollständig zum Erliegen bringen. Selbst bei 20% Angreifern werden nur ca. 10% der angeforderten Einzelzeitstempel erzeugt.

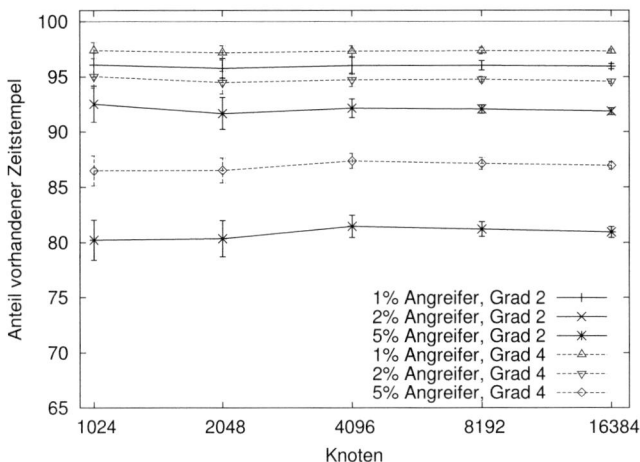

Abbildung 5.26: Anteil vorhandener Einzelzeitstempel (Anzahl Zeitstempeldienste 64)

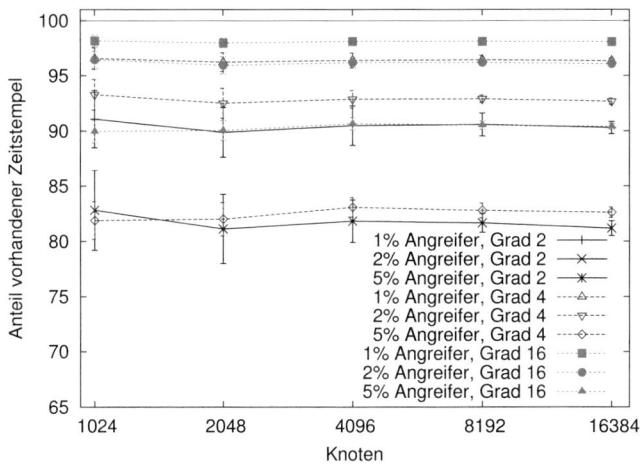

Abbildung 5.27: Anteil vorhandener Einzelzeitstempel (Anzahl Zeitstempeldienste 256)

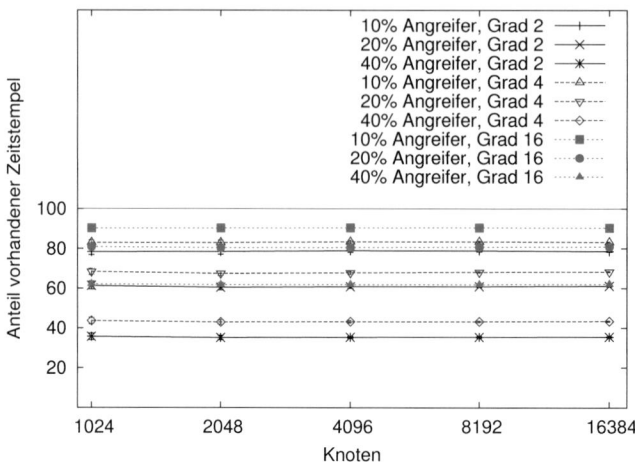

Abbildung 5.28: Anteil vorhandener Einzelzeitstempel (Anzahl Zeitstempeldienste 16)

Im Gegensatz dazu beträgt der Anteil bei 16 beteiligten Zeitstempeldiensten und einem Grad
von 16 des Zeitstempelbaums bei 40% Angreifern mehr als 60% der angeforderten Einzelzeitstempel. Selbst bei 256 beteiligten Zeitstempeldiensten werden immerhin noch knapp 40% der
angeforderten Einzelzeitstempel erstellt.

Abschließend wird festgestellt, dass der verteilte Zeitstempeldienst eine Robustheit gegenüber
Angreifern, die Anfragen nach Einzelzeitstempeln für einen Dokumentenzeitstempel verwerfen, aufweist, diese jedoch sehr stark von der verwendeten Konfiguration des Zeitstempelbaums
eines Dokumentenzeitstempels abhängig ist. So können im untersuchten Szenario nur verwert-
bare Anteile von Einzelzeitstempeln sichergestellt werden, wenn ein hoher Grad des Zeitstempelbaums verwendet wird.

Da bereits bei der Untersuchung in Bezug auf Skalierbarkeit festgestellt wurde, dass der Zeit-
und Kommunikationsaufwand mit steigendem Grad des Zeitstempelbaums sinkt, entsteht kein
Nachteil beim Einsatz eines hohen Grades des Zeitstempelbaums, damit die gewünschte Robustheit bereitgestellt werden kann.

5.6.5.9 Weitere nicht-funktionale Anforderungen

Neben den ausführlich betrachteten Anforderungen wurden weitere nicht-funktionale Anforderungen an den verteilten Zeitstempeldienst gestellt. Diese leiten sich von den Anforderungen an
die verteilte Marktplattform in Abschnitt 3.2 ab und sollen sicherstellen, dass alle Anwendungen
oder Dienste, die auf der SESAM-Basisarchitektur aufsetzen, die gleichen nicht-funktionalen
Eigenschaften besitzen.

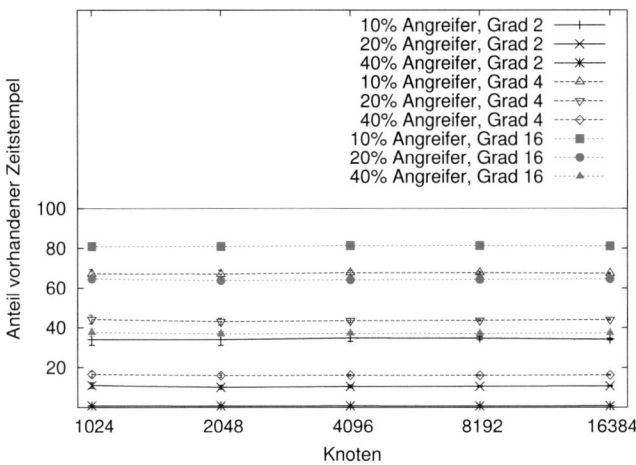

Abbildung 5.29: Anteil vorhandener Einzelzeitstempel (Anzahl Zeitstempeldienste 256)

Neben den Anforderungen nach Robustheit, Skalierbarkeit und Sicherheit, die bereits in den vorangegangenen Abschnitten bewertet wurden, sind dies vor allem die Anforderungen nach Dezentralität, Selbstorganisation, Erweiterbarkeit und Wiederverwendbarkeit.

Die Anforderungen nach Dezentralität und Selbstorganisation können leicht erfüllt werden, da der verteilte Zeitstempeldienst auf die von der Basisarchitektur bereitgestellten Komponenten aufsetzt. So verwendet der verteilte Zeitstempeldienst ein ServiceNet auf Basis eines strukturierten Overlay-Netzes, um alle Instanzen des Zeitstempeldienstes zu koordinieren und Dienstanfragen zuzustellen.

Zwar hat die allgemeine Anforderung nach Erweiterbarkeit kein hohe Bedeutung beim verteilten Zeitstempeldienst, jedoch kann dieser erweitert werden, um verschiedene Zeitquellen nutzen zu können. Die Anforderung nach Wiederverwendbarkeit kann vom verteilten Zeitstempeldienst auch erfüllt werden, da dieser keine anwendungsszenariospezifischen Funktionen enthält. Somit kann der verteilte Zeitstempeldienst als Basisdienst der SESAM-Basisarchitektur eingesetzt werden und steht allen anderen Diensten und Anwendungen zur Verfügung.

5.6.6 Bewertung

Ausgehend von den Ergebnissen der Evaluation des verteilten Zeitstempeldienstes in den vorherigen Abschnitten wird in Tabelle 5.4 eine zusammenfassende Bewertung hinsichtlich der aufgestellten Anforderungen vorgenommen.

Mit dem vorgestellten verteilten Zeitstempeldienst können die in Abschnitt 5.6.2 aufgestellten Anforderungen erfüllt werden. Damit steht auf dem verteilten elektronischen Marktplatz eine

Anforderung	Bewertung	Beschreibung
Protokollierungszeitpunkt t	ja	Einzel- und Dokumentenzeitstempel
Zuordnung zum Inhalt D	ja	Bindung Zeitstempel und Hash-Wert
Verifizierbarkeit	ja	Modellierung Datenmodell
Sicherheit	ja	Verkettung Einzelzeitstempel, Protokollzeitstempel
Robustheit	ja	Simulation Angreifer
Skalierbarkeit	ja	Simulation Aufwand
Dezentralität und Selbstorganisation	ja	Einsatz ServiceNet und Overlay-Netz

Tabelle 5.4: Bewertung Zeitstempeldienst

Funktion bereit, Dokumenten eine Zeitinformation hinzuzufügen, die nicht vor- oder rückdatiert werden kann, ohne dass dies bei einer Prüfung des Zeitstempels erkannt wird. Die Überprüfung auf Echtheit eines Zeitstempels kann von jedem Marktteilnehmer selbst durchgeführt werden, die an der Erstellung beteiligten Zeitstempeldienste müssen nicht in die Prüfung miteinbezogen werden.

Um ein Dokument D mit einem Zeitstempel zu versehen, wird ein Dokumentenzeitstempel (DTS) erzeugt. Dieser besteht aus einer Reihe von Einzelzeitstempeln (STS), die von verschiedenen Instanzen des verteilten Zeitstempeldienstes erzeugt werden. Dabei wird durch das Verfahren sichergestellt, dass ein Angreifer im Nachhinein nicht beliebige Einzelzeitstempel aus dem Dokumentenzeitstempel verändern, löschen oder ersetzen kann. Gleichzeitig wird mit der Verkettung aller bisher geleisteten Einzelzeitstempel eines Zeitstempeldienstes sichergestellt, dass vorhandene Zeitstempel eines Zeitstempeldienstes nicht modifiziert oder ersetzt werden können. Dieses Prinzip wird auch über die Zeitstempelketten verschiedener Zeitstempeldienste angewandt und sorgt dafür, dass nicht alle Einzelzeitstempel eines Zeitstempeldienstes invalidiert werden müssen, wenn dessen Schlüsselmaterial kompromittiert wurde.

In der Evaluation des verteilten Zeitstempeldienstes wurde einerseits gezeigt, dass Angriffe auf den protokollierten Zeitpunkt eines Dokumentenzeitstempels auch bei hoher Anzahl von gefälschten Einzelzeitstempeln aufgrund des MTR-Verfahrens erfolgreich verhindert werden. Mit der Simulationsumgebung OverSim wurde zudem gezeigt, dass der vorgestellte Zeitstempeldienst die Anforderungen nach Skalierbarkeit und Robustheit erfüllen kann. So wurde festgestellt, dass bei wachsender Anzahl von Marktteilnehmern der Aufwand und die Dauer zum Erstellen eines Zeitstempels nur leicht steigt und somit der verteilte Zeitstempeldienst für große Anwendungsszenarien geeignet ist. Zusätzlich wurde ermittelt, dass auch bei Vorhandensein von Angreifern, die die Erstellung von Dokumentenzeitstempeln durch das Verwerfen von Einzelzeitstempeln behindern wollen, auch bei hoher Angreiferwahrscheinlichkeit aussagekräftige Dokumentenzeitstempel erzeugt werden können, sofern ein hoher Grad des Zeitstempelbaums des Dokumentenzeitstempels verwendet wird.

5.7 Besitznachweis

Der Besitznachweis soll Marktteilnehmern die Möglichkeit geben, eine verifizierbare Beweis-information über den Besitz eines elektronischen Dokuments D zum Zeitpunkt t erstellen zu können. Ein solcher Nachweis, im Nachfolgenden als *Besitznachweis* bezeichnet, kann bei-spielsweise dazu verwendet werden, um die Existenz bestimmter Dokumente ab einem gewissen Zeitpunkt nachweisen zu können. Behauptet z. B. ein Anbieter, eine Invitatio (lat. *invitatio ad offerandum* - Aufforderung zur Abgabe eines Angebots) erst zu einem späteren Zeitpunkt veröffentlicht zu haben, kann mit einem geeigneten Besitznachweis belegt werden, dass dieses Dokument bereits zu einem früheren Zeitpunkt zugänglich war. Außerdem wird im weiteren Verlauf aufbauend auf dem in Abschnitt 5.6 vorgestellten verteilten Zeitstempeldienst und dem in diesem Abschnitt beschriebenen Besitznachweis ein Verfahren vorgestellt, mit dem der Zu-gang elektronischer Willenserklärungen auf einer verteilten Marktinfrastruktur nachgewiesen werden kann.

Nach der Bedrohungsanalyse werden die Anforderungen an einen Besitznachweis für elektroni-sche Dokumente vorgestellt. Ausgehend von den Anforderungen wird dann ein Entwurf für ein Verfahren vorgestellt. Abschließend werden die Ergebnisse der Evaluation für das vorgestellte Verfahren präsentiert.

5.7.1 Bedrohungsanalyse

Für den Besitznachweis wird von zwei unterschiedlichen Angreifern ausgegangen, die jeweils andere Angriffsziele verfolgen. So kann der Marktteilnehmer, der einen Besitznachweis erstellt haben möchte, versuchen, sowohl Inhalt als auch Zeitpunkt des Besitznachweises zu fälschen. Andere Marktteilnehmer könnten versuchen, einen Besitznachweis für einen dritten Marktteil-nehmer zu erzeugen, obwohl dieser zum entsprechenden Zeitpunkt nicht im Besitz des elek-tronischen Dokuments war. Für die zwei unterschiedlichen Gruppen von Angreifern konnten folgende drei Angriffsziele identifiziert werden:

- Fälschen der Identität des Besitzers
  Ein Angreifer kann versuchen, die in einem existierenden Besitznachweis enthaltene Identität des Besitzers zu fälschen. Alternativ kann ein Angreifer versuchen, beim Er-stellen eines Besitznachweises diesem eine andere Identität zuzuordnen, also einen Be-sitznachweis ohne Wissen des späteren Inhabers zu erstellen.

- Fälschen des protokollierten Dokumenteninhalts
  Beim Erstellen eines Besitznachweises kann ein Angreifer versuchen, einen Nachweis über den Besitz eines Dokuments zu erstellen, welches sich jedoch zum fraglichen Zeit-punkt nicht im Besitz des Angreifers befindet. Gleichzeitig kann ein Angreifer versuchen, einen bestehenden Besitznachweis so zu modifizieren, dass der Besitz eines anderen Do-kuments protokolliert wird.

- Fälschen des protokollierten Zeitpunkts
  Der Angreifer kann versuchen, beim Erstellen eines Besitznachweises eine Zeitangabe zu verwenden, die bereits in der Vergangenheit liegt. Auch kann der Angreifer bei einem be-stehenden Besitznachweis versuchen, den darin protokollierten Zeitpunkt umzudatieren.

Im Hinblick auf die angenommenen Fähigkeiten zur Durchführung der beschriebenen Angriffe entsprechen die Angreifer dem in Abschnitt 2.8.2 definierten Standardangreifer. Hinsichtlich des kryptographischen Modells ist der Angreifer polynomiell gebunden. Der Angreifer ist in der Lage, einzelne Kommunikationsverbindungen abzuhören, Daten zu modifizieren oder wiedereinzuspielen. In Hinblick auf das verhaltenstheoretische Modell tritt der Angreifer aktiv auf, die Angreifer kooperieren miteinander und können partielles Wissen über das Gesamtsystem erlangen.

5.7.2 Anforderungen

Aufgabe des Besitznachweises ist der verifizierbare Nachweis, dass zu einem Zeitpunkt t ein Marktteilnehmer A im Besitz eines Dokuments D war. Dabei muss der Nachweis so gestaltet werden, dass die Identität des Besitzers, der Zeitpunkt der Erzeugung des Besitznachweises und die Eindeutigkeit des Dokuments, dessen Besitz protokolliert werden soll, von Dritten verifiziert werden kann, ohne dabei auf zusätzliche Informationen angewiesen zu sein. Der Nachweis muss zudem so gestaltet werden, dass Modifikationen am Nachweis sicher erkannt werden können. Außerdem muss sichergestellt sein, dass keine gültigen Besitznachweise erstellt werden können, wenn der Teilnehmer zum gewünschten Zeitpunkt nicht im Besitz des jeweiligen Dokuments war, da nur so der gewünschte rechtliche Beweiswert eines Besitznachweises erreicht werden kann.

Nachfolgend eine Zusammenfassung der funktionalen und nicht-funktionalen Anforderungen, die an einen sicheren Besitznachweis elektronischer Dokumente gestellt werden:

- Zuordenbarkeit des protokollierenden Besitzers
  Ein Besitznachweis soll eindeutig einem Marktteilnehmer zugeordnet werden können. Dabei muss sichergestellt werden, dass nur der Marktteilnehmer, der den Besitz eines Dokumentes nachweisen möchte, in der Lage ist, einen korrekten Besitznachweis zu erzeugen.

- Zuordenbarkeit des protokollierten Dokuments
  Der Besitznachweis muss eine eindeutige Zuordnung zu dem Dokument, dessen Besitz protokolliert wurde, enthalten.

- Korrektheit der enthaltenen Zeitinformation
  Die Zeitinformation, die im erstellten Besitznachweis enthalten ist, muss dem tatsächlichen Zeitpunkt entsprechen, zu dem der Besitznachweis erstellt wurde.

- Nichtveränderbarkeit
  Eine nachträgliche Modifikation des Besitznachweises soll eindeutig identifiziert werden können. Damit soll verhindert werden, dass im Nachhinein beispielsweise die Identität des Besitzers, das protokollierte Dokument oder der Zeitpunkt modifiziert werden können.

- Nichtabstreitbarkeit
  Für einen vorliegenden Besitznachweis soll der darin aufgeführte Marktteilnehmer den

Besitz des Dokuments zum protokollierten Zeitpunkt nicht abstreiten können. Gleichzeitig bedeutet dies jedoch auch, dass sichergestellt werden muss, dass nur der Marktteilnehmer, für den der Besitznachweis erstellt wird, in der Lage ist, den Besitznachweis zu erzeugen.

5.7.3 Entwurf

Der einfachste Ansatz, um einen Besitznachweis für den Teilnehmer A über ein elektronisches Dokument D zum Zeitpunkt t anzufertigen, ist die Erstellung eines digitalen Zeitstempels (siehe Abschnitt 2.3.3) unter das Dokument D, wie dies in Formel 5.20 dargestellt ist. Der Zeitstempel TS, der aus einer digitalen Signatur besteht, in deren Berechnung die Zeitinformation t eingeht, wird dabei vom Teilnehmer A unter Verwendung des privaten Schlüssels $k_{A,priv}$ erzeugt.

$$TS_A(D, t) = S_A(H(D)||t) = E_{k_{A,priv}}(H(H(D)||t)) \tag{5.20}$$

Jedoch treten bei dieser Vorgehensweise einige Probleme auf. Da bei diesem Ansatz eine normale digitale Signatur zum Einsatz kommt, bei der zusätzlich eine Zeitinformation hinzugezogen wird, ist nicht leicht unterscheidbar, ob ein Besitznachweis vorliegt oder ob beispielsweise eine Willenserklärung digital unterzeichnet wurde.

Dies führt dann zu Problemen, wenn ein Marktteilnehmer A einen Besitznachweis über eine Willenserklärung eines Marktteilnehmers B erstellen möchte. Da der digitale Zeitstempel TS_A von A und die digitale Signatur S_B von B syntaktisch gleich aufgebaut sind, ist nicht unterscheidbar, wer von den beiden Marktteilnehmern die Willenserklärung abgegeben hat und wer den Besitz der entsprechenden Willenserklärung dokumentieren möchte. Außerdem ist der Besitznachweis direkt an das Dokument D gekoppelt und kann nicht vom Dokument getrennt werden, da dann die Verifikation des Besitznachweises nicht mehr möglich ist.

Außerdem können durch diesen Ansatz nicht alle aufgestellten Anforderungen erfüllt werden. Zwar kann der Besitznachweis auf Basis einer digitalen Signatur unter Einbeziehung einer Zeitinformation eine korrekte und sichere Zuordnung des Besitzes und dem zu protokollierenden Dokument herstellen, jedoch gelingt es nicht, die Korrektheit der Zeitinformation sicherzustellen. Da der Ersteller des Besitznachweises die Zeitinformation selbst erzeugt, kann dieser auch einen Zeitpunkt t' bei der Erstellung wählen, welcher nicht der aktuellen Zeit entspricht. Auch kann der Ersteller im Nachhinein einen anderen Zeitpunkt für die Erstellung des Besitznachweises wählen, da er dafür einfach einen weiteren Besitznachweis mit dem gewünschten Zeitpunkt erzeugt.

Der Besitznachweis wird daher unabhängig vom eigentlichen Dokument D modelliert, ist in sich abgeschlossen und kann dadurch auch von Dritten ohne weitere Zusatzinformationen verifiziert werden kann. Dabei enthält das der Besitznachweis folgende Attribute:

- Zertifikat des Teilnehmers
  Der Besitznachweis enthält das ID-Zertifikat C_A des Teilnehmers A, welches nach erfolgreicher Authentifizierung gegenüber einem Authentifizierungsdienst (siehe Abschnitt 4.6.1) der verteilten Marktplattform erstellt wird. Dadurch kann der Besitznachweis später eindeutig dem Teilnehmer zugeordnet werden, sofern der Besitznachweis mit einer gültigen digitalen Signatur versehen wurde.

- Hash-Wert des Dokuments D
  Anstatt dem vollständigen Dokument D wird nur der Hash-Wert $H(D)$ in den Besitznachweis aufgenommen. Damit wird sichergestellt, dass der Besitznachweis eine konstante und im Vergleich zum eigentlichen Dokument D geringe Größe aufweist. Trotzdem wird aufgrund der Kollisionsresistenz der aktuellen Hash-Funktionen (siehe Abschnitt 2.2.4) eine Bindung des Besitznachweises an das Dokument D erreicht.

Um einen Nachweis über den Besitz des Dokuments D durch den Teilnehmer A zum einem
Zeitpunkt t zu erzeugen, wurde ein zweistufiges Verfahren entworfen. Im ersten Schritt erzeugt
der Teilnehmer A eine Besitznachweisanfrage, die bereits das eigene ID-Zertifikat C_A und den
Hash-Wert des Dokuments $H(D)$ enthält. Diese Besitznachweisanfrage wird mit einem digitalen Zeitstempel TS_A des Teilnehmers A unterschrieben. Diese Vorstufe des eigentlichen Besitznachweises wird als *Request of Possession* (*RoP*) bezeichnet und wie folgt dargestellt.

$$
\begin{aligned}
Request\ of\ Possession_A(D, C_A) \ &= \ RoP_A(D, C_A) \\
&= \ \{H(D), C_A\}|_{TS_A}
\end{aligned}
\tag{5.21}
$$

Zwar dokumentiert die Besitznachweisanfrage bereits den Besitz eines Dokuments D durch
den Teilnehmer A, jedoch kann der enthaltenen Zeitinformation t kein hoher Beweiswert zu-
gesprochen werden, da diese allein durch den Teilnehmer A vorgegeben wird. Da dieser in
der Lage wäre, die Zeitinformation zu fälschen, reicht diese Vorgehensweise nicht aus, um die
Anforderungen an die Korrektheit der protokollierten Zeitinformation zu erfüllen.

Um die Anforderungen dennoch erfüllen zu können und damit den notwendigen Beweiswert
des Besitznachweises sicherzustellen, wird in einem zweiten Verfahrensschritt ausgehend von
der Besitznachweisanfrage RoP der endgültige Besitznachweis erzeugt, der im folgenden als
Proof of Possession (*PoP*) bezeichnet wird. Der Besitznachweis PoP enthält den Hash-Wert
des Dokuments D und die im vorherigen Schritt erzeugte Besitznachweisanfrage RoP_A des
Teilnehmers A, wodurch auch das ID-Zertifikat des Teilnehmers A im Besitznachweis enthalten ist. Um eine Fälschung der Protokollierungszeitpunktes t zu verhindern, wird der Besitznachweis mit einem Dokumentenzeitstempel (siehe Abschnitt 5.6.3.2.2) versehen, an dessen
Erstellung der Teilnehmer A nicht direkt beteiligt ist. Um den Dokumentenzeitstempel auf einfache Weise gegen Veränderung zu schützen, erzeugt der anfragende Teilnehmer A eine digitale
Signatur S_A. Formal wird der Besitznachweis PoP wie folgt dargestellt.

$$
\begin{aligned}
Proof\ of\ Possession_A(D, C_A) \ &= \ PoP_A(D, C_A) \\
&= \ \{D, RoP_A(D, C_A)\}|_{DTS(D, RoP_A(D, C_A))|S_A}
\end{aligned}
\tag{5.22}
$$

Das zweigeteilte Verfahren zur Erstellung eines Besitznachweises kann die aufgestellten Anforderungen vollständig erfüllen. Während die im ersten Verfahrensschritt erstellte Besitznachweisanfrage RoP den Besitz eines Dokumentes durch einen Marktteilnehmer protokolliert,
wird durch den im zweiten Verfahrensschritt erstellten Besitznachweis PoP, der neben dem
Hash-Wert des Dokumentes auch die vorangegangene Besitznachweisanfrage RoP enthält, der

Besitzzeitpunkt sicher durch einen Dokumentenzeitstempel protokolliert. Da die Besitznachweisanfrage neben dem Hash-Wert des Dokumentes auch das ID-Zertifikat des Teilnehmers enthält, sind alle benötigten Informationen im Besitznachweis enthalten.

Während der Nachweis des Besitzes des Dokumentes D durch den Teilnehmer A bereits durch die Besitznachweisanfrage RoP_A erreicht wird, wird der aus rechtlicher Sicht benötigte Beweiswert des Besitznachweises PoP_A erst durch den Dokumentenzeitstempel DTS über den Besitznachweis erreicht. In den Dokumentenzeitstempel geht einerseits das Dokument D ein, womit die beabsichtigte Bindung des Dokumenteninhalts an den Zeitstempel erreicht wird. Andererseits wird als Nonce-Wert n_c des Dokumentenzeitstempels die Besitznachweisanfrage RoP_A verwendet. Dadurch wird auch eine Bindung an die Identität des Teilnehmers erreicht, da nur dieser in der Lage ist, die entsprechende Besitznachweisanfrage RoP_A zu erzeugen.

Die Zeitinformation im Zeitstempel TS_A des Teilnehmers A ist zwar später nicht entscheidend für die eigentliche Zeitinformation des Besitznachweises PoP_A, jedoch ist so nachweisbar, wenn der Teilnehmer A versucht, eine falsche Zeitinformation in seinem Zeitstempel zu verwenden. Der Zeitpunkt t, welcher den Zeitpunkt des Besitzes des Dokumentes D durch den Teilnehmer A beschreibt, wird mittels des MTR-Verfahrens (siehe Abschnitt 5.6.3.2.4) aus der Menge der im Dokumentenzeitstempel enthaltenen Einzelzeitstempel ermittelt.

5.7.4 Implementierung

Der vorgestellte Ansatz zum Besitznachweis elektronischer Dokumente wurde in die Architektur des SESAM-Basissystem integriert, gleichzeitig erfolgte eine Integration der notwendigen Verfahrensschritte in die OverSim-Simulationsumgebung im Rahmen des Zugangsnachweises elektronischer Erklärungen, welcher im Anschluss an den Besitznachweis vorgestellt wird.

5.7.4.1 Integration in das SESAM-Basissystem

Abbildung 5.30 enthält die Einbettung der Datenstruktur zum Nachweis des Besitzes in das SESAM-Sicherheitsdatenmodell (siehe Abschnitt 3.4.3.1.3) als UML-Diagramm. Eine Besitznachweisanfrage RoP wird innerhalb des SESAM-Sicherheitsdatenmodells durch die Klasse `PossessionRequest` dargestellt, der resultierende Besitznachweis PoP wird durch die Klasse `PossessionConfirmation` abgebildet.

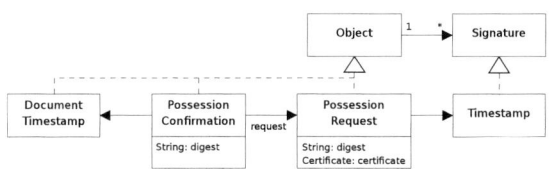

Abbildung 5.30: Einbettung der Datenstruktur zum Besitznachweis in das SESAM-Sicherheitsdatenmodell

Beide Klassen erben von der bekannten Basisklasse `Object`. Die Klasse `PossessionRequest` enthält zwei skalare Attribute `certificate` und `digest`. Im Attribut `certificate` vom Typ `Certificate` wird das Zertifikat des Teilnehmers gespeichert. Dabei muss der im Zertifikat enthaltene öffentliche Schlüssel zum privaten Schlüssel passen, welcher bei der Erstellung des Einzelzeitstempels verwendet wird. Das Attribut `digest` enthält den Hash-Wert des Dokuments D. Der Zeitstempel, der durch den Teilnehmer A erzeugt wird, kann mittels der Klasse `Timestamp` abgebildet werden.

Der Besitznachweis enthält ein skalares Attribut `digest`, welches den Hash-Wert des zu protokollierenden Dokumentes enthält. Außerdem enthält der Besitznachweis die zugehörige Besitznachweisanfrage im Attribut `request`. Der Dokumentenzeitstempel, mit dem der spätere Beweiswert hergestellt wird, wird durch die Klasse `DocumentTimestamp` dargestellt.

5.7.4.2 Integration in die Simulationsumgebung OverSim

Auf eine eigenständige Implementierung des Besitznachweises innerhalb der Simulationsumgebung OverSim wurde verzichtet, da der Einsatz des Besitznachweises ausschließlich lokal erfolgt und keinerlei Kommunikation mit anderen Marktteilnehmern nach sich zieht. Zwar setzt der Besitznachweis auf den verteilten Zeitstempeldienst auf, dieser wurde bereits in Abschnitt 5.6.5 einer Evaluierung unterzogen.

Für die Evaluierung des Zugangsnachweises auf Basis des verteilten Zeitstempeldienstes und des Besitznachweises einer elektronischen Willenserklärung wurden jedoch die notwendigen kryptographischen Operationen und Datenstrukturen entsprechend berücksichtigt und direkt innerhalb der Implementierung des Zugangsnachweises umgesetzt, welche in Abschnitt 5.8.3 beschrieben wird.

5.7.5 Evaluation

In diesem Abschnitt erfolgt eine Evaluation des vorgestellten Besitznachweises anhand der in Abschnitt 5.7.2 aufgestellten funktionalen Anforderungen. Zusätzlich wird, ausgehend von der Bedrohungsanalyse in Abschnitt 5.7.1, der Besitznachweis daraufhin untersucht, ob die Sicherheitsanforderungen erfüllt werden können.

5.7.5.1 Funktionale Anforderungen

Mit dem vorgestellten Besitznachweis können alle funktionalen Anforderungen erfüllt werden. Dadurch dass das Zertifikat des Marktteilnehmers, für den der Besitznachweis erstellt wurde, in der Besitznachweisanfrage enthalten ist, kann auch der Besitznachweis eindeutig einem Marktteilnehmer zugeordnet werden. Der Hash-Wert des elektronischen Dokuments, dessen Besitz protokolliert werden soll, geht sowohl in die Besitznachweisanfrage, als auch in den Besitznachweis ein, wodurch auch eine sichere Zuordnung zum protokollierten Dokument hergestellt wird. Die Korrektheit der Zeitinformation des Besitznachweises wird durch den Dokumentenzeitstempel, welcher durch den verteilten Zeitstempeldienst erstellt wird, gewährleistet.

5.7.5.2 Sicherheit

Neben den funktionalen Anforderungen wurde der vorgestellte Besitznachweis einer Sicherheitsevaluation unterzogen, da der rechtliche Beweiswert eines Besitznachweises maßgeblich von dessen Sicherheit abhängig ist. Die Bewertung der Sicherheit des Besitznachweises erfolgt anhand der in Abschnitt 5.7.1 aufgestellten Bedrohungen.

5.7.5.2.1 Identität des Teilnehmers fälschen

Ein Angriffsziel stellt das Fälschen der Identität des Teilnehmers eines Besitznachweises dar. Bei einem bereits vorhandenen Besitznachweis kann ein Angreifer versuchen, die enthaltene Identität zu fälschen. Alternativ kann ein Angreifer versuchen, einen Besitznachweis für einen anderen Teilnehmer ohne dessen Wissen zu erstellen.

Abbildung 5.31 zeigt die theoretischen Möglichkeiten des Angreifers, die Identität des Besitzers in einem Besitznachweis zu fälschen. Einerseits kann der Angreifer versuchen, zu einem bestehenden Besitznachweis eine Besitznachweisanfrage zu finden, deren Hash-Wert mit der bereits enthaltenen Besitznachweisanfrage übereinstimmt. Andererseits hat der Angreifer die Möglichkeit, eine Besitznachweisanfrage im Namen des Teilnehmers zu erzeugen und daraus einen Besitznachweis erstellen zu lassen.

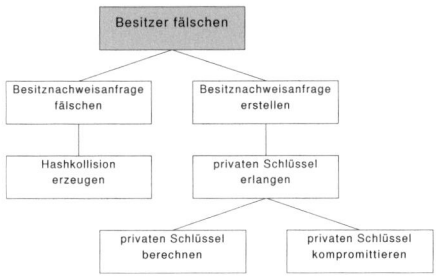

Abbildung 5.31: Attack-Tree "Fälschen der Identität des Besitzers"

Um eine gültige Besitznachweisanfrage RoP_B eines anderen Marktteilnehmers B zu erstellen, muss der Angreifer A in der Lage sein, den digitalen Zeitstempel TS_B der Besitznachweisanfrage RoP_B zu erzeugen. Da der Angreifer laut Definition des Standardangreifers (siehe Abschnitt 2.8.2) nicht in der Lage ist, das geheime Schlüsselmaterial effizient zu berechnen oder zu kompromittieren, kann dieser Angriff ausgeschlossen werden.

Um die bereits enthaltene Besitznachweisanfrage RoP_B eines Besitznachweises PoP_B ersetzen zu können und somit die Identität des Besitzers zu fälschen, muss der Angreifer eine Hash-Kollision mit einer anderen bereits existierenden Besitznachweisanfrage RoP_C erzeugen können. Das Erzeugen einer gezielten Hash-Kollision wurde bei dem aktuellen Verfahren ebenfalls als nicht effizient durchführbar eingestuft. Zudem ist der Angreifer auf bereits bestehende Besitznachweisanfragen eingeschränkt, da er auch nicht in der Lage ist, eine gültige Besitznachweisanfrage eines anderen Marktteilnehmers zu erzeugen.

Aufgrund dieser Einschränkungen kann ein Angriff auf den Besitznachweis durch Fälschen der Identität des Teilnehmers ausgeschlossen werden. Somit kann kein Besitznachweis ohne die Kenntnis des betroffenen Teilnehmers erstellt werden, wodurch die Anforderung erfüllt werden kann.

5.7.5.2.2 Dokumenteninhalt fälschen

Die zweite Angriffsmöglichkeit auf einen Besitznachweis besteht darin, den Dokumenteninhalt zu fälschen. Abbildung 5.32 zeigt die Möglichkeiten, welche dem Angreifer zur Verfügung stehen.

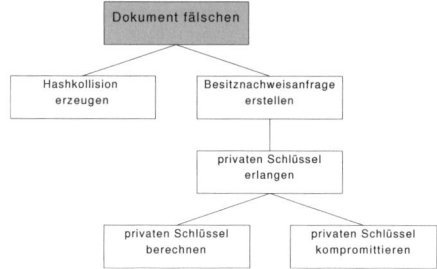

Abbildung 5.32: Attack-Tree "Fälschen des Dokumenteninhalts"

Einerseits kann der Angreifer versuchen, ein anderes Dokument D' zu erzeugen, welches den gleichen Hash-Wert wie das ursprüngliche Dokument D hat ($H(D) = H(D')$). Damit könnte der Angreifer behaupten, dass der Inhaber des Besitznachweises PoP das Dokument D' zum Zeitpunkt t in Besitz hatte und nicht D. Andererseits kann der Angreifer wiederum versuchen, eine Besitznachweisanfrage RoP_B über das Dokument D' für einen anderen Teilnehmer B zu erstellen, um im Anschluss einen Besitznachweis über das Dokument D' erstellen zu lassen.

Die Fähigkeit eines Angreifers, zu einem bestehenden Dokument D ein zweites Dokument D' zu erzeugen, welches den gleichen Hash-Werte besitzt (Urbild-Angriff), wird aufgrund der Eigenschaften aktueller Hash-Funktionen als nicht praktikabel durchführbar eingestuft. Gleichzeitig ist der Angreifer A wie im vorherigen Abschnitt nicht in der Lage, eine Besitznachweisanfrage RoP_B eines Teilnehmers B zu erzeugen, da das notwendige Schlüsselmaterial nicht effizient berechnet oder gezielt kompromittiert werden kann.

Da beide Möglichkeiten auf kryptographischen Angriffen gegen Hash-Funktionen oder asymmetrischen Verschlüsselungsverfahren beruhen, die für die aktuell empfohlenen Verfahren und Schlüssellängen mit heutigen Mitteln nicht effizient durchführbar sind, sind diese Angriffe für den Angreifer praktisch nicht durchführbar. Aus diesen Gründen kann ein erfolgreicher Angriff auf einen Besitznachweis durch Fälschen des Dokumenteninhalts ausgeschlossen und die Anforderungen nach der Zuordenbarkeit des protokollierten Dokuments erfüllt werden.

5.7.5.2.3 Zeitpunkt fälschen

Die letzte Möglichkeit, die sich für einen Angreifer bietet, ist das Fälschen des protokollierten Zeitpunkts eines Besitznachweises. Die theoretisch dafür zur Verfügung stehenden Möglichkeiten sind in Abbildung 5.33 dargestellt.

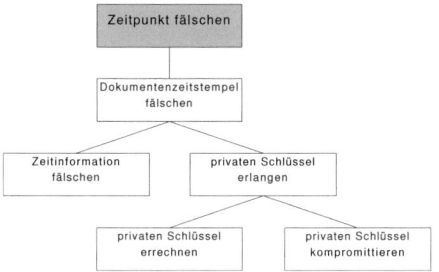

Abbildung 5.33: Attack-Tree "Fälschen des Zeitpunkts"

Da die protokollierte Zeitinformation in Form eines Dokumentenzeitstempels bereitgestellt wird, muss der Angreifer die Erstellung des Dokumentenzeitstempels beeinflussen. Dazu kann er einerseits versuchen, die Zeitinformation vieler Teilnehmer des verteilten Zeitstempeldienstes zu fälschen oder Einzelzeitstempel anderer Zeitstempeldienste ohne deren Wissen zu erzeugen und daraus einen Dokumentenzeitstempel aufzubauen.

Die effiziente Berechnung oder Kompromittierung des geheimen Schlüsselmaterials von einer Reihe von Zeitstempeldiensten wird laut Definition des Standardangreifers als nicht praktikabel eingestuft. Gleichzeitig erscheint es unrealistisch, dass ein Angreifer in der Lage ist, für viele Instanzen des verteilten Zeitstempeldienstes eine falsche Zeitinformation bereitzustellen, da sich diese mit hoher Wahrscheinlichkeit aus verschiedenen Zeitquellen versorgen.

Selbst wenn der Angreifer in der Lage ist, eine Teilmenge der Zeitstempeldienste mit falschen Zeitinformationen zu versehen, wurde in der Evaluation des verteilten Zeitstempeldienstes in Abschnitt 5.6.5 gezeigt, dass aufgrund des Auswerteverfahrens keine Dokumentenzeitstempel erzeugt werden können, die deutlich von der aktuellen Zeit abweichen. Somit kann auch die Anforderung nach der Korrektheit der enthaltenen Zeitinformation erfüllt werden.

5.7.5.2.4 Allgemeine Sicherheitsanforderungen

Neben den verfahrensspezifischen Bedrohungen können auch die allgemeinen Sicherheitsanforderungen, sofern notwendig, erfüllt werden. Die Integrität der Besitznachweisanfrage und des Besitznachweises wird durch digitale Zeitstempel gewährleistet. Durch die Bindung des verwendeten Signaturschlüssel an die Identität des Marktteilnehmers durch dessen Zertifikat können die Beweisinformationen jederzeit einem Teilnehmer zugeordnet werden. Somit kann sowohl die Forderung nach Nachweisbarkeit bzw. Nichtabstreitbarkeit erfüllt werden.

Die Anforderung nach Vertraulichkeit hat für den Besitznachweis keine vorrangige Bedeutung, trotzdem ist gewährleistet, dass aus einem vorliegenden Besitznachweis keine Rückschlüsse über das elektronische Dokument gezogen werden können, dessen Besitz protokolliert wurde.

5.7.5.3 Zusammenfassung

Mit dem vorgestellten Besitznachweis können alle funktionalen und nicht-funktionalen Anforderungen erfüllt werden. Auch konnte für die identifizierten Bedrohungen gezeigt werden, dass diese aufgrund der enthaltenen Sicherheitsmechanismen abgewehrt werden können.

Insgesamt gibt es für einen Angreifer, der hinsichtlich der zur Verfügung stehenden Techniken und Möglichkeiten dem in Abschnitt 2.8.2 definierten Standardangreifer entspricht, keine Möglichkeit, eines der aufgestellten Angriffsziele mit vertretbarem Aufwand zu erreichen.

Durch eine sichere Protokollierung des Dokumenteninhalts, des Zeitpunkts und des Besitzers des Dokuments können die Anforderungen aus Abschnitt 5.7.2 erfüllt werden. Somit kann der vorgestellte Besitznachweis auf einem verteilten elektronischen Marktplatz dazu genutzt werden, den Besitz elektronischer Dokumente beweissicher zu dokumentieren.

5.8 Zugangsnachweis

Wie schon zu Beginn des Kapitels ausführlich dargestellt wurde, stellt der nachweisbare Zugang von elektronischen Willenserklärungen zwischen Teilnehmern einen grundlegenden Bestandteil zur Bereitstellung von Beweissicherheit auf einem verteilten elektronischen Marktplatz dar.

Im Anschluss werden die Anforderungen an einen Zugangsnachweis beim Austausch elektronischer Willenserklärungen formuliert. Dann wird im Entwurf ein Verfahren vorgestellt, welches unter Zuhilfenahme der bereits vorhandenen Funktionsblöcke wie dem verteilten Zeitstempeldienst und dem Besitznachweis einen nachweisbaren Zugang von Willenserklärungen ermöglicht.

5.8.1 Anforderungen

Ausgehend von den in Abschnitt 5.3 aufgestellten funktionalen Anforderungen wurden folgende Anforderungen an einen Zugangsnachweis elektronischer Erklärungen für einen verteilten Marktplatz aufgestellt:

- Nachweis über den Zugang einer elektronischen Willenserklärung
  Die einzige funktionale Anforderung ist der Nachweis über den Zeitpunkt t des Zugangs einer elektronischen Willenserklärung D vom Absender A beim Empfänger B. Dabei muss auf jeden Fall sichergestellt sein, dass sowohl Absender A, als auch Empfänger B nicht in der Lage sind, den Zugang der Willenserklärung zu ihren Gunsten zu beeinflussen.

- eindeutige Zuordenbarkeit von Absender und Empfänger
  Ein Nachweis über den Zugang einer Willenserklärung muss eine eindeutige Zuordnung über den Absender und den Empfänger enthalten. Dabei muss sichergestellt werden, dass ein Angreifer nicht in der Lage ist, einen Nachweis zu erstellen, bei dem der Zugang einer Erklärung bei einem Dritten protokolliert wird, obwohl diesem die Erklärung überhaupt nicht zugegangen ist.

- eindeutige Zuordenbarkeit der zugegangenen Erklärung
  Neben der eindeutigen Zuordnung über Absender und Empfänger muss auch die Erklärung D, deren Zugang protokolliert wird, eindeutig identifizierbar sein.

- verifizierbarer Zugangszeitpunkt
  Der protokollierte Zugangszeitpunkt t darf im Nachhinein nicht modifizierbar sein, ohne dass die Änderung erkannt werden kann. Zusätzlich muss die Protokollierung so gestaltet sein, dass ein Angreifer nicht in der Lage ist, den Zeitpunkt selbst zu wählen oder zu beeinflussen.

- Nutzung der verteilten Infrastruktur und dezentrale Organisationsform
  Da die verwendete Marktplattform auf einer verteilten Infrastruktur ohne zentrale Komponenten basiert, darf ein Verfahren zum Zugangsnachweis elektronischer Erklärungen nicht von zentralen Komponenten abhängig sein.

- Sicherheit
  Der eigentliche Nachweis und alle vorhergehenden relevanten Informationen über den Zugang einer elektronischen Willenserklärung müssen hinreichend gegen böswillige Veränderung, Wiedereinspielen und Einfügen geschützt werden. Abhängig von den jeweiligen Schutzanforderungen muss auch der Schutz vor Abhören erbracht werden.

- Robustheit
  Ein Verfahren muss resistent gegenüber einzelnen kompromittierten Knoten sein, die unter der Macht eines Angreifers stehen. Im Rahmen dieser Arbeit wird jedoch davon ausgegangen, dass kein Angreifer in der Lage ist, mehr als die Hälfte aller vorhandenen Knoten unter seiner Kontrolle zu haben, da anderenfalls der Angreifer die Mehrheit aller Knoten repräsentiert.

- Skalierbarkeit
  Das Verfahren zur Umsetzung des Zugangsnachweises muss auch mit steigender Teilnehmerzahl auf dem verteilten Marktplatz und der daraus resultierenden wachsenden Anzahl von Vertragsverhandlungen sowie zu protokollierenden Zugängen von elektronischen Willenserklärungen skalieren. Dabei darf es nicht zur Überlastung einzelner Komponenten oder Knoten kommen. Außerdem muss sichergestellt werden, dass die Anfragelast und benötigte Kommunikationsbandbreite gleichmäßig auf alle vorhandene Teilnehmer verteilt wird.

5.8.2 Entwurf

Der nachfolgende Entwurf für einen Zugangsnachweis für elektronische Willenserklärungen auf einem verteilten elektronischen Marktplatz baut auf den in den Abschnitten 5.6 und 5.7 bereits vorgestellten Verfahren auf. So wurde mit dem verteilten Zeitstempeldienst ein Verfahren vorgestellt, mit dem sich das Vorhandensein eines Dokuments D zum Zeitpunkt t nachweisen lässt. Außerdem lässt sich auch der Besitz eines Dokuments D zum Zeitpunkt t nachweisen. Aufbauend auf den Vorarbeiten in [34, 33, 36] wurde ein Zugangsprotokoll entworfen, welches unter Zuhilfenahme der bereits vorhandenen Funktionsblöcke einen sicheren Nachweis über den Zugang einer Willenserklärung gewährleistet.

5.8.2.1 Grundidee

Die grundlegende Idee zur Umsetzung eines Zugangsnachweises elektronischer Willenserklärungen auf einem verteilten elektronischen Marktplatz beruht auf dem Einsatz von sog. *Zeugen*, die in den Austausch der elektronischen Willenserklärung zwischen Absender A und Empfänger B eingebunden werden und zudem eine Protokollierung des Zugangs der entsprechenden Willenserklärung vornehmen.

Dabei kommt den Zeugen eine ähnliche Funktion wie dem Postzusteller beim Austausch von schriftlichen Willenserklärungen zu. In beiden Fällen unterstützen diese nicht direkt beteiligten Parteien den Austausch einer Willenserklärung zwischen Absender und Empfänger. Gleichzeitig übernehmen sowohl die Zeugen als auch der Postzusteller die nachweisbare Protokollierung des Zugangs der versendeten Willenserklärung. Da ein einzelner Zeuge auf einem verteilten elektronischen Marktplatz nicht ausreichend vertrauenswürdig erscheint, werden mehrere Zeugen in die Durchführung und Protokollierung des Zugangsvorgangs eingebunden. Abbildung 5.34 zeigt ein vereinfachtes Bild, wie die Zeugen W_i in den Zugangsvorgang beim Austausch einer elektronischen Willenserklärung D zwischen Absender A und Empfänger B eingebunden werden.

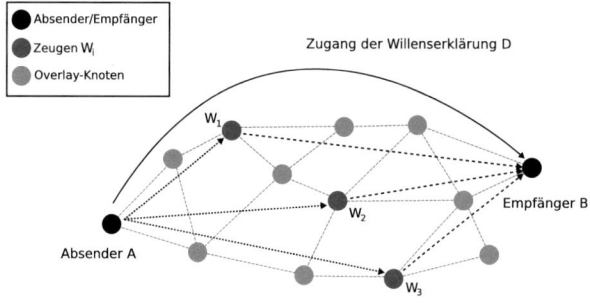

Abbildung 5.34: Grundidee Zugangsnachweis

Möchte der Teilnehmer A dem Teilnehmer B eine Willenserklärung D zusenden (durchgezogene Kurve zwischen A und B) und einen Nachweis über den Zugang der Willenserklärung D erhalten, so werden aus der Menge aller vorhandenen Teilnehmer des verteilten elektronischen Marktplatzes mehrere Zeugen W_i ausgewählt. Der Absender A überträgt die Willenserklärung D nicht direkt an den Empfänger B, sondern an die ausgewählten Zeugen (gepunktete Linien) und beauftragt diese mit der Zustellung der Willenserklärung an den Empfänger B. Die Zeugen kontaktieren daraufhin den Empfänger B und fordern ihn auf, einen Nachweis über den Zugang der Willenserklärung D abzugeben, bevor diese dem Empfänger B die Willenserklärung des Absenders A aushändigen (gestrichelte Linien).

Als Zeugen können dabei beliebige Teilnehmer der verteilten Marktplattform auftreten, eine nachprüfbare Vertrauensbeziehung zwischen einem Zeugen und dem Absender oder dem Empfänger der Willenserklärung ist nicht notwendig. Um sicherzustellen, dass immer genug Zeugen vorhanden sind, muss sich jeder Teilnehmer des verteilten elektronischen Marktplatzes als Zeuge bereitstellen.

5.8.2.2 Einführung

Bevor in den nachfolgenden Abschnitten auf die Einzelheiten des Verfahrens eingegangen wird, zeigt Abbildung 5.35 einen vereinfachten Ablauf des nachweisbaren Zugangs einer elektronischen Willenserklärung zwischen Absender A und Empfänger B. Zur besseren Übersichtlichkeit wurde nur der Protokollablauf mit einem Zeuge W_i dargestellt, da dieser für allen anderen Zeugen identisch ist.

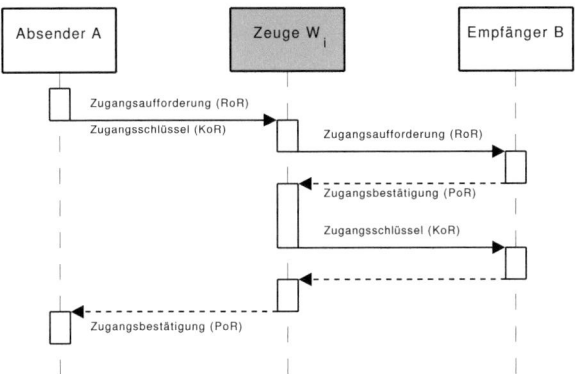

Abbildung 5.35: vereinfachte Darstellung Zugangsnachweis

Anstatt dass der Absender A die Willenserklärung direkt an den Empfänger B zustellt, erzeugt dieser zwei Nachrichten und versendet diese an alle Zeugen W_i. Die erste Nachricht enthält die sog. *Zugangsaufforderung* (*RoR*). Die Zugangsaufforderung besteht im Wesentlichen aus der mit dem Schlüssel k verschlüsselten Willenserklärung D und den Zertifikaten vom Absender A und Empfänger B. Die zweite Nachricht enthält den sog. *Zugangsschlüssel* (*KoR*), bestehend aus dem Schlüssel k, der zur Aufdeckung und Einsichtnahme der Willenserklärung D benötigt wird.

Nachdem jeder Zeuge die empfangenen Nachrichten auf Korrektheit geprüft hat, sendet er die Zugangsaufforderung an den Empfänger B der Willenserklärung. Erstellt der Empfänger eine passende Bestätigung, im Weiteren als *Zugangsbestätigung* (*PoR*) bezeichnet, leitet der Zeuge auch den Zugangsschlüssel an den Empfänger B weiter. Dieser hat damit die Möglichkeit die empfangene Willenserklärung einzusehen. Gleichzeitig leitet der Zeuge die vom Empfänger erhaltene Zugangsbestätigung an den Absender A weiter, welcher dann über eine Bestätigung des Zugangs einer elektronischen Willenserklärung verfügt.

In den nachfolgenden Abschnitten wird eine detaillierte Beschreibung des hier vereinfacht vorgestellten Zugangsprotokolls gegeben. Das Verfahren zum Zugangsnachweis elektronischer Willenserklärungen unterteilt sich dabei in folgende Bestandteile:

- Organisation von Zeugen
  Die Menge an verfügbaren Zeugen muss effizient verwaltet werden, ohne dabei auf zentrale Infrastruktur angewiesen zu sein oder einzelne Teile der verteilten Infrastruktur zu überlasten.

- Auswahl von Zeugen
  Vor Beginn der Zustellung einer elektronischen Willenserklärung müssen die Zeugen, die die Zustellung unterstützen und protokollieren, ausgewählt werden. Dabei muss sichergestellt werden, dass sowohl Absender, als auch Empfänger nicht in der Lage sind, die Auswahl der Zeugen aus der Menge aller Teilnehmer zu ihren Gunsten zu beeinflussen.

- Zugangsprotokoll
  Nach der Auswahl der Zeugen erfolgt die Zustellung der Willenserklärung unter Zuhilfenahme der ermittelten Zeugen. Das Protokoll muss sicherstellen, dass ein glaubwürdiger Zugangsnachweis erstellt wird, ohne dass beispielsweise der Empfänger die Möglichkeit hat, die Willenserklärung vorher in Augenschein zu nehmen und dann die Ausstellung einer Zugangsbestätigung zu verneinen.

Im Anschluss an die Beschreibung des Zugangsprotokolls wird die Integration in das SESAM-System beschrieben. Dazu werden zuerst die Erweiterungen am SESAM-Sicherheitsdatenmodell erläutert, danach wird die öffentliche Dienstschnittstelle vorgestellt, mit dem das Zugangsprotokoll in die dienst-basierte Architektur integriert wird.

5.8.2.3 Organisation von Zeugen

Wenn viele Teilnehmer des elektronischen Marktplatzes sich als mögliche Zeugen bereitstellen, kommt die Fragestellung auf, wie effizient diese organisiert werden können. Als Lösungsansatz wird dabei die gleiche Idee aufgegriffen, die schon zur Organisation der Teilnehmer des verteilten Zeitstempeldienstes (siehe Abschnitt 5.6.3.1) verwendet wurde.

Alle Zeugen werden in einem Overlay-Netz (siehe Abschnitt 2.5) organisiert, wobei als Overlay-Struktur wiederum ein strukturiertes Overlay-Netz (siehe Abschnitt 2.5.2) eingesetzt wird. Auch in diesem Fall ist ein strukturiertes Overlay-Netz einem unstrukturiertem vorzuziehen, da die Hauptaufgabe des Overlay-Netzes das Organisieren und Auffinden von Zeugen ist, was bislang mit unstrukturierten Overlay-Netzen nicht effizient umgesetzt werden kann.

Damit ein Zeuge W an dem Overlay-Netz teilnehmen und adressiert werden kann, benötigt er eine Adresse OA_W, unter der er im Overlay-Netz erreichbar ist. Wie bei den Teilnehmern des verteilten Zeitstempeldienstes empfiehlt es sich, die Overlay-Adresse vom öffentlichen Schlüssel des Zeugens abzuleiten, in dem der Hash-Wert des öffentlichen Schlüssels $k_{W,pub}$ als Overlay-Adresse OA_W interpretiert wird, wie dies in der nachfolgenden Formel dargestellt ist.

$$OA_W = H(k_{W,pub}) \qquad (5.23)$$

Da sowohl beim verteilten Zeitstempeldienst, als auch beim Zugangsnachweis die Teilnehmer mittels eines strukturierten Overlay-Netzes verwaltet werden und in beiden Fällen die

Overlay-Adresse vom öffentlichen Schlüssel abgeleitet wird, kann für beide Aufgaben das gleiche Overlay-Netzwerk verwendet werden. Dabei werden zwar zwei unabhängige ServiceNets definiert (siehe Abschnitt 3.4.2), jedoch verwenden beide ServiceNets das gleiche strukturierte Overlay-Netzwerk zur Kommunikation.

Durch die Bindung der Overlay-Adresse an das Schlüsselmaterial des Zeugen wird sichergestellt, dass dieser immer unter einer eindeutigen Overlay-Adresse erreichbar ist. Dies erleichtert das spätere Auffinden von Zeugen, da diese bei einem Wiedereintritt in das Overlay-Netzwerk unter der gleichen Adresse erreichbar sind.

5.8.2.4 Auswahl von Zeugen

Bevor der eigentliche Zugangsvorgang einer elektronischen Willenserklärung unter Zuhilfenahme von Zeugen erfolgen kann, müssen geeignete Zeugen aus der Menge aller Zeugen ermittelt werden. Je nach Anwendungsfall muss dabei auch entschieden werden, wieviele Zeugen in den Zugangsvorgang eingebunden werden. Einerseits muss eine ausreichende Anzahl von Zeugen bestimmt werden, da ein einzelner Zeuge nur bedingt vertrauenswürdig und aussagekräftig erscheint. Gleichzeitig sorgt eine zu hohe Zahl von Zeugen für einen erhöhten Kommunikations- und Rechenaufwand und bietet eventuell keine Verbesserung des Beweiswertes eines erfolgreichen oder vereitelten Zugangs.

Abbildung 5.36 zeigt die Wahrscheinlichkeit, dass mindestens k glaubwürdige Zeugen in einer zufällig ausgewählten Stichprobe bestehend aus n Zeugen für eine gegebene Angreiferwahrscheinlichkeit vorhanden sind. Die Werte wurden mit Hilfe der Formel 5.24 berechnet. In Abbildung 5.36(a) wurde dafür der Wert $k = \lfloor \frac{n}{2} \rfloor$ verwendet, Abbildung 5.36(b) zeigt die Ergebnisse für $k = 3$. In beiden Fällen wurde die Anzahl der Zeugen zwischen 3 und 31 variiert.

$$P(\geq k \text{ Zeugen glaubwürdig}) = \sum_{i=0}^{n-k} \binom{n}{i} p^i (1-p)^{n-i} \qquad (5.24)$$

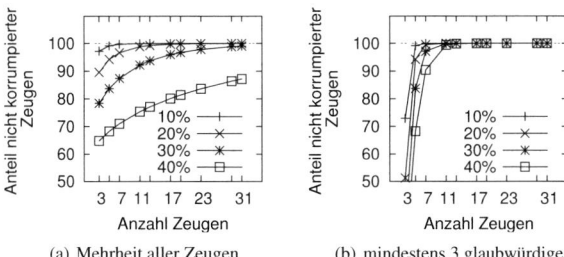

(a) Mehrheit aller Zeugen   (b) mindestens 3 glaubwürdige

Abbildung 5.36: Wahrscheinlichkeit für gewählte Anzahl glaubwürdiger Zeugen

In Abbildung 5.36(a) ist die Wahrscheinlichkeit dargestellt, dass die Mehrheit aller ausgewählten Zeugen sich konform verhält und nicht unter der Kontrolle eines Angreifers steht. Für geringe Anteile (bis 10%) von kompromittierten Knoten hat diese Auswahlstrategie eine sehr hohe

Wahrscheinlichkeit, dass bei der Auswahl von Zeugen mehrheitlich konforme Zeugen ausgewählt werden. Jedoch kann man leicht erkennen, dass für eine geringe Anzahl von Zeugen und
hohen Anteilen von kompromittierten Knoten die Wahrscheinlichkeit einer erfolgreichen Zeugenauswahl nur zwischen 60% und 90% liegt und sich damit nicht für eine robuste Auswahl
von Zeugen eignet.

Abbildung 5.36(b) zeigt dagegen die Wahrscheinlichkeit an, dass in der zufällig ausgewählten
Zeugenmenge mindestens drei Zeugen nicht unter der Kontrolle eines Angreifers stehen und
sich protokollkonform verhalten. Zwar besteht bei einer kleinen Anzahl von Zeugen die Möglichkeit, dass keine drei vertrauenswürdigen Zeugen ausgewählt werden, jedoch ab einer Anzahl
von über 10 ausgewählten Zeugen liegt die Erfolgswahrscheinlichkeit über 99%.

Da beim Nachweis des Zugangs unter Zuhilfenahme von Zeugen keine Mehrheitsentscheidung
der Zeugen notwendig ist, empfiehlt sich die zweite Variante der Zeugenauswahl. Die Wahrscheinlichkeit, dass auch bei einem hohen Anteil von kompromittierten Knoten trotzdem mindestens 3 konforme Knoten als Zeugen ausgewählt werden, ist mit über 99% sehr hoch. Im
Abschnitt 5.8.4 werden verschiedene Anzahl von Zeugen und die daraus resultierende Auswirkungen auf den Zugangsvorgang untersucht.

Neben der Anzahl der auszuwählenden Zeugen muss auch die Auswahl von Zeugen so gestalt
werden, dass diese schlecht durch einen Angreifer vorhersagbar ist, im Nachhinein aber mit
einfachen Mitteln schnell überprüft werden kann. Zugleich muss sichergestellt werden, dass
die Auswahl der Zeugen so gestaltet ist, dass einzelne Zeugen nicht überlastet werden.

Eine einfache, jedoch im Nachhinein nicht überprüfbare, Auswahl von Zeugen beruht auf der
zufälligen Bestimmung von Zeugen für einen Zugangsnachweis aus der Menge aller vorhandenen Teilnehmer. Mit einer geeigneten Auswahlfunktion, beispielsweise einer kryptographischen
Hash-Funktion (siehe Abschnitt 2.2.4), kann man jedoch eine nahezu zufällige Auswahl treffen,
die trotzdem im Nachhinein nachvollziehbar bleibt und gleichzeitig die gewünschte Gleichverteilung bei der Auswahl von Zeugen bietet.

Folgende Berechnungsvorschrift (siehe Formel 5.25) wird genutzt, um die notwendigen Zeugen für die Zustellung einer elektronischen Willenserklärung D zu bestimmen. Mittels einer
Hash-Funktion H, die auf den Hash-Wert der eigentlichen Willenserklärung D und zweier
Nonce-Werte n_A und n_B angewandt wird, können die Overlay-Adressen OA_{W_i}, unter denen
die Zeugen W_i im verwendeten Overlay-Netzwerk erreichbar sind, bestimmt werden. Zwar ist
es unwahrscheinlich, dass dabei die genauen Overlay-Adressen der Zeugen errechnet werden,
jedoch wird in diesem Fall wieder die Eigenschaft strukturierter Overlay-Netze genutzt, nach
dem jeder Knoten auch für einen bestimmten Adressbereich um seine eigene Knotenadresse
verantwortlich ist und Anfragen an diese Adresse selbst entgegennimmt.

$$OA_{W_i} = H^i(H(D)||n_A||n_B) \qquad (5.25)$$

Um die Overlay-Adresse mehrerer Zeugen ermitteln zu können, wird die verwendete Hash-
Funktion mehrfach angewandt und das jeweilige Zwischenergebnis als eine Overlay-Adresse
eines Zeugen interpretiert. Aus Formel 5.25 ist ersichtlich, dass in die Berechnung der Overlay-
Adressen der Zeugen die Willenserklärung D eingeht. Dadurch wird sichergestellt, dass für
jeden Zugang einer Willenserklärung andere Zeugen ausgewählt werden.

Trotzdem reicht es nicht aus, die Auswahl von Zeugen ausschließlich von der Willenserklärung D abhängig zu machen. Da der Absender die Willenserklärung zu einem beliebigen Zeitpunkt erzeugen kann, hat er genug zeitlichen Vorlauf, um beispielsweise korrumpierte Knoten zu platzieren, die dann als Zeugen ausgewählt werden. Dadurch wäre der Absender einer Willenserklärung unter Umständen in der Lage, den Zugangsnachweis zu beeinflussen und den Zugang einer Willenserklärung vorzutäuschen.

Aus diesem Grund werden in die Berechnung der Overlay-Adressen der Zeugen auch die beiden Nonce-Werte n_A und n_B einbezogen. Eine Möglichkeit, die Nonce-Werte zu bestimmen, wurde in [33] und [36] vorgestellt. Dabei wird vor dem eigentlichen Zugang je ein Nonce-Wert vom Absender A und Empfänger B erzeugt und der Nonce-Wert vom Empfänger B an den Absender A übertragen.

Die Einbeziehung von Nonce-Werten in die Zeugenauswahl hat den Vorteil, dass beide Parteien an der Zeugenauswahl direkt beteiligt sind und dadurch gegenseitig eine Beeinflussung durch den jeweils anderen Beteiligten deutlich erschweren. Selbst wenn der Absender A die Willenserklärung mit zeitlichem Vorlauf erstellt und beabsichtigt, eigene Knoten als Zeugen zu platzieren, hat er bis kurz vor dem eigentlichen Zugang keine Kenntnis über den Nonce-Wert n_B vom Empfänger B und kann daher die Zeugenauswahl nicht vorhersagen.

Jedoch besitzt diese Vorgehensweise einen Nachteil. Der Empfänger B wird durch das Anfordern eines Nonce-Wertes quasi "vorgewarnt", dass eventuell zeitnah die Zustellung einer Willenserklärung bevorsteht. Dieser könnte nach der Nonce-Anfrage den Marktplatz verlassen und dadurch den Zugang erschweren.

Das Erkennen eines bevorstehenden Zugangs kann vermieden werden, in dem die Nonce-Werte auf andere Art und Weise bestimmt werden. Da jeder Teilnehmer auch über einen eigenen Zeitstempeldienst verfügt, wird dieser genutzt, die benötigten Nonce-Werte zu erzeugen. Dazu erstellt der Absender A einer Willenserklärung D einen Einzelzeitstempel $STS_A(D, k_{A,pub}, n_{s_a}, t_{s_a})$ und fordert vom Zeitstempeldienst des Empfänger, welcher über den öffentlichen Schlüssel des Empfängers B adressiert werden kann, ebenfalls einen Einzelzeitstempel $STS_B(D, k_{A,pub}, n_{s_b}, t_{s_b})$ über das Dokument D an. Als Nonce-Wert n_c, den der Aufrufer vorgeben kann, verwendet der Absender A in beiden Fällen seinen eigenen öffentlichen Schlüssel $k_{A,pub}$. Die resultierenden Einzelzeitstempel STS_A und STS_B werden dann als Nonce-Werte n_A und n_B der beiden Parteien A und B verwendet. Der Teilnehmer B kann die Anfrage nach einem Einzelzeitstempel durch den Teilnehmer A nicht von einer Anfrage eines anderen beliebigen Teilnehmers unterscheiden und somit nicht feststellen, dass dieser Einzelzeitstempel als Nonce-Wert für die Zeugenauswahl eines bevorstehenden Zugangs herangezogen wird.

Als Nonce-Wert n_c, welcher bei der Erstellung eines Zeitstempels durch den Aufrufer angegeben werden muss, verwendet der Absender A seinen öffentlichen Schlüssel $k_{A,pub}$. Dabei ist jedoch zu beachten, dass der Einzelzeitstempel, der vom Zeitstempeldienst des zukünftigen Empfängers B angefordert wird, kein Zugangsnachweis darstellt, da der zugehörige Zeitstempeldienst nur einen Zeitstempel unter den Hash-Wert des Dokuments D erstellt, ohne dabei eine Besitzinformation an den Zeitstempel zu binden.

Die Berechnungsvorschrift, die im Rahmen dieser Arbeit zur Bestimmung der Overlay-Adressen von Zeugen für den Zugang einer Willenserklärung genutzt wird, ist in Formel 5.26

dargestellt. Neben der zuzustellenden Willenserklärung D gehen auch die beiden Einzelzeitstempel, die vom Absender und Empfänger erstellt wurden, in die Berechnung ein.

$$
\begin{aligned}
OA_{W_i} &= H^i(H(D)\|n_A\|n_B) \quad \text{mit} \\
n_A &= STS_A(D, k_{A,pub}, n_{s_a}, t_{s_a}) \\
n_B &= STS_B(D, k_{A,pub}, n_{s_b}, t_{s_b})
\end{aligned} \tag{5.26}
$$

Die Verwendung von Einzelzeitstempeln als Nonce-Werte zur Auswahl der Zeugen hat den Vorteil, dass der zukünftige Empfänger keinen Hinweis darauf erhält, dass der Zugang einer elektronischen Willenserklärung kurz bevorsteht, da er die Einzelzeitstempelanfrage nicht von den Anfragen anderer Teilnehmer unterscheiden kann und diese einem bevorstehenden Zugang zuordnen kann. Ausgehend von den bestimmten Nonce-Werten können daraufhin die Overlay-Adressen der Zeugen W_i mit Hilfe der bereits vorgestellten Formel 5.25 bestimmt werden.

5.8.2.5 Zugangsprotokoll

Nachdem abhängig von der jeweiligen Willenserklärung D und den beiden Nonce-Werten n_A, n_B die Auswahl der Zeugen W_i erfolgte, kann die Protokollierung des Zugangs der Willenserklärung mittels eines geeigneten Zugangprotokolls erfolgen.

Abbildung 5.37 zeigt den vollständigen Protokollablauf des Zugangsprotokolls beim Nachweis über den Zugang der Willenserklärung D vom Absender A an den Empfänger B mittels Unterstützung durch den Zeugen W_i, welches im Rahmen dieser Arbeit entworfen wurde. Zugunsten einer besseren Übersicht wurde auf die Abbildung mehrerer Zeugen W_j verzichtet, da das Zugangsprotokoll parallel mit allen Zeugen durchgeführt wird.

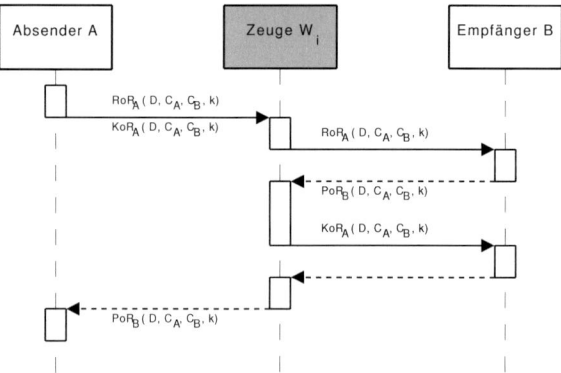

Abbildung 5.37: Ablauf Zugangsprotokoll

Vor Beginn des eigentlichen Zugangs der Willenserklärung erzeugt der Absender A die Zugangsaufforderung RoR_A und den Zugangsschlüssel KoR_A und versieht beide mit einer digitalen Signatur des Absenders A.

Um den Zugangsnachweis zu initiieren, überträgt der Absender A sowohl RoR_A, als auch KoR_A an alle Zeugen. Jeder Zeuge überprüft daraufhin die Gültigkeit und leitet anschließend die Zugangsaufforderung RoR_A an den Empfänger B weiter. Die Overlay-Adresse von B kann jeder Zeuge relativ einfach aus dem öffentlichen Schlüssel $k_{B,pub}$, welcher im Zertifikat C_B enthalten ist, ableiten.

Empfängt B eine Zugangsaufforderung, verifiziert B ebenfalls die Gültigkeit der Nachricht. Zusätzlich überprüft B, ob es wirklich der beabsichtigte Empfänger der Willenserklärung ist. Um den Zugang der Willenserklärung D zu bestätigen, erzeugt B eine Zugangsbestätigung PoR_B, welche den Zugang der Willenserklärung D bescheinigt und signiert diese mit dem zugehörigen privaten Schlüssel. Diese Zugangsbestätigung kann der Empfänger B jedem beteiligten Zeugen W_j aushändigen, pro Zugangsvorgang muss diese nur einmal erzeugt und signiert werden.

Nachdem der Zeuge W_i die Zugangsbestätigung PoR_B vom Empfänger B empfangen hat, prüft er diese auf Gültigkeit und überträgt im positiven Fall den Zugangsschlüssel KoR_A an den Empfänger B. Dieser ist damit in der Lage, die verschlüsselte Willenserklärung D offenzulegen und in Augenschein zu nehmen. Im Anschluss daran überträgt der Zeuge W_i die Zugangsbestätigung PoR_B an den ursprünglichen Absender A. Damit ist der Zugangsvorgang abgeschlossen.

Sowohl Empfänger B als auch Absender A haben eine Bestätigung, dass zu einem Zeitpunkt t dem Empfänger B eine elektronische Willenserklärung D zugegangen ist, die vom Absender A stammt. Durch die enthaltenen Hash-Werte der Willenserklärung D kann der Zugangsnachweis im Nachhinein problemlos die zugestellte Willenserklärung D zugeordnet werden, so dass weder Absender noch Empfänger den Zugang einer anderslautenden Willenserklärung behaupten können.

Nachfolgend werden die einzelnen Protokollschritte und die dabei ausgetauschten Informationen näher erläutert.

5.8.2.5.1 Übertragung der Willenserklärung

Vor der eigentlichen Übertragung der Willenserklärung D durch den Absender A an die Zeugen W_i erstellt der Absender die Zugangsaufforderung RoR und den Zugangsschlüssel KoR.

Die Zugangsaufforderung RoR_A des Absenders A an den Empfänger B enthält folgende Attribute:

- verschlüsselte Willenserklärung D
  Die Zugangsaufforderung enthält die symmetrisch mit dem Schlüssel k verschlüsselte Willenserklärung $E_k(D)$. Dadurch soll verhindert werden, dass der Empfänger B die Willenserklärung in Augenschein nehmen kann, bevor er die Zugangsbestätigung abgegeben hat.

- Hash-Wert $H(D)$ der unverschlüsselten Willenserklärung D
  Um später die Zugangsaufforderung schnell einer vorhandenen Willenserklärung zuordnen zu können, enthält die Zugangsaufforderung den Hash-Wert $H(D)$. Außerdem kann so der Empfänger im Nachhinein prüfen, ob die zugestellte Willenserklärung tatsächlich zur ursprünglichen Zugangsaufforderung passt.

- Hash-Wert $H(E_k(D))$ der verschlüsselten Willenserklärung D
  Gleichzeitig enthält die Zugangsaufforderung auch den Hash-Wert der verschlüsselten
  Willenserklärung $H(E_k(D))$. Dadurch wird eine Zuordnung der Zugangsaufforderung
  und zum Zugangsschlüssel erreicht.

- Zertifikat des Absenders C_A
  Um die Zugangsaufforderung eindeutig einem Absender zuordnen zu können, ist das
  Zertifikat C_A des Absenders A in der Zugangsaufforderung enthalten.

- Zertifikat des Empfängers C_B
  Zusätzlich ist auch das Zertifikat C_B des Empfängers B in der Zugangsaufforderung enthalten. Dies ermöglicht eine schnelle Identifizierung der beteiligten Parteien. Außerdem
  kann so ein Empfänger schnell überprüfen, ob er überhaupt der gewünschte Empfänger
  der entsprechenden Willenserklärung ist.

Die Zugangsaufforderung wird zudem mit einer digitalen Signatur durch den Absender A versehen, so dass diese später zweifelsfrei einem Absender zugeordnet werden kann. Die digitale
Signatur muss dabei mit dem im Zertifikat des Absenders enthaltenen öffentlichen Schlüssel
$k_{A,pub}$ erstellt werden, da ansonsten die Zugangsanforderung von den Zeugen nicht weiterverarbeitet wird.

Der passende Zugangsschlüssel KoR_A des Absenders A für den Empfänger B enthält folgende
Attribute:

- Schlüssel k verschlüsselt mit öffentlichem Schlüssel des Empfängers B
  Der Zugangsschlüssel enthält den symmetrischen Schlüssel k verschlüsselt mit dem öffentlichen Schlüssel des Empfängers B. Damit wird sichergestellt, dass nur dieser in der
  Lage ist, bei Besitz der Nachricht den Schlüssel k offenzulegen und die Willenerklärung
  D zu entschlüsseln.

  Durch die zusätzliche Verschlüsselung des Schlüssels k wird auch verhindert, dass die
  Zeugen Einblick in die eigentliche Willenserklärung nehmen können, da sie nicht in der
  Lage sind, den Schlüssel k aufzudecken.

- Schlüssel k verschlüsselt mit öffentlichem Schlüssel des Absenders A
  Zusätzlich ist auch der Schlüssel k, verschlüsselt mit öffentlichen Schlüssel des Absenders A, enthalten. Im Streitfall ist Absender A dadurch in der Lage, den Schlüssel k selbst
  aufzudecken und die in der Zugangsaufforderung enthaltene verschlüsselte Willenserklärung D offenzulegen.

- Hash-Wert $H(D)$ der unverschlüsselten Willenserklärung D
  Um den Zugangsschlüssel schnell einer Zugangsaufforderung und einer bestehenden Willenserklärung D zuordnen zu können, enthält dieser den Hash-Wert $H(D)$ der unverschlüsselten Willenserklärung D.

- Hash-Wert $H(E_k(D))$ der verschlüsselten Willenserklärung D
  Zusätzlich ist auch der Hash-Wert $H(E_k(D))$ der mit dem symmetrischen Schlüssel k
  verschlüsselten Willenserklärung enthalten.

- Zertifikat des Absenders A und Zertifikat des Empfängers B
  Wie bei der Zugangsaufforderung sind die Zertifikate des Absenders A und des Empfängers B auch im Zugangsschlüssel enthalten, wodurch eine schnelle Zuordnung des Zugangsschlüssels zu einer Zugangsaufforderung erreicht wird.

Wie die eigentliche Zugangsaufforderung ist auch der Zugangsschlüssel mit einer digitalen Signatur des Absenders A versehen. Formal können die beiden Nachrichten wie folgt dargestellt werden:

$$
\begin{aligned}
Request\ of\ Receipt_A &= RoR_A(D, C_A, C_B, k) \\
&= \{E_k(D), H(D), H(E_k(D)), C_A, C_B\}|S_A
\end{aligned}
\tag{5.27}
$$

$$
\begin{aligned}
Key\ of\ Receipt_A &= KoR_A(D, C_A, C_B, k) \\
&= \{H(D), H(E_k(D)), E_{A,pub}(k), E_{B,pub}(k)\}|S_A
\end{aligned}
\tag{5.28}
$$

Nachdem der Absender A die Zugangsaufforderung RoR_A und den dazugehörigen Zugangsschlüssel KoR_A erstellt und digital signiert hat, überträgt er diese an alle Zeugen W_i, die mit Hilfe der Formel 5.25 in Abschnitt 5.8.2.4 bestimmt wurden.

5.8.2.5.2 Zustellung der Willenserklärung und Erstellung des Zugangsnachweises

Nachdem der Absender A die Zugangsaufforderung RoR_A und den Zugangsschlüssel KoR_A an die Zeugen W_i übertragen hat, überprüfen diese zuerst die Gültigkeit dieser. Nur wenn diese mit einer gültigen Signatur versehen sind, die zudem vom Absender A erzeugt wurde, leiten die Zeugen die Zugangsaufforderung RoR_A an den Empfänger B weiter. Die Overlay-Adresse, unter der der Empfänger B erreichbar ist, können die Zeugen aus dem öffentlichen Schlüssel $k_{B,pub}$ ableiten, der im Zertifikat C_B enthalten ist.

Empfängt ein Marktteilnehmer eine Zugangsaufforderung RoR, überprüft dieser zuerst, ob die Zugangsaufforderung wirklich an ihn adressiert ist. Im vorliegenden Fall überprüft Teilnehmer B, ob das enthaltene Empfängerzertifikat dem Zertifikat C_B entspricht und den öffentlichen Schlüssel $k_{B,pub}$ enthält. Anderenfalls weist B die Zugangsaufforderung zurück, da diese nicht an ihn adressiert ist. Diese Situation tritt jedoch nur auf, wenn einer der Zeugen die Zugangsaufforderung an einen anderen Marktteilnehmer überträgt, da es einerseits sehr unwahrscheinlich ist, dass zwei Marktteilnehmer identisches asymmetrisches Schlüsselmaterial besitzen und andererseits identische Overlay-Adressen aufgrund einer Kollision der verwendeten kryptographischen Hash-Funktion ebenfalls unrealistisch sind.

Ist Teilnehmer B der gewünschte Empfänger der Zugangsaufforderung RoR_A des Absenders A, so wird dieser damit aufgefordert, einen Nachweis über den Zugang der Willenserklärung D zum Zeitpunkt t zu erstellen. Anderenfalls händigen die Zeugen W_i den notwendigen Zugangsschlüssel KoR_A zum Entschlüsseln der zugestellten Willenserklärung D nicht aus und bestätigen dem Absender A, dass der Zugang der Willenserklärung verweigert wurde.

Um den Zugangszeitpunkt, also den Zeitpunkt, an dem die Willenserklärung D in den Machtbereich des Empfängers B übergegangen ist, glaubhaft dokumentieren zu können, wird das im Abschnitt 5.7 vorgestellte Verfahren eingesetzt. Wenn der Empfänger B den Besitz der zugestellten Willenserklärung D zu einem Zeitpunkt t nachweist, muss ihm die entsprechende Willenserklärung vorher zugegangen sein.

Um einen Besitznachweis zu erzeugen, erstellt der Empfänger zuerst eine Besitznachweisanfrage über die Willenserklärung D. Diese Besitznachweisanfrage wird laut Abschnitt 5.7.3 formal als $RoP_B(D, C_B)$ dargestellt. Ausgehend von der Besitznachweisanfrage wird ein Besitznachweis (siehe Abschnitt 5.7.3) erstellt, für den mit Hilfe des verteilten Zeitstempeldienstes ein Dokumentenzeitstempel (siehe Abschnitt 5.6.3.2.2) erzeugt wird. In diesen Dokumentenzeitstempel geht sowohl der Hash-Wert der Willenserklärung D ein, als auch die Anfrage nach dem Besitznachweis, welche vom Empfänger B erstellt wurde.

Nachdem der Empfänger B einen Besitznachweis über die Willenserklärung D erzeugt hat, der formal durch $PoP_B(D, C_B)$ dargestellt wird, kann der Empfänger die Zugangsbestätigung PoR_B erzeugen. Diese enthält neben den Hash-Werten der unverschlüsselten und verschlüsselten Willenserklärung $H(D)$ und $H(E_k(D))$ auch die Informationen über Absender A und Empfänger B der Willenserklärung D. Damit jedoch die Zugangsbestätigung einen brauchbaren Beweiswert erhält, muss auch der Zugangszeitpunkt in der Zugangsbestätigung enthalten sein. Dies wird dadurch erreicht, dass der Besitznachweis $PoP_B(D, C_B)$, welcher den Besitz der Willenserklärung D zum Zeitpunkt t dokumentiert, ebenfalls Bestandteil der Zugangsbestätigung ist. Für das vorliegende Beispiel kann daher die Zugangsbestätigung PoR_B formal wie folgt dargestellt werden.

$$
\begin{aligned}
Proof\ of\ Receipt_B \ &= \ PoR_B(D, C_A, C_B, k) \\
&= \ \{H(D), H(E_k(D)), C_A, C_B, PoP_B(D, C_B)\} | S_B
\end{aligned}
\tag{5.29}
$$

Die Zugangsbestätigung wird zudem vom Empfänger B mit einer digitalen Signatur oder einem digitalen Zeitstempel versehen. Dadurch ist gewährleistet, dass die Zugangsbestätigung eindeutig dem Ersteller, in dem Fall dem Empfänger B zugeordnet werden kann. Nachdem der Empfänger die Zugangsbestätigung erzeugt hat, überträgt er diese an die Zeugen. Dabei muss der Empfänger nicht für jeden Zeugen eine separate Zugangsbestätigung erzeugen, pro Zugangsvorgang ist nur eine Zugangsbestätigung notwendig, die allen beteiligten Zeugen ausgehändigt werden kann.

5.8.2.5.3 Übertragung der Zugangsbestätigung

Empfängt ein Zeuge W_i eine Zugangsbestätigung PoR_B vom Empfänger B, überprüft der Zeuge zuerst die Gültigkeit dieser. Aufgrund der vorliegenden Zugangsaufforderung RoR_A des Absenders A kann der Zeuge W_i ohne Wissen über den Inhalt der Willenserklärung D überprüfen, ob die vorliegende Bestätigung den Zugang der Willenserklärung D beim Empfänger B bescheinigt.

Nur wenn die Zugangsbestätigung korrekt ist, überträgt der Zeuge W_i im Anschluss den Zugangsschlüssel KoR_A an den Empfänger B. Dieser ist dann in der Lage, die eigentliche Willenserklärung in Augenschein zu nehmen, da aus dem Zugangsschlüssel der symmetrische

Schlüssel k extrahiert werden kann, mit dem die Willenserklärung D verschlüsselt ist. Im Anschluss an die Übertragung des Zugangsschlüssels leitet der Zeuge W_i die Zugangsbestätigung des Empfängers B an den Absender A weiter.

Erhält der Absender A von einem Zeugen W_i eine Antwort, so stellt dieser fest, ob eine Zugangsbestätigung vom Empfänger B enthalten ist. Eine vorhandene Zugangsbestätigung wird dann auf Gültigkeit geprüft. Dabei wird unter anderem überprüft, ob die Zugangsbestätigung vom gewünschten Empfänger erstellt wurde und ob der Zugang der zugestellten Willenserklärung D bescheinigt wird. Gleichzeitig wird die Zeitinformation des Besitznachweises ermittelt und dahingehend überprüft, ob diese korrekt erscheint.

5.8.2.6 Integration in das SESAM-Basissystem

Um den vorgestellten Zugangsnachweis in die dienstorientierte SESAM-Plattform zu integrieren, sind einerseits Erweiterungen des SESAM-Sicherheitsdatenmodells notwendig. Andererseits muss ein Dienst mit einer öffentlichen Dienstschnittstelle beschrieben werden, damit das Verfahren von anderen Komponenten der SESAM-Basisarchitektur oder darauf aufbauenden Anwendungen eingesetzt werden kann.

5.8.2.6.1 Datenmodell

Abbildung 5.38 zeigt die Erweiterungen am SESAM-Sicherheitsdatenmodell, die für die verschiedenen Protokollinformationen des Zugangsnachweises benötigt werden.

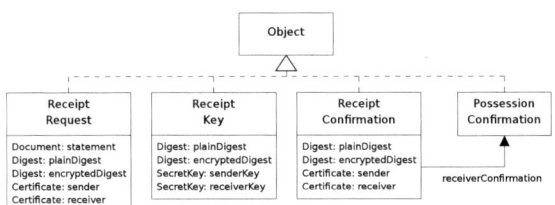

Abbildung 5.38: Datenstrukturen für Protokollierungsinformationen

Um das vorgestellte Zugangsprotokoll in das vorhandene SESAM-Sicherheitsdatenmodell zu integrieren, wurden insgesamt drei neue Klassen erzeugt, welche alle von der gemeinsamen Oberklasse `Object` erben. Auf die Darstellung bereits vorgestellter Erweiterungen wurden aus Gründen der Übersichtlichkeit weitgehend verzichtet.

Mit der Klasse `ReceiptRequest` wird die Zugangsaufforderung RoR (siehe Formel 5.27) dargestellt. Die Klasse enthält fünf neue Attribute, in denen neben der verschlüsselten Willenserklärung auch die zugehörigen Hash-Werte und die Zertifikate von Absender und Empfänger abgelegt sind. Weil die Oberklasse `Object` bereits mit digitalen Signaturen versehen werden kann, die im Attribut `signatures` abgelegt werden, konnte auf ein solches Attribut zur Aufnahme des Einzelzeitstempels des Absenders verzichtet werden. Die Klasse `ReceiptKey` dient der Modellierung des Zugangsschlüssels KoR (siehe Formel 5.28). Neben den Hash-Werten der unverschlüsselten und verschlüsselten Willenserklärung ist der zur Einsichtnahme notwendige Zugangsschlüssel in den Attributen `senderKey` und `receiverKey` abgelegt. Der Einzelzeitstempel des Absenders kann wiederum im bereits vorhandenen Attribut `signatures` abgelegt werden.

Eine Zugangsbestätigung PoR (siehe Formel 5.29) wird mit der Klasse `ReceiptConfirmation` dargestellt. Neben den Hash-Werten und den Zertifikaten des Absenders und Empfängers enthält diese ein Attribut `receiverConfirmation` vom Typ `PossessionConfirmation`. Diese Klasse stellt einen Besitznachweis PoP dar, welcher im Abschnitt 5.7.3 vorgestellt wurde und den Besitz einer Willenserklärung durch einen Marktteilnehmer zu einem bestimmten Zeitpunkt protokolliert.

5.8.2.6.2 Dienstschnittstelle

Für den Einsatz des vorgestellten Zugangsnachweises innerhalb der dienstorientierten SESAM-Basisarchitektur wird eine öffentliche Dienstschnittstelle benötigt, die die notwendigen Protokollfunktionen zusammenfasst und als einen abgeschlossenen Funktionsblock zur Verfügung stellt.

Ausgehend von dem in vorherigen Abschnitt vorgestellten Zugangsprotokoll wurde folgende Dienstschnittstelle für den Protokollierungsdienst entworfen:

```
package de.uka.sesam.base.services.journal;

interface JournalingService
{
  ReceiptConfirmation[] startReceiptTransaction( ReceiptRequest, ReceiptKey);

  ReceiptConfirmation requestReceiptConfirmation( ReceiptRequest, ReceiptKey);

  ReceiptConfirmation requestReceiptConfirmation( ReceiptRequest);

  void provideReceiptKey( ReceiptKey);

}
```

Abbildung 5.39: Dienstschnittstelle Protokollierungsdienst

Die öffentliche Dienstschnittstelle des Protokollierungsdienst wird mittels der abstrakten Java-Schnittstelle `JournalingService` beschrieben und ist im Paket `de.uka.sesam.base.services.journal` abgelegt. Um das Protokoll zum Zugangsnachweis zu starten, erzeugt der Absender die Datenstrukturen vom Typ `ReceiptRequest` und `ReceiptKey` und ruft auf seiner lokalen Instanz des Protokollierungsdienstes die Methode `startReceiptTransaction` auf. Der lokale Protokollierungsdienst ermittelt die Zeugen und leitet die Anfrage mit Hilfe des Methodenaufrufes `requestReceiptConfirmation` an die Zeugen weiter.

Empfängt ein Zeuge eine Aufforderung für einen Zugangsnachweis, so führt dieser in der Methode `requestReceiptConfirmation` eine Überprüfung der übergebenen Datenstrukturen durch. Nur wenn die Zugangsaufforderung und der Zugangsschlüssel aufgrund der enthaltenen Hash-Werte, Teilnehmerzertifikate und Signaturen zusammenpassen, setzt der Zeuge das Protokoll fort.

Um den Empfänger zur Abgabe einer Zugangsbestätigung aufzufordern, ermittelt jeder Zeuge die Overlay-Adresse des Empfängers aus dem in der Zugangsaufforderung enthaltenen Teilnehmerzertifikat des Empfängers. Mit dem Aufruf der Methode `requestReceiptConfirmation` fordert jeder Zeuge den eigentlichen Empfänger der elektronischen Willenserklärung auf, eine Zugangsbestätigung zu abzugeben. Dazu übergibt der Zeuge die Zugangsaufforderung des Absenders vom Typ `ReceiptRequest`. Die zugehörige Zugangsaufforderung wird vom Empfänger als Rückgabewert des Methodenaufrufes zurückgeliefert. Passen die vom Absender bereitgestellte Zugangsaufforderung und die vom Empfänger vorgelegte Zugangsbestätigung zusammen, so liefert der Zeuge den zur Einsichtnahme notwendigen Zugangsschlüssel aus, in dem er die Methode `provideReceiptKey` mit dem Parameterobjekt vom Typ `ReceiptKey` aufruft.

Zum Abschluss liefert jeder Zeuge die Zugangsbestätigung vom Empfänger als Rückgabewert des initialen Methodenaufrufes von `startReceiptTransaction` an die lokale Instanz des Protokollierungsdienstes des Absenders zurück. Dieser fasst alle Zugangsbestätigungen zusammen und liefert diese als Ergebnis des Methodenaufrufes durch den Absender zurück.

5.8.3 Implementierung

Um eine aussagekräftige Evaluation hinsichtlich der Robustheit und der Skalierbarkeit des vorgestellten Verfahrens zum Nachweis des Zugangs elektronischer Willenserklärungen in verteilten Umgebungen durchführen zu können, wurde es prototypisch in der Simulationsumgebung OverSim (siehe Abschnitt A) implementiert.

Zur Umsetzung innerhalb von OverSim wurden zwei neue Module und acht neue Nachrichtentypen, wie in Abbildung 5.40 dargestellt, definiert. Wie bei der OverSim-Implementierung des verteilten Zeitstempeldienstes wurde absichtlich auf die Implementierung der kryptographischen Verfahren verzichtet.

Das Modul `PORApp` enthält das vorgestellte Zugangsprotokoll inklusive der Zeugenauswahl. Im Modul `PORTestApp` wurde eine Testanwendung implementiert, die in der nachfolgenden Evaluation benutzt wird, um verschiedene Nutzungsszenarien nachstellen zu können. Die Aufrufe an die Klasse `TSAApp` zum Erstellen von Einzel- und Dokumentenzeitstempel bei der Evaluierung des Protokolls zum Zugangsnachweis erfolgen aus der Klasse `PORApp`.

Um die Anfragen zwischen den verschiedenen Modulen versenden zu können, wurde wiederum auf die RPC-Schnittstelle von OverSim zurückgegriffen. Zu diesem Zweck wurden die Nachrichtentypen `PORCall` und `PORResponse` definiert, welche als Oberklassen für die einzelnen Anfrage- und Antworttypen fungieren und von den in OverSim enthaltenen Klassen `BaseCallMessage` und `BaseResponseMessage` abgeleitet wurden.

Um eine Anfrage von der Testanwendung oder anderen OverSim-Modulen für einen Zugangsnachweis zu initiieren, wird die Klasse `PORReceiptCall` verwendet. Das Resultat einer solchen Anfrage wird an das aufrufende Modul in einer Antwortnachricht vom Typ `PORReceiptResponse` zurückgeliefert. Innerhalb des `PORApp`-Moduls werden zusätzlich

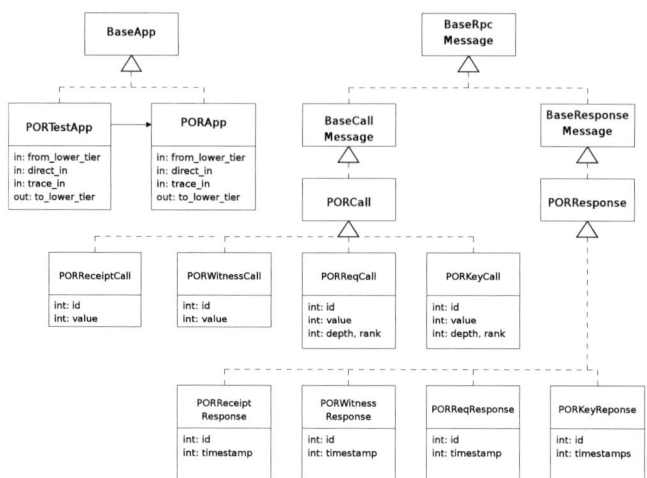

Abbildung 5.40: Module und Nachrichtentypen zur Umsetzung in OverSim

noch drei weitere Anfrage- und Antwortnachrichten benötigt, um damit den beschriebenen Protokollablauf nachzustellen.

Um die Anfrage eines Zugangsnachweises an die ausgewählten Zeugen zu übertragen, wird die Nachricht `PORWitnessCall` verwendet. Diese benutzen die Nachricht `PORReqCall`, um die Zugangsbestätigung des Empfängers anzufordern, die durch die Nachricht `PORReqResponse` dargestellt wird. Um den Schlüssel zum Aufdecken des zugestellten Dokuments an den Empfänger zu übertragen, wird die Nachricht `PORKeyCall` verwendet. Die Zeugen benutzen eine Antwortnachricht vom Typ `PORWitnessResponse` um die Zugangsbestätigung als Antwort auf die Zugangsnachweisanfrage zu übertragen.

Die vorgestellten Module und Nachrichtentypen wurden in gleichlautende C++-Klassen innerhalb der OverSim-Simulationsumgebung im Unterverzeichnis `Application/PORApp` implementiert, die zur Laufzeit in die Simulationsumgebung nachgeladen werden.

5.8.4   Evaluation

In diesem Abschnitt wird eine Evaluation des vorgestellten Verfahrens zum Nachweis des Zugangs einer elektronischen Willenserklärung vorgenommen. Zu Beginn erfolgt eine Bewertung hinsichtlich der funktionalen Anforderungen, im Anschluss daran wird eine Evaluation anhand der ermittelten Bedrohungsszenarien und der aufgestellten Sicherheitsanforderungen vorgenommen.

In Abschnitt 5.8.1 wurden folgende funktionale Anforderungen an den Zugangsnachweis elektronischer Willenserklärungen gestellt:

- Nachweis über den Zugang einer elektronischen Willenserklärung

- eindeutige Zuordenbarkeit von Absender und Empfänger

- eindeutige Zuordenbarkeit der zugegangenen Erklärung

- verifizierbarer Zugangszeitpunkt

5.8.4.1 Nachweis über den Zugang einer elektronischen Willenserklärung

Der Nachweis über den Zugang einer elektronischen Willenserklärung wird im vorgestellten Zugangsprotokoll durch die Zugangsbestätigung PoR (Proof of Receipt) dargestellt, die nach erfolgreichem Protokollablauf dem Absender der Willenserklärung durch die beteiligten Zeugen zugestellt wird.

Nach Formel 5.29 enthält die Zugangsbestätigung PoR den in Abschnitt 5.7.3 vorgestellten Besitznachbeweis PoP (Proof of Possession, siehe Formel 5.22). Mit Hilfe des Besitznachweises wird der Besitz eines elektronischen Dokumentes durch einen Teilnehmer zu einem bestimmten Zeitpunkt nachgewiesen.

Beim vorliegenden Zugangsprotokoll wird der Besitznachweis in der Zugangsbestätigung dazu verwendet, den Besitz der zugestellten Willenserklärung durch den Empfänger zu protokollieren. Zusätzlich enthält die Zugangsbestätigung die Zertifikate vom Absender und Empfänger und die Hash-Werte der verschlüsselten und unverschlüsselten Willenserklärung. Dadurch wird sichergestellt, dass der Zugang einer Willenserklärung nur mit Hilfe der Zugangsbestätigung und der eigentlichen Willenserklärung nachgewiesen werden kann.

Mit der Zugangsaufforderung, dem zugehörigen Zugangsschlüssel und der Zugangsbestätigung existieren mehrere Informationen über den eigentlichen Zugangsvorgang. Während die Zugangsaufforderung und der Zugangsschlüssel die Absicht eines Zugangsvorgangs dokumentieren, belegt die Zugangsbestätigung auch die erfolgreiche Durchführung des Zugangs einer elektronischen Willenserklärung. Somit kann die funktionale Anforderung nach dem Nachweis des Zugangs einer elektronischen Willenserklärung erfüllt werden.

5.8.4.2 Eindeutige Zuordenbarkeit von Absender und Empfänger

Die eindeutige Zuordenbarkeit von Absender und Empfänger einer elektronischen Willenserklärung wird beim vorgestellten Zugangsnachweis an mehreren Stellen protokolliert. So enthält bereits die Zugangsaufforderung RoR (siehe Formel 5.27) neben dem Hash-Wert der zuzustellenden elektronischen Willenserklärung das Zertifikat C_A des Absenders A und das Zertifikat C_B des Empfängers B. Außerdem ist die Zugangsaufforderung vom Absender A mit einem Einzelzeitstempel STS_A signiert. So kann einerseits die Zugangsaufforderung dem Absender A eindeutig zugeordnet werden, andererseits kann auch ein zeitlicher Bezug zur Zugangsaufforderung hergestellt werden.

Da die Zugangsaufforderung RoR_A des Absenders auch an den späteren Empfänger B der Willenserklärung übertragen wird, hat dieser einen Nachweis darüber, dass er als Empfänger einer Willenserklärung zu einem Zugangsnachweis durch den Absender aufgefordert wurde.

Neben der Zugangsaufforderung sind die gleichen Informationen auch im Zugangsschlüssel KoR_A des Absenders (siehe Formel 5.28) enthalten, die nach erfolgreichem Zugangsnachweis dem Empfänger B ausgehändigt wird.

Den höchsten Beweiswert aus rechtlicher Sicht besitzt jedoch die Zugangsbestätigung PoR_B (siehe Formel 5.29), die vom Empfänger B erstellt wird. Die Zugangsbestätigung enthält unter anderem die Zertifikate vom Absender A und Empfänger B und ist vom Empfänger B digital signiert.

Mit Hilfe der Zugangsaufforderung RoR und der dazugehörigen Zugangsbestätigung PoR, die beide die Informationen über Absender und Empfänger enthalten und jeweils von einem der Beteiligten digital signiert sind, existiert ein eindeutiger Nachweis über den Absender und den Empfänger einer elektronischen Willenserklärung, wodurch die funktionale Anforderung erfüllt wird.

5.8.4.3 Eindeutige Zuordenbarkeit der zugegangenen Erklärung

Bereits in der Zugangsaufforderung RoR_A muss der Absender A den Hash-Wert $H(D)$ der zuzustellenden Willenserklärung angeben. Auch der zugehörige Zugangsschlüssel KoR_A, der ebenfalls vom Absender A erzeugt wird, enthält den Hash-Wert der Willenserklärung. Außerdem ist der Hash-Wert der zugestellten Willenserklärung D auch in der Zugangsbestätigung PoR_B des Empfänger B enthalten. Damit kann jederzeit die Willenserklärung D dem Zugangsvorgang und umgekehrt zugeordnet werden.

Zusätzlich ist in den Protokollnachrichten auch der Hash-Wert $H(E_k(D))$ der verschlüsselten Willenserklärung $E_k(D)$ enthalten. Dies ist notwendig, da der Empfänger B während des Zugangsvorgangs eine Zugangsbestätigung abgeben muss, obwohl die Willenserklärung nur verschlüsselt beim Empfänger vorliegt und dieser noch nicht die Möglichkeit der Einsichtnahme hatte. Mit Hilfe beider Hash-Werte kann eine eindeutige Zuordnung zwischen der unverschlüsselten und verschlüsselten Willenserklärung hergestellt werden.

Die funktionale Anforderung nach der eindeutigen Zuordenbarkeit der zugegangenen Willenserklärung kann erfüllt werden, da der Hash-Wert der unverschlüsselten Willenserklärung in allen Protokollnachrichten enthalten ist. Zusätzlich wird mit dem Hash-Wert der verschlüsselten Willenserklärung eine Bindung der ursprünglichen und der verschlüsselten Willenserklärung erreicht.

5.8.4.4 Verifizierbarer Zugangszeitpunkt

Der aus rechtlicher Sicht relevante Zugangszeitpunkt der elektronischen Willenserklärung D beim Empfänger B wird durch den Dokumentenzeitstempel DTS des verteilten Zeitstempeldienstes unter dem Besitznachweis PoP protokolliert. Der Besitznachweis, beschrieben in Formel 5.22, enthält den Hash-Wert $H(D)$ der zu protokollierenden Willenserklärung D und der Besitznachweisanfrage RoP_B. Die Besitznachweisanfrage enthält neben dem Hash-Wert der Willenserklärung D auch das Zertifikat des Empfänger C_B und ist von diesem mit einem Einzelzeitstempel STS_B digital unterschrieben.

Bereits in Abschnitt 5.6 wurde gezeigt, dass mit Hilfe des verteilten Zeitstempeldienstes robuste Dokumentenzeitstempel, bestehend aus einer Menge von Einzelzeitstempeln, erzeugt werden können. Durch die Verkettung der Einzelzeitstempel innerhalb eines Dokumentenzeitstempels können diese auch nicht beliebig durch einen Angreifer ersetzt oder modifiziert werden. Gleichzeitig wird die Zugangsbestätigung mit einem Einzelzeitstempel des Empfängers B versehen.

Durch den Einsatz eines Dokumentenzeitstempels unter dem Besitznachweis über die zugestellte elektronische Willenserklärung kann dieser mit einer robusten Zeitinformation verknüpft werden. Mit dem Besitznachweis und dem zugehörigen Dokumentenzeitstempel als Bestandteil der Zugangsbestätigung des Absenders existiert eine verifizierbare Zeitinformation über den Zugangszeitpunkt, wodurch die funktionale Anforderung erfüllt werden kann.

Neben den funktionalen Anforderungen wurden auch folgende nicht-funktionale Anforderungen an den Zugangsnachweis von elektronischen Willenserklärungen auf verteilten elektronischen Märkten gestellt:

- Nutzung der verteilten Infrastruktur und dezentrale Organisationsform

- Schutz gegenüber identifizierten Bedrohungsszenarien

- Robustheit

- Skalierbarkeit

5.8.4.5 Nutzung der verteilten Infrastruktur und dezentrale Organisationsform

Wie die bisherigen Verfahren im Rahmen dieser Arbeit setzt auch der Zugangsnachweis auf die verteilte Infrastruktur und die in Abschnitt 3 vorgestellte SESAM-Basisarchitektur. Zur Umsetzung des vorgestellten Zugangsprotokolls wurde ein eigenständiger verteilter Protokollierungsdienst entworfen. Der Dienst verfügt über eine öffentliche Dienstschnittstelle und kann von jedem Marktteilnehmer angeboten und genutzt werden.

Zur Koordination aller Dienstinstanzen und Kommunikation der Instanzen untereinander wird ein ServiceNet (siehe Abschnitt 3.4.2) eingesetzt. Als Overlay-Netz innerhalb des ServiceNets wird ein strukturiertes Overlay verwendet. Dieses wird dazu benutzt, alle Instanzen des Protokollierungsdienstes zu organisieren und eine effiziente Kommunikation der Instanzen untereinander zu ermöglichen.

Die im Protokoll eingesetzten Zeugen werden ebenfalls mit Hilfe der verteilten Infrastruktur bereitgestellt. Anstatt wie bei bisherigen Lösungen auf zentrale, für alle Teilnehmer vertrauenswürdige Komponenten zu setzen, werden andere Teilnehmer des verteilten elektronischen Marktplatzes ausgewählt, um die benötigte Infrastruktur temporär bereitzustellen. Das vorgestellte Verfahren benötigt keinerlei zentrale Koordination und ist nicht auf Komponenten angewiesen, die für alle Teilnehmer vertrauenswürdig erscheinen müssen.

5.8.4.6 Schutz gegenüber identifizierten Bedrohungsszenarien

Neben den typischen Sicherheitsanforderungen wie Integrität, Vertraulichkeit, Schutz vor Wiedereinspielen und Nachweisbarkeit bzw. Nichtabstreitbarkeit wurden in Abschnitt 5.2 Bedrohungen formuliert, die spezifisch für den Zugang von Willenserklärungen sind. Da eine Reihe von Sicherheitsmechanismen in das vorgestellte Zugangsprotokoll nur zur Vermeidung dieser Bedrohungsszenarien integriert wurden, erfolgt auch die Evaluation dieser im Rahmen dieses Abschnittes.

Um die Integrität aller ausgetauschten Protokollnachrichten sicherzustellen, sind diese einzeln mit einer digitalen Signatur versehen. Da laut der Definition des Standardangreifers ausgeschlossen ist, dass dieser in akzeptabler Zeit eine Kollision in der verwendeten Hash-Funktion erzeugen kann und nicht in der Lage ist, das geheime Schlüsselmaterial des Unterzeichners zu kompromittieren, können Modifikationen an den Protokollnachrichten schnell erkannt werden. Da die digitalen Signaturen auf Basis des Schlüsselmaterials erstellt werden, welches im jeweiligen Teilnehmerzertifikat zertifiziert wurde, ist gleichzeitig auch eine Zuordnung der jeweiligen Protokollnachricht zum Ersteller dieser möglich, wodurch die Anforderung nach Nachweisbarkeit bzw. Nichtabstreitbarkeit erfüllt werden kann. Ein Angreifer ist aufgrund der Einschränkungen nicht in der Lage, Nachrichten im Namen anderer Marktteilnehmer zu erzeugen oder die Nachrichten anderer Marktteilnehmer zu modifizieren, ohne dass dies festgestellt werden kann.

Ein Schutz vor Wiedereinspielen von Protokollnachrichten ist in diesem Kontext nicht notwendig. Den Vorgang eines erfolgreichen Zugangsnachweises nochmals zu wiederholen, bringt für den Angreifer keinerlei Vorteil, da der Zugang der ursprünglichen Willenserklärung vom Absender protokolliert wurde. Dieser Zugangsnachweis existiert bereits und weist gegebenenfalls einen deutlich älteren Zugangszeitpunkt auf.

Die Anforderung nach Vertraulichkeit besteht nur für die zuzustellende Willenserklärung, der eigentliche Protokollablauf zum Zugangsnachweis erfolgt im Klartext. Dies ist notwendig, da die beteiligten Zeugen Zugriff auf die Informationen zum Absender und Empfänger haben und in der Lage sind, die Gültigkeit der Zugangsaufforderung, dem zugehörigen Zugangsschlüssel und der abschließenden Zugangsbestätigung überprüfen zu können. Aus diesem Grund wird vor dem Zugangsvorgang ein zufälliger Schlüssel k erzeugt und die zuzustellende Willenserklärung D unter Verwendung eines symmetrischen Chiffrierverfahrens (siehe Abschnitt 2.2.1) verschlüsselt. Der Schlüssel k wird sowohl mit dem öffentlichen Schlüssel $k_{A,pub}$ des Absenders A, als auch mit dem öffentlichen Schlüssel $k_{B,pub}$ des zukünftigen Empfängers B verschlüsselt und ist Bestandteil des Zugangsschlüssel KoR.

Damit ist sichergestellt, dass nur die beteiligten Parteien A und B in der Lage sind, die zugestellte Willenserklärung D einzusehen. Selbst die beteiligten Zeugen haben keine Kenntnis über den Inhalt der zugestellten Willenserklärung, sind jedoch aufgrund der enthaltenen Hash-Werte in der Lage, die Gültigkeit der verschiedenen Protokollnachrichten zu überprüfen.

Neben den allgemeinen Sicherheitsanforderungen wurde das vorgestellte Zugangsprotokoll auch in Hinblick auf die in Abschnitt 5.2 enthaltenen Bedrohungsszenarien evaluiert.

5.8.4.6.1 Absender täuscht Zugang vor

Abbildung 5.41 zeigt die theoretischen Möglichkeiten des Absenders, den Zugang einer Willenserklärung bei einem Empfänger vorzutäuschen.

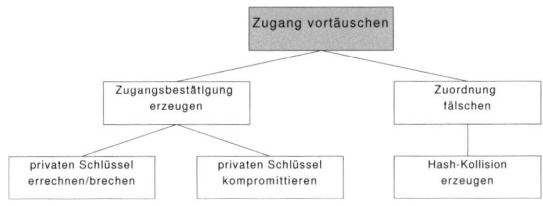

Abbildung 5.41: Attack-Tree "Absender täuscht Zugang vor"

Will der Absender den Zugang einer Willenserklärung vortäuschen, so bestehen für den Angreifer zwei Möglichkeiten. Einerseits kann der Angreifer versuchen, eine korrekte Zugangsbestätigung ohne Kenntnis des eigentlichen Empfängers zu erstellen. Andererseits kann der Angreifer bei einer bestehenden Zugangsbestätigung einer anders lautenden Willenserklärung versuchen, eine Hash-Kollision herbeizuführen, so dass die Zugangsbestätigung auch zur nicht zugestellten Willenserklärung passt.

Die Berechnung oder Kompromittierung des geheimen Schlüsselmaterials des Empfängers und das effiziente Auffinden einer geeigneten Hash-Kollision wird jedoch laut der Definition des Standardangreifers (siehe Abschnitt 2.8.2) ausgeschlossen und als nicht praktikabel eingestuft.

5.8.4.6.2 Empfänger streitet Zugang ab

Die Möglichkeiten, die dem Empfänger zur Verfügung stehen, wenn dieser den stattgefundenen Zugang einer Willenserklärung abstreiten will, sind in Abbildung 5.42 dargestellt.

Abbildung 5.42: Attack-Tree "Empfänger streitet Zugang ab"

Da dem Absender bereits eine gültige Zugangsbestätigung vorliegt, die vom Empfänger nicht modifiziert oder gelöscht werden kann, bleibt dem Empfänger als Angreifer nur die Möglichkeit zu versuchen, eine gezielte Hash-Kollision der zugestellten Willenserklärung mit einer anders lautenden Willenserklärung herbeizuführen. Damit wäre der Empfänger in der Lage zu behaupten, dass die andere Willenserklärung zugestellt wurde und nicht die ursprüngliche Willenserklärung.

Laut Definition des Standardangreifers ist das Auffinden einer einzelnen Kollision nicht praktikabel durchführbar, zusätzlich enthält jedoch die Zugangsbestätigung auch den Hash-Wert der
mit dem Schlüssel k verschlüsselten Willenserklärung. Dies bedeutet, dass der Empfänger eine
gefälschte Willenserklärung erzeugen müsste, bei der sowohl der Hash-Wert der unverschlüsselten, als auch der Hash-Wert der verschlüsselten Willenserklärung eine Kollision verursachen.
Außerdem ist der Empfänger nicht in der Lage, die digitale Signatur des Absenders unter der
gefälschten Willenserklärung zu erzeugen. Somit besteht für den Empfänger keinerlei Möglichkeit, den protokollierten Zugang einer Willenserklärung abzustreiten.

5.8.4.6.3   Absender bzw. Empfänger verneint fristgerechten Zugang

Statt des Vortäuschens oder Abstreitens des Zugangs einer Willenserklärung können Absender oder Empfänger den nicht fristgerechten Zugang behaupten. Geht eine Willenserklärung
nicht fristgerecht zu, so ist diese unwirksam, so dass dadurch auf rechtlicher Ebene das gleiche
Ergebnis erzielt wird, als wenn der Zugang der Willenserklärung nicht stattgefunden hätte.

Um den Empfangszeitpunkt der Willenserklärung zu fälschen, stehen Absender und Empfänger
theoretisch folgende Möglichkeiten zur Verfügung (siehe Abbildung 5.43).

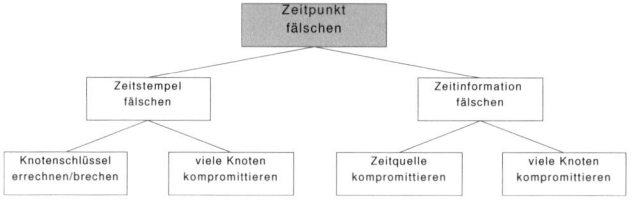

Abbildung 5.43: Attack-Tree "Absender bzw. Empfänger verneint fristgerechten Zugang"

Um den fristgerechten Zugang einer Willenserklärung abzustreiten, hat der jeweilige Angreifer zwei verschiedene Möglichkeiten. Vor der Zustellung der Willenserklärung kann er versuchen, die Zeitinformation von einer Vielzahl von Knoten des verteilten Zeitstempeldienstes zu
fälschen. Dazu muss der Angreifer entweder die Knoten einzeln oder typische Quellen von
Zeitinformationen (z. B. Zeitserver) kompromittieren.

Besteht die Zugangsbestätigung bereits, kann der Angreifer nur versuchen, die enthaltenen Zeitstempel, vor allem den Dokumentenzeitstempel des Besitznachweises zu fälschen. Dies gelingt
nur, wenn der Angreifer in der Lage ist, die Verkettung der Einzelzeitstempel innerhalb des
Dokumentenzeitstempels vollständig nachzustellen.

Laut Definition des Standardangreifers ist die Kompromittierung vieler Teilnehmerknoten für
den Angreifer jedoch nicht praktikabel durchführbar. Auch erscheint es unwahrscheinlich, dass
ein Angreifer in der Lage ist, viele Zeitquellen zu kompromittieren, ohne dass dies festgestellt
wird. Für den Dokumentenzeitstempel wurde zudem in Abschnitt 5.6.5 gezeigt, dass auch bei
einem hohen Anteil von Angreifern aussagekräftige Zeitstempel erzeugt werden können. Zudem ist der Angreifer nicht in der Lage, das verwendete Schlüsselmaterial zur Erzeugung der
verschiedenen Einzelzeitstempel zu berechnen oder zu kompromittieren.

5.8.4.7 Robustheit

Neben der Sicherheit spielt auch die Robustheit des vorgestellten Zugangsnachweises eine bedeutende Rolle. Da im Vergleich zu zentralen Ansätzen im Allgemeinen nur von einer geringeren Verfügbarkeit einzelner Knoten ausgegangen werden kann, muss der Zugangsnachweis auch erbracht werden können, wenn ein kleiner Anteil vorhandener Teilnehmerknoten temporär nicht erreichbar oder vollständig ausgefallen ist.

Zusätzlich muss aufgrund der beschriebenen Möglichkeiten eines Angreifers davon ausgegangen werden, dass dieser in der Lage ist, einige Teilnehmerknoten zu kompromittieren, so dass diese sich nicht mehr protokollkonform verhalten. In Hinblick auf den Zugangsnachweis wäre denkbar, dass kompromittierte Knoten mit dem Absender oder dem zukünftigen Empfänger einer Willenserklärung kooperieren und so versuchen, den Nachweis über den Zugang einer Willenserklärung zu vereiteln.

Der unvorhergesehene Ausfall von Teilnehmerknoten wird durch den Einsatz selbstorganisierender Overlay-Strukturen innerhalb der vorgestellten SESAM-ServiceNets abgefangen. Abhängig vom jeweiligen Overlay-Netz werden periodisch sog. *Keep-alive*-Nachrichten zwischen den einzelnen Overlay-Knoten versandt. Bleiben diese über einen gewissen Zeitraum aus, geht der sendende Knoten davon aus, dass der andere Knoten ausgefallen ist oder das Overlay-Netz unangekündigt verlassen hat. Die bekannten Overlay-Netze stellen jedoch Mechanismen bereit, die beim Ausfall von Kommunikationspartnern alternative Kommunikationspartner ermitteln und so wieder die gewünschte Topologie erzeugen. Aus diesem Grund war die Integration spezieller Mechanismen zur Ausfallerkennung von Knoten in das vorgestellte Zugangsprotokoll nicht notwendig. Knoten die während des Zugangsvorgangs unbeabsichtigt ausfallen oder nicht mehr erreicht werden können, werden wie kompromittierte Knoten behandelt, da sie sich nicht mehr protokollkonform verhalten.

Da jedoch ein absichtliches Fehlverhalten von kompromittierten Teilnehmerknoten auf Overlay-Ebene von der Dienst- oder Anwendungsebene nicht festgestellt werden kann und die bekannten Overlay-Netze auch keine entsprechenden Mechanismen enthalten, wurde das vorgestellte Zugangsprotokoll so entworfen, dass auch mit einem gewissen Anteil kompromittierter Knoten umgehen kann.

Um die Robustheit des vorgestellten Zugangsprotokolls hinsichtlich eines Angreifers zu veranschaulichen, wurde untersucht, welchen Einfluss verschiedene Anteile von aktiven Angreifern auf das Zugangsprotokoll haben. Dabei wird ein Angreifer vergleichbar zum in Abschnitt 2.8.2 definierten Standardangreifer angenommen. Im vorliegenden Szenario versucht der Angreifer andere Teilnehmerknoten zu kompromittieren. Werden diese bei einem Zugangsvorgang als Zeugen ausgewählt, so besteht für den Angreifer die Möglichkeit, den Zugangsnachweis über diesen Zeugen zu beeinflussen. Kooperiert der Angreifer mit dem Absender der Willenserklärung, so kann der Zeuge die Zugangsbestätigung des Empfängers an den Absender aushändigen, ohne dass der Zeuge vorher den Zugangsschlüssel an den Empfänger aushändigt. Umgekehrt kann ein kompromittierter Zeuge den Zugangsschlüssel an den Empfänger weiterleiten, ohne eine korrekte Zugangsbestätigung des Empfängers abzuwarten.

Aus diesem Grund wurde mit Hilfe der OverSim-Simulationsumgebung für verschiedene Angreiferwahrscheinlichkeiten untersucht, wie viele der ausgewählten Zeugen kompromittiert sind und so Einfluss auf den Zugangsvorgang nehmen können. Tabelle 5.5 enthält die Simulations-parameter zur Robustheitsanalyse des vorgestellten Zugangsprotokolls. Die Parameter, die über verschiedene Simulationsläufe variiert wurden, sind grau hinterlegt.

Parameter	Parameterraum	Beschreibung
Teilnehmer	$2^{10}, 2^{11}, 2^{12}, 2^{13}, 2^{14}$	Anzahl Teilnehmer
Angreifer	1, 2, 5, 10, 20, 40%	Anteil Angreifer
Eintrittsrate	100/s	Eintrittsrate Overlay
Vorlaufzeit	600 s	Stabilisierungsphase Overlay
Simulationszeit	1800 s	Evaluierungsphase
Overlay	Chord	Overlay-Topologie
Underlay	SimpleUnderlay	Underlay-Topologie
Zugangsnetz	ADSL - 16 Mbit/s, 20 ms	Verkehrsdaten Zugangsnetz
Paketgröße	1452 Byte	Nutzdatengröße pro Paket
Zeugen	3, 7, 13	Anzahl Zeugen
Zeitstempel	16, 64, 256	Anzahl Einzelzeitstempel im Dokumentenzeitstempel
Nachrichtengröße	10 kB	Größe Willenserklärung
Schlüssellänge	1024 bit	Länge Signaturschlüssel
Länge Hash-Wert	160 bit	

Tabelle 5.5: Simulationsparameter Robustheitsanalyse

Wie bei den bisherigen Untersuchungen wird die Knotenanzahl von 1024 bis 16384 Knoten va-riiert. Als Häufigkeit kompromittierter Knoten werden Wahrscheinlichkeiten von 1 bis 40% eingesetzt. Zu Beginn der Simulation treten 100 Knoten pro Sekunde in das Overlay-Netz ein. Nach dem Beitritt aller Knoten erfolgt eine 10-minütige Initialisierungsphase, in der das Overlay-Netz aufgebaut werden kann. Als Overlay-Netz wird das bekannte Chord eingesetzt, um eine hohe Simulationsgeschwindigkeit zu erreichen, wird als Underlay-Netz das OverSim-eigene SimpleUnderlay benutzt. Als Zugangstechnologie wird ADSL mit einer Download-Rate von 16 Mbit/s (Upload-Rate 1 Mbit/s) und einer Latenz von 20 Millisekunden angenommen. Die maximale Paketgröße im Zugangsnetz beträgt 1452 Byte.

Während der Simulationsdauer von 30 Minuten führt jeder Teilnehmer zu einem zufälligen Zeitpunkt einen Zugangsnachweis gegenüber einem anderen Marktteilnehmer durch, welcher zufällig bestimmt wird. Je nach Konfiguration wurden unterschiedliche Anzahlen von Zeugen (3, 7, 13) verwendet. Für die Anzahl der Zeugen wurde immer ein ungerader Wert benutzt, so dass immer eine Mehrheitsentscheidung möglich ist. Für alle Untersuchungen wurde eine Grö-ße der zuzustellenden Willenserklärung von 10 kB, eine Schlüssellänge des Signaturschlüssels von 1024 Bit und eine Länge von 160 Bit der eingesetzten Hash-Funktion angenommen. Jede Konfiguration wurde mit 10 unterschiedlichen Startparametern für die verwendeten Zufallszah-lengeneratoren durchgeführt. Die Ergebnisse in den nachfolgenden Abbildungen sind gemittelt und mit einem 90%-igen Konfidenzintervall dargestellt.

Abbildung 5.44 zeigt den Anteil erfolgreicher Zugangsnachweise für 1, 2 und 5% Angreifer. Im Anschluss zeigt Abbildung 5.45 das Ergebnis der Untersuchung für 10, 20 und 40% Angrei-fer. Ein Zugangsnachweis wurde dabei als erfolgreich gewertet, wenn mindestens die Hälfte

aller Zeugen nicht durch den Angreifer kompromittiert wurden. Die Darstellung der Anzahl der
Teilnehmer erfolgt logarithmisch auf der x-Achse, der prozentuale Anteil von Zugangsvorgän-
gen, bei denen mindestens die Hälfte der Zeugen nicht kompromittiert sind, ist auf der y-Achse
dargestellt.

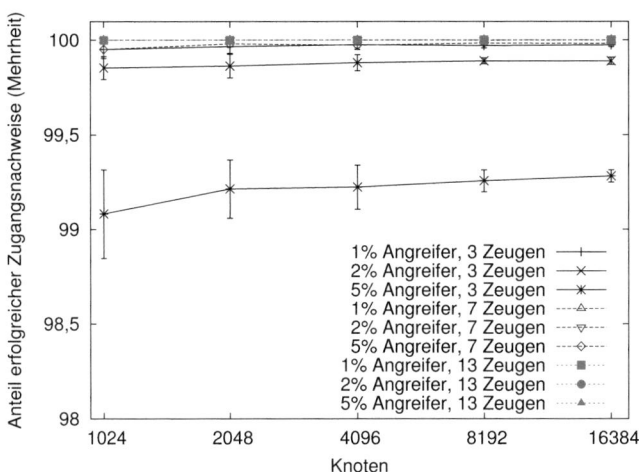

Abbildung 5.44: Anteil erfolgreicher Zugangsnachweise (Mehrheit) für 1, 2 und 5% Angreifer

Für geringe Angreiferwahrscheinlichkeiten ist zu sehen, dass eine sehr hohe Wahrscheinlichkeit für einen erfolgreichen Zugangnachweis erreicht wird. Selbst bei nur 3 Zeugen für den
Zugangsvorgang und 5% Angreifern wird eine mittlere Erfolgswahrscheinlichkeit über 99%
erreicht. Für alle anderen untersuchten Konfigurationen liegt diese noch deutlich höher. Somit kann eine hohe Robustheit des Protokolls gegenüber kompromittierten Zeugen bescheinigt
werden.

Für hohe Angreiferwahrscheinlichkeiten zeigt sich ein etwas differenzierteres Bild. Bei 10%
und 20% Angreifern kann eine Erfolgswahrscheinlichkeit von über 90% erreicht werden. Erst
bei einem Anteil von 40% Angreifern, die als korrupierte Zeugen auftreten, sinkt die Erfolgswahrscheinlichkeit deutlich. So liegt diese bei 3 Zeugen bei nur 65%. Auch für 7 oder 13
Zeugen werden nur 70 bzw. 85% Erfolgswahrscheinlichkeit erreicht.

Zwar ist eine Mehrheitsentscheidung bei technischen Verfahren üblich, in diesem Fall kann
jedoch davon abgewichen werden. Aus rechtlicher Sicht ist es ausreichend, wenn eine einzelne Zugangsbestätigung des Empfängers der elektronischen Willenserklärung beim Absender
vorliegt. Die Zugangsbestätigungen, die von den verschiedenen Zeugen beim korrekten Protokolldurchlauf dem Absender übertragen werden, sind nahezu identisch und unterschieden sich
höchstens im protokollierten Zugangszeitpunkt. Da im vorherigen Abschnitt festgestellt wurde,
dass die Zugangsbestätigung des Empfängers ohne Kompromittierung des Schlüsselmaterial
des Empfängers nicht erstellt werden kann, ist es prinzipiell unerheblich, wieviel Zeugen die
Zugangsbestätigung vom Empfänger anfordern und an den Absender aushändigen. Somit ist es

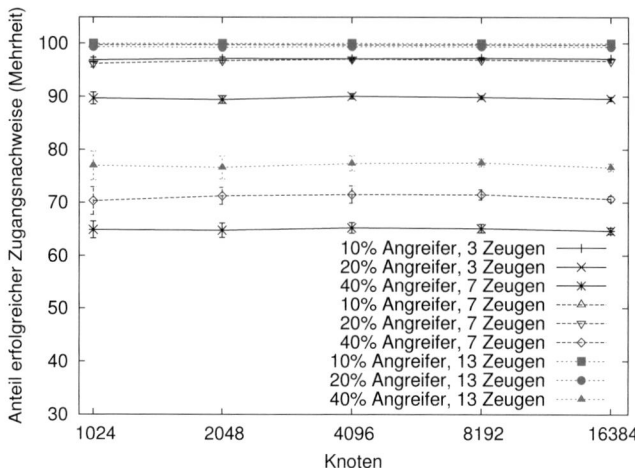

Abbildung 5.45: Anteil erfolgreicher Zugangsnachweise (Mehrheit) für 10, 20 und 40% Angreifer

ausreichend, wenn nur eine geringere Anzahl von Zeugen als die Mehrheit aller Zeugen nicht kompromittiert ist und das Zugangsprotokoll korrekt durchführt.

Aus diesem Grund wurde zusätzlich evaluiert, welche Wahrscheinlichkeit ein nachweisbarer Zugang hat, wenn mindestens 3 nicht korrumpierte Zeugen am Zugangsvorgang beteiligt sind. Die Ergebnisse für 7 und 13 Zeugen sind in Abbildung 5.46 dargestellt. Die Werte der Erfolgswahrscheinlichkeit für eine Zeugenanzahl von 3 wurden bei der Darstellung weggelassen, da dies nur dann im vorliegenden Szenario erreicht werden kann, wenn keiner der 3 Zeugen kompromittiert wurde. Gegenüber Abbildung 5.45 ist leicht erkennbar, dass die Erfolgswahrscheinlichkeit deutlich steigt. Unabhängig von der Zeugenanzahl liegt die Erfolgswahrscheinlichkeit bei 10 und 20% Angreifern fast bei 100%. Selbst bei 7 eingesetzten Zeugen und 40% Angreifern liegt die Erfolgswahrscheinlichkeit bei 90%.

Aus den vorliegenden Untersuchungen geht hervor, dass das vorgestellte Zugangsverfahren auch für einen hohen Anteil an korrumpierten Knoten, aus denen die Zeugen eines Zugangsvorgangs ausgewählt werden, eine hohe Erfolgswahrscheinlichkeit eines nachweisbaren Zugangs einer elektronischen Willenserklärung sicherstellen kann. Da bei einer hohen Anzahl korrumpierter Knoten sowohl bei 3, als auch bei 7 Zeugen, der Anteil erfolgreich nachweisbarer Zugangsvorgänge deutlich unter 95% liegt, empfiehlt sich unter diesen Bedingungen der Einsatz von mehr Zeugen. So wird beispielsweise bei 40% Angreifern mit 13 Zeugen eine Erfolgswahrscheinlichkeit nahe 100% erreicht, wodurch sichergestellt ist, dass auch bei hohen Angreiferwahrscheinlichkeiten der Zugang einer elektronischen Willenserklärung mit dem vorgestellten Verfahren sicher protokolliert werden kann.

Um den Mehraufwand bei einer höheren Anzahl von Zeugen zu minimieren, kann auch ein Zugangsnachweis erst mit einer geringen Anzahl von Zeugen erfolgen. Schlägt dieser fehl,

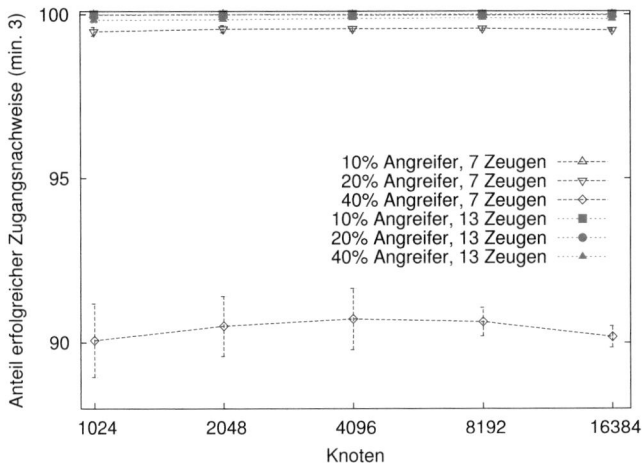

Abbildung 5.46: Anteil erfolgreicher Zugangsnachweise (min. 3 Zeugen) für 10, 20 und 40% Angreifer

kann der Zugangsvorgang direkt im Anschluss mit einer höheren Anzahl von Zeugen wiederholt werden. Für den Fall, dass die Anzahl kompromittierter Zeugen gering ist, ist bereits der erste Zugangsversuch erfolgreich. Nur bei einer hohen Anzahl von Angreifern muss der zweite und aufwendigere Zugangsversuch durchgeführt werden.

5.8.4.8 Skalierbarkeit

Neben der Robustheit wurde auch die Skalierbarkeit des vorgestellten Zugangsprotokolls mit Hilfe der OverSim-Simulationsumgebung untersucht. Dabei wurde evaluiert, welche Zeitdauer und welches Datenaufkommen für den nachweisbaren Zugang einer elektronischen Willenserklärung benötigt werden. Beim Einsatz des Verfahrens auf einer verteilten Infrastruktur muss sichergestellt werden, dass das Verfahren mit wachsender Knotenanzahl hinsichtlich Zeit- und Datenaufkommen skaliert.

In Tabelle 5.6 sind die Simulationsparameter zur Ermittlung des Zeit- und Kommunikationsaufkommens für das Zugangsprotokoll dargestellt. Es werden dabei größtenteils die gleichen Simulationsparameter wie im vorherigen Abschnitt eingesetzt. Um die Auswirkungen verschiedener Zugangsnetze zu ermitteln, wurde neben dem bereits eingesetzten ADSL-basierten Zugangsnetz Ethernet mit einer symmetrischen Datenrate von 10 Mbit/s evaluiert. Zusätzlich zu Chord wurden die Overlay-Netze Bamboo und Kademlia eingesetzt. Damit soll sichergestellt werden, dass das vorgestellte Verfahren auch auf unterschiedlichen strukturierten Overlay-Netzen gut skaliert und nicht auf spezielle Eigenheiten eines Netzes aufbaut.

Um den Einfluss der zuzustellenden Willenserklärung nachzuvollziehen, wurde für die Größe der Willenserklärung ein Wert von 1 kB (1024 Byte) und 10 kB (10240 Byte) angenommen.

Für die Anzahl der Einzelzeitstempel des Besitznachweises der empfangenen Willenserklärung wurde der Wert 16 verwendet, um den Einfluss des verteilten Zeitstempeldienstes zu reduzieren.

Parameter	Parameterraum	Beschreibung
Teilnehmer	$2^{10}, 2^{11}, 2^{12}, 2^{13}, 2^{14}$	Anzahl Teilnehmer
Eintrittsrate	100/s	Eintrittsrate Overlay
Vorlaufzeit	600 s	Stabilisierungsphase Overlay
Simulationszeit	1800 s	Evaluierungsphase
Overlay	Chord, Kademlia, Bamboo	Overlay-Topologie
Underlay	SimpleUnderlay	Underlay-Topologie
Zugangsnetz	Ethernet, 10 Mbit/s, 10ms ADSL - 16 Mbit/s, 20 ms	Verkehrsdaten Zugangsnetz
Paketgröße	1452 Byte	Nutzdatengröße pro Paket
Zeugen	3, 7, 13	Anzahl Zeugen
Nachrichtengröße	1 kB, 10 kB	Größe Willenserklärung
Zeitstempel	16	Anzahl Zeitstempel
Schlüssellänge	1024 bit	Länge Signaturschlüssel
Länge Hash-Wert	160 bit	

Tabelle 5.6: Simulationsparameter Zeit- und Datenaufkommen

5.8.4.8.1   Zeitaufwand

Abbildung 5.47 zeigt die Ergebnisse hinsichtlich des Zeitaufkommens bei unterschiedlicher Anzahl von Zeugen und für verschiedene Größen der zuzustellenden Willenserklärung. Als Zugangsnetz wird ADSL verwendet, als Overlay-Struktur wurde Chord eingesetzt. Obwohl auf die Nachbildung der kryptographischen Operationen innerhalb der Simulationen verzichtet wurde, sind die Simulationsergebnisse auch für die Praxis aussagekräftig, da pro Vorgang nur eine geringe Anzahl kryptographischer Operationen von einem Knoten ausgeführt werden müssen. Zudem können heutige Rechnersysteme mindestens mehrere Hundert Signatur- und mehrere Tausend Verifikations-Operationen, als auch mehrere Hunderttausend Hash-Operationen pro Sekunde durchführen.

Es ist leicht erkennbar, dass der benötigte Zeitaufwand von der Größe der zuzustellenden Willenserklärung abhängt, da diese zuerst vom Absender an alle Zeugen und dann von jedem Zeugen an den Empfänger übertragen werden muss. Unabhängig von der Anzahl der Zeugen ist der zeitliche Aufwand bei einer Größe von 1 kB geringer. Außerdem kann das Zugangsverfahren bei einer geringeren Anzahl von Zeugen schneller durchgeführt werden. Mit exponentiell steigender Anzahl von Teilnehmern steigt der Zeitaufwand nur linear und in geringem Maße. Unabhängig von der Anzahl der Zeugen und der Größe der Willenserklärung steigt der benötigte Zeitaufwand bei 2^{14} Knoten (16384) im Vergleich zu 2^{10} Knoten (1024) im Mittel nur um ein Drittel.

Auch ist erkennbar, dass das vorgestellte Verfahren hinsichtlich der Anzahl der Zeugen gut skaliert. Bei einer Vervierfachung der Zeugenanzahl von 3 auf 13 Zeugen steigt die benötigte Zeitdauer nicht im gleichem Rahmen. Bei einer Größe der Willenserklärung von 10 kB beträgt der Mehraufwand ca. 25%, bei 1 kB nur ca. 10%.

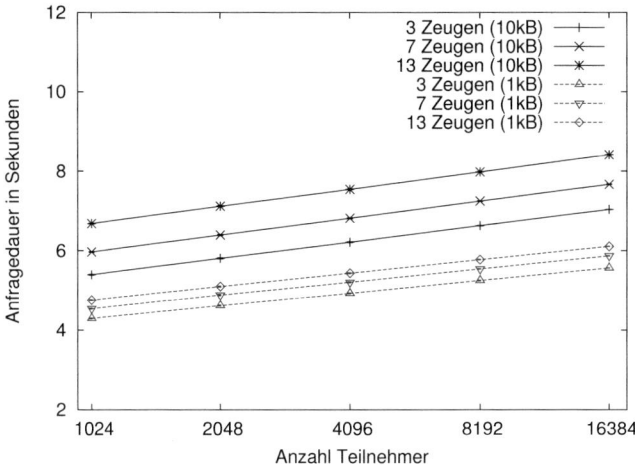

Abbildung 5.47: Zeitdauer für Zugangsnachweis mit unterschiedlichen Dokumentgrößen

In Abbildung 5.48 wird das Zeitaufkommen abhängig vom verwendeten Zugangsnetz dargestellt. Als Overlay-Struktur wird wiederum Chord verwendet, die Größe der Willenserklärung beträgt 10 kB. Wie zu erwarten, ist der benötigte Zeitaufwand beim Einsatz von Ethernet geringer, als für ADSL. Obwohl die zur Verfügung stehende Datenrate für die Senderichtung bei Ethernet 10mal höher ist, wird unabhängig von der Anzahl der Teilnehmer und der Zeugen bei ADSL nur ungefähr der doppelte Zeitaufwand für einen Zugangsnachweis benötigt. Dies ist darauf zurückzuführen, dass die meiste Zeit für die Wegewahl im Overlay benötigt wird, so dass die Zeitdauer der eigentlichen Datenübertragung nur einen geringen Anteil an der Gesamtdauer ausmacht. Zudem werden kleine Dateneinheiten ausgetauscht, so dass die maximale Datenrate nur einen geringen Einfluss hat.

Abbildung 5.49 zeigt die Auswirkungen verschiedener Overlay-Strukturen auf das Zeitverhalten des Zugangsnachweises. Für Chord und Kademlia liegt das Zeitaufkommen auf gleichem Niveau und hat mit steigender Teilnehmerzahl einen ähnlichen leicht steigenden Verlauf. Im Unterschied dazu weist das Overlay-Netz Bamboo für geringe Teilnehmerzahlen einen niedrigeren Zeitaufwand aus, welcher jedoch mit steigenden Teilnehmerzahlen im Vergleich zur Chord und Kademlia stärker ansteigt und diese sogar überholt. Insgesamt ist für alle untersuchten Overlay-Strukturen erkennbar, dass der Zeitaufwand mit steigender Teilnehmerzahl wie erwartet leicht ansteigt.

Wie für das strukturierte Overlay Chord wurde auch für Kademlia und Bamboo untersucht, welchen Einfluss die verwendete Zugangsnetztechnologie hat. Die Ergebnisse für Willenserklärungen mit einer Größe von 10 kB sind in Abbildung 5.50 dargestellt. Für alle untersuchten Overlay-Netze ist erkennbar, dass der Zeitaufwand beim Einsatz von Ethernet geringer ist, als bei ADSL. Beim Chord und Kademlia wächst der Zeitaufwand nahezu unabhängig vom Zugangsnetz gleichmäßig, während bei Bamboo zu Beginn ein geringerer Zeitaufwand festgestellt

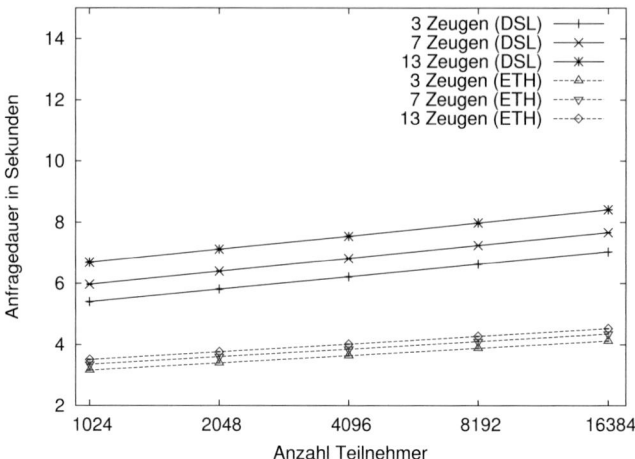

Abbildung 5.48: Zeitdauer für Zugangsnachweis für unterschiedliche Zugangsnetze

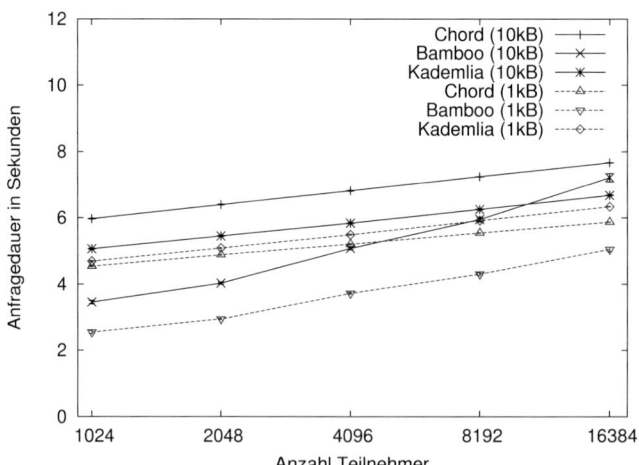

Abbildung 5.49: Zeitdauer für verschiedene Overlay-Strukturen

wird, der mit steigender Teilnehmerzahl stärker als Chord und Kademlia zunimmt. Insgesamt ist jedoch erkennbar, dass der Zeitaufwand nur in geringem Maße vom verwendeten Zugangsnetz abhängig ist und mit steigender Teilnehmerzahl nur leicht wächst.

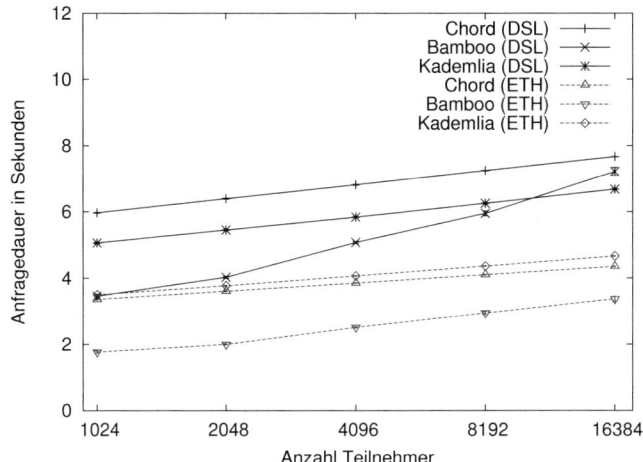

Abbildung 5.50: Zeitdauer des Zugangsnachweises für verschiedene Zugangsnetze

Zum Abschluss der Evaluation des vorgestellten Zugangsverfahren hinsichtlich des Zeitaufwandes wurde untersucht, welchen Einfluss die während des Verfahrens erstellte Dokumentenzeitstempel auf das Zeitverhalten des Zugangsnachweises hat. Dazu wurde der Zugangsnachweis mit unterschiedlichen Konfigurationen des eingesetzten Zeitstempeldienstes durchgeführt. Variiert wurde dabei die Tiefe und der Rang des Dokumentenzeitstempels. Bei einem Rang von 2 wurde eine Tiefe von 4 verwendet, bei Rang 4 Tiefe 2 und bei Rang 16 Tiefe 1. Dies resultiert in einem Dokumentenzeitstempel der aus 15 bis 21 Einzelzeitstempel besteht. Der benötigte Zeitaufwand des Zugangsnachweises für die verschiedenen Dokumentenzeitstempelkonfigurationen ist in Abbildung 5.51 dargestellt. Als Overlay wurde Chord eingesetzt, die zuzustellende Willenserklärung hat eine Größe von 10 kB.

Unabhängig vom Rang des Dokumentenzeitstempels ist erkennbar, dass der Zeitaufwand mit exponentiell steigender Anzahl von Teilnehmern linear steigt. Mit steigendem Rang des Dokumentenzeitstempels sinkt der benötigte Zeitaufwand unabhängig von der Anzahl der Zeugen und der daraus resultierenden Anzahl der Besitznachweise mit einem Dokumentenzeitstempel. Der geringere Zeitaufwand bei höherem Rang des Dokumentenzeitstempels ist leicht erklärbar, da aufgrund der niedrigeren Tiefe des Dokumentenzeitstempels weniger aufeinanderfolgende Overlay-Abfragen erforderlich sind. Bei einem höheren Rang werden diese notwendigen Anfragen an das Overlay-Netz zur Ermittlung des nächsten Knotens eher parallel anstatt sequentiell ausgeführt, wie dies bereits in der Evaluation des verteilten Zeitstempeldienstes (siehe Abschnitt 5.6.5) beschrieben wurde.

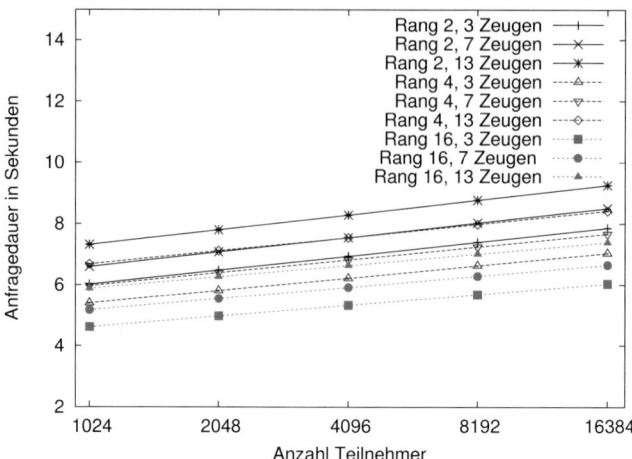

Abbildung 5.51: Zeitdauer des Zugangsnachweises für verschiedene Dokumentenzeitstempel

Zusammenfassend kann für die Evaluation hinsichtlich des Zeitaufwandes festgestellt werden, dass das vorgestellte Zugangsprotokoll gut skaliert. Unabhängig vom verwendeten Zugangsnetz und der eingesetzten Overlay-Struktur kann für eine exponentiell steigende Teilnehmerzahl sichergestellt werden, dass der benötigte Zeitaufwand nur linear ansteigt. Wie erwartet steigt der Zeitaufwand mit der Größe der zuzustellenden Willenserklärung und der Anzahl der Zeugen, steht aber in beiden Fällen auch in einem linearen Zusammenhang.

5.8.4.8.2 Kommunikationsaufwand

Neben dem zeitlichen Aufwand des Zugangsnachweises abhängig vom vorhandenen Zugangsnetz, dem verwendeten Overlay-Netz und der Größe der zuzustellenden Willenserklärung wurde auch untersucht, welches Datenaufkommen durch einen Zugangsnachweis verursacht wird. Dazu wurde bei den Simulationen aus dem vorherigen Abschnitt zusätzlich erfasst, wieviel Datenaufkommen in Senderichtung pro Knoten auftritt.

Da keine Erfahrungswerte für die benötigte Häufigkeit eines Zugangsnachweises auf einem elektronischen Marktplatz vorlagen, wurde für das betrachtete Anwendungsszenario eines verteilten elektronischen Marktplatzes zum Handel mit elektrischer Energie angenommen, dass im Mittel ein Zugangsnachweis innerhalb von 30 Minuten pro Knoten durchgeführt werden muss. Dies lässt sich einerseits daraus ableiten, dass aktuell die kleinsten Abrechnungszeiträume 15 Minuten betragen, andererseits erscheint es unrealistisch dass alle Teilnehmer viele Verträge mit sehr kurzen Zeitfristen abschließen.

Abbildung 5.52 zeigt das verursachte Datenaufkommen in Byte pro Sekunde pro Knoten in Senderichtung, wenn jeder Teilnehmer innerhalb von 30 Minuten einen Zugangsnachweis gegenüber einem anderen zufälligen Teilnehmer durchführt. Selbst bei einer Größe der Willens-

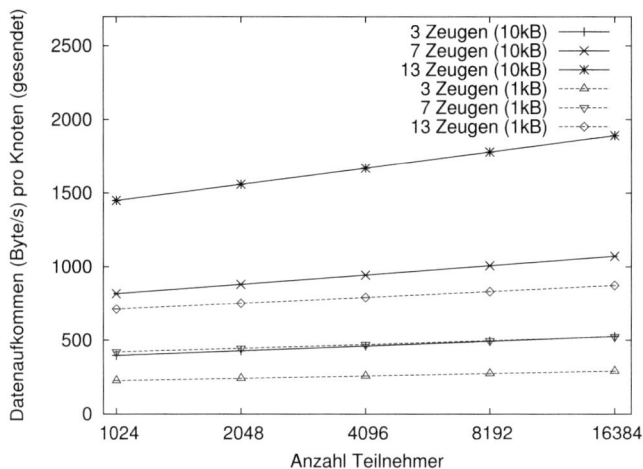

Abbildung 5.52: Datenaufkommen (gesendet) für unterschiedliche Dokumentgrößen und Anzahl Zeugen

erklärung von 10 kB und 13 Zeugen beträgt das Datenaufkommen in Senderichtung bei 2^{14} Knoten unter 2000 Byte/s, was nur 1,5% der typischen Sendedatenrate in Höhe von 1 Mbit/s beträgt. Da bei Einsatz eines ADSL-basierten Zugangsnetzes die Empfangsrichtung eine deutlich höhere Datenrate (typischerweise 16 Mbit/s) aufweist, ist auch kein Engpass beim Empfangen der Daten zu erwarten. Wie zu erwarten, verursacht eine höhere Anzahl von Zeugen auch ein erhöhtes Datenaufkommen, da die Willenserklärung vom Absender an mehr Zeugen und von den Zeugen zum Empfänger übertragen werden muss. Für unterschiedliche Größen der zu übertragenden Willenserklärung zeigt sich ein ähnlicher Zusammenhang, der jedoch nicht so stark ausgeprägt ist, wie bei der Variation der Zeugenanzahl.

Zusätzlich zu Chord wurde auch das Datenaufkommen der Overlay-Netze Bamboo und Kademlia untersucht, dessen Ergebnisse für 7 Zeugen und eine Größe von 1 und 10 kB der zuzustellenden Willenserklärung in Abbildung 5.53 dargestellt sind. Für alle untersuchten Overlay-Netze steigt das Datenaufkommen mit wachsender Anzahl der Teilnehmer und der Größe der Willenserklärung.

Auffällig ist dabei die geringe Steigerung des Datenaufkommens beim Einsatz des Overlay-Netzes Kademlia, wenn die Größe der Willenserklärung von 1 auf 10 kB steigt. Dieser Effekt kann jedoch mit dem zugrundeliegenden Wegewahlalgorithmus in Kademlia erklärt werden. Während bei Chord und Bamboo eine rekursive Wegewahl durchführt wird, bei die Nachricht an den Zielknoten auch an die beteiligten Zwischenknoten übertragen wird, wird bei Kademlia in einem iterativen Vorgehen zuerst die Transportadresse des Zielknotens ermittelt und dann die Nachricht direkt an den Zielknoten übertragen. Diese Vorgehensweise hat den Vorteil, dass sie weitgehend unabhängig von der Größe der eigentlichen Nachricht ist und besonders für große Datenaufkommen besser skaliert.

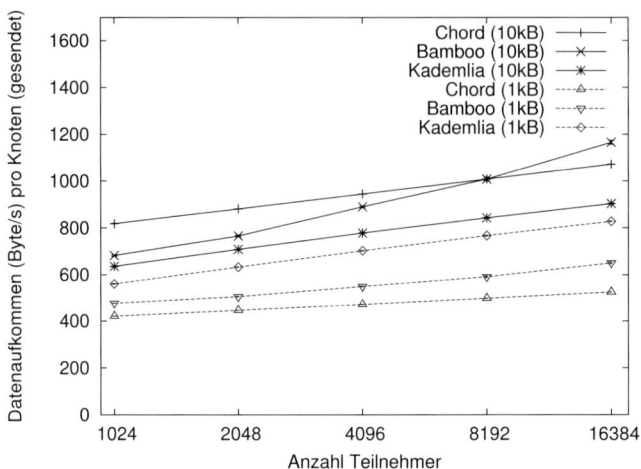

Abbildung 5.53: Datenaufkommen für unterschiedliche Overlay-Strukturen

Dass das zu erwartende Datenaufkommen unabhängig vom eingesetzten Zugangsnetz sein sollte, wird in Abbildung 5.54 bestätigt. Für alle untersuchten Overlay-Netze ergeben sich fast identische Datenaufkommen für die eingesetzten Zugangsnetze auf ADSL- und Ethernetbasis.

Die Untersuchungen zum Datenaufkommen ergeben, dass auch hinsichtlich des Kommunikationsaufwands das vorgestellte Zugangsverfahren skaliert. Mit exponentiell steigender Teilnehmeranzahl wächst linear dazu das Datenaufkommen, mit steigender Anzahl der Zeugen wird ebenfalls ein erhöhter Kommunikationsaufwand festgestellt. Im Vergleich zur vorhandenen Kommunikationsbandbreite ist jedoch das verursachte Datenaufkommen des Zugangsnachweises gering und führt nicht zu einer Überlastung des Zugangsnetzes.

5.8.5 Bewertung

Ausgehend von den Ergebnissen der Evaluation des vorgestellten Zugangsnachweises im vorherigen Abschnitt wird in Tabelle 5.7 eine zusammenfassende Bewertung der aufgestellten Anforderungen vorgenommen.

Sowohl die verfahrensspezifischen funktionalen Anforderungen, als auch die allgemeinen nichtfunktionalen Anforderungen wie Sicherheit, Robustheit und Skalierbarkeit können durch das vorgestellte Zugangsprotokoll erfüllt werden.

Mit dem vorgestellten Zugangsprotokoll kann der Zugang einer elektronischen Willenserklärung beim Empfänger glaubhaft nachgewiesen werden. Weder der Absender, noch der Empfänger der elektronischen Willenserklärung sind in der Lage, den Zugang einer Erklärung zu ihren Gunsten zu beeinflussen oder den Zugang fälschlicherweise zu behaupten oder abzustreiten, ohne dass dies durch aussagekräftige Beweisinformationen widerlegt werden kann.

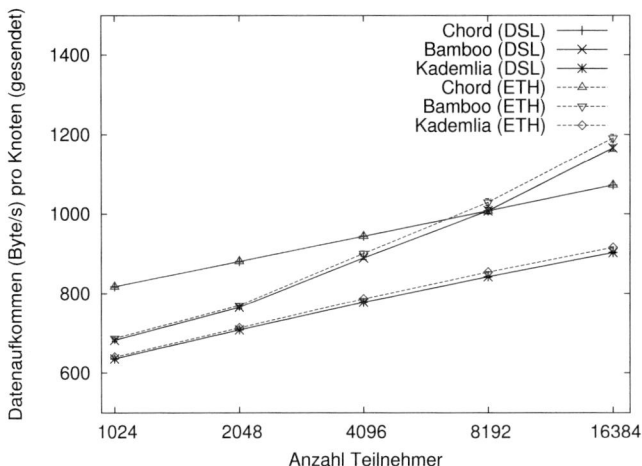

Abbildung 5.54: Datenaufkommen für verschiedene Zugangsnetze

Um einen nachweisbaren Zugang von elektronischen Willenserklärungen auf einem verteilten Marktplatz zu realisieren, wurden weitere Marktteilnehmer in Form von Zeugen in den Zugangsvorgang einbezogen. Die Zeugen treten dabei als Mittler zwischen Absender und Empfänger auf und unterstützen den vorgestellten Protokollablauf. Die korrekte Funktionsweise und Robustheit gegenüber verschiedenen Angriffen wurde in der Simulationsumgebung OverSim nachgewiesen.

5.9 Zusammenfassung

In diesem Kapitel wurden Verfahren vorgestellt, mit denen der Zugang einer elektronischen Willenserklärung auf einem verteilten elektronischen Marktplatz glaubhaft nachgewiesen werden kann. Mit dem Nachweis über den Zugang von elektronischen Erklärungen konnte damit ein weiterer bedeutender Baustein zur Bereitstellung von Rechtssicherheit auf elektronischen Marktplätzen bereitgestellt werden.

Durch den verteilten Zeitstempeldienst, welcher in Abschnitt 5.6 vorgestellt wurde, können sowohl Einzel- als auch Dokumentenzeitstempel erzeugt werden. Während an der Erstellung eines Einzelzeitstempels nur eine Instanz des verteilten Zeitstempeldienstes beteiligt ist, wirken an einem Dokumentenzeitstempel eine Vielzahl von Zeitstempeldiensten mit. Dabei wurde die Auswahl von beteiligten Zeitstempeldiensten so gestaltet, dass einerseits ein Angreifer nicht gezielt eigene Zeitstempeldienste in die Menge beteiligter Instanzen einbringen kann. Andererseits werden damit die Anfragen nach Zeitstempeln gleichmäßig auf alle verfügbaren Zeitstempeldienste verteilt, wie dies in der Evaluation (siehe Abschnitt 5.6.5) gezeigt werden konnte.

Anforderung	Bewertung	Beschreibung
Zugangsnachweis	ja	Zugangsbestätigung mit Besitznachweis
Zuordenbarkeit Absender/Empfänger	ja	Teilnehmerzertifikate
Zuordenbarkeit Willenserklärung	ja	Einbeziehung Hash-Werte
Zugangszeitpunkt	ja	Nutzung verteilte Zeitstempeldienst
Dezentralität	ja	Einsatz ServiceNet und Overlay-Netz
Sicherheit	ja	Einsatz digitale Signaturen und verteilter Zeitstempeldienst
Robustheit	ja	Simulation Angreifer
Skalierbarkeit	ja	Simulation Aufwand

Tabelle 5.7: Bewertung Zugangsnachweis

Gleichzeitig wurden zwei Verfahren vorgestellt, mit denen das Löschen oder Modifizieren von bereits erstellten Zeitstempeln und das Einfügen von neuen Zeitstempeln erheblich erschwert wird. Zum einen werden alle Zeitstempel, die eine Instanz des verteilten Zeitstempeldienstes bisher erzeugt hat, kryptographisch miteinander verkettet, so dass das Löschen oder Modifizieren von Zeitstempeln zuverlässig festgestellt werden kann. Außerdem werden die Zeitstempelketten verschiedener Zeitstempeldienste miteinander überlappt, so dass selbst bei der nachträglichen Kompromittierung eines Zeitstempeldienstes nicht alle bisher geleisteten Zeitstempel als ungültig erklärt werden müssen.

Aufbauend auf dem verteilten Zeitstempeldienst wurde im Abschnitt 5.7 ein Verfahren zum Nachweis des Besitzes eines elektronischen Dokuments D zu einem Zeitpunkt t vorgestellt. Dieser sog. Besitznachweis ermöglicht Marktteilnehmern einen glaubhaften Nachweis darüber, ab welchem Zeitpunkt ein Dokument D in ihrem Besitz war. Beispielsweise kann ein Vertragspartner behaupten, eine bestimmte Willenserklärung erst zu einem späteren Zeitpunkt abgegeben zu haben. Dies kann durch den zugehörigen Besitznachweis widerlegt werden, da dieser die Existenz zu einem früheren Zeitpunkt protokolliert. Technisch wird der Besitznachweis mit Hilfe des verteilten Zeitstempeldienstes realisiert. Der Teilnehmer, welcher einen Besitznachweis haben möchte, erzeugt ein entsprechendes Nachweisdokument und erstellt mit Hilfe seines eigenen Zeitstempeldienstes einen Einzelzeitstempel. Danach wird der verteilte Zeitstempeldienst benutzt, um über das Besitzdokument und den Einzelzeitstempel ein Dokumentenzeitstempel zu erstellen. Damit wird einerseits eine Bindung des Teilnehmers an das Besitzdokument erreicht, andererseits wird mit dem Dokumentenzeitstempel der Zeitpunkt des Besitznachweises protokolliert.

Aufbauend auf dem verteilten Zeitstempeldienst und dem Besitznachweis wurde im Abschnitt 5.8 ein Protokoll vorgestellt, mit dem der Zugang von Willenserklärungen auf elektronischen Marktplätzen nachgewiesen werden kann. Die Grundidee dabei ist, den Austausch der Willenserklärungen nicht direkt zwischen den beteiligten Parteien abzuwickeln, sondern Zeugen in den Vorgang miteinzubeziehen. Die Auswahl von Zeugen ist dabei sowohl von der eigentlichen Willenserklärung, als auch von Informationen abhängig, die vom Absender und zukünftigen Empfänger beigebracht werden.

Die Zeugen werden in den Zugangsvorgang eingebunden, in dem sie dem Empfänger die verschlüsselte Willenserklärung zustellen und dann eine Zugangsbestätigung vom Empfänger erwarten, bevor sie den Schlüssel, der zur Entschlüsselung der Willenserklärung notwendig ist, an den Empfänger übertragen. Durch die Einbeziehung von Zeugen sind weder der Absender noch der Empfänger in der Lage, den Zugang einer Willenserklärung entscheidend zu beeinflussen. Zusätzlich wird auch der Inhalt der zugestellten Willenserklärung protokolliert. Dadurch kann effektiv verhindert werden, dass der Absender im Nachhinein behauptet, eine anders lautende Willenserklärung zugestellt zu haben oder der Empfänger den Zugang einer bestimmten Willenerklärung verneint.

Sowohl der verteilte Zeitstempeldienst, als auch der Zugangsnachweis wurden in der Overlay-Simulationsumgebung OverSim evaluiert. Dabei wurden sowohl die korrekte Funktionsweise bei unterschiedlichen Angreifern und verschiedenen Angreiferverteilungen als auch die Skalierbarkeit und der Aufwand der vorgestellten Verfahren untersucht. Gleichzeitig wurde eine Evaluierung hinsichtlich der Sicherheit der vorgeschlagenen Verfahren vorgenommen. Als Ergebnis der Evaluation wurde festgestellt, das der Zugang elektronischer Willenserklärungen mittels der vorgestellten Verfahren und Protokolle sicher nachgewiesen werden kann und somit ein wichtiger Bestandteil zur Bereitstellung von Rechtssicherheit auf elektronischen Märkten erfüllt wird.

Kapitel 6

Zusammenfassung

Mit steigender Anzahl von Breitbandanschlüssen wird der Einsatz von verteilten Anwendungen für Privatpersonen immer interessanter. Ein mögliches Anwendungsszenario der zur Verfügung stehenden Peer-to-Peer-Technologie ist der Aufbau selbstorganisierender verteilter elektronischer Märkte. Dabei stellen die Teilnehmer die benötigte Marktinfrastruktur selbst bereit und müssen für die Benutzung des Marktplatzes keine zusätzlichen Transaktionsgebühren an einen zentralen Marktplatzbetreiber entrichten. Dies ermöglicht auch den Aufbau von Märkten, an deren Umsetzung ein Unternehmen kein kommerzielles Interesse hat.

Neben der verteilten Bereitstellung der benötigten Ressourcen bieten verteilte Infrastrukturen weitere Vorteile. So können aufgrund der Eigenschaften selbstorganisierender Systeme eine hohe Verfügbarkeit und Robustheit gewährleistet werden, da beispielsweise der Ausfall einiger Teilkomponenten nicht zum Ausfall des Gesamtsystems führt.

Um jedoch aufbauend auf einer verteilten Infrastruktur elektronische Märkte bereitzustellen, auf denen sicher und nachweisbar gehandelt werden kann, müssen weitere nicht-technische Anforderungen erfüllt werden. Nur wenn auf einem verteilten elektronischen Marktplatz ein sicherer Rechtsverkehr mit rechtskonformen und beweissicheren Vertragsverhandlungen sichergestellt werden kann, werden diese die notwendige Akzeptanz erlangen. Aus diesem Grund wurde in der vorliegenden Arbeit untersucht, wie sich Rechtskonformität und Beweissicherheit mit technischen Mitteln auf einem selbstorganisierenden verteilten elektronischen Markt umsetzen lassen.

6.1 Ergebnisse der Arbeit

Im Rahmen dieser Arbeit wurden verschiedene Verfahren und Protokolle entwickelt, um einen sicheren Rechtsverkehr auf einem selbstorganisierenden verteilten elektronischen Marktplatz zu gewährleisten.

So wurde in Kapitel 3 eine Architektur vorgestellt, mit der selbstorganisierende verteilte elektronische Märkte überhaupt erst aufgebaut werden können. Bei der vorgestellten Architektur wurden die Konzepte Peer-to-Peer und dienstorientierte Architekturen so miteinander kombiniert, dass die Vorteile sowohl des Dienstkonzeptes als auch die Vorteile verteilter Anwendungen optimal miteinander kombiniert werden können. Gleichzeitig wurde eine technische Sicherheitsarchitektur entworfen und integriert, mit der die Grundfunktionen zum Aufbau rechtssicherer Märkte bereitgestellt wurden. Um jedoch die geforderte Rechtskonformität und Beweiserleichterung auf Grundlage der SESAM-Basisarchitektur sicherzustellen, war die Entwicklung weiterer Verfahren notwendig.

In Kapitel 4 wurden Verfahren entwickelt, mit denen sich sichere Vertragsverhandlungen auf einem verteilten elektronischen Marktplatz umsetzen lassen. Dazu wurde ein sog. Authentifizierungsdienst entworfen, der zur Authentifizierung und Zertifizierung von Marktteilnehmern eingesetzt werden kann. Zusätzlich wurden Verfahren integriert, mit denen die Integrität und Zuordenbarkeit von Willenserklärungen auf dem verteilten elektronischen Markt sichergestellt werden kann. Erst durch einen nachprüfbaren Identitätsnachweis von möglichen Vertragspartnern und der Zuordnung von elektronischen Willenserklärung an einen Marktteilnehmer konnten sichere Vertragsverhandlungen gewährleistet werden.

Zwar konnte mit der Umsetzung sicherer Vertragsverhandlungen ein bedeutender Aspekt bei der Bereitstellung eines sicheren Rechtsverkehrs auf einem verteilten elektronischen Marktplatz erfüllt werden, jedoch waren weitere Schritte notwendig, da nicht alle rechtlichen Fragestellungen mit Hilfe sicherer Vertragsverhandlungen beantwortet werden können.

Aus diesem Grund wurden in Kapitel 5 Verfahren zur Beweiserleichterung im elektronischen Rechtsverkehr entworfen. Als Anwendungsbeispiel wurde die Problemstellung des nachweisbaren Zugangs einer elektronischen Willenserklärung auf einem selbstorganisierenden verteilten elektronischen Marktplatz untersucht, da dem nachweisbaren Zugang eine bedeutende Rolle bei der Realisierung eines sicheren Rechtsverkehrs zukommt. Zur Umsetzung eines nachweisbaren Zugangs einer elektronischen Willenserklärung auf einem verteilten elektronischen Marktplatz wurden drei zusätzliche Verfahren entworfen. Mit Hilfe eines verteilten Zeitstempeldienstes wurde die Möglichkeit bereitgestellt, die Existenz eines elektronischen Dokumentes D zu einem Zeitpunkt t zu protokollieren. Darauf aufbauend wurde der sog. Besitznachweis entworfen, mit dem ein Marktteilnehmer A den Besitz eines elektronischen Dokumentes D zu einem Zeitpunkt t glaubhaft nachweisen kann.

Um den Zugang einer elektronischen Willenserklärung sicher nachweisen zu können, wurde unter Verwendung des verteilten Zeitstempeldienstes und dem Besitznachweis ein eigenständiges Zugangsprotokoll entworfen. Anstatt einer zentralen vertrauenswürdigen Instanz, werden aus der Menge aller Teilnehmer des Marktplatzes Zeugen ausgewählt, die den eigentlichen Zugangsvorgang unterstützen und dabei den Zugang der elektronischen Willenserklärung protokollieren. Die im Rahmen dieser Arbeit entwickelten Verfahren zur Beweiserleichterung im elektronischen Rechtsverkehr sind zudem nicht auf die Anwendung innerhalb einer verteilten Infrastruktur eingeschränkt und können auch in anderen Szenarien eingesetzt werden.

Um die Funktionsfähigkeit der entwickelten Basisarchitektur und der darauf aufbauenden Verfahren und Dienste nachweisen zu können, wurde ein lauffähiger Softwareprototyp erstellt. Als Anwendungsszenario wurde ein verteilter elektronischer Marktplatz zum Handel mit elektrischer Energie ausgewählt. Für dieses Szenario wurde im Rahmen des BMBF-Projekts "Selbstorganisation und Spontaneität für liberalisierte und harmonisierte Märkte" (SESAM) ein umfangreicher Demonstrator erstellt und auf verschiedenen Veranstaltungen präsentiert.

Zusammenfassend kann festgestellt werden, dass die Zielsetzungen der Arbeit erreicht werden konnten. Einerseits wurden sichere Vertragsverhandlungen auf einem selbstorganisierten verteilten elektronischen Marktplatz bereitgestellt, andererseits wurden Verfahren entwickelt, mit dem der nachweisbare Zugang einer elektronischen Willenserklärung protokolliert werden kann. Außerdem wurde eine Basisarchitektur zum Aufbau verteilter Marktinfrastrukturen vorgestellt. Damit sind die notwendige Bausteine zur Bereitstellung eines sicheren Rechtsverkehrs auf verteilten elektronischen Märkten vorhanden und können eingesetzt werden.

6.2 Ausblick

Obwohl mit den vorgestellten Verfahren und Protokollen die gewünschte Rechtssicherheit auf einem verteilten elektronischen Markplatz bereitgestellt werden kann, konnten nicht alle Fragestellungen, die sich im Verlauf dieser Arbeit ergeben haben, beantwortet werden.

So wurde für einige Verfahren auf Anwendungsebene festgestellt, dass diese mit Angreifern, die ausschließlich auf Overlay-Ebene agieren, nur schlecht umgehen können. Aus diesem Grund besteht Bedarf nach selbstorganisierten Overlay-Netzen, die mehr Robustheit bei aktiven Angreifern bereitstellen.

Zusätzlich könnten die vorgestellten Verfahren erweitert werden, so dass diese adaptiv auf bestimmte Angreiferkonstellationen reagieren können und so einen noch höheren Schutz gegenüber Angriffen bereitstellen. So wäre beispielsweise beim vorgestellten verteilten Zeitstempeldienst denkbar, dass bei der Erstellung von Dokumentenzeitstempels Einzelzeitstempel von den vorhandenen Zeitstempeldiensten so lange angefordert werden, bis eine Mindestanzahl von Einzelzeitstempeln erreicht ist.

Literaturverzeichnis

[1] ABOBA, B. ; BLUNK, L. ; VOLLBRECHT, J. ; CARLSON, J. ; LEVKOWETZ, H.: *Extensible Authentication Protocol (EAP)*. RFC 3748 (Proposed Standard). http://www.ietf.org/rfc/rfc3748.txt. Version: Juni 2004 (Request for Comments). – Updated by RFC 5247

[2] ACCREDITED STANDARDS COMMITTEE X3: *American National Standard X3.92-1981: Data Encryption Algorithm DEA*. 1981

[3] ACCREDITED STANDARDS COMMITTEE X9: *American National Standard X9.17-1985: Financial Institution Key Management (Wholesale)*. 1985

[4] ADAMS, C. ; CAIN, P. ; PINKAS, D. ; ZUCCHERATO, R.: *Internet X.509 Public Key Infrastructure Time-Stamp Protocol (TSP)*. RFC 3161 (Proposed Standard). http://www.ietf.org/rfc/rfc3161.txt. Version: August 2001 (Request for Comments)

[5] ANDERSEN, David ; BALAKRISHNAN, Hari ; KAASHOEK, Frans ; MORRIS, Robert: Resilient overlay networks. In: *SIGOPS Oper. Syst. Rev.* 35 (2001), Nr. 5, S. 131–145. – ISSN 0163–5980

[6] NADALIN, Anthony (Hrsg.) ; KALER, Chris (Hrsg.) ; HALLAM-BECKER, Philip (Hrsg.) ; MONZILLO, Ronal (Hrsg.): *Web Services Security: SOAP Message Security 1.0g*. März 2004

[7] AXIS DEVELOPMENT TEAM: *Apache Axis*. 2009. – http://ws.apache.org/axis, Stand 09/2009

[8] BARTEL, M. ; BOYER, J. ; FOX, B. ; LAMACCHIA, B. ; SIMON, E.: XML-Signature Syntax and Processing / W3C. 2002. – W3C Recommendation. – http://www.w3.org/TR/xmldsig-core, Stand 09/2009

[9] BAUMGART, Ingmar ; HEEP, Bernhard ; KRAUSE, Stephan: OverSim: A Flexible Overlay Network Simulation Framework. In: *Proceedings of 10th IEEE Global Internet Symposium (GI '07) in conjunction with IEEE INFOCOM 2007, Anchorage, AK, USA*, 2007, S. 79–84

[10] BEN-OR, Michael ; GOLDWASSER, Shafi ; WIGDERSON, Avi: Completeness theorems for non-cryptographic fault-tolerant distributed computation. In: *STOC '88: Proceedings of the twentieth annual ACM symposium on Theory of computing*. New York, NY, USA : ACM Press, 1988. – ISBN 0–89791–264–0, S. 1–10

[11] BERGFELDER, M.: *Der Beweis im elektronischen Rechtsverkehr*. Verlag Dr. Kovač, 2006. – ISBN 3-8300-2451-7

[12] BERNERS-LEE, TIM AND HENDLER, JAMES AND LASSILA, ORA : The Semantic Web. In: *Scientific American* (2001), Mai

[13] BLESS, Roland ; MINK, Stefan ; BLASS, Erik-Oliver ; CONRAD, Michael ; HOF, Hans-Joachim ; KUTZNER, Kendy ; SCHÖLLER, Marcus ; SPRINGER (Hrsg.): *Sichere Netzwerkkommunikation*. Berlin : Springer, 2005. – ISBN 3-540-21845-9

[14] BONEH, Dan ; FRANKLIN, Matthew: Efficient Generation of Shared RSA Keys. In: *Lecture Notes in Computer Science* 1294 (1997), S. 425+

[15] BUNDESGERICHTSHOF BUNDESREPUBLIK DEUTSCHLAND: Beweislast des Käufers für Zugang der empfangsbedürftigen Mängelanzeige. In: *Neue Juristische Wochenschrift* (1987), September, S. 2235–2236. – BGH 13.05.1987 - VIII ZR 137/86

[16] BUNDESMINISTERIUM FÜR WIRTSCHAFT UND TECHNOLOGIE: *E-Energy - IKT-basiertes Energiesystem der Zukunft*. 2009. – http://www.e-energy.info, Stand 09/2009

[17] BUNDESREGIERUNG: *Entwurf eines Gesetzes zur Regelung von Bürgerportalen und zur Änderung weiterer Vorschriften*. Bd. 174/09. Bundesanzeiger Vertriebsgesellschaft mbH, 2009

[18] BUNDESREPUBLIK DEUTSCHLAND: *Zeitgesetz*. 1978

[19] BUNDESREPUBLIK DEUTSCHLAND: *Gesetz über Rahmenbedingungen für elektronische Signaturen*. 2001. – http://bundesrecht.juris.de/sigg_2001/index.html, Stand 09/2009

[20] BUNDESREPUBLIK DEUTSCHLAND: *Verordnung zur elektronischen Signatur*. 2001. – http://bundesrecht.juris.de/sigv_2001/index.html, Stand 09/2009

[21] BUNDESREPUBLIK DEUTSCHLAND: *Bürgerliches Gesetzbuch*. 2004. – http://www.gesetze-im-internet.de/bgb, Stand 09/2009

[22] BUNDESREPUBLIK DEUTSCHLAND: *Zivilprozessordnung*. 2005. – http://bundesrecht.juris.de/bundesrecht/zpo/index.html, Stand 09/2009

[23] BUNDESREPUBLIK DEUTSCHLAND: *Einheiten- und Zeitgesetz*. 2008. – http://bundesrecht.juris.de/me_einhg/index.html, Stand 09/2009

[24] BUNDESREPUBLIK DEUTSCHLAND: *Grundgesetz*. 2009. – http://www.bundestag.de/dokumente/rechtsgrundlagen/grundgesetz, Stand 09/2009

[25] CALLAS, J. ; DONNERHACKE, L. ; FINNEY, H. ; SHAW, D. ; THAYER, R.: *OpenPGP Message Format*. RFC 4880 (Proposed Standard). http://www.ietf.org/rfc/rfc4880.txt. Version: November 2007 (Request for Comments). – Updated by RFC 5581

[26] CASTRO, Miguel ; DRUSCHEL, Peter ; GANESH, Ayalvadi ; ROWSTRON, Antony ; WAL-LACH, Dan S.: Secure routing for structured peer-to-peer overlay networks. In: *SIGOPS Oper. Syst. Rev.* 36 (2002), Nr. SI, S. 299–314. – ISSN 0163–5980

[27] CHAWATHE, Yatin ; RATNASAMY, Sylvia ; BRESLAU, Lee ; LANHAM, Nick ; SHEN-KER, Scott: Making gnutella-like P2P systems scalable. In: *SIGCOMM '03: Proceedings of the 2003 conference on Applications, technologies, architectures, and protocols for computer communications.* New York, NY, USA : ACM, 2003. – ISBN 1–58113–735–4, S. 407–418

[28] CHENG, Alice ; FRIEDMAN, Eric: Sybilproof reputation mechanisms. In: *P2PECON '05: Proceedings of the 2005 ACM SIGCOMM workshop on Economics of peer-to-peer systems.* New York, NY, USA : ACM, 2005. – ISBN 1–59593–026–4, S. 128–132

[29] CHRISTENSEN, Erik ; CURBERA, Francisco ; MEREDITH, Greg ; WEERAWARANA, Sanjiva: Web Services Description Language (WSDL) 1.1 / W3C. 2001. – Forschungs-bericht

[30] CHU, Yang-hua ; RAO, Sanjay G. ; ZHANG, Hui: A case for end system multicast. In: *SIGMETRICS '00: Proceedings of the 2000 ACM SIGMETRICS international confe-rence on Measurement and modeling of computer systems.* New York, NY, USA : ACM, 2000. – ISBN 1–58113–194–1, S. 1–12

[31] CLEMENT, Luc ; HATELY, Andrew ; RIEGEN, Claus von ; ROGERS, Tony: *Universal Description Discovery and Integration (UDDI) Version 3.* Oktober 2004

[32] CONRAD, M. ; DINGER, J. ; HARTENSTEIN, H. ; ROLLI, D. ; SCHÖLLER, M. ; ZITTER-BART, M. ; STEINMETZ, Ralf (Hrsg.) ; WEHRLE, Klaus (Hrsg.): *A Peer-to-Peer Fra-mework for Electronic Markets.* Bd. Springer Volume 3485. Springer, 2005. – 509–525 S.

[33] CONRAD, M. ; FUNK, C. ; RAABE, O. ; ; WALDHORST, O.: A Lawful Framework for Distributed Electronic Markets. In: *Proc. 8th IFIP Working Conf. on Virtual Enterprises.* Guimaraes, Portugal : Springer, September 2007, S. 233–240

[34] CONRAD, Michael: Non-repudiation mechanisms for peer-to-peer networks: enabling technology for peer-to-peer economic markets. In: *CoNEXT '06: Proceedings of the 2006 ACM CoNEXT conference.* New York, NY, USA : ACM, 2006. – ISBN 1–59593–456–1, S. 1–2

[35] CONRAD, Michael ; DINGER, Jochen ; HARTENSTEIN, Hannes ; SCHÖLLER, Marcus ; ZITTERBART, Martina: Combining Service-Orientation and Peer-to-Peer Networks. In: SPRINGER (Hrsg.): *Proceedings of Kommunikation in Verteilten Systemen (KiVS),* 2005, S. 181 – 184

[36] CONRAD, Michael ; FUNK, Christian ; RAABE, Oliver ; WALDHORST, Oliver P.: Legal Compliance by Design - Technical Solutions for Future Distributed Electronic Markets. In: *Journal of Intelligent Manufacturing* (2008), Dezember. – ISSN 0956–5515 (Print) 1572–8145 (Online)

[37] CONRAD, Michael ; HOF, Hans-Joachim: A Generic, Self-Organizing, and Distributed Bootstrap Service for Peer-to-Peer Networks. In: *Proceedings of New Trends in Network Architectures and Services: 2nd International Workshop on Self-Organizing Systems (IW-SOS 2007)*, 2007, S. 59–72

[38] COOPER, D. ; SANTESSON, S. ; FARRELL, S. ; BOEYEN, S. ; HOUSLEY, R. ; POLK, W.: *Internet X.509 Public Key Infrastructure Certificate and Certificate Revocation List (CRL) Profile*. RFC 5280 (Proposed Standard). http://www.ietf.org/rfc/rfc5280.txt. Version: Mai 2008 (Request for Comments)

[39] DABEK, Frank ; ZHAO, Ben Y. ; DRUSCHEL, Peter ; KUBIATOWICZ, John ; STOICA, Ion: Towards a Common API for Structured Peer-to-Peer Overlays. In: *IPTPS*, 2003, S. 33–44

[40] DAVID CORCORAN: *MUSCLE - Movement for the Use of Smartcards in a Linux Environemnt*. 2009. – http://www.musclecard.com/middle.html, Stand 09/2009

[41] DIERKS, T. ; RESCORLA, E.: *The Transport Layer Security (TLS) Protocol Version 1.1*. RFC 4346 (Proposed Standard). http://www.ietf.org/rfc/rfc4346.txt. Version: April 2006 (Request for Comments). – Obsoleted by RFC 5246, updated by RFCs 4366, 4680, 4681

[42] DINGER, Jochen: *Das Potential von Peer-to-Peer-Netzen und -Systemen: Architekturen, Robustheit und rechtliche Verortung*, Universität Fridericiana zu Karlsruhe (TH), Diss., 2009

[43] DINGER, Jochen ; HARTENSTEIN, Hannes: Defending the Sybil Attack in P2P Networks: Taxonomy, Challenges, and a Proposal for Self-Registration. In: *IN ARES '06: Proceedings of the first international conference on Availability, Reliability and Security*, 2006, S. 756–763

[44] DOUCEUR, John: The Sybil Attack. In: *1st International Workshop on Peer-to-Peer Systems (IPTPS '02)* Bd. 2429, Springer, 2002, S. 251–260

[45] EASTLAKE 3RD, D. ; JONES, P.: *US Secure Hash Algorithm 1 (SHA1)*. RFC 3174 (Informational). http://www.ietf.org/rfc/rfc3174.txt. Version: September 2001 (Request for Comments). – Updated by RFC 4634

[46] EBERSPÄCHER, J. ; SCHOLLMEIER, R. ; STEINMETZ, Ralf (Hrsg.) ; WEHRLE, Klaus (Hrsg.): *First and Second Generation of Peer-to-Peer-Systems*. Bd. Springer Volume 3485. Springer, 2005. – 35–56 S.

[47] ECKERT, Claudia: *IT-Sicherheit*. Oldenbourg, 2004. – ISBN 3–486–20000–3

[48] EL GAMAL, Taher: A public key cryptosystem and a signature scheme based on discrete logarithms. In: *Proceedings of CRYPTO 84 on Advances in cryptology*. New York, NY, USA : Springer-Verlag New York, Inc., 1985. – ISBN 0–387–15658–5, S. 10–18

[49] ELKINS, M. ; TORTO, D. D. ; LEVIEN, R. ; ROESSLER, T.: *MIME Security with Open-PGP*. RFC 3156 (Proposed Standard). http://www.ietf.org/rfc/rfc3156.txt. Version: August 2001 (Request for Comments)

[50] EUROPÄISCHES PARLAMENT, Rat: *Richtlinie 2006/123/EG des Europäischen Parlaments und des Rates vom 12. Dezember 2006 über Dienstleistungen im Binnenmarkt.* Bd. L123. Amt für Veröffentlichungen der Europäischen Union, 2006. – 36–68 S.

[51] FIELDING, R. ; GETTYS, J. ; MOGUL, J. ; FRYSTYK, H. ; MASINTER, L. ; LEACH, P. ; BERNERS-LEE, T.: *Hypertext Transfer Protocol – HTTP/1.1.* RFC 2616 (Draft Standard). http://www.ietf.org/rfc/rfc2616.txt. Version: Juni 1999 (Request for Comments). – Updated by RFC 2817

[52] FOUQUE, Pierre-Alain ; STERN, Jacques: Fully Distributed Threshold RSA under Standard Assumptions. In: *Lecture Notes in Computer Science* 2248 (2001), S. 310–330

[53] FUNK, C.: *Allgemeine Geschäftsbedingungen in Peer-to-Peer-Märkten.* KIT Scientific Publishing, 2010. – ISBN 978-3-86644-504-8

[54] GALVIN, J. ; MURPHY, S. ; CROCKER, S. ; FREED, N.: *Security Multiparts for MIME: Multipart/Signed and Multipart/Encrypted.* RFC 1847 (Proposed Standard). http://www.ietf.org/rfc/rfc1847.txt. Version: Oktober 1995 (Request for Comments)

[55] GERKE, Jan ; HAUSHERR, David ; STEINMETZ, Ralf (Hrsg.) ; WEHRLE, Klaus (Hrsg.): *Peer-to-Peer Market Management.* Bd. Springer Volume 3485. Springer, 2005. – 491–508 S.

[56] H. SCHMECK AND M. ZITTERBART AND CH. WEINHARDT AND T. DREIER AND D. MÖST: *Aufbruch zu Minimum-Emission-Regions.* August 2008

[57] HAUSHERR, David: *PeerMart: Secure Decentralized Pricing and Accounting for Peer-to-Peer Systems,* ETH Zürich, Diss., 2006. – ISBN 3-8322-4969-9

[58] HOUSLEY, R.: *Cryptographic Message Syntax (CMS).* RFC 3852 (Proposed Standard). http://www.ietf.org/rfc/rfc3852.txt. Version: Juli 2004 (Request for Comments). – Updated by RFCs 4853, 5083

[59] IMAMURA, T. ; DILLAWAY, B. ; SIMON, E.: XML Encryption Syntax and Processing / W3C. 2002. – W3C Recommendation. – http://www.w3.org/TR/xmlenc-core, Stand 09/2009

[60] INTERNATIONAL TELECOMMUNICATION UNION – TELECOMMUNICATION STANDARDIZATION SECTOR (ITU-T) / INTERNATIONAL ORGANISATION FOR STANDARDIZATION (Hrsg.): *X.200: Information Technology - Open Systems Interconnection - Basic Reference Model.* 07/94. ITU-T: International Telecommunication Union – Telecommunication Standardization Sector (ITU-T) / International Organisation for Standardization, Januar 1994

[61] INTERNATIONAL TELECOMMUNICATION UNION – TELECOMMUNICATION STANDARDIZATION SECTOR (ITU-T) / INTERNATIONAL ORGANISATION FOR STANDARDIZATION (Hrsg.): *X.400: Message handling system and service overview.* 06/99. ITU-T: International Telecommunication Union – Telecommunication Standardization Sector (ITU-T) / International Organisation for Standardization, Juni 1999

[62] INTERNATIONAL TELECOMMUNICATION UNION – TELECOMMUNICATION STAN-
DARDIZATION SECTOR (ITU-T) / INTERNATIONAL ORGANISATION FOR STANDAR-
DIZATION (Hrsg.): *X.500: Overview of Concepts, Models, and Services, ITU-T Rec.
X.500 (1993) | ISO/IEC 9594-1:1993*. 08/05. ITU-T: International Telecommunication
Union – Telecommunication Standardization Sector (ITU-T) / International Organisation
for Standardization, Februar 2001

[63] INTERNATIONAL TELECOMMUNICATION UNION – TELECOMMUNICATION STAN-
DARDIZATION SECTOR (ITU-T) / INTERNATIONAL ORGANISATION FOR STANDAR-
DIZATION (Hrsg.): *ITU-T Recommendation X.680: Information Technology - Abstract
Syntax Notation One (ASN.1): Specification of Basic Notation*. 06/02. ITU-T: Interna-
tional Telecommunication Union – Telecommunication Standardization Sector (ITU-T)
/ International Organisation for Standardization, Juli 2002. – Recommendation X.680
(2002), identisch mit ISO-Norm ISO/IEC 8824-1:2002

[64] INTERNATIONAL TELECOMMUNICATION UNION – TELECOMMUNICATION STAN-
DARDIZATION SECTOR (ITU-T) / INTERNATIONAL ORGANISATION FOR STANDAR-
DIZATION (Hrsg.): *X.509: Information technology - Open Systems Interconnection - The
Directory: Public-key and attribute certificate frameworks*. 08/05. ITU-T: Internatio-
nal Telecommunication Union – Telecommunication Standardization Sector (ITU-T) /
International Organisation for Standardization, März 2003

[65] JOSEFSSON, S.: *The Base16, Base32, and Base64 Data Encodings*. RFC 4648 (Proposed
Standard). http://www.ietf.org/rfc/rfc4648.txt. Version: Oktober 2006
(Request for Comments)

[66] KENT, S. ; SEO, K.: *Security Architecture for the Internet Protocol*. RFC 4301 (Proposed Standard). http://www.ietf.org/rfc/rfc4301.txt. Version: Dezember
2005 (Request for Comments)

[67] KLENSIN, J.: *Simple Mail Transfer Protocol*. RFC 5321 (Draft Standard). http:
//www.ietf.org/rfc/rfc5321.txt. Version: Oktober 2008 (Request for Comments)

[68] KONG, Joseph S. ; BRIDGEWATER, Jesse S. A. ; ROYCHOWDHURY, Vwani P.: Resilience
of structured P2P systems under churn: The reachable component method. In: *Comput.
Commun.* 31 (2008), Nr. 10, S. 2109–2123. – ISSN 0140–3664

[69] KONIGKORSKI, Marco: *Sichere Signatureinheit mit P2P - Wie geht das ?*, Institut für
Telematik, Universität Karlsruhe (TH), Diplomarbeit, 2007

[70] LABORATORIES, RSA: *PKCS #11:Cryptographic Token Interface Standard*. 2009. –
http://www.rsa.com/rsalabs/node.asp?id=2133, Stand 09/2009

[71] LABORATORIES, RSA: *PKCS #12: Personal Information Exchange Syntax Standard*.
2009. – http://www.rsa.com/rsalabs/node.asp?id=2138, Stand 09/2009

[72] LABORATORIES, RSA: *PKCS #15: Cryptographic Token Information Format Standard*. jun 2009. – http://www.rsa.com/rsalabs/node.asp?id=2141,
Stand 09/2009

[73] LAFON, Yves ; MITRA, Nilo: SOAP Version 1.2 Part 0: Primer (Second Edition) / W3C. 2006. – Forschungsbericht. – `http://www.w3.org/TR/2006/PER-soap12-part0-20061219`, Stand 09/2009

[74] LLOYD, B. ; SIMPSON, W.: *PPP Authentication Protocols*. RFC 1334 (Proposed Standard). `http://www.ietf.org/rfc/rfc1334.txt`. Version: Oktober 1992 (Request for Comments). – Obsoleted by RFC 1994

[75] LOGUINOV, Dmitri ; KUMAR, Anuj ; RAI, Vivek ; GANESH, Sai: Graph-theoretic analysis of structured peer-to-peer systems: routing distances and fault resilience. In: *SIGCOMM '03: Proceedings of the 2003 conference on Applications, technologies, architectures, and protocols for computer communications*. New York, NY, USA : ACM, 2003. – ISBN 1–58113–735–4, S. 395–406

[76] LUA, Keong ; CROWCROFT, J. ; PIAS, M. ; SHARMA, R. ; LIM, S.: A survey and comparison of peer-to-peer overlay network schemes. In: *Communications Surveys & Tutorials, IEEE* (2005), S. 72–93

[77] MAYMOUNKOV, Petar ; MAZIÈRES, David: Kademlia: A Peer-to-Peer Information System Based on the XOR Metric. In: *IPTPS*, 2002, S. 53–65

[78] MELNIKOV, A. ; ZEILENGA, K.: *Simple Authentication and Security Layer (SASL)*. RFC 4422 (Proposed Standard). `http://www.ietf.org/rfc/rfc4422.txt`. Version: Juni 2006 (Request for Comments)

[79] MENEZES, A. ; OORSCHOT, P. van ; VANSTONE, S.: *Handbook of Applied Cryptography*. CRC Press, 1996

[80] MICROSYSTEMS, Sun: *RPC: Remote Procedure Call Protocol specification: Version 2*. RFC 1057 (Informational). `http://www.ietf.org/rfc/rfc1057.txt`. Version: Juni 1988 (Request for Comments)

[81] MILLS, D.: *Network Time Protocol (Version 3) Specification, Implementation and Analysis*. RFC 1305 (Draft Standard). `http://www.ietf.org/rfc/rfc1305.txt`. Version: März 1992 (Request for Comments)

[82] MILLS, D.: *Simple Network Time Protocol (SNTP) Version 4 for IPv4, IPv6 and OSI*. RFC 4330 (Informational). `http://www.ietf.org/rfc/rfc4330.txt`. Version: Januar 2006 (Request for Comments)

[83] MURPHY, S.: *BGP Security Vulnerabilities Analysis*. RFC 4272 (Informational). `http://www.ietf.org/rfc/rfc4272.txt`. Version: Januar 2006 (Request for Comments)

[84] M.U.S.C.L.E. PROJECT: *JPC/SC Java API*. 2009. – `http://www.musclecard.com/middle.html`, Stand 09/2009

[85] MUSIELAK, Hans-Joachim: *Kommentar zur Zivilprozessordnung mit Gerichtsverfassungsgesetz*. München : Verlag Franz Vahlen, 2008. – 6. Auflage

[86] MYERS, M. ; ANKNEY, R. ; MALPANI, A. ; GALPERIN, S. ; ADAMS, C.: *X.509 Internet Public Key Infrastructure Online Certificate Status Protocol - OCSP*. RFC 2560 (Proposed Standard). http://www.ietf.org/rfc/rfc2560.txt. Version: Juni 1999 (Request for Comments)

[87] M.ZITTERBART AND CH.WEINHARDT AND ET AL.: *Selbstorganisation und Spontaneität in liberalisierten und harmonisierten Märkten*. Mai 2003

[88] NATIONAL INSTITUTE OF STANDARDS AND TECHNOLOGY: *Federal Information Processing Standards Publication 197 – Advanced Encryption Standard (AES)*. November 2001

[89] NEUMAN, C. ; YU, T. ; HARTMAN, S. ; RAEBURN, K.: *The Kerberos Network Authentication Service (V5)*. RFC 4120 (Proposed Standard). http://www.ietf.org/rfc/rfc4120.txt. Version: Juli 2005 (Request for Comments). – Updated by RFCs 4537, 5021

[90] OBERLE, Daniel ; VOLZ, Raphael ; STAAB, Steffen ; MOTIK, Boris: An Extensible Ontology Software Environment. In: *Handbook on Ontologies*. Springer, 2004, S. 299–320

[91] OBJECT MANAGEMENT GROUP: *Common Object Request Broker Architecture (CORBA/IIOP)*. 2004. – http://www.omg.org/technology/documents/formal/corba_iiop.htm, Stand 09/2009

[92] ORAM, A. (Hrsg.): *Peer-to-Peer: Harnessing the Benefits of a Disruptive Technology*. O'Reilly & Associates, 2001. – ISBN 0–596–00110–X

[93] OSGI ALLIANCE: *Open Services Gateway Initiative*. 2009. – http://www.osgi.org, Stand 09/2009

[94] PALANDT, Otto ; AL. et: *Bürgerliches Gesetzbuch*. 64., neubearb. Aufl. München : C. H. Beck, 2005. – ISBN 3–406–52604–7

[95] POSTEL, J.: *User Datagram Protocol*. RFC 768 (Standard). http://www.ietf.org/rfc/rfc768.txt. Version: August 1980 (Request for Comments)

[96] POSTEL, J.: *Internet Protocol*. RFC 791 (Standard). http://www.ietf.org/rfc/rfc791.txt. Version: September 1981 (Request for Comments). – Updated by RFC 1349

[97] POSTEL, J.: *Transmission Control Protocol*. RFC 793 (Standard). http://www.ietf.org/rfc/rfc793.txt. Version: September 1981 (Request for Comments). – Updated by RFCs 1122, 3168

[98] POSTEL, J. ; REYNOLDS, J.: *File Transfer Protocol*. RFC 959 (Standard). http://www.ietf.org/rfc/rfc959.txt. Version: Oktober 1985 (Request for Comments). – Updated by RFCs 2228, 2640, 2773, 3659

[99] PYTLIK, Markus: *Marktanteile: Windows verliert leicht, Apple legt zu*. 2009. – http://winfuture.de/news,46315.html, Stand 09/2009

[100] RAMSDELL, B.: *Secure/Multipurpose Internet Mail Extensions (S/MIME) Version 3.1 Message Specification*. RFC 3851 (Proposed Standard). http://www.ietf.org/rfc/rfc3851.txt. Version: Juli 2004 (Request for Comments)

[101] *A scalable content-addressable network*. Bd. *31*. ACM Press, October 2001 . – 161–172 S. – ISBN 1581134118

[102] REKHTER, Y. ; LI, T. ; HARES, S.: *A Border Gateway Protocol 4 (BGP-4)*. RFC 4271 (Draft Standard). http://www.ietf.org/rfc/rfc4271.txt. Version: Januar 2006 (Request for Comments)

[103] RESCORLA, E. ; MODADUGU, N.: *Datagram Transport Layer Security*. RFC 4347 (Proposed Standard). http://www.ietf.org/rfc/rfc4347.txt. Version: April 2006 (Request for Comments)

[104] RHEA, Sean ; GEELS, Dennis ; ROSCOE, Timothy ; KUBIATOWICZ, John: Handling churn in a DHT. In: *ATEC '04: Proceedings of the annual conference on USENIX Annual Technical Conference*. Berkeley, CA, USA : USENIX Association, 2004, S. 10–10

[105] RIPE NCC: *YouTube Hijacking: A RIPE NCC RIS case study*. 2008. – http://www.ripe.net/news/study-youtube-hijacking.html, Stand 09/2009

[106] RIPEANU, M.: Peer-to-Peer Architecture Case Study: Gnutella Network / University of Chicago. 2001. – Forschungsbericht

[107] RIVEST, R.: *The MD5 Message-Digest Algorithm*. RFC 1321 (Informational). http://www.ietf.org/rfc/rfc1321.txt. Version: April 1992 (Request for Comments)

[108] RIVEST, Ron ; SHAMIR, Adi ; ADLEMAN, Leonard: A Method for Obtaining Digital Signatures and Public-Key Cryptosystems. In: *Communications of the ACM* (1978)

[109] ROOS, Sheldon M.: *Statistik für Ingenieure und Naturwissenschaftler*. Spektrum Akademischer Verlag, 2006. – ISBN 3–8274–1621–3

[110] ROSSNAGEL, Alexander (Hrsg.): *Recht der Multimedia-Dienste, Kommentar zum Informations- und Kommunikationsdienste-Gesetz und Mediendienste-Staatsvertrag, 6 Erg.-Lieferung*. Verlag C. H. Beck, 2004

[111] ROSSNAGEL, Alexander (Hrsg.) ; HAMMER, Volker (Hrsg.): *Recht der Multimedia-Dienste, Kommentar zum Informations- und Kommunikationsdienste-Gesetz und Mediendienste-Staatsvertrag, 7 Erg.-Lieferung*. Verlag C. H. Beck, 2005

[112] ROSSNAGEL, Heiko: On Diffusion and Confusion - Why Electronic Signatures Have Failed. In: *TrustBus*, 2006, S. 71–80

[113] ROWSTRON, Antony ; DRUSCHEL, Peter: Pastry: Scalable, Decentralized Object Location, and Routing for Large-Scale Peer-to-Peer Systems. In: *Lecture Notes in Computer Science* 2218 (2001), S. 329–350

[114] RÖTTGERS, Janko: *Mix, Burn & R.I.P. - Das Ende der Musikindustrie*. Verlag Heinz Heise, 2003. – ISBN 3–936931–08–9

[115] SAENGER, Ingo: *Zivilprozeßordnung, NomosKommentar*. Nomos Verlagsgesellschaft Baden-Baden, 2006. – 1. Auflage

[116] SCHIFANELLA, Rossano: *A Legal and Efficient Peer-to-Peer Market Place: Exploiting Fairness and Social Relationships*, Department of Computer Science, Universita' degli studi di Torino, Diss., 2007

[117] SCHNEIER, Bruce: *Attack Trees*. Dezember 1999

[118] SCHNEIER, Bruce: *SHA-1 Broken*. Februar 2005

[119] SCHODER, Detlef (Hrsg.) ; FISCHBACH, Kai (Hrsg.) ; TEICHMANN, René (Hrsg.): *Peer-to-Peer: Ökonomische, technische und juristische Perspektiven, Das aktuelle P2P-Buch*. Springer, 2002. – ISBN 3–540–43708–8

[120] SERMERSHEIM, J.: *Lightweight Directory Access Protocol (LDAP): The Protocol*. RFC 4511 (Proposed Standard). http://www.ietf.org/rfc/rfc4511.txt. Version: Juni 2006 (Request for Comments)

[121] SHAMIR, Adi: How to share a secret. In: *Commun. ACM* 22 (1979), Nr. 11, S. 612–613. – ISSN 0001–0782

[122] SHOUP, Victor: Practical Threshold Signatures. In: *EUROCRYPT*, 2000, S. 207–220

[123] SIMPSON, W.: *The Point-to-Point Protocol (PPP)*. RFC 1661 (Standard). http://www.ietf.org/rfc/rfc1661.txt. Version: Juli 1994 (Request for Comments). – Updated by RFC 2153

[124] SIMPSON, W.: *PPP Challenge Handshake Authentication Protocol (CHAP)*. RFC 1994 (Draft Standard). http://www.ietf.org/rfc/rfc1994.txt. Version: August 1996 (Request for Comments). – Updated by RFC 2484

[125] SIT, Emil ; MORRIS, Robert: Security Considerations for Peer-to-Peer Distributed Hash Tables. In: *IPTPS '01: Revised Papers from the First International Workshop on Peer-to-Peer Systems*. London, UK : Springer-Verlag, 2002. – ISBN 3–540–44179–4, S. 261–269

[126] SPERBERG-MCQUEEN, C. M. ; BRAY, Tim ; COWAN, John ; MALER, Eve ; YERGEAU, François ; PAOLI, Jean: Extensible Markup Language (XML) 1.1 (Second Edition) / W3C. 2006. – W3C Recommendation. – http://www.w3.org/TR/2006/REC-xml11-20060816, Stand 09/2009

[127] STANDARDS, National I. ; TECHNOLOGY: Digital Signature Standard (DSS). In: *Federal Register* 56 (1991), August 30, Nr. 169

[128] STATCOUNTER.COM: *TOP 5 Operating Systems*. 2009. – http://gs.statcounter.com, Stand 09/2009

[129] STEINMETZ, Ralf ; WEHRLE, Klaus ; STEINMETZ, Ralf (Hrsg.) ; WEHRLE, Klaus (Hrsg.): *What Is This "Peer-to-Peer" About?*. Bd. Springer Volume 3485. Springer, 2005. – 9–16 S.

[130] STOICA, Ion ; MORRIS, Robert ; KARGER, David ; KAASHOEK, M. F. ; BALAKRIS-HNAN, Hari: Chord: A scalable peer-to-peer lookup service for internet applications. In: *SIGCOMM '01: Proceedings of the 2001 conference on Applications, technologies, architectures, and protocols for computer communications.* New York, NY, USA : ACM, 2001. – ISBN 1–58113–411–8, S. 149–160

[131] SUN MICROSYSTEMS, INC.: *Java Remote Method Invocation.* 2006. – `http://java.sun.com/javase/technologies/core/basic/rmi/whitepaper/index.jsp`, Stand 09/2009

[132] SUN MICROSYSTEMS, INC.: *JXTA v2.0 Protocols Specification.* 2006. – `https://jxta-spec.dev.java.net/nonav/JXTAProtocols.html`, Stand 09/2009

[133] SUN MICROSYSTEMS, INC.: *Java Cryptography Architecture.* 2009. – `http://java.sun.com/j2se/1.4.2/docs/guide/security/CryptoSpec.html`, Stand 09/2009

[134] SUN MICROSYSTEMS, INC.: *Java Enterprise Edition.* 2009. – `http://java.sun.com/javaee`, Stand 09/2009

[135] THURLOW, R.: *RPC: Remote Procedure Call Protocol Specification Version 2.* RFC 5531 (Draft Standard). `http://www.ietf.org/rfc/rfc5531.txt`. Version: Mai 2009 (Request for Comments)

[136] TILBORG, Henk C. A. (Hrsg.): *Encyclopedia of Cryptography and Security.* Springer, 2005. – ISBN 978–0–387–23473–1

[137] TOUCH, J.: Dynamic Internet overlay deployment and management using the X-Bone. In: *ICNP '00: Proceedings of the 2000 International Conference on Network Protocols.* Washington, DC, USA : IEEE Computer Society, 2000. – ISBN 0–7695–0921–5, S. 59

[138] VARGA, A.: *Omnet++ community website.* 2008. – `http://www.omnetpp.org`, Stand 09/2009

[139] W3C: *RDF/XML Syntax Specification.* 2004. – `http://www.w3.org/TR/2004/REC-rdf-syntax-grammar-20040210`, Stand 09/2009

[140] WANG, Xiaoyun ; FENG, Dengguo ; LAI, Xuejia ; YU, Hongbo: *Collisions for Hash Functions MD4, MD5, HAVAL-128 and RIPEMD.* Cryptology ePrint Archive, Report 2004/199, August 2004

[141] WANG, Xiaoyun ; YU, Hongbo: How to Break MD5 and Other Hash Functions. In: *EUROCRYPT*, 2005, S. 19–35

[142] WEHRLE, K. ; GÖTZ, S. ; RIECHE, S. ; STEINMETZ, Ralf (Hrsg.) ; WEHRLE, Klaus (Hrsg.): *Distributed Hash Tables.* Bd. Springer Volume 3485. Springer, 2005. – 79–93 S.

[143] WILLSCH, Marco: *Entwicklung eines sicheren Zeitstempeldienstes für Peer-to-Peer-Netze*, Institut für Telematik, Universität Karlsruhe (TH), Diplomarbeit, 2008

[144] WORLD WIDE WEB CONSORTIUM: *Web Services Activity*. 2009. – http://www.w3.org/2002/ws, Stand 09/2009

[145] ZEILENGA, K.: *Lightweight Directory Access Protocol (LDAP) Schema Definitions for X.509 Certificates*. RFC 4523 (Proposed Standard). http://www.ietf.org/rfc/rfc4523.txt. Version: Juni 2006 (Request for Comments)

[146] ZHAO, B. Y. ; KUBIATOWICZ, J. D. ; JOSEPH, A. D.: Tapestry: An Infrastructure for Fault-tolerant Wide-area Location and Routing / UC Berkeley. 2001 (UCB/CSD-01-1141). – Forschungsbericht

[147] ZORN, Christian: *Analyse zur Eignung von mobilen Endgeräten zur Authentifizierung im elektronischen Rechtsverkehr*, Institut für Informationsrecht, Universität Karlsruhe (TH), Diplomarbeit, 2005

Anhang A

Simulationsumgebung OverSim

OverSim [9] ist eine Simulationsumgebung, welche speziell für die Simulation von großen Overlay-Netzen konzipiert wurde. Der Simulator wurde am Institut für Telematik der Universität Karlsruhe entwickelt und setzt auf dem bekannten ereignisbasierten Simulator Omnet++ [138] und dem INET-Framework auf.

Während Omnet++ selbst nur den eigentlichen Simulationskern enthält, erweitert das INET-Framework die Simulationsumgebung um die klassischen Kommunikationsprotokolle auf Medienzugriffs-, Vermittlungs- oder Transportschicht. Aufbauend darauf stellt OverSim eine Reihe bekannter Overlay-Protokolle wie Chord [130], Kademlia [77] oder Gia [27] zur Verfügung. Darüberhinaus enthält OverSim bereits typische Anwendungen wie verteilte Hashtabellen (siehe Abschnitt 2.5.3), die unabhängig vom ausgewählten Overlay-Netzwerk evaluiert werden können. Gleichzeitig ermöglicht OverSim die einfache Integration eigener Anwendungen oder Overlay-Netze, um diese zu evaluieren. Abbildung A.1 zeigt die schichtenbasierte Architektur von OverSim.

In der untersten Schicht, der *Underlay*-Schicht befindet sich die Anbindung an das eigentliche Kommunikationsnetzwerk. Dabei kann zwischen verschiedenen Underlay-Varianten ausgewählt werden. Mit dem INET-Framework können die einzelnen Kommunikationsvorgänge bis auf die unteren Protokollschichten sehr detailliert simuliert werden. Im Gegensatz dazu wird durch das *SimpleUnderlay* eine Abstraktion der darunterliegenden Kommunikationsinfrastruktur durchgeführt. Für einen Datenaustausch zwischen zwei Overlay-Knoten, die sich typischerweise am Netzrand befinden, werden die resultierenden Kommunikationsvorgänge im Netzinneren nicht vollständig nachgebildet, sondern durch geeignete Metriken abgeschätzt. Eine detaillierte Simulation der einzelnen Kommunikationsvorgänge im Netzinneren erbringt bei ende-zu-ende-basierter Kommunikation keine zusätzlichen verwertbaren Informationen. Zudem wird durch die Abstraktion eine deutlich höhere Simulationsgeschwindigkeit erzielt, so dass auch größere Szenarien untersucht werden können, die beim Einsatz des INET-Frameworks aufgrund der langen Simulationszeit nicht praktikabel durchgeführt werden können.

Die *Overlay*-Schicht enthält die verschiedenen Overlay-Implementierungen. Dabei setzen alle Overlay-Implementierungen auf eine gemeinsame Basisklasse auf, die grundlegende Funktionen zum Aufbau von Overlay-Strukturen bereitstellt. Gleichzeitig bieten alle Overlay-Implementierungen eine einheitliche Schnittstelle [39], die Funktionen zum sog. *Key-Based-Routing* bereitstellen. Aufbauend auf diese Schnittstelle können beispielsweise verteilte Has-

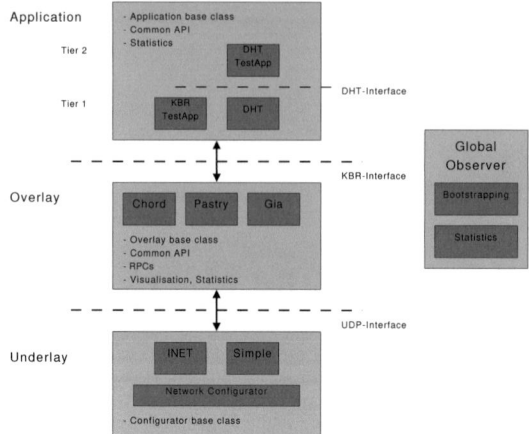

Abbildung A.1: OverSim-Architektur

htabellen (siehe Abschnitt 2.5.3) auf Anwendungsebene unabhängig vom jeweiligen Overlay-Netzwerk einfach realisiert werden. Gleichzeitig sind Funktionen zur Visualisierung und zum Erfassen von Simulationsdaten auf Overlay-Ebene vorhanden.

Anwendungen, die auf die verschiedenen Overlay-Netze zugreifen, werden in der *Application*-Schicht abgelegt. Die Anwendungsschicht ist dabei in mehrere Unterschichten (sog. *Tiers*) unterteilt. Dadurch können mehrschichtige Anwendungen oder komponenten-basierte Anwendungen in OverSim umgesetzt werden. Dies ist beispielsweise dann nützlich, wenn neue Anwendungen auf bestehende Komponenten aufsetzen. Beispielsweise enthält OverSim bereits eine Implementierung verteilter Hashtabellen, die so auf einfache Art und Weise von anderen Anwendungen genutzt werden können.

Neben den verschiedenen Schichten enthält die OverSim-Architektur noch eine administrative Komponente. Diese stellt zentrale Informationen bereit, die beispielsweise für den Beitritt von neuen Knoten benötigt werden. Gleichzeitig sind in dieser Komponente Funktionen zum Erfassen von Simulationsdaten vorhanden.

A.1   Integration eigener Komponenten

Um eigene Anwendungen oder Overlay-Protokolle in OverSim zu integrieren, wird der von Omnet++ bereitgestellte Mechanismus genutzt. Dabei werden Anwendungen oder Protokolle mittels einer sog. *NED*-Datei beschrieben. Mit Hilfe der NED-Beschreibungssprache können sowohl atomare Module (auch *Simple Modules*), als auch zusammengesetzte Module (*Compound Modules*) beschrieben werden. Atomare Module werden in aller Regel in der Programmiersprache C++ implementiert, während zusammengesetzte Module die Komposition aus verschiedenen einfachen Modulen darstellen. Zusätzlich zur Beschreibung von Modulen können auch Kommunikationskanäle beschrieben werden. Mögliche Parameter solcher Kommunikationsverbindungen zwischen verschiedenen Knoten sind unter anderem Bandbreite, Latenz und Fehlerrate.

Neben Modulparametern können mittels der NED-Beschreibungssprache auch Kommunikationsübergabepunkte (*Gates*) definiert werden. Diese werden dann bei der Komposition von Modulen miteinander verknüpft und ermöglichen den Datenaustausch zwischen verschiedenen Modulen. Abbildung A.2 zeigt beispielsweise die NED-Datei eines Ethernet-Moduls auf Medienzugriffsschicht.

```
//
// Ethernet CSMA/CD MAC
//
simple EtherMAC
    parameters:
        address : string; // others omitted for brevity
    gates:
        in: phyIn;     // from physical layer or the network
        out: phyOut;   // to physical layer or the network
        in: llcIn;     // from EtherLLC or higher layer
        out: llcOut;   // to EtherLLC or higher layer
endsimple
```

Abbildung A.2: Beispiel Moduldefinition (Quelle: [138])

Das einfache Modul hat als Namen `EtherMAC`, verfügt über einen Parameter `address` und enthält vier Kommunikationsübergabepunkte. Dabei stellen `phyIn` und `phyOut` die Kommunikationsverbindungen zur darunterliegenden Bitschicht dar, während `llcIn` und `llcOut` die Verbindungen zu darüberliegenden Verbindungsverwaltung.

A.2 RPC-basierter Nachrichtenaustausch zwischen Modulen

Aufbauend auf dem ereignisbasierten Datenaustausch zwischen Omnet-Modulen enthält OverSim einen RPC-Mechanismus (*Remote Procedure Call*), um Funktionsaufrufe zwischen OverSim-Modulen zu ermöglichen.

Durch diesen Mechanismus können beispielsweise dienstorientierte Anwendungen relativ einfach innerhalb von OverSim umgesetzt werden. Zur Beschreibung der jeweiligen Nachrichten wird die NED-Beschreibungssprache von Omnet++ verwendet. Außerdem enthält Omnet++ passende Werkzeuge, die aus der jeweiligen Nachrichtenbeschreibung die notwendigen C++-Klassen automatisch erzeugen. Alle Nachrichten, die mit dem RPC-Mechanismus von OverSim ausgetauscht werden sollen, werden dabei von den OverSim-Klassen `BaseCallMessage` oder `BaseResponseMessage` abgeleitet.

Dabei ist `BaseCallMessage` die Oberklasse für RPC-Anfrageobjekte und `BaseResponseMessage` für die zugehörigen Antwortobjekte. Abbildung A.3 zeigt ein Beispiel für die Definition einer RPC-Anfragenachricht und der dazugehörigen RPC-Antwortnachricht.

```
message Method1Call extends BaseCallMessage
{
        fields:
            int parameter1;
            string parameter2;
};

message Method1Response extends BaseResponseMessage
{
        fields:
            int result1;
            string result2;
};
```

Abbildung A.3: Beispiel Nachrichtendefintion

Im obigen Beispiel werden jeweils eine Anfrage- und eine Antwortnachricht mittels der NED-Beschreibungssprache definiert. Die Anfragenachricht `Method1Call` erbt dabei von der OverSim-Klasse `BaseCallMessage` und enthält zwei zusätzliche Attribute. Diese können im RPC-Kontext als die Aufrufparameter aufgefasst werden, der Name der aufzurufenden Funktion (`method1`) wird normalerweise als Bestandteil des Nachrichtentyps verwendet. Die zugehörige Antwortnachricht `Method1Response` erbt wiederum von der OverSim-Klasse `BaseResponseMessage` und enthält alle Rückgabewerte des RPC-Aufrufs.

Um eine RPC-Anfrage mit einem entsprechenden Anfrageobjekt zu starten, kann die Methode `sendRouteRpcCall` verwendet werden, die von der OverSim-Laufzeitumgebung bereitgestellt wird. Um auf eingehende RPC-Anfragen innerhalb einer eigenen Anwendung reagieren zu können, müssen die Methoden `handleRpc` und `handleRpcTimeout` implementiert werden. Antworten auf RPC-Anfragen werden mit Hilfe der Methode `sendRpcResponse` initiiert und mittels der Methode `handleRpcResponse` entgegengenommen.

Anhang B

Zusammenhang Overlay-Pfadlänge und Angreiferwahrscheinlichkeit

Bei verschiedenen Evaluationen im Rahmen dieser Arbeit wurde festgestellt, dass bei steigender Knotenanzahl des Overlay-Netzes und gleichbleibender Angreiferwahrscheinlichkeit die Erfolgswahrscheinlichkeit vorgestellter Protokolle deutlich absinkt. Dieser Effekt ist vor allem dann zu beobachten, wenn ein Angreifer auf Overlay-Ebene agiert und in der Lage ist Overlay-Nachrichten mitzulesen oder zu verwerfen.

Der deutliche Abfall mit zunehmender Knotenanzahl bei gleichbleibender Angreiferwahrscheinlichkeit resultiert aus der Tatsache, dass die durchschnittliche Pfadlänge in einem Overlay meist logarithmisch wächst, während die Anzahl der Angreifer linear zunimmt. Da sich die Anzahl der Angreifer schneller als die durchschnittliche Pfadlänge erhöht, muss zwangsweise die Wahrscheinlichkeit, dass sich ein Angreifer auf einem Overlay-Pfad befindet, steigen. Dieser Zusammenhang ist in Formel B.1 dargestellt.

$$P(\text{Pfad kompromittiert}) \;=\; 1 - P(\text{Pfad nicht kompromittiert}) \qquad \text{(B.1)}$$
$$=\; (\text{Anteil nicht kompromittierter Knoten})^{\text{Pfadlänge}}$$

Anzahl Knoten	Pfad-länge Ø	Angreiferwahrscheinlichkeit							
		1%		2%		5%		10%	
		Anz.	Ant.	Anz.	Ant.	Anz.	Ant.	Anz.	Ant.
1024	5,2	10	5,1%	20	10,0%	51	23,4%	102	42,2%
2048	5,6	20	5,5%	41	10,7%	102	25,0%	205	44,6%
4096	6,0	41	5,9%	82	11,4%	205	26,5%	410	46,9%
8192	6,4	82	6,2%	164	12,1%	410	28,0%	819	49,0%
16384	6,8	164	6,6%	328	12,8%	819	29,4%	1638	51,2%

Tabelle B.1: Wahrscheinlichkeit kompromittierter Overlay-Pfade

Die Wahrscheinlichkeiten für das Overlay-Netz Chord [130], dass ein Pfad im Overlay kompromittiert ist, sind in Tabelle B.1 dargestellt. Die Werte für die durchschnittliche Pfadlänge abhängig von der Größe des Overlay-Netzes wurden aus [130] entnommen.

Die ersten beiden Spalten der Tabelle enthalten die Knotenanzahl und die daraus resultierende mittlere Pfadlänge. Für unterschiedliche Angreiferwahrscheinlichkeiten ist in der Spalte "Anz." die absolute Anzahl der Angreifer und in der Spalte "Ant." die Wahrscheinlichkeit dargestellt, dass ein beliebiger Pfad im Overlay durch mindestens einen Angreifer kompromittiert ist.

Anhand der Ergebnisse kann man erkennen, dass selbst für geringe Angreiferwahrscheinlichkeiten die Wahrscheinlichkeit eines kompromittierten Overlay-Pfades mit steigender Knotenanzahl leicht zunimmt. So steigt bei einer Angreiferwahrscheinlichkeit von 1% die Wahrscheinlichkeit eines kompromittiertes Pfades von 5% auf über 6%. Besonders deutlich wird dies für höhere Angreiferwahrscheinlichkeiten, bei 10% Angreifern steigt die Wahrscheinlichkeit, dass ein beliebiger Overlay-Pfad durch mindestens einen Angreifer kompromittiert ist, von 42% auf 51%.

Anhang C

Mathematische Verfahren zur Zeitstempelauswertung

In diesem Abschnitt erfolgt eine kurze Aufstellung alternativer Verfahren, mit denen ein Dokumentenzeitstempel, wie er in Abschnitt 5.6.3.2.4 vorgestellt wurde, ausgewertet werden kann.

- Durchschnitt $\bar{t}$
  Beim Durchschnitt werden alle Elemente der Stichprobe aufaddiert und durch die Anzahl der Elemente geteilt, wie dies in Formel C.1 dargestellt ist.

$$\bar{t} = \frac{1}{n} \sum_{i=1}^{n} t_i \tag{C.1}$$

  Der Durchschnitt einer Stichprobe lässt sich leicht berechnen, eignet sich jedoch in diesem Anwendungsszenario nicht zur Auswertung eines Dokumentenzeitstempels. Da alle Elemente der Stichprobe mit gleichem Gewicht in die Auswertung eingehen, benötigt ein Angreifer nur wenige kompromittierte Zeitstempel innerhalb des Dokumentenzeitstempels um den protokollierten Zeitpunkt t sehr stark zu verschieben.

- Median $\tilde{t}$
  Um den Median einer Stichprobe zu bestimmen, werden zuerst alle Elemente der Stichprobe sortiert. Abhängig davon, ob eine ungerade oder gerade Anzahl von Elementen vorliegt, wird dann entweder der Wert in der Mitte oder der Mittelwert der beiden Werte in der Mitte der Stichprobe als Median bezeichnet, wie dies aus Formel C.2 ersichtlich ist.

$$\tilde{t} = \begin{cases} t_{\frac{n+1}{2}} & n \text{ ungerade} \\ \frac{1}{2}\left(t_{\frac{n}{2}} + t_{\frac{n}{2}+1}\right) & n \text{ gerade} \end{cases} \tag{C.2}$$

Eigentlich eignet sich der Median gut zur Bestimmung des Zeitpunkts t eines Dokumentenzeitstempels, da er robust gegenüber Ausreißern durch Angreifer oder falsch gehenden Uhren ist. Nachteilig ist im vorliegenden Kontext jedoch die Tatsache, dass nur ein bzw. zwei Einzelzeitstempel in die Bestimmung des Zeitpunkts t des Dokumentenzeitstempels eingehen und alle anderen Einzelzeitstempel unberücksichtigt bleiben.

- Quartilsdurchschnitt ($\bar{t}_{(Q_{.75}-Q_{.25})}$)
  Wie bei der Bestimmung des Medians werden die Elemente aufsteigend sortiert. Danach werden von der Stichprobe sowohl das untere Viertel (0-25%) als auch das obere Viertel (75-100%) aller Werte von der Stichprobe entfernt und danach der Durchschnitt über die verbleibene Menge berechnet. Der Quartilsdurchschnitt kann mittels Formel C.3 berechnet werden.

$$\bar{t}_{(Q_{.75}-Q_{.25})} = \frac{1}{n} \sum_{i=1}^{n} t_i | \forall i : t_i > Q_{.25} \wedge t_i < Q_{.75} \tag{C.3}$$

Diese Vorgehensweise hat den Vorteil, dass einerseits bewusste oder unbewusste Ausreißer in der Stichprobe nicht berücksichtigt werden. Andererseits gehen trotzdem 50% aller Elemente der Stichprobe in die Bestimmung der Zeitinformation t des Dokumentenzeitstempels ein. Kann ein Angreifer jedoch einen hohen Anteil (30-40%) an korrumpierten Einzelzeitstempeln in einen Dokumentenzeitstempel einschleusen, werden ein Teil der Einzelzeitstempel nicht aus der Stichprobe entfernt und gehen in die Berechnung der Zeitinformation ein.

Aus diesem Grund könnte die Auswertung eines Dokumentenzeitstempels bei besonders hoher Angreiferwahrscheinlichkeit zu Problemen bei der Bestimmung der Zeitinformation eines Dokumentenzeitstempels führen.

Diese Verfahren wurden im Abschnitt 5.6.5 mit dem vorgestellten MTR-Verfahren verglichen, um Vor- und Nachteile der einzelnen Verfahren aufzuzeigen.